James L. Nelson

Der Stolz der Meere

Roman

Ins Deutsche übertragen
von Jörn Ingwersen

BLANVALET

Die Originalausgabe erschien unter dem Titel
»The Guardship. Book One of the Brethren of the Coast«
bei Avon Books, Inc., New York

Umwelthinweis:
Alle bedruckten Materialen dieses Taschenbuches
sind chlorfrei und umweltschonend.

Blanvalet Taschenbücher erscheinen im Goldmann Verlag,
einem Unternehmen der Verlagsgruppe Random House GmbH.

Deutsche Erstveröffentlichung 7/2001
Copyright © der Originalausgabe 2000 by James L. Nelson
Copyright © der deutschsprachigen Ausgabe 2001
by Wilhelm Goldmann Verlag, München,
in der Verlagsgruppe Random House GmbH
Innenillustrationen: James L. Nelson
Umschlaggestaltung: Design Team München
Umschlagfoto: AKG Berlin
Satz: Uhl + Massopust, Aalen
Druck: Elsnerdruck, Berlin
Verlagsnummer: 35476
Redaktion: Alexander Groß
V B · Herstellung: Heidrun Nawrot
Printed in Germany
ISBN 3-442-35476-5
www.blanvalet-verlag.de

1 3 5 7 9 10 8 6 4 2

*Für Lisa,
meine geliebte Frau*

1

»Publick Times« in Williamsburg. Fünfter April im Jahre des Herrn 1701. Der Abend, bevor Marlowe den jungen Wilkenson erschoss. Der Abend, an dem man Marlowe bat, das Kommando über das Wachschiff zu übernehmen.

Damals war die Kolonie Virginia ein wildes Land, eine Wildnis aus breiten Flüssen und Tälern, Inseln und meilenweitem Wald, den kein Weißer je zu Gesicht bekommen hatte. Otter und Biber in großer Zahl. Genug Fisch im Wasser, dass man sein Kanu nach einem Tag halb voll geladen hatte. Ein Land, in dem ein Mann für alle Zeit verschwinden konnte, was mancher tat, wenn auch nicht immer auf eigenes Betreiben hin.

Es gab nur wenige erwähnenswerte Orte in dieser Küstenregion. Reisen in Virginia und Maryland wurden durch die große Chesapeake Bay erleichtert, denn statt sich über schlechte Straßen zu quälen, nutzte man die Flüsse als Straßen, und es bestand nur wenig Anlass, in Ortschaften beieinander zu hocken.

Eher lebte man auf weitläufigen Plantagen, wo die Menschen den dichten Wald mit Axt und Fackel bearbeiteten, um für Tabak Platz zu schaffen, immer mehr Tabak, die unerschöpfliche Frucht des Wohlstands.

Doch wenn man zu »Publick Times« in der Hauptstadt Williamsburg zusammenkam, nach langer, unnatürlicher Einsamkeit, so wurde das ein wahrlich rüdes Ereignis. Auf den Straßen drängten sich die Menschen. Männer und

Frauen, Freie, Diener und Sklaven zogen in Scharen von einer Festlichkeit zur nächsten. Wunderschöne Kutschen mit passenden Pferden und Lakaien in adretten Uniformen schoben sich die sandige Duke of Gloucester Street entlang.

Als der warme Tag dem kühlen Abend wich, war man in den übervollen Tavernen und Gasthäusern bester Dinge. Alle Menschen, Herren wie Bürgerliche, waren an diesem Tage Kameraden, und Pflanzer, Händler, Farmer, Arbeiter, Mechaniker, Seeleute, Diebe und Halunken feierten gemeinsam in den Straßen.

Thomas Marlowe stand auf einer Seite des großen Ballsaals im Haus des Gouverneurs und betrachtete die leuchtenden Kleider aus Samt und Seide, die langen, weißen Perücken der Herren und das sich türmende Haar auf den Köpfen der Damen, während sie sich in kunstvollen Kotillons und Menuetten über das Parkett schoben.

Er spürte, wie ihm der Schweiß unter der Perücke über sein Gesicht lief. Die Last seines roten Seidenrocks mit den goldenen Stickereien und die enge Weste schienen ihm mit jedem Augenblick unerträglicher zu werden. Seine Schuhe drückten grausam.

Draußen war die Luft kühl, weich und angenehm, doch drinnen im Saal mit seinen großen Kronleuchtern, den hunderten brennender Kerzen und den vielen Menschen, die sich verneigend auf dem Tanzboden ihre Kreise zogen, war es drückend und kaum auszuhalten.

Von einem offenen Fenster in der Nähe wehte etwas Luft zu Marlowe herüber, dazu dumpfe Schüsse und Gesang, Schreie und Gelächter. Das gemeine Volk trug seine Feierlichkeiten zu Markte, amüsierte sich, wie es auf dem Land üblich war. Diese Art zu feiern war mit dem kultivierten Empfang des Gouverneurs nicht zu vergleichen und bot, wie Marlowe sich dachte, sicher erheblich mehr Vergnügen.

Trotz seines Unwohlseins gelang es ihm, den Anschein zu erwecken, als amüsiere er sich. Es gab niemanden, abgesehen von Francis Bickerstaff an seiner Seite, der hätte erahnen können, wie elend er sich fühlte.

»Es will mir nicht recht in den Sinn, Marlowe, wieso wir uns dieser Folter unterziehen müssen«, sagte Bickerstaff. »Ich bin mir sicher, dass wir hier Zeugen eines Höllentanzes werden. Vermutlich werden wir im nächsten Leben noch genügend Verdammnis erfahren, sodass wir jetzt ohne weiteres darauf verzichten könnten.«

Bickerstaff war unter allen Anwesenden am schlichtesten gekleidet. Was nicht heißen soll, dass seine Kleider ärmlich gewesen wären, ganz und gar nicht. Er trug einen blauen Seidenrock mit spärlichen Verzierungen, eine schlichte, weiße Weste und Hosen, alles aus feinster Seide, schlicht und einfach im Schnitt, unaufdringlich und in bestem Zustand.

»Nun, Bickerstaff«, sagte Marlowe, »wir können kaum eine Einladung zum Ball des Gouverneurs ausschlagen. Man steigt in der Gesellschaft Virginias nicht auf, indem man in der Stube hockt und solche Festlichkeiten ignoriert.«

»Warum du so besessen davon bist, in der Gesellschaft Virginias aufzusteigen, ist mir ein ebensolches Rätsel.«

»Es gibt mehr Dinge zwischen Himmel und Erde, als du dir in deiner Philosophie erträumen magst, Francis Bickerstaff.« Marlowe wandte sich seinem Freund zu und lächelte. »Hat das nicht dein William Shakespeare so gesagt?«

Bickerstaff rümpfte die Nase. »Irgendetwas in der Art, wenn er auch keineswegs ›mein‹ William Shakespeare ist.«

Marlowe war etwa zehn Jahre jünger als Bickerstaff. Das zumindest schätzte er, aber es war eben nur eine Schätzung. Bickerstaff wollte sein Alter nicht verraten, und Marlowe wusste das seine nicht sicher, aber er vermutete, Bickerstaff wäre so etwa um die fünfundvierzig. Er war von schlanker

Statur und trug diese stets mürrische Miene des ernsthaften Pädagogen zur Schau, der er einst tatsächlich gewesen war. Er war ein gebildeter Mann, des Lateinischen und Griechischen mächtig, in Mathematik, den Naturwissenschaften und allen Themen bewandert, die sich für einen Gentleman schickten.

Marlowe machte eben den Mund auf, um etwas zu erwidern, als sein Blick auf eine Lücke in der Menge fiel, da die Tänzer mit der Präzision von Soldaten auf einem Exerzierplatz auseinander strebten. Er wandte sich um, und für einen Augenblick konnte er bis ans andere Ende des Saales sehen.

Dort sah er sie, zum ersten Mal an diesem Abend.

Ihr Haar war von der Farbe frischen Strohs und türmte sich auf, von einem goldenen Kamm gehalten; dieser wiederum war mit Edelsteinen besetzt, die im Licht der Kristallüster schimmerten.

Ihre Haut war weiß und makellos und weich von ihrer Stirn bis hin zu ihren hübschen, runden Brüsten, die ein Korsett zusammenschob. Ihre Taille war eng verschnürt, wo der Reifrock die Seidenröcke von ihren Hüften abstehen ließ. Sie war schön, und wenn auch Marlowe keinerlei Annäherungsversuche in ihre Richtung unternommen hatte, da er es angesichts ihrer Umstände für unangemessen hielt, war er dennoch ihr Sklave.

Ihr Name war Elizabeth. Elizabeth Tinling. Dreiundzwanzig Jahre war sie alt und doch schon Witwe. Ihr verstorbener Gatte war Joseph Tinling, einer der wohlhabendsten Pflanzer an der Küste. Vor zwei Jahren war er verblichen, an Herzversagen, so zumindest hieß es allgemein. Sein Dahinscheiden hatte nicht sonderlich viel Aufsehen erregt.

Marlowe hatte die Plantage der Tinlings kurz nach seinem Eintreffen in der Kolonie von Elizabeth erworben. Seine Beziehung zu ihr beschränkte sich auf diesen einen Nachmittag, an dem sie den Handel vereinbart hatten, und vielleicht noch ein halbes Dutzend zufälliger Begegnungen.

Und seit dem Moment, als er sie zum ersten Mal gesehen hatte, wollte er mehr; doch trotz seines Reichtums bekleidete er keinen Rang in der kolonialen Gesellschaft, ein Neuankömmling, rätselhaft.

Vieles hatte sich in den vergangenen zwei Jahren verändert, und mochte er auch nicht der erste Mann Virginias sein, sein Stern war doch nach wie vor im Steigen begriffen. Dafür hatte er gesorgt.

Das alles bedachte er in jenen wenigen Sekunden, die er Elizabeth sah. Dann schloss sich die Menge wieder wie das Rote Meer um die Legionen des Pharaos, und sie war nicht mehr zu sehen.

Gerade tanzte man einen schottischen Reel, einen Tanz, der sehr wohl im Rahmen Marlowes beschränkter Möglichkeiten lag und der ihm Mut machte.

»Bickerstaff, ich denke, ich werde Mrs. Tinling um den nächsten Tanz bitten.«

»Tapfer gesprochen, Marlowe, aber ich glaube, dieses Unterfangen dürfte ein enttäuschendes Ende finden. Da kommt der Gouverneur.« Bickerstaff nickte in eine andere Ecke des Saals. »Und er scheint dir eine Leine zuzuwerfen.« In den letzten Jahren hatte sich Bickerstaff den nautischen Jargon angewöhnt.

Marlowe sah in die Richtung, in die Bickerstaff gedeutet hatte. Tatsächlich bahnte sich Gouverneur Nicholson einen Weg durch die Menge. Das lange, lockig weiße Haar seiner Perücke baumelte wie ein Pferdeschweif um seinen Kragen, während er die zahlreichen Gäste nickend grüßte. Er war erregt, wie Marlowe sehen konnte, trotz seiner Bemühungen um Frohsinn, als er den Saal durchschritt.

Er hatte guten Grund, erregt zu sein. Auch dafür hatte Marlowe gesorgt.

»Marlowe, Marlowe, wie zum Teufel geht es Euch?«, fragte Nicholson, als er durch die letzten Gäste pflügte und die Hand ausstreckte.

»Ich muss sagen: Es geht mir gut, Gouverneur. Danke der Nachfrage. Und selbst?«

»Schön, schön. So gut wie man es erwarten kann, bei allem, was ich erdulden muss. Bickerstaff, wie geht es, Sir?«

»Sehr gut, Gouverneur, danke sehr«, sagte Bickerstaff und verneigte sich andeutungsweise.

»Marlowe, ich weiß, Ihr seid nicht geschäftlich hier, und ich muss Euch um Verzeihung bitten, dass ich diesen Wunsch an Euch herantrage, aber könnten wir ungestört ein paar Worte wechseln?«

Marlowe hatte es schon kommen sehen, aber dennoch war es ärgerlich, genau in dem Moment, den er für Mrs. Tinling vorgesehen hatte. Er suchte im Saal, doch die Tänzer drängten sich auf dem Parkett, und er konnte sie nicht mehr sehen.

»Es wäre mir ein Vergnügen, Gouverneur.«

Die beiden Männer brauchten zehn Minuten, bis sie den Tanzsaal hinter sich hatten. Niemand war zum Ball gekommen, um Geschäfte abzuwickeln, dennoch schien es, als könnte niemand der Gelegenheit für ein paar vertrauliche Worte mit dem Gouverneur widerstehen, selbst wenn es bedeutete, dass man gegen die Musik anreden musste.

Schließlich gelangten sie in das Büro des Gouverneurs am Ende der Eingangshalle des Gebäudes. Es war ein wunderschöner Raum voll ledergebundener Bücher, mit mächtigem Schreibtisch und einem Regal voller Musketen und Pistolen. Die Decke war fast vier Meter hoch, und eine Wand bestand fast nur aus Fenstern, die glücklicherweise offen waren. Kühle Luft wehte herein, erfrischend wie ein Regenschauer.

Liebend gern hätte Marlowe Perücke und Rock abgelegt und sich der Nachtluft in vollen Zügen erfreut, doch das schickte sich nicht in Gegenwart des Gouverneurs.

»Nehmt Platz, bitte«, sagte Nicholson und deutete auf einen Stuhl vor seinem Schreibtisch. Er setzte sich, und der Gouverneur trug seinem Diener auf, er möge einen Krug mit Bowle und die Pfeifen bringen, und bald schon erfreuten sich der Gouverneur und Marlowe an einem Gläschen und etwas Tabak.

»Vermutlich werdet Ihr wissen, weshalb ich Euch sprechen möchte«, begann der Gouverneur.

»Falls es um das Silber geht, so bitte ich Euch: Denkt nicht mehr daran. Der Fehler lag allein bei mir. Ich hätte mich genauer nach seiner Herkunft erkundigen sollen ...«

»Unsinn. Es war in keiner Weise Euer Fehler, und es zurückzugeben, war eine noble Geste Eurerseits«, sagte Nicholson. »Eine noble Geste.«

Eine noble Geste, dachte Marlowe. In der Tat.

Er hatte eine große Menge Tafelsilber von Captain John Allair erworben, dem Kapitän der HMS *Plymouth Prize*. Die *Plymouth Prize* war das Wachschiff der Königlichen Marine in Virginia, und man hatte es entsandt, damit es die Zollbestimmungen durchsetzte und die Kolonien vor Piraten schützte. Virginia war die kostbarste Kolonie in ganz Amerika, aber dennoch betrachtete die Admiralität die Chesapeake Bay als eine Art rückständige Provinz, in die sie ihre morschesten Schiffe und unfähigsten Kapitäne schicken konnte. Mit Allair und der *Plymouth Prize* hatten sie sich selbst übertroffen.

Wie die meisten in der langen Reihe ungeeigneter Kapitäne tätigte Allair nebenher eine ganze Reihe von Geschäften, die meisten davon illegal. Eines dieser Geschäfte bestand darin, »Schmuggelware« auf eintreffenden Schiffen zu konfiszieren, um sie dann selbst zu verkaufen.

Sein Glück in diesem Unternehmen fand an jenem Tag ein Ende, als er nichts ahnend Gouverneur Nicholsons privates Tafelsilber konfiszierte.

Kaum eine Woche später verkaufte er das Silber an Marlowe, und Marlowe lud Gouverneur Nicholson zum Abendessen ein. Augenblicklich hatte der Gouverneur sein Silber erkannt, das ein halbes Jahr zuvor in London bestellt worden war. Es handelte sich um Allairs allerletzten Fehler im Amt.

»Ich habe diesen Gauner lange genug ertragen«, sagte der Gouverneur und griff nach einem Stapel Papiere auf seinem Schreibtisch. »Der Umstand, dass er eine Vollmacht als Kapitän der Königlichen Marine besitzt, kann mich nicht beeindrucken. Ein Dieb ist ein Dieb, wie immer sein Rang auch sein mag.«

Durchs offene Fenster hörte Marlowe die unbändigen Feierlichkeiten der Menge auf dem Platz, was die zarte Musik, die aus dem Ballsaal am anderen Ende der Eingangshalle herüberwehte, beinahe übertönte.

Der weite Ärmel von Nicholsons Rock strich über manchen Gegenstand auf dem Schreibtisch – Tintenfässer und Federn und sein Glas Bowle –, als er nach den Papieren griff. Marlowe verkrampfte sich, wartete darauf, dass er etwas umstoßen würde, doch das tat er nicht.

»Seht her, Marlowe«, sagte Nicholson, als er das Blatt im Stapel gefunden hatte. »Hier ist die Kopie der Rechnung für mein Silber.«

Er reichte ihm das Blatt, und Marlowe ließ seinen Blick über die Liste streifen. »Eine Zuckerschale, Silber, mit dem Königswappen, eine Bowleschale, dito«, las er. Er nickte. Er sah diese Liste nicht zum ersten Mal, wenn auch Nicholson davon nichts wusste. »Ganz ohne Frage, Sir, beschreibt diese Rechnung das Silber, das ich von Captain Allair erworben habe. Bei Gott, es tut mir Leid.«

»Es muss Euch nicht Leid tun, Marlowe.« Es war eine unangenehme Situation, unangenehm für beide. »Wie ich schon sagte, trifft Euch keine Schuld. Es liegt alles an diesem Dieb Allair.«

»Nur ungern denke ich das Schlimmste von einem Offizier des Königs«, sagte Marlowe, »aber ich kann mir nicht vorstellen, wie er an Euer Silber gekommen sein soll.«

Aber das entsprach natürlich nicht der Wahrheit, und zwar ganz und gar nicht. Marlowe wusste sehr genau, wie Captain John Allair zum Silber des Gouverneurs gekommen war.

Er hatte ihn darum gebeten.

2

Die Tänzer kamen zusammen, verzahnten sich miteinander wie die Räder einer Uhr und versperrten Elizabeth Tinling den Blick auf Thomas Marlowe am unteren Ende des Saals.

Oder, was wohl eher zutraf, sie versperrten Marlowe den Blick auf sie. Denn Marlowe hatte herübergesehen, hatte sich bereitgemacht, sie um einen Tanz zu bitten. Sie kannte diesen Blick, die Haltung, und dieser Annäherungsversuch wäre ihr sehr wohl willkommen gewesen.

Einerseits hätte er sie davor bewahrt, weiterhin diesen öden, jungen Gecken aus Jamestown in seinem Brokatrock erdulden zu müssen, der sich alle Mühe gab, sie in ein Gespräch zu verstricken.

Andererseits hätte er sie vor Matthew Wilken gerettet, der ebenfalls ein Auge auf sie geworfen hatte und ganz beiläufig näher kam, ein Wolf, der ein Tier umkreiste, das zu verletzt war, als dass es fliehen konnte.

Von geringerer Bedeutung war der Gedanke, dass es ihr gut tun mochte, mit Mr. Thomas Marlowe besser bekannt zu sein, dass sie an seiner Gesellschaft sogar Gefallen finden mochte. Doch nun war der freie Blick von Tänzern verstellt, und sie fürchtete, der Augenblick sei verstrichen.

»Ich schwöre«, erwiderte sie auf das, was der Narr aus Jamestown eben gesagt haben mochte, »diese Hitze wird noch mein Ende sein. Mir ist, als sollte ich gleich in Ohnmacht fallen.«

Sie warf ihm ein kurzes Lächeln zu und blickte in den Saal. Gouverneur Nicholson bahnte sich einen Weg zu Marlowe, was ihren Chancen, von Marlowe gerettet zu werden, ein Ende bereitete, doch war es dennoch eine interessante Entwicklung.

»...und dann habe ich zu ihm gesagt, ha, ha: ›Nun, Sir, wenn es das beste Pferd ist, das Ihr anzubieten habt...‹«, sagte der Idiot in seinem Brokatrock gerade.

»Oh, ich bitte Euch, Sir«, unterbrach sie ihn, »aber drüben am Buffet gibt es diese dunkelrote Weincreme, für die ich sterben würde. Ob ich Euch um die Mühe bitten dürfte, mir etwas davon zu holen?«

»Aber selbstverständlich. Stets zu Diensten, Ma'am.« Der junge Gentleman verneigte sich, grinste und freute sich, dass er etwas für sie tun konnte. Er drängte sich durch die Menge zu einem Tisch, von dem Elizabeth ganz sicher wusste, dass es dort keine Weincreme gab, weder dunkelrot noch sonst wie.

Sie lächelte ihm nach und fragte sich, wie lange er wohl suchen würde. Es würde ihn sicher eine Weile beschäftigen, da er nicht mit leeren Händen wiederkommen wollte. Ganz leise kamen Schuldgefühle auf, weil sie ihn benutzte, aber sie konnte ihm keinen Augenblick länger zuhören, und solche Streiche waren ihre heimliche Freude.

Und Männer konnten solche Narren sein.

Sie wandte sich wieder der endlos faszinierenden Menschenmenge zu, dem gesellschaftlichen Wechselspiel, den Finten und Attacken, den flankierenden Bewegungen der herrschenden Klasse dieser Kolonie. Ein Gutteil der verstohlenen Aufmerksamkeit galt dem Gouverneur, der Marlowe aus dem Ballsaal führte, eine Entwicklung, die auch ihre Neugier weckte.

Marlowe war erst seit zwei Jahren in der Kolonie, doch in dieser kurzen Zeit hatte er es geschafft, sich auf eine Art und Weise in die Gesellschaft Virginias einzuschmeicheln, die nur mit gutem Aussehen, leutseligem Wesen und einer großen Menge Geldes zu bewerkstelligen war, und von alledem besaß er reichlich. Er war beliebt und wurde respektiert.

Elizabeth blieb auf Distanz, ignorierte sein offensichtliches Interesse an ihr. Elizabeth verstand die Menschen, hatte die Spezies in ihrem buntesten Gefieder beobachtet und wusste, dass irgendetwas mit Thomas Marlowe nicht ganz stimmte.

Verstohlen warf sie einen Blick nach links. Matthew Wilkenson kam zu ihr herüber, zielstrebig, seine arrogante, abschätzige Miene nun vom Trunk gezeichnet, sein Gang leicht schwankend. Während Thomas Marlowe die gesellschaftlichen Klippen der Kolonie erklomm, stand die Familie Wilkenson an deren Gipfel und sah herab. Matthew Wilkenson war der jüngere der beiden Wilkenson-Jungen, aber derjenige, der die machtvolle Persönlichkeit seines Vaters geerbt hatte, der rechtmäßige Erbe des Wilkensonschen Vermögens.

Das und dazu die engen Bindungen zu den Tinlings und Matthews unerträglicher Hochmut hatten ihm offenbar die Vorstellung in den Kopf gesetzt, dass Elizabeth die Seine werden sollte. Er wurde in dieser Frage immer deutlicher.

Sie fuhr herum und sah dort hinüber, wo Marlowe gestanden hatte, hoffte nach wie vor, Matthew Wilkenson möge ihr erspart bleiben, doch Marlowe und der Gouverneur waren durch die gegenüberliegende Tür verschwunden.

Thomas Marlowe. Vor fast zwei Jahren war sie ihm zum ersten Mal begegnet, kurz nach seiner Ankunft in der Kolonie. Eine dunkle Zeit in ihrem Leben. Joseph Tinling war nur wenige Monate zuvor gestorben, und sie gab sich alle Mühe, die Gerüchte um dieses Ereignis zu zerstreuen.

Das Haus und alles, was darin war, gehörte ihr natürlich nicht. Es ging in den Besitz von William Tinling über, Josephs ältestem Sohn aus erster Ehe, der drüben in England lebte.

Lange Monate hatte sie die Entscheidung gefürchtet, die er hinsichtlich ihrer Zukunft treffen würde.

Eine Weile hatte William in Virginia gelebt, und er war ein besonders enger Freund von Matthew Wilkenson. Es hätte sein können, dass er zurückkehrte, um die Plantage zu übernehmen. Er hätte es einrichten können, dass sie am Ende ohne einen roten Heller dastand, wenn er nur wollte.

Es war ein warmer Tag zu Beginn des Frühlings gewesen, im letzten Jahr des letzten Jahrhunderts, als der Kommissionär der Tinlings, der ihnen als Vertreter der Kolonie diente, mit einem knappen Brief vom älteren Tinling eintraf. Diese Mitteilung wies ihn an, die Plantage zu veräußern, Elizabeth ein Viertel des Erlöses zu übertragen und sie darüber in Kenntnis zu setzen, dass damit sämtliche Bindungen zwischen ihr und der Familie gelöst seien. Die Tinlings wollten mit Virginia nichts mehr zu tun haben, und auch nicht mit Elizabeth.

Und neben diesem Brief brachte der Kommissionär auch gleich einen potenziellen Käufer mit.

»Mein Name ist Thomas Marlowe«, sagte dieser und verneigte sich dabei, »und das ist mein Freund Francis Bickerstaff. Wir möchten Euch unser Beileid aussprechen, Ma'am, und wollen Eure Privatsphäre sehr wohl achten.«

»Ihr seid neu in dieser Kolonie, Sir?« Er hatte etwas an sich, was sie seit langem nicht mehr gesehen hatte. Er sah gut aus, kultiviert und elegant, aber er war kein Geck. Etwas Wildes lauerte hinter seiner Fassade, wie ein Tiger, der ans Haus gewöhnt war, aber dennoch ein gefährliches Tier bleibt.

»Ja, Ma'am, wir sind neu in der Kolonie. Mr. Bickerstaff und ich haben die letzten vier Jahre auf Reisen verbracht und suchen nun etwas, wo wir uns niederlassen können.«

»Nun, Sir, wenn es Euer Wunsch ist, Privatsphäre zu achten, damit auch die eigene geachtet wird, so denke ich, seid Ihr ins falsche Land gekommen. Doch verzeiht, mir setzt wohl noch der Tod meines Mannes zu, und ich möchte Euch keineswegs ausreden, diese Plantage zu erwerben. Seht Euch ruhig um, und vielleicht möchtet Ihr und Mr. Bickerstaff uns beim Abendessen Gesellschaft leisten?«

Elizabeth verbrachte die folgenden zwei Stunden damit, darauf zu achten, dass man ihre Kleider und die persönliche Habe verpackte. Den Rest – die Möbel, die Pferde, die Sklaven, selbst die Porträts an den Wänden – würde sie verkaufen und nie mehr einen Gedanken daran verschwenden.

Schließlich kehrten Marlowe und Bickerstaff mit dem Kommissionär von ihrem Rundgang über die Plantage zurück, unterhielten sich aufgeregt, die feinen Schuhe voller Erde. Als Elizabeth sie um den Esstisch Platz nehmen ließ, fragte sie: »Sagt, Sir, was haltet Ihr von dieser Anlage?«

»Großartig, Ma'am, genau, was wir uns erhofft hatten«, sagte Marlowe.

»Diese Plantagen in Virginia werden in England hoch gelobt«, sagte Bickerstaff, »und ich muss sagen, dass das Land genau so ist, wie man sagt, wenn auch die Häuser in keiner Weise mit den großen Villen in England zu vergleichen sind.«

»Das sind sie wahrlich nicht, Sir«, sagte Elizabeth, und es stimmte. Die luxuriöseste Behausung in Virginia wäre in England nur ein bescheidenes Landhaus. »Es ist nach wie vor ein wildes Land, trotz aller Ambitionen, die man finden mag.«

Die Zeit verstrich auf angenehme Weise, Marlowe war amüsant, Bickerstaff still, pedantisch. Ein seltsames Paar. Sanft forschend konnte Elizabeth in Erfahrung bringen, dass Marlowe aus Kent stammte, doch gab er sich verschwiegen, was seine Familie betraf, und das schürte ihre Neugier nur. Er sagte, er habe während des letzten Krieges jahrelang das Kommando über ein Kaperschiff gehabt und einen Großteil seiner Zeit in Übersee verbracht.

Das mochte erklären, weshalb sein Akzent nicht so recht stimmte, dachte sie. Und vielleicht auch, wieso der Mann selbst derart... seltsam war. Nicht auf unangenehme Weise. Er hatte nichts an sich – sein Aussehen, seine Manieren – was unangenehm gewesen wäre. Nur war da trotzdem etwas, das nicht stimmte. Ein Mann, dem man sich vorsichtig näherte – oder gar nicht.

Als die letzten Teller abgeräumt waren, faltete Marlowe befangen seine Hände, die erste Geste dieser Art, die Elizabeth bei ihm gesehen hatte, und sagte: »Ich möchte nicht unhöflich erscheinen, aber vielleicht sollten wir uns über den Verkauf der Plantage unterhalten.«

»Ihr seid ganz und gar nicht unhöflich, Sir. Das Thema liegt mir sehr am Herzen«, sagte Elizabeth.

»Dann darf ich Euch vielleicht ein Angebot unterbreiten, Ma'am. Sir?« Marlowe nickte dem Kommissionär zu. »Wären fünftausend Pfund vielleicht ein fairer Preis?«

Fünftausend Pfund Tabak, die Währung des Reiches an der Küste. Elizabeth bedachte dieses Angebot. Es war fair. Nicht übertrieben, nicht einmal großzügig, aber fair, und sie wünschte sich, diese Plantage möglichst bald los zu sein.

Doch wie die meisten Leute in Virginia besaß sie kaum Hartgeld, nur wenig Bares, und Geld brauchte sie nun dringend, nicht Tabak, den dieser Marlowe erst in einem halben Jahr würde ernten können.

»Nun...«, sagte der Kommissionär nicht übermäßig beeindruckt von diesem Angebot. »Wir setzen uns einigem Risiko aus, Sir. Schlechte Ernte, ein Preisverfall des Tabaks auf dem Markt. Es wäre möglicherweise besser...«

»Vielleicht solltet Ihr Folgendes bedenken, Sir«, warf Elizabeth ein. Ihre Interessen unterschieden sich von denen des Kommissionärs, und zwar erheblich. Der Kommissionär war auf den besten Preis aus, egal wie lange es dauern mochte, wohingegen sie sich wünschte, zumindest einen Teil in bar zu erhalten, und das schon bald. »Wäre es nicht vielleicht möglich, einen Teil davon in Hartgeld auszuzahlen und den Rest dann, wenn die Ernte eingefahren ist? Ich weiß, das ist viel verlangt, aber die Umstände zwingen mich dazu.«

Der Kommissionär betrachtete sie finsteren Blickes, doch sie ignorierte ihn und versuchte auch, die Verwirrung auf Marlowes Miene zu ignorieren. Er warf einen Blick zu Bickerstaff, doch der Ältere sah nicht minder verblüfft aus.

»Ihr bringt mich in Verlegenheit, Ma'am«, sagte er schließlich. »Im Augenblick besitze ich weder Land noch Tabak...«

»Natürlich nicht«, sagte Elizabeth ein wenig ärgerlich, Marlowe sah nicht wie ein Narr aus, verhielt sich jedoch wie einer. »Ich hatte angenommen, dass die fünftausend Pfund Tabak, die Ihr bietet, von Eurer ersten Ernte nach dem Erwerb der Plantage stammen. Dagegen habe ich nichts einzuwenden, was aber meine momentane Lage anbetrifft...«

»Tabak?«, unterbrach Marlowe. »Dachtet Ihr, mein Angebot bestünde aus fünftausend Pfund Tabak?«

»Aber sicher«, sagte der Kommissionär. »Tabak ist die übliche Währung dieser Kolonie. Was gibt es hier anderes?«

»Mein Angebot stand bei fünftausend Pfund Sterling, Sir. Gold und Silber, falls das für Euch annehmbar sein sollte.«

Nur mit allergrößter Mühe gelang es dem Kommissionär, seinen Tee nicht über den ganzen Tisch zu verschütten, und selbst Elizabeth hatte Schwierigkeiten, ihre Reaktion im Zaum zu halten. Fünftausend Pfund in Gold und Silber? Das hatte es in der bargeldarmen Kolonie noch nicht gegeben. Es war ein exorbitanter Preis für die Plantage.

»Ja, das wäre annehmbar«, sagte der Kommissionär, nachdem er sich eilig gefangen hatte. »Wollt Ihr Eure Bank in England unterrichten?«

»Das wird nicht nötig sein, Sir. Ich habe die Mittel hier.«

Sie starrte Marlowe an. Er hatte fünftausend Pfund in Gold und Silber bei sich? Sie dachte nicht daran, ihn zu fragen, wieso er fünftausend Pfund in bar hatte. Und sie wollte ihn mit Vorsicht behandeln. Mit großer Vorsicht.

Aber vielleicht, dachte sie, während sie zu jener Tür hinübersah, hinter der er mit dem Gouverneur verschwunden war, wäre es nun an der Zeit, diese Vorsicht etwas zu lockern.

Gerüchte um Marlowes Vergangenheit wurden überall in der Kolonie laut: Er sei der dritte Sohn des Grafen von Northumberland, er sei ein ehemaliger Kapitän, den man des Dienstes enthoben hatte, er sei ein ehemaliger Pirat, er sei der Bastard des alten Königs. Sie glaubte nichts von alledem.

Doch Marlowe war wohlhabend, und sein Einfluss wuchs. Während er sich offensichtlich Mühe gab, sich bei den mächtigen Familien an der Küste einzuschmeicheln, ließ er sich doch weder von ihnen noch von sonst jemandem auch nur im Geringsten einschüchtern. Der Gouverneur lieh ihm sein Ohr. Vielleicht war er ein Verbündeter, den sie pflegen sollte.

Jetzt aber war er fort, und nichts konnte sie vor der unerwünschten Aufmerksamkeit eines Matthew Wilkenson retten.

»Allair ist seines Amtes enthoben«, sagte Gouverneur Nicholson, nahm die Rechnung und legte sie wieder auf den Stapel mit Papieren. »Ich denke, als Vizeadmiral liegt es im Rahmen meiner Befugnisse, solches zu bewirken, und wenn nicht: Tut mir ehrlich Leid, muss ich sagen. Ich werde nicht zulassen, dass ein Dieb im Gewande eines Offiziers der Königlichen Marine Amok läuft. Nicht einmal von Piraten und Ganoven sind wir so erniedrigt worden wie von ihm.«

»Nun, Sir, es tut mir ehrlich Leid, derart zu Allairs Niedergang beigetragen zu haben«, begann Marlowe. Doch der Gouverneur schnitt ihm das Wort ab.

»Unsinn, es war nicht Eure Schuld, und ehrlich gesagt, bin ich froh, dass es ans Licht gekommen ist. Aber wartet, genau darüber möchte ich mit Euch sprechen. Die Kolonie darf nicht ohne Wachschiff sein. In Schwärmen treiben sich Piraten an den Capes herum, und hat sich die Nachricht von Allairs Gefangenschaft erst herumgesprochen, werden sie über uns herfallen, weil sie nichts zu befürchten haben. Und Ihr, Sir, seid nun selbst ehemaliger Marineoffizier...«

»Bitte, Gouverneur«, unterbrach er ihn und hob die Hand. »Ich war Kapitän auf einem Kaperschiff, nicht Teil der Flotte. Ich hatte keinen offiziellen Auftrag, wenn ich auch im letzten Krieg an mancher Aktion der Marine teilgenommen habe.«

»Ja, natürlich, ein Kaperschiff. Aber dennoch besitzt Ihr die Erfahrung mancher Seeschlacht. Und da Ihr ein Gentleman mit einigen Manieren seid, kann kein Zweifel an Eurer Eignung als Marineoffizier bestehen. Was ich fragen will, Sir: Wollt Ihr das Kommando der *Plymouth Prize* übernehmen? Zumindest so lange, bis wir mit der Admiralität kommuniziert haben und uns ein offizieller Ersatz für Allair geschickt wurde?«

Marlowe lächelte. »Wenn es meinem König und meiner

neuen Heimat hilfreich wäre, Gouverneur, so will ich hocherfreut zu Diensten sein.«

Und hocherfreut war er allerdings.

Marlowe hatte sich Allairs Benehmen an Bord der *Plymouth Prize* mit angesehen, seine kleinen Gaunereien, ehrbaren Kaufleuten Kleinigkeiten zu stehlen... er fand es inakzeptabel. Er konnte es nicht ertragen, mit anzusehen, wie das Wachschiff derart missbraucht wurde, um ein paar Pennys zu verdienen. Nicht, wenn er doch wusste, dass das Schiff in seinen eigenen Händen ein Vermögen einbringen und gleichzeitig dazu beitragen konnte, dass der Name Marlowe in der besseren Gesellschaft der Kolonie zum Range eines Rolfe, eines Randolph oder Wilkenson aufsteigen konnte.

»Sollten wir nicht vielleicht wieder zum Ball zurück?«, fragte Marlowe, aus Sorge, der Gouverneur sei nicht so leicht zu bremsen, wenn das Thema erst auf das Wachschiff kam. Noch immer dachte er an die liebreizende Mrs. Tinling, und er war nach wie vor entschlossen, an sie heranzutreten.

»Ja, natürlich, nur lasst uns in dieser Sache bitte einig sein. Ihr werdet das Kommando der *Plymouth Prize* übernehmen, sobald es Euch bequemlich ist?«

»Das werde ich.«

»Ausgezeichnet, ausgezeichnet. Schickt mir morgen einen Mann, und ich werde den Befehl offiziell machen, Eure Ernennungsurkunde aufsetzen. Dann könntet Ihr an Bord gehen, sobald Ihr so weit seid.«

»Dann wäre alles geregelt, Sir«, sagte Marlowe und stand auf, als wollte er gehen.

»Ja, fast, bis auf eine Kleinigkeit...«, sagte der Gouverneur, der halbwegs stand und sich dann wieder setzte.

»Die wäre?« Auch Marlowe setzte sich.

»Tatsache ist, dass Allair anscheinend beabsichtigt, das Schiff zu behalten. Ich habe ihm den Befehl erteilt, das Kommando abzugeben und sich bei mir zu melden, nur weigert er sich bisher und bleibt an Bord...«

Schweigend saßen sie einen Moment lang da und dachten beide das Gleiche: Man würde die *Plymouth Prize* ihrem gesetzmäßigen Kommandeur mit Gewalt entreißen müssen. Was gab es da noch zu sagen? Nichts. Das zumindest schien die Ansicht des Gouverneurs zu sein. Schließlich stand er auf, lächelte und streckte die Hand aus, welche Marlowe schüttelte.

»Nun, wir sollten wieder auf den Ball gehen«, sagte er. »Ich zweifle nicht daran, dass Ihr Mittel und Wege finden werdet, diesen Schurken vom Schiff zu vertreiben. Euer König und Euer Land stehen dafür tief in Eurer Schuld.«

Allerdings, dachte Marlowe. Tatsächlich aber teilte er Nicholsons Zuversicht, dass er Allair von seinem Schiff entfernen konnte wie einen Splitter aus dem Daumen, und dieser Gedanke bereitete ihm keinerlei Sorgen.

Und was diese Schuld anging, die sein Land ihm gegenüber haben mochte, war er gleichermaßen zuversichtlich, dass sich die *Plymouth Prize* dafür nutzen ließe, diese Schuld vielfach zu begleichen.

3

»Elizabeth.« Matthew Wilkenson mit dem breiten Grinsen anmaßenden Selbstvertrauens. »Darf ich um diesen Tanz bitten?«

»Mrs. Tinling.«

»Wie belieben?«

»Sprecht mich als ›Mrs. Tinling‹ an. Ihr erlaubt Euch große Freiheiten, Sir.«

»Oh, Mrs. Tinling?« Er grinste noch breiter. Elizabeth spürte, wie mit diesem Grinsen auch ihr Zorn und Abscheu wuchsen. »Euer Gatte weilt nun schon fast zwei Jahre nicht mehr unter uns, und Ihr, Ma'am, seht nicht so aus, als würdet Ihr noch trauern.«

»Ob ich trauere oder nicht, Sir, kann kein Grund für Euch sein, unhöflich zu werden.«

»Verzeiht mir, Mrs. Tinling.« Wilkenson verneigte sich tief. »Darf ich um diesen Tanz bitten, Mrs. Tinling?«

»Mir ist nicht wohl in dieser Hitze, Mr. Wilkenson, und ich glaube nicht, dass mir in absehbarer Zeit nach Tanzen zu Mute sein wird.«

Wilkenson richtete sich auf und sah ihr in die Augen. Seine Miene hatte ihren arroganten, selbstzufriedenen Ausdruck eingebüßt. »Ihr habt keinen Grund, mit diesem Spiel noch weiter fortzufahren. Ich bin es leid.«

»Ich weiß nicht, von welchem Spiel Ihr sprecht. Ich möchte nicht tanzen.«

»Aber ich, und ich denke, es wäre zu Eurem Besten, mit mir zu kooperieren.«

»Ach ja? Und glaubt Ihr, weil die Tinlings und Wilkensons so gute Freunde sind, wäre ich Euch zu Dank verpflichtet? Glaubt Ihr, es sei meine Pflicht, mich Euren niederen Marotten zu unterwerfen?«

Wütend sah Wilkenson sie einen langen Augenblick an. »Pflicht? Nein, es ist nicht Eure Pflicht mir gegenüber. Aber vielleicht Euch selbst gegenüber. Eure Stellung hier in dieser Kolonie ist schwach. Das wisst Ihr. Und Ihr könnt nirgendwohin. Ich hatte einige Korrespondenz mit William Tinling seit dem Tode seines Vaters, müsst Ihr wissen. Er hat mir viel erzählt. Ich schlage also vor, dass Ihr bedenkt... mir gefällig zu sein.«

»Sonst?«

»Sonst könntet Ihr feststellen, dass Eure Stellung gänzlich unhaltbar wird. Nur ungern würde ich hören, dass Geschichten verbreitet werden, und ich denke, solches ließe sich am besten durch eine Allianz zwischen Euch und mir verhindern.«

Elizabeth wich seinem hasserfüllten Blick nicht aus. Vor sechs Monaten schon hatte Matthew Wilkenson seinen Annäherungsversuch begonnen. Doch damals hatte er sie nur ins Bett bekommen wollen, weiter nichts. Sie hatte animalische Begierde in sämtlichen Ausformungen gesehen und kannte deren Antlitz.

Jetzt war es anders. Jetzt war es niedere Begierde, gepaart mit verletztem Stolz und dem Zwang, etwas besitzen zu müssen, das man ihm verwehrte. Wilkensons waren – ganz wie die Tinlings – nicht daran gewöhnt, dass man ihnen etwas verwehrte. Es trieb sie zur Raserei.

Und am Ende würde er gewinnen. Sie wussten es beide. Er konnte ihr das Leben in der Kolonie unerträglich machen. Sie konnte nicht nach London zurück, und selbst mit dem Geld, das sie aus dem Verkauf der Plantage bekommen hatte, blieb ihr nicht genug, um sich in einer anderen Stadt niederzulassen, wenn denn eine allein stehende Frau, mochte sie auch Witwe sein, überhaupt allein reisen konnte. Sie konnte sich seiner erwehren, doch am Ende würde er sie bekommen, und je länger sie aushielt, desto schlimmer würde er sie dafür büßen lassen.

»Also gut, Sir. Diesen einen Tanz«, sagte sie zwischen zusammengebissenen Zähnen hindurch. Sie hob den Arm, damit er sie auf die Tanzfläche führen konnte.

»Amüsierst du dich?«, fragte Marlowe Bickerstaff, als er mit dem Gouverneur wieder im Ballsaal war.

»Nein.«

»Oh, das glaube ich aber doch.«

Bickerstaff rümpfte zur Antwort nur die Nase. »Dein Gespräch mit dem Gouverneur? War es gut?«, fragte er. Er klang, als sei es ihm völlig egal, doch Marlowe wusste, dass die Neugier an ihm nagte.

»Also schön. Er hat... Ist das Matthew Wilkenson, mit dem Mrs. Tinling da tanzt?«

»Ja, ich glaube schon. Also, was hat der Gouverneur getan?«

»Er hat Allair seines Amtes enthoben und mich gebeten, das Kommando auf der *Plymouth Prize* zu übernehmen. Ich hatte immer angenommen, es gäbe eine gewisse Animosität zwischen Mrs. Tinling und diesem Bengel von Wilkenson. Sie wird sich doch wohl nicht an ihn vergeuden?«

»Der Gouverneur hat dir das Kommando über das Wachschiff gegeben?«, sagte Bickerstaff. Seine Stimme klang ungläubig, mehr noch als Marlowe von ihm gewohnt war. »Einen Offizier des Königs entlassen? Und alles wegen dieser Sache mit dem Silber?«

»Das und anderes«, sagte Marlowe und wandte den Blick nicht von den Tänzern ab. »Du wirst zugeben, dass Allair kaum als Kapitän eines königlichen Schiffes geeignet war. Ist das der erste Tanz, den sie gemeinsam tanzen?«

»Ja. Und Mrs. Tinling schien mir nicht sonderlich begeistert, wie du zweifelsfrei erleichtert zur Kenntnis nehmen wirst. Also hat man dich zum Offizier ernannt? Zum Kapitän der Königlichen Marine?«

»Soweit es in der Macht des Gouverneurs liegt, eine solche Ernennung auszusprechen. Sie wird befristet sein, vielleicht, aber ja, ich werde zum Offizier ernannt.«

Darüber musste Bickerstaff wirklich grinsen. »Na, das ist doch wohl eine Ironie des Schicksals, oder nicht?«

»Ich sehe nicht ganz, wieso.«

»Es scheint mir doch ein großer Zufall zu sein, dass

Nicholsons Silber am Ende auf deinem Tisch stand und eine Woche später der Gouverneur zum Essen eingeladen wird. Bist du ganz sicher, dass das ein Zufall war?«

Marlowe löste seinen Blick vom Tanzparkett und sah Bickerstaff in die Augen. Gelegentlich bot Bickerstaffs übertriebener Sinn für Edelmut Anlass zu Ärger. »Es war ein Zufall, sei versichert«, sagte er und überließ es Bickerstaff, ihm zu glauben oder nicht. Er wandte sich wieder den Tanzenden zu. Elizabeth lächelte, wenn dieser Ausdruck auch nicht gänzlich echt zu sein schien. »Verdammt noch eins.«

»Und wann sollst du das Kommando übernehmen?« Bickerstaff drängte nicht weiter, was das Silber anging.

»Sobald es passt.« Die Musik endete, Wilkenson verneigte sich vor Elizabeth, und Elizabeth machte einen Knicks; dann nahm Wilkenson ihren Arm und führte sie von der Tanzfläche. »Verdammt noch eins«, knurrte Marlowe noch einmal und sagte dann zu Bickerstaff: »Es gibt da nur ein kleines Problem.«

»Was mag das sein?«

»Allair ist offenbar nicht bereit, das Schiff zu übergeben.«

»Und was willst du tun?«

»Wir, mein Lieber, wir. Wir werden ihn davon überzeugen, wie wünschenswert es wäre.«

Marlowes Aufmerksamkeit galt nun ausschließlich den Gästen auf der gegenüberliegenden Seite des Saals. Wilkenson hatte Elizabeth zur Meute seiner Freunde geführt, allesamt aus dem gleichen Holz geschnitzt. Feine, reiche Dandys. Familien, die Virginia schon seit Generationen bevölkerten.

Marlowe hasste die Arroganz dieser Leute, die Verachtung, die sie gegen jeden hegten, der nicht ihrer Schicht entstammte. Sie stand seinem eigenen Streben nach dem Ansehen der kolonialen Elite im Wege. Er gab sich alle Mühe, nicht daran zu denken.

Jetzt aber war es nicht zu ignorieren. Nach wie vor hielt Wilkenson Elizabeths Arm, und obwohl ihre Bewegungen kaum auszumachen waren und die Leute ihm die Sicht versperrten, schien es Marlowe doch, als missachte er ihren Wunsch, losgelassen zu werden. Sie schien an ihm zu zerren, wenn auch nur leicht. Wilkenson und seine Freunde lachten über irgendeinen Scherz. Auch Elizabeth lächelte. Marlowe war sicher, dass sie sich zu diesem Lächeln zwang.

»Marlowe«, sagte Bickerstaff leise. »Vielleicht sollten wir lieber gehen. Ich fürchte, die Ochsenkutteln lasten schwer auf meinem Magen.«

»Halt noch etwas aus. Vorher würde ich mich gern noch mit ein paar Freunden unterhalten.« Marlowe ließ ihn stehen und machte sich auf den Weg durch den Saal. Er sah, dass Leute miteinander tuschelten, als sie ihn kommen sahen, Kichern und Blicke in seine Richtung. Er fürchtete, dass seine Wangen rot wurden.

»Sir«, sagte er zu Matthew Wilkenson, als er am anderen Ende des Ballsaals angekommen war, »Ihr scheint Euch über einen Scherz zu amüsieren, Ihr alle hier, und nur allzu gern würde ich wissen, was Euch erfreut.«

»Wir lachen über einen sehr privaten Scherz.« Wilkenson sah nicht Marlowe an, sondern seine Gefährten, die noch immer wie Idioten kicherten. Er war halb betrunken, grinste sein dämliches, arrogantes Grinsen und sah Marlowe nie offen in die Augen, sondern schwankte zwischen ihm und seiner Sippe.

»Und ich würde gern wissen, worüber Ihr lacht«, sagte Marlowe. »Und Ihr, Ma'am«, er wandte sich Elizabeth zu, »amüsiert Euch dieser Gentleman, oder würdet Ihr Euch wünschen, dass ich seine Hand von Eurem Arm entferne?«

»Bitte, Sir, das ist nicht Eure Angelegenheit.« Elizabeths Stimme hatte einen verzweifelten, gedemütigten Unterton.

»Ja«, sagte Wilkenson, »das ist nicht Eure Angelegenheit.«

»Wenn eine Lady eine Schmähung zu erdulden hat, Sir, dann ist das ganz sicher meine Angelegenheit.«

»Oh, Ihr seid wahrlich ein Edelmann.« Gelächter prustete zwischen Wilkensons geschlossenen Lippen hervor, als könnte er sich nicht beherrschen. »Anscheinend haben wir es heute Abend mit überreichlich vorgetäuschtem Edelmut zu tun.« Er warf Marlowe einen kurzen Blick zu, dann sah er wieder zu seinen Freunden.

»Das solltet Ihr mir wohl erklären, Sir«, sagte Marlowe. »Aber erst nehmt Ihr die Hand vom Arm dieser Lady.«

»Bitte, Mr. Marlowe, es geht mir gut«, sagte Elizabeth. Sie klang überhaupt nicht so.

»Ich kümmere mich um meine Angelegenheiten, Sir«, sagte Wilkenson, »und ich schlage vor, Ihr tut es ebenso. Schert Euch fort, neureicher Niggerfreund.« Er drehte sich um und grinste seine Freunde Beifall heischend an. Doch die wurden nun unruhig und belohnten ihn nur mit halbem Lächeln und gedämpftem Glucksen.

»Ich sagte: Nehmt Eure Hand vom Arm dieser Lady.«

Marlowe packte Wilkensons Finger mit hartem Griff und riss sie von Elizabeths Arm, so leicht, als nähme er ein Spielzeug aus einer Kinderfaust.

Schließlich schaffte es Wilkenson, sich aus Marlowes Griff zu befreien. »Ihr legt Hand an mich, Bastard?«

»Ich werde meinen Stiefel an Euren Arsch setzen, Sir, wenn Ihr Euch bei der Lady nicht entschuldigt.«

»Marlowe, bitte«, flehte Elizabeth, doch es war längst zu spät.

Wilkenson war rot angelaufen und presste die Lippen zusammen. Hilfe suchend sah er sich nach seinen Freunden um, doch die wollten ihm nicht in die Augen blicken, und das schien ihn nur noch wütender zu machen. »Ihr wagt es, mich anzurühren? Meint Ihr, Euer verfluchtes Geld und die Lügen über Eure Herkunft könnten mich beeindrucken? Ich kann die Wahrheit wohl erraten, Sir, leichter als Ihr glaubt, und ich fürchte mich nicht, es anderen zu erzählen.«

»Wenn Ihr Angelegenheiten zwischen Euch und mir besprechen wollt, so können wir das tun, aber ich werde nicht zulassen, dass Ihr eine Lady beleidigt.«

»Nun, das ist ja prächtig«, sagte er, und seine Stimme war so laut, dass andere sich umwandten und zuhörten. »Ein Halunke und ein Lügner, ein Parvenü, der vorgibt, edlen Blutes zu sein, springt seinesgleichen bei, dazu noch einer Hure.«

Unnatürliche Stille breitete sich aus, als würden sie nicht an diesem Ball teilnehmen, der im Rest des Saales stattfand.

»Um der Harmonie in dieser Kolonie willen, wäre ich bereit, selbst diese Kränkung zu erdulden«, sagte Marlowe, »nur kann ich nicht zulassen, dass jemand solche Worte über eine Dame sagt. Mir bleibt nur, Genugtuung von Euch zu verlangen.«

Das ließ Wilkenson kurz stutzen, wenn auch nur für eine Sekunde. Hatte der blöde Hund es denn nicht erwartet? Marlowe staunte. Zu lange schon hatte man Wilkenson walten lassen, wie es ihm beliebte. Niemand begehrte gegen sein Betragen auf.

»Du lieber Himmel!« Elizabeth warf erst Wilkenson einen bösen Blick zu, dann Marlowe, und dann eilte sie davon.

Wilkenson sah ihr nach und wandte sich dann Marlowe zu. Er zögerte, und seine Augen wurden groß, dann schmal. »Schön und gut, dann sollt Ihr sie bekommen.« Die Arroganz in seiner Stimme war verflogen, ebenso der Frohsinn. Nun hatte er sich in echte Gefahr begeben. Wieder sah er seine Freunde an.

»Also gut, Sir. Ich werde Euch meinen Sekundanten schicken, damit er mit dem Euren konferiert«, sagte Marlowe. Dann drehte er sich um und kehrte dorthin zurück, wo Bickerstaff stand. Er wandte sich nicht um, um zu sehen, welche Reaktion seine Herausforderung auslöste.

»Du scheinst einige Bestürzung hervorgerufen zu haben«, sagte Bickerstaff, als Marlowe an seiner Seite stehen blieb.

»Das kann ich mir vorstellen. Ich habe den kleinen Wilkenson herausgefordert.«

»War das klug?«

»Klug oder nicht, ich hatte keine Wahl. Bist du mein Sekundant?«

»Die Frage ist unnötig.«

»Ich danke dir. Wärst du nun wohl so freundlich, mit seinem Vertrauten zu sprechen, um die Details dieser Sache zu klären? Ich werde draußen warten.«

»Es wird mir ein Vergnügen sein. Soll ich eine Begegnung im Morgengrauen vereinbaren?«

»Das wäre ausgesprochen wünschenswert.«

»Soll ich ihm die Wahl der Waffen lassen?«

»Sicher«, sagte Marlowe. »Er wird natürlich Pistolen wählen. Das tun sie alle.«

Die Stunde vor der Morgendämmerung war grau und dunkelgrün. Nebel hing wie ein leichter Vorhang in den Bäumen und verbarg beinahe das andere Ende des Feldes, auf dem sie sich treffen sollten. Die Luft war kühl, frisch und feucht. Und still, unendlich still. In weiter Ferne krähte ein Hahn, dann wieder einer, doch sonst war nichts zu hören. Es war ein Morgen, wie er für diese Küste so typisch war, und er machte sie zum schönsten Ort auf Erden, zum Garten Eden.

Marlowe und Bickerstaff standen da und warteten, während sich ihre Pferde am satten Gras gütlich taten, gänzlich ungerührt von dem Drama, dessen Zeugen sie bald werden sollten. Der frühe Morgen war die angenehmste Tageszeit, die sich in diesem Land im Frühling finden ließ, und Marlowe genoss die Stille dieses Ortes sehr. Sonnenstrahlen fielen durch den dichten Wald im Osten, das Licht gebrochen, da es durch tausend Blätter leuchten musste, und flackernd, so als würden die Bäume selbst brennen.

Er musste sich in Erinnerung rufen, weshalb er gekommen war.

»Ein schöner Morgen für ein Duell«, sagte er leise, da er die Stille nicht stören wollte. »Ich hoffe doch, dass wir eines erleben werden.«

»Ich kann mir nicht vorstellen, dass nicht.« Auch Bickerstaff sprach leise.

»Du bist ganz sicher, dass sie Zeit und Ort richtig verstanden haben?«

»Absolut. Sie werden kommen. Verlass dich drauf.«

Er teilte Bickerstaffs Zuversicht nicht. Sollte Wilkenson es vorziehen, seine Herausforderung nicht anzunehmen, konnte Marlowe ihn mit Fug und Recht einen Feigling schimpfen. Wenn aber er und seine Freunde ihn gänzlich ignorierten, ihn keines Gedankens für würdig erachteten, mochte die Beleidigung nur noch umso schwerer wiegen. Marlowes Streben danach, in der Gesellschaft Virginias wie ein Phoenix aufzusteigen, wäre hinfällig.

Schon machte er sich ernstlich Sorgen, als Bickerstaff zum anderen Ende des Ackers nickte.

Eine Kutsche mit sechs Pferden kam geräuschvoll den Weg entlang, machte der morgendlichen Stille ein Ende. Es war ein großes, gelbes Ding mit einem Wappen an der Tür, und Marlowe erkannte es als das der Wilkensons. Er und Bickerstaff sahen schweigend hinüber, als die Kutsche übers freie Feld kam und drei Meter vor ihnen hielt.

George Wilkenson, Matthews älterer Bruder und offenbar

sein Sekundant, stieg aus, gefolgt von Jonathan Small, einem Arzt, dem prominentesten in Williamsburg.

»Guter Gedanke, einen Arzt mitzubringen«, sagte Bickerstaff.

»Den werden sie nicht brauchen«, sagte Marlowe. »Sie hätten lieber einen Priester mitbringen sollen.«

Wilkenson hatte Pistolen gewählt, was Marlowe nicht überraschte. Seine Sorte, im Grunde ihres Herzens Feiglinge, wusste es nicht besser. Mit Schwertern hieß es Hauen und Stechen, Angriff und Rückzug, eine Auseinandersetzung, die sich in die Länge ziehen konnte und Gelegenheit für Unbill bot. Mit Pistolen hieß es: ein Schuss pro Mann, die Ehre zügig wiederhergestellt und kaum Gelegenheit, Schaden anzurichten. In den meisten Fällen zumindest hielt sich der Schaden in Grenzen.

Trotz alledem sah Matthew Wilkenson an jenem Morgen nicht sehr gut aus. Er war ziemlich blass, fast bleich, mit leichtem Zittern in den Händen. Unruhig sah er sich um, während Bickerstaff und George die Pistolen prüften, je eine für ihren Schützling wählten und sie luden.

Marlowe beobachtete den jungen Burschen, der seine Finger ineinander drehte, während sein Bruder die Pflichten eines Sekundanten tat, und Marlowe merkte, wie dieses seltsame Tier namens Gewissen an ihm nagte und nagte.

Was ist das für ein Tier?, dachte er. Er war sehr wohl im Recht, Genugtuung zu fordern, nach den Beleidigungen, denen er sich ausgesetzt sah, vor allem aber, um Elizabeths Ehre zu verteidigen.

»Bickerstaff«, sagte er seufzend, »sei so gut und sag dem jungen Wilkenson, wenn er seine Bemerkungen vor denen widerruft, die dabei Zeugen waren, sich bei Mrs. Tinling entschuldigt und schwört, nie mehr solche Lügen zu verbreiten, will ich die Ehre als wiederhergestellt betrachten.«

Bickerstaff sagte nichts, hob nur eine Augenbraue und

ging dann durch das feuchte Gras zum Lager der Feinde hinüber. Marlowe konnte nicht hören, was gesagt wurde, doch sah er an Wilkensons Bewegungen, dass Bickerstaffs Worte ihn nur ermutigten. Missdeutete der Bengel seine Nächstenliebe als Furcht, sein Angebot als Versuch, die eigene Haut zu retten? Er sah, dass Matthew sich aufrichtete und den Kopf schüttelte. Bickerstaff nickte, kehrte um und kam zurück.

»Er sagt, so leicht sollst du der tödlichen Gefahr nicht entkommen«, berichtete Bickerstaff, »aber falls du die Herausforderung zurücknehmen willst, wird er, Christ, der er ist, dir selbiges gestatten.«

»Wie überaus edel. So etwas sieht man heute selten. Glaubt er, ich hätte Angst?«

»Ich denke schon. Aus deinem Versuch, die Flucht zu ergreifen, hat er einiges an Mut geschöpft.«

»Also gut«, sagte Marlowe. »Mag er auch bis zum Ende ein Narr bleiben, wird er doch zumindest nicht als Feigling sterben.«

Das Protokoll, wie es Bickerstaff und George Wilkenson arrangiert hatten, sah vor, dass die beiden Duellanten zehn Schritte auseinander standen, den Rücken einander zugewandt, um sich dann auf Kommando umzudrehen und zu schießen. Die Sekundanten schritten die Entfernung ab, und der junge Wilkenson und Marlowe nahmen ihre Plätze ein.

Marlowe stand still da, hielt die Pistole vor der Brust und sah aufs Feld hinaus. Wie konzentriert doch die Gedanken in einem solchen Augenblick sind, dachte er, wie scharf einem plötzlich alles erscheint. Der Duft von feuchtem Gras, der Geruch von leicht brackigem Wasser in der Luft; die Bäume, jetzt in gelblich rotes Licht getaucht, ragten über ihren langen Schatten auf. Alles schien so... gegenwärtig. Nicht zum ersten Mal hatte er solche Gedanken. Er verstand sehr wohl, wieso manche Männer süchtig nach Duellen waren.

»Fertig!«, rief George Wilkenson. Marlowe hörte die Anspannung in seiner Stimme. Es kam ihm in den Sinn, dass Matthew Wilkenson ein exzellenter Schütze sein mochte, dass er, Marlowe, vielleicht allen Grund hatte, sich zu fürchten. Das aber tat er nicht.

»Kehrt und Feuer!« Er fuhr herum, hielt die Waffe noch vor seiner Brust, stand Wilkenson in acht Meter Entfernung gegenüber. Auch Wilkenson fuhr herum, so schnell er konnte, hob dabei die Waffe an, wollte in jedem Fall zuerst schießen. Marlowe sah die Rauchwolke noch in der Drehung, das Blitzen der Mündung, als die Pistole losging.

Wilkenson war ein guter Schütze, ein sehr guter Schütze sogar. Marlowe spürte, wie die Kugel an seinem Rock zupfte, hörte sie gefährlich surren, als sie vorüberflog. Wäre Matthew nicht derart in Panik gewesen, wäre Marlowe tot gewesen. Doch nun hatte Marlowe alle Zeit der Welt, zurückzuschießen.

Er hob seine Waffe und richtete sie auf Wilkenson Kopf. Wilkenson taumelte einen Schritt rückwärts, dann noch einen, ganz im Widerspruch zum Protokoll, durchlebte das Entsetzen, das abgrundtiefe Entsetzen des nahen Todes. Marlowe hatte es schon oft gesehen, in den Augen von mehr Männern, als ihm lieb war. Er würde Wilkenson nicht lange leiden lassen.

Er brachte das Ende seines Laufes auf eine Höhe mit Wilkensons Kinn. Das leichte Ansteigen der Kugel im Flug würde sie ihm direkt durch die Stirn treiben. Sein Finger strich über den Abzug, ertastete den Widerstand der Feder.

Und dann überlegte er es sich anders.

Was zum Teufel passiert mit mir?, dachte er, als er die Waffe nur um den Bruchteil einer Daumenbreite sinken ließ und auf Wilkensons Schulter zielte. Wenn er den kleinen Dreckskerl nicht tötete, standen die Chancen gut, dass die Gerüchte von neuem begannen. Aber dennoch konnte er es nicht tun. Er konnte ihn nicht töten.

Ich bin ein Narr, und ich werde es bereuen, dachte er.

Marlowe brauchte nur drei Sekunden, um zu dieser mildtätigen Entscheidung zu gelangen, doch das war länger, als Wilkensons Courage bestehen konnte.

»Nein! O Gott, nein!«, schrie Matthew Wilkenson, wand sich, duckte sich, als Marlowe gerade abdrückte. Die Kugel, sorgsam auf Wilkensons Schulter gezielt, traf ihn mitten in den Kopf.

Durch die Wolke aus grauem Qualm sah Marlowe, wie Wilkenson vom Boden abhob, buchstäblich von den Beinen gerissen wurde und rückwärts flog, die Arme ausgebreitet. Im blutigen Sprühregen von seinem Hinterkopf fing sich das Licht der frühen Morgensonne. Dann blieb er auf dem Rücken liegen.

»Oh, mein Gott! Oh, mein Gott!« George Wilkenson lief dorthin, wo sein Bruder lag. Auch Marlowe ging hinüber, fast schlendernden Schrittes, und Bickerstaff schloss sich ihm an.

»Beinahe hätte er dich erwischt«, bemerkte Bickerstaff mit einem Blick auf den Riss in Marlowes Ärmel, gleich unterhalb der Schulter. Zwanzig Zentimeter von seinem Herzen entfernt.

»Beinahe.«

Matthew Wilkenson lag im Gras, Arme und Beine ausgestreckt, die toten Augen offen, gen Himmel gerichtet. Er hatte eine Spur zurückgelassen, wo er durch den Morgentau geglitten war. In seiner Stirn fand sich ein Loch von der Größe einer Dublone. Der Kopf lag in einer wachsenden Blutlache. Dr. Smith beugte sich vor und schloss Matthews

Augen. George Wilkenson lag auf Händen und Knien und erbrach sich.

Marlowe schüttelte den Kopf, als er den toten Mann betrachtete. Es tat ihm Leid, dass der junge Wilkenson umgekommen war, denn er hatte ihn nicht töten wollen. Reue empfand er nicht. Zu viele Männer hatte er schon sterben sehen, zu viele selbst getötet, als dass er so hätte empfinden können. Es tat ihm nur Leid.

Nach einem langen Augenblick, in dem nur George Wilkensons Würgen zu hören war, sagte Marlowe: »Ich denke, der Ehre wurde damit Genüge getan.«

»Bastard! Ihr seid ein Schweinehund!« George Wilkenson sah zu ihm auf, und ein langer Faden von Erbrochenem hing von seinen Lippen. »Ihr habt ihn getötet.«

»Ja, das ist in einem Duell so üblich.«

»Ihr hättet ihn nicht töten müssen. Ihr hättet... Ihr hättet ihn nicht töten müssen.«

»Wäre er wie ein Mann stehen geblieben, statt wie ein Feigling zu zucken, dann wäre er noch am Leben.«

»Bastard! Hurensohn!«

»Jetzt passt mal auf«, Marlowe verlor langsam die Geduld, »vielleicht seid Ihr daran gewöhnt, zu schauspielern, wenn es um Ehrenhändel geht, ich aber nicht. Ich werde mir keine Schmähungen von Euch mehr anhören. Wenn Ihr glaubt, man hätte Euch Unrecht getan, schlage ich vor, Ihr spielt den Mann und tut etwas dagegen. Wir haben Pistolen da. Solltet Ihr Genugtuung fordern, dann lasst es uns gleich hier und jetzt austragen.«

Wilkenson sagte nichts, sondern sah Marlowe nur finsteren Blickes und mit feuchten Augen an.

»Ich würde sagen, es reicht für heute«, sagte Dr. Smith.

»Ich bin ganz Eurer Ansicht«, sagte Bickerstaff.

»Also gut.« Marlowe warf die Pistole weg. »Aber hört

mich an, Wilkenson. Euer Bruder hat mich in meiner Ehre angegriffen und eine Dame auf unverzeihliche Weise beleidigt. Dennoch habe ich ihm die Gelegenheit gegeben, sich zu entschuldigen und sein Leben zu retten. Also, Ihr könnt Eurer Familie und allen, die es angeht, sagen, dass jeder, der bösartige Gerüchte über mich verbreitet oder eine Dame beleidigt, der ich freundschaftlich verbunden bin, bereit sein sollte, mir auf dem Felde zu begegnen. Derartige Kränkungen werde ich nicht dulden. Guten Tag, Sir.«

Er drehte sich um und kehrte ans andere Ende des Ackers zurück, wohin sein Pferd gelaufen war. Er hörte Bickerstaffs Stiefel gleich hinter sich im Gras.

»Du hast gezielt, Marlowe. Ich habe es gesehen. Vielleicht machen wir doch noch einen Gentleman aus dir.«

»Wenn die Wilkensons typisch für diese Sorte Mensch sind, bin ich mir gar nicht sicher, ob ich einer sein möchte. Dieser Dummkopf. Ich habe ihm reichlich Gelegenheit gegeben, sein Leben zu retten.«

»Vielleicht ist das sanfte Völkchen dieser Kolonie nicht daran gewöhnt, dass Duelle mit dem Tode enden können.«

»Nun, wenn sie so tun wollen, als wären sie Männer, dann sollten sie sich besser gleich an die harte Gangart gewöhnen.«

Vielleicht war es so am besten, dachte er. Halbe Sachen konnten nicht genügen, wenn seine Ehre auf dem Spiel stand. Seine Ehre und die von Elizabeth Tinling.

Hätte sich Wilkenson öffentlich entschuldigt, wäre das eine gute Sache gewesen. Marlowe und Elizabeth wären entlastet, Wilkenson gedemütigt, und er hätte nie mehr ein Wort darüber verloren.

Hätte er jedoch ein Duell überlebt, wobei die Ehre wiederhergestellt gewesen wäre, hätten die Beleidigungen sicher wieder von neuem begonnen, nur diesmal vehementer. Wilkenson hätte mit der Schande, dass Marlowe ihn hatte leben lassen, keine Ruhe gefunden. Nein, Schmähungen und Anspielungen wie jene, die Matthew Wilkenson von sich gegeben hatte, durften nicht unerwidert bleiben. Sonst würden sie sich wie die Beulenpest ausbreiten, und Marlowe und Elizabeth würden auf ewig von der besseren Gesellschaft der Kolonie gemieden werden.

Nun, die Ehre ist wiederhergestellt, so dachte er. Matthew Wilkenson war für alle Zeiten zum Schweigen gebracht und George Wilkenson ein allzu großer Feigling, als dass er es riskierte, dem Schicksal seines Bruders nachzueifern. Die Gerüchte waren im Keim erstickt. Erstickt, wie Marlowe hoffte, bevor noch jemand darauf kam, was Wahres daran war.

4

Jean-Pierre LeRois taumelte aus einem Zelt, blinzelte und zwinkerte in der karibischen Sonne dieses späten Vormittags. Tränen rannen über seine Wangen. Sein Kopf schmerzte im grellen Licht. Er zog den ramponierten Hut tief über seine Augen, nahm noch einen Schluck aus der Whiskeyflasche in seiner Hand und blickte auf sein Reich.

Östlich lag, über den grünen Wald verstreut, der kleine Ort Nassau, in Wahrheit nicht mehr als ein paar Häuser, Geschäfte und Tavernen. Die Mehrheit der Inselbewohner, etwa zweihundert Männer und fünfzig Frauen, war über die halbe Meile Sand verteilt, auf der LeRois' Zelt stand. Doch waren sie, streng genommen, weder Bürger von New Providence noch von sonst irgendeinem Ort. Sie fuhren auf eigene Rechnung. Die Bruderschaft der Küste, die diese spärlich bevölkerte Insel erst kürzlich als beinahe ideale Basis für ihre Sippschaft entdeckt hatte. Sie waren Piraten.

Die Mannschaften der drei altersschwachen Schiffe, die nicht weit vom Strand vor Anker lagen, fühlten sich auf dem weißen Sand zu Hause. Sie schliefen, wo sie umgefallen waren, spielten, kochten oder aßen oder trieben Unzucht. Und sie alle tranken – alle, die noch bei sich waren, tranken bitteren Wein, Rachenputzer oder Rumfustian, ein Gemisch aus Bier, Gin, Sherry, rohen Eiern und allem, was zufällig zu haben war.

LeRois zog ein finsteres Gesicht. Er sah sich um. Seine Haut war so versengt, dass er eher wie ein Araber, nicht wie ein Franzose aussah. Die bartlosen Teile seines Gesichts waren von dunklen Flecken überzogen, wo sich verbranntes Schießpulver in seine Haut gegraben hatte.

Nachdenklich kratzte er sich am Kinn. Etwas Trockenes, Verkrustetes hing in seinem Bart, und er wusste nicht, was es sein mochte. Er roch den Gestank seiner eigenen Kleidung, seines schwarzen, fadenscheinigen Wollmantels, seiner wollenen Weste und des Leinenhemds, einst allesamt feine Gewänder. Er hatte die Angewohnheit, seine Kleidung zweimal im Jahr abzulegen – Mantel und Weste, Hemd, Hose und Strümpfe, die breite, rote Schärpe, die er um seine Taille trug – und alles zu verbrennen, um es dann durch neue Kleidung zu ersetzen, was immer er kaufen oder stehlen konnte.

Die neue Kleidung war ein Zeichen für sein Glück und das gottgegebene Recht zu befehlen. Doch war ihre letzte Reise nicht eben von Erfolg gekrönt gewesen. Er hatte keine Kleidung gefunden, die es wert war, gestohlen zu werden, und auch kein Geld, mit dem er neue kaufen konnte. Ein weiterer Schlag gegen seine schwindende Autorität.

Er trank einen großen Schluck aus der Flasche. Der Schnaps brannte, als er ihm durch die Kehle rann, doch es war ein beruhigendes Gefühl. Die Ränder seiner Nüchternheit trübten sich ein. Der Strand, die Zelte, der blaue Himmel und das klare, blaugrüne Meer schienen zu scharf, zu lebendig, zu real. Er nahm noch einen Schluck.

Er blinzelte gegen das grelle Licht der Sonne auf Sand und Wasser und suchte unter den Leibern nach William Darnall, dem Quartermeister der *Vengeance*, jenem arg heruntergekommenen Schiff, das seinem Kommando unterstand. Zumindest solange die Männer, die das Schiff segelten, einig waren, dass er das Kommando führen sollte. Solange er sie durch Erfolg, Einschüchterung und Brutalität dazu bewegen konnte, ihm zu gehorchen.

Fünfundzwanzig Jahre war es her, seit LeRois aus der Königlich Französischen Marine desertiert war. Damals war er ein sehr junger Kapitänsmaat gewesen, aber so lange hatte er den Männern schon erzählt, er sei *maître*, Kapitän, gewesen, dass er inzwischen selbst daran glaubte.

Seit fast zwanzig Jahren fuhr er nun auf eigene Rechnung, eine außergewöhnlich lange Karriere für einen Piraten. Sein Name war unter jenen, die das Meer befuhren, wohl bekannt. Andeutungen von Grausamkeit und ungeheuerlichen Ausschweifungen schwangen darin mit. Zutreffende Andeutungen, ganz nach LeRois' Geschmack.

Vor sechs oder sieben Jahren hätte niemand LeRois' Recht auf den Kapitänsrang angezweifelt. Als einer der ganz wenigen aus der Piratensippe war er stark und böse genug, dass er sich als unumstrittener Herr seines Schiffes gebärden durfte. Keine Abstimmungen, kein Streit, keine Gefährdung seiner Autorität. Solches war die Praxis auf anderen Schiffen. Auf seinem nicht.

So war es gewesen, bis er gegen den jungen Barrett angetreten war und verloren hatte.

Er zog ein finsteres Gesicht, als sein Blick über den Strand wanderte. Er hielt inne und blinzelte, als er ein vertrautes Gesicht sah. Nicht Darnall. LeRois brauchte einige Sekunden, bis er es einsortieren konnte. Das Gesicht schien wie Hitze zu schimmern, doch dann stöhnte er vor Überraschung auf und taumelte einige Schritte rückwärts durch den weichen Sand.

Es war Barrett. Er stand keine sechs Meter entfernt an ein paar Fässer gelehnt und grinste. Ganz wie LeRois ihn seit damals in Erinnerung hatte, ein schreckhafter, junger Bootsmann von siebzehn Jahren an Bord eines kleinen englischen Handelsschiffes, einem Opfer von LeRois und seiner Sippe.

»Hunds... fott!«, schrie LeRois, wobei der in die Länge gezogene Fluch als leises Knurren in der Kehle begann und zu einem Schrei heranwuchs. Er hob die Flasche über seinen Kopf. Der Junge verwandelte sich in den Mann, wie er ihn zuletzt gesehen hatte, als Blut von seinem Schwert rann, LeRois' Blut, und er ihm Lebewohl sagte.

LeRois holte mit der Flasche aus, und während er es tat, wurde ihm klar, dass Barrett nur eine Halluzination war, wieder eines dieser gespenstischen Phantome, die ihn mit Besorgnis erregender Regelmäßigkeit heimsuchten.

Die halb volle Flasche zerbarst an den Fässern, überschüttete den Mann, der dort in ihrem Schatten schlief, mit Glas und Whiskey. Er schreckte hoch, blickte sich um und sah LeRois dastehen, zitternd, das Schwert gezückt.

»LeRois, du bist ein gottverdammter Hundesohn. Verfluchter Irrer«, knurrte der Mann, kam auf die Beine und schlich von dannen. LeRois folgte ihm mit seinen Blicken. Es hatte Zeiten gegeben, in denen es niemand gewagt hätte, so etwas zu ihm zu sagen, in denen ihn niemand beleidigen und dann so einfach hätte stehen lassen können. Das war, bevor ihn dieses Dreckschwein in die Schranken gewiesen hatte.

Er spürte, dass etwas in ihm zerriss, unter dem Druck zerbarst. Wie eine sich langsam biegende Rah, die unter dem Druck eines Segels brach. Wie ein Stützbalken, der nachgab.

Die Vision des Jungen hatte ihn aus der Bahn geworfen. Und nun ignorierte ihn dieser Bastard, als stelle er keinerlei Bedrohung dar. Das war zu viel. Absolut zu viel. Jean-Pierre LeRois stellte eine Bedrohung dar, und es wurde Zeit, der Sippe diesen Umstand in Erinnerung zu rufen.

Er hatte es schleifen lassen, doch nun hatte er einen Plan, der sie alle reich machen sollte, und auch die Mittel, den Plan auszuführen. Dieser Gedanke gab ihm das Selbstvertrauen wieder, dessen er sich in jungen Jahren erfreut hatte. Es wurde Zeit, wieder das Kommando zu übernehmen.

Er wischte seine verschwitzte Hand am Rock ab und zog sein Schwert. Er stapfte über den Strand, starrte den Rücken des Mannes an, den er geweckt hatte. Tief sanken seine Schuhe in den groben Sand, und er spürte den heißen Kies unter seinen Strümpfen. Seine Schritte waren lautlos. Sein Atem ging schneller, obwohl er nur ein Dutzend Meter gelaufen war.

Zehn Schritte war er hinter ihm, als der Mann merkte, dass LeRois' Einmeterneunzig mit ihren zweihundertneunzig Pfund von hinten drohend näher kamen. Eilig fuhr er herum. Sein Blick zuckte von LeRois' Schwert zu seinen Augen und wieder zum Schwert. Er riss eine Pistole aus der Schärpe um seine Taille, spannte sie und zielte, doch lag es schon viele Jahre zurück, dass eine Pistole, die auf seinen Bauch gerichtet war, LeRois verunsichert hätte, und so stampfte er weiter.

LeRois hob sein Schwert über den Kopf. Ein animalischer Schrei wuchs in seiner Kehle. Das Schloss der Pistole klickte und nichts geschah. Die Augen des Mannes wurden groß, als er zu dem schimmernden Schwert aufsah, das der große Mann mit beiden Händen hielt.

»LeRois!«

LeRois hielt inne, warf einen Blick zur Seite, dann zur anderen. Er hatte seinen Namen gehört, klar und deutlich wie ein Pistolenschuss: »Le-roah!« Mit dieser hässlichen, englischen Aussprache, als hätten die verdammten Roastbeefs ihre Zungen nicht ausreichend im Zaum, elegante, französische Laute von sich geben zu können.

Aber hatte er tatsächlich etwas gehört? Oder hatte er es sich nur eingebildet? Überall standen Männer und beobachteten ihn. Waren sie real? Plötzlich war er seiner Sache nicht mehr sicher. Er schmeckte das Entsetzen hinten in seiner Kehle.

»LeRois!« William Darnall stapfte heran. Er blieb stehen, griff unter sein wollenes Hemd und kratzte sich. Spie Tabak in den Sand. »Ich würde sagen, wir sollten heute in See stechen.«

LeRois starrte ihn an. Darnall hatte seinen Namen gerufen. Sein Quartermeister. Er hatte es sich nicht eingebildet. »*Oui*, wir stechen in See.«

Darnall blinzelte ihn an, und er nahm das Schwert in Augenschein. »Was habt Ihr damit vor?«

LeRois betrachtete das Schwert in seinen Händen, als hätte er es nie zuvor gesehen. Er erinnerte sich an den Mann, den er hatte erschlagen wollen.

Er wandte sich um, doch der Mann war fort, und er konnte ihn zwischen den Piraten und Huren, die den Streit beobachtet hatten, nirgendwo entdecken. Ein Kampf auf Leben und Tod galt im Piratenlager als gute Unterhaltung. Wie ein ordentlicher Hahnen- oder Stierkampf.

LeRois zuckte mit den Schultern und schob sein Schwert zurück. »Elender *cochon*. Ich will ihn leben lassen«, sagte er zu Darnall, als wäre das eine Erklärung.

Lange und nachdenklich kaute Darnall auf seinem Tabak, dann spie er den nächsten braunen Strahl in den Sand. Mit dem Ärmel seines hellblauen Wollmantels, der einst ein dunkelblauer Wollmantel gewesen war, wischte er den Rest des

Speichels fort, der in seinem langen schwarzen Bart hängen geblieben war. Er schob den verblichenen, verbeulten, salzverkrusteten Hut auf seinem Kopf zurecht.

Wie LeRois trug auch er eine rote Schärpe um die Taille und darunter einen Ledergurt, in dem eine Machete und zwei Pistolen steckten. Statt Kniebundhosen trug er das weite Beinkleid eines gewöhnlichen Seemanns. Von Flöhen zerbissene Unterschenkel und Knöchel ragten unter dem ausgefransten Ende seiner Hosen hervor. Er war barfüßig.

Als Quartermeister war Darnall stellvertretender Kommandeur der *Vengeance*, obwohl er, wie die meisten Quartermeister der Piraten, das Schiff führte, bis auf die Gelegenheiten, bei denen sie sich auf einen Kampf einließen.

LeRois blinzelte ihn an. Darnall tat so, als wären sie alte Freunde. Zunehmend behandelte der Quartermeister ihn dementsprechend. LeRois sah in Darnalls Verhalten nichts von dem Zögern und der unterschwelligen Angst, die er einst bei allen Männern hervorgerufen hatte, und das irritierte ihn.

Er schwamm aus schwarzer Tiefe an die Wasseroberfläche. Vor so vielen Jahren hatte Barrett ihn besiegt, und es hatte ihn in die Tiefe gerissen. Doch nun sah er wieder Tageslicht über sich. Er würde auftauchen. Er würde wieder die Angst sehen.

»Was meint Ihr, Captain? Stechen wir heute Nachmittag bei Ebbe in See?«

LeRois war sicher, dass die Männer der *Vengeance* darüber gesprochen und es bereits beschlossen hatten. Vor einer Woche schon hatten sie das Kielholen abgeschlossen, hatten die Takelage eingerichtet und die Vorräte an Bord verstaut. Das Schiff war bereit.

Ihm war, als würden die Stützbalken seines Geistes weggleiten und splitternd auseinander brechen. Bald schon gäbe es keine Schauspielerei wie diese mehr. Er würde das Kommando wieder übernehmen.

»*Oui, farirez plus de voiles.* Bei Ebbe stechen wir in See.«

LeRois' Blick wanderte über den Strand zum schmalen Streifen Wasser zwischen New Providence und Hog Island, welcher den Hafen von Nassau darstellte. Dort lag die *Vengeance* vor Anker. Aus dieser Entfernung sah sie wie ein Wrack aus, kaum gut genug zum Ausschlachten. Es wurde Zeit, dass sich LeRois ein neues Schiff zulegte, eine neue Haltung, neues Glück.

Und nun gab es einen Plan. Eine grandiose Partnerschaft. Eingefädelt von seinem ehemaligen Quartermeister Ezekiel Ripley. Gerade so viel Planung, wie LeRois' Geist nach zwanzig Jahren der Gewalt und Krankheit, nach dem nahen Hungertod und verworfensten Ausschweifungen erbringen konnte.

Doch das war nun nicht mehr von Bedeutung. Er musste nur die hilflosen Händler plündern, die ihre Ladungen durch die Karibik segelten. Und dazu war er zweifelsohne in der Lage.

Es war kurz nach Mittag, als sie damit begannen, die Männer zur *Vengeance* hinüberzubringen. Unklugerweise hatte man das Beiboot an Land in der tropischen Sonne liegen lassen. Die Planken waren ausgetrocknet und geschrumpft, sodass Risse entstanden waren und diejenigen, die nicht ruderten, nun Wasser schöpfen mussten.

Alle außer LeRois. Er war der Kapitän. Damit wollte er nichts zu schaffen haben. Er sah die schiefen Blicke derjenigen, die für seine angebliche Überlegenheit nur Verachtung übrig hatten. Er ignorierte sie. Sie würden schon noch merken, dass er das Kommando hatte, und wer nicht, würde sterben.

Siebenmal mussten sie hinüberfahren, bis alle Männer an

Bord der *Vengeance* waren. Überwiegend waren es Engländer und Franzosen, aber es gab auch Schotten und Iren und Holländer, Schweden und Dänen. Alles in allem hundertvierundzwanzig Mann, drei Viertel davon weiß und aus fast allen seefahrenden Nationen Europas.

Schwarze stellten das restliche Viertel der Mannschaft. Einige waren entflohene Sklaven, die auf den Zuckerplantagen der Karibik alles gelernt hatten, was man über Grausamkeit wissen musste. Einige waren auf dem Weg zu den Auktionshäusern gewesen, als man sie den Opfern der *Vengeance* genommen und an Bord des Piratenschiffs gebracht hatte, wo sie niedere Arbeiten verrichteten – kochen, pumpen, das Rigg teeren, die Masten streichen – und sich den Weg in die Gemeinschaft der Piraten durch harten Einsatz in Schlachten verdient hatten.

Woher die schwarzen Männer auch gekommen sein mochten, sie gehörten jetzt zur Bruderschaft der Küste, waren vollwertige Mitglieder der Mannschaft. In der Alten wie der Neuen Welt war dies der einzige Ort, an dem Schwarze und Weiße gleichberechtigt Seite an Seite standen.

Und sie alle, Schwarze wie Weiße, waren schwer mit Waffen beladen. Und sie alle waren betrunken.

»Alle Mann ans Spill!«, rief Darnall vom Mitteldeck, und die Mannschaft der *Vengeance* schlurfte in verschiedene Richtungen davon, um ihren Aufgaben nachzukommen. Denen waren sie betrunken ebenso gut gewachsen wie nüchtern.

»Handspakenreep einrichten! Seisinge bereithalten!«

Eine halbe Stunde wurde nun geschlurft, wurden Gerätschaften verstaut und noch mehr Zeug aus den Schrotthaufen gegraben, die an Deck herumlagen, bis das Spill bereit war, dass der Anker gelichtet werden konnte. »Hiev auf!«, rief Darnall, und die Pallen begannen ihr stetes *Klick klick klick*, während die Männer die Ankerwinde drehten.

Am Bug hielten Seisinge das schwere Ankertau an der Kette, und die zwanzig Zentimeter dicke Trosse kam an Bord, verschwand unter Deck.

Die Aufgabe, das nasse Tau im Kabelgatt zu verstauen, tonnenweise Tau ordentlich zusammenzurollen, war eine dreckige, fürchterliche Aufgabe, und da es an Bord weder Sklaven noch Gefangene dafür gab, wurde es einfach nicht gemacht. Stattdessen ließ man das Tau so fallen, wie es fiel, und wenn es rottete, weil man es feucht verstaute, so war das egal. Jedes Schiff hatte Ankertau an Bord. Sie konnten sich immer neues nehmen.

LeRois stand hinten auf dem Achterdeck, mit verschränkten Armen, sah zu und sagte kaum etwas. Gab den Männern am Ruder gelegentlich Anweisung. Darnall war der Quartermeister, und er leitete das Manöver, wie er für alle prosaischen Vorgänge auf der *Vengeance* Verantwortung trug.

LeRois hatte nur eines zu tun: Er musste ihnen sagen, wohin die Reise ging. Er fragte sich, wie bereitwillig die Mannschaft wohl wäre. Ob er jemanden würde töten müssen, damit man seinen Befehlen Folge leistete. Vielleicht wäre es das Beste, damit sie gleich wussten, woran sie waren.

»Anker steht!«, rief Darnall. »Alle Mann an Segel und Fallen! Mal los, ihr faulen Säcke, hoch damit!«

Die Segel der *Vengeance* wurden nie verstaut, da sie zum Modern neigten, wenn man sie verstaute, vor allem aber bereitete das alles große Mühe, und man musste es nur wieder rückgängig machen, sobald es auf See ging. Aus diesem Grunde mussten auf der *Vengeance* nur die Topsegel mittels der Fallleinen gesetzt und der Anker ausgebrochen werden, und schon waren sie unterwegs.

»Lass gehen, lass gehen, ganz ruhig«, knurrte LeRois die Rudergänger an, als der Bug der *Vengeance* in Bewegung kam. Vorn zerrten die Männer an den Brassen, trimmten die

Segel auf den neuen Kurs, ohne dass jemand Befehle geben musste, ohne dass es auch nur das geringste Durcheinander gab. Faule Trunkenbolde, die sie sein mochten, waren die Männer der *Vengeance* doch vor allem erstklassige Seeleute, wie die meisten Piratenmannschaften, und sie wussten, was sie taten.

Die *Vengeance* ging auf Kurs, segelte westwärts aus dem Hafen von Nassau, während man dem Passat immer mehr Segeltuch gab: Großsegel, Bramsegel, Besansegel, Sprietsegel, gehisst und getrimmt mit aller Geschwindigkeit und Effizienz, die eine ausgezeichnete, wenn auch betrunkene Mannschaft an den Tag legen konnte.

Das Schiff selbst bot einen jämmerlichen Anblick. Laufendes Gut stapelte sich in Haufen entlang des Wassergangs und auf den Kanonen. Das lange Achterdeck und die Back, die das Schiff geziert hatten, als LeRois und seine Männer es übernahmen, waren verkleinert worden, um auf dem Mitteldeck mehr Platz zum Kämpfen zu haben. Nur hatte man die Arbeiten nicht ordentlich ausgeführt. Nach wie vor ragten hier und da die scharfen Kanten abgehackter Planken auf. Das Holz der einst überdachten Bereiche an Deck war insgesamt dunkler als an den offenen Stellen. An den großen, hellen Flecken im stehenden Rigg wurde deutlich, wo der Teer abgewetzt war. Die Farbe schlug in der Sonne Blasen und blätterte.

Auf der *Vengeance* wäre eine Menge Arbeit vonnöten gewesen, doch vergeudeten die Männer an Bord keinen Gedanken daran.

War das Schiff erst unterwegs, waren die Segel gesetzt, beanspruchte jeder für sich ein Stück vom Deck, auf dem er sitzen und das Gelage, das Spiel oder den Schlaf fortsetzen konnte... was immer er wegen des nachmittäglichen Treibens hatte unterbrechen müssen.

LeRois trat an die Reling des Achterdecks. »*Écoutez! Écoutez!* Hört zu, Männer!«

Manche setzten ihre Flaschen ab. Köpfe wandten sich ihm zu.

»Wir fahren zu den britischen Kolonien an der amerikanischen Küste. Hört ihr?«, sagte LeRois. »Das ist unser Kurs.«

Die Männer sahen einander an, manche nickten, andere schüttelten die Köpfe. Leises Gemurmel ging übers Deck.

Der Bootsmann meldete sich als Erster zu Wort. Das hatte LeRois erwartet. Er war Anwalt für Seerecht. Ein neuer Mann, der sich freiwillig gemeldet hatte. Er würde im nächsten Augenblick durch LeRois' Hand sterben, falls er allzu heftig Einwände äußerte. Um ein Exempel zu statuieren. »Ich denke, unten bei Panama müsste einiges zu holen sein, oder südlich von Florida.«

»Möglich«, sagte LeRois, »aber wir fahren an die amerikanische Küste.«

Schweigen schlich auf Katzenpfoten über Deck. Der Bootsmann hustete, stand auf, wo er sich an den Großmast gelehnt hatte. »Ich denke, wir sollten abstimmen. So steht es in den Statuten.«

Allgemeines Gemurmel wurde laut. »Ich denke, das ist sein gutes Recht«, sagte jemand kaum hörbar.

LeRois trat vor und stieg langsam die Leiter zum Mitteldeck hinab. Er sagte kein Wort. Das Gesicht des Bootsmanns schien vor seinen Augen zu verschwimmen. Er spürte die Erregung, als er ganz nah vor dem Mann stand. LeRois war wieder da, LeRois, der Teufel.

»Ich denke, wir sollten abstimmen. Mehr habe ich nicht gesagt«, begann der Bootsmann noch einmal. Er sah, dass seine Worte keinen Eindruck auf LeRois machten und griff nach dem Messer in seinem Gürtel.

LeRois packte das Messer bei der Klinge, als es eben aus

dem Leder kam, drehte es, schnitt sich die Hand daran und warf es weg. Mit der anderen packte er den Bootsmann unter dessen zottigem, ungleichmäßigem Bart am Hals und drückte zu, sah erfreut, dass der Mann die Augen aufriss, dass seine Fäuste kraftlos auf LeRois' Arm einschlugen – jedoch nicht weit genug reichten, um Gesicht und Körper zu treffen. Blindlings schlug der Bootsmann um sich, wurde schwächer und verzweifelter.

»Amerika, Kapitän, ganz wie Ihr sagt«, rief jemand, und allgemeine Zustimmung wurde unter jenen Männern laut, die LeRois so gut kannten, dass sie klug genug waren, ihn nach wie vor zu fürchten. LeRois stieß den keuchenden Bootsmann aufs Deck. Er spürte, wie das warme Blut von seinen Fingerspitzen tropfte.

»Sehr gut«, erwiderte er, stampfte heckwärts und sagte zu dem Mann am Ruder: »Nimm Kurs auf Nord-Nordwest.«

LeRois verriet den Männern nichts von seinen Plänen. Er hatte so eine Ahnung, dass sie ihm nicht glauben würden.

Das würden sie erst dann, wenn er sie allesamt zu reichen Männern gemacht hatte. Sobald sie nach Amerika kamen. Sobald sie vor den Capes kreuzten. Sobald sie in der Chesapeake Bay waren.

5

King James, der Majordomus des Hauses, stand in der Tür zu Marlowes leerem Schlafgemach. Mit dunklen Augen sah er sich im Zimmer um. Die Hausmädchen hatten das Bett mit militärischer Präzision gemacht. Sie hatten die Flasche Rum, die Flasche Wein und die halb leeren Gläser mitgenommen, hatten die Asche und den verstreuten Tabak aufgewischt und Marlowes Pfeife sorgsam auf dem Kaminsims abgelegt.

Sie hatten Seidenrock und Weste vom Boden aufgesammelt, denn James wusste, dass Marlowe beides stets dort fallen ließ, hatten die lange, weiße Perücke aufgehoben, die so viel kostete, wie Arbeiter in einem halben Jahr verdienten, denn zweifelsohne hatte Marlowe sie abends in die Ecke geschleudert.

Das Zimmer war makellos, was James nicht anders erwartet hatte. Wäre es nicht so gewesen, hätten ihm die Hausmädchen Rede und Antwort stehen müssen, und das wollten sie ganz sicher nicht. Er war stolz darauf, wie er dieses Haus führte. Stolz war etwas, das er seit vielen, vielen Jahren nicht empfunden hatte. Nicht mehr, seit die Sklavenhändler ihn gefangen hatten. Nicht in den ganzen zwanzig Jahren seines Sklavendaseins. Nicht bis Marlowe gekommen war und sie alle befreit hatte.

Es war praktisch dessen erste Tat gewesen, als er das Anwesen der Tinlings übernahm. Er hatte keinerlei Erklärung von sich gegeben, nur einfach alle Sklaven befreit, die zur Plantage gehörten. Hatte ihnen Lohn geboten, gekoppelt an den Ertrag der Tabakernte, falls sie bleiben und das Land bestellen wollten. Was natürlich alle wollten. Sie wussten nicht, wohin sie sonst sollten.

Damals war James Feldarbeiter gewesen. Er hatte nie geglaubt, dass Marlowe sie tatsächlich entlohnen wollte, aber die anderen glaubten daran, und sie arbeiteten mit doppeltem Einsatz auf den Feldern. Narren, dachte James. Der Trick eines weißen Mannes, der nächste niederträchtige Trick, um sie zu besserer Arbeit zu bewegen.

Was auch der Fall war. Und obwohl Marlowe sie tatsächlich entlohnt hatte, und zwar höchst angemessen, änderte es doch nichts daran, dass es ein Trick war. Und der hatte seine Wirkung getan.

Die Weißen in Williamsburg waren konsterniert gewesen, entsetzt darüber, was Marlowe tat. Doch nun, zwei Jahre später, waren die befreiten Sklaven noch immer nicht Amok gelaufen, hatten Marlowe weder die Kehle durchgeschnitten, noch sich gegen die Weißen in der Kolonie erhoben. Sie blieben für sich und bauten Tabak an, eine ungeheure Menge von feinem, duftendem Tabak. Sicher nicht schlechter als die anderen Pflanzer an der Küste.

Doch King James' Zorn war von einem derart simplen Trick nicht zu besänftigen. Und auch der Umstand, dass Marlowe ihn vom Feld geholt und zum Majordomus des Hauses gemacht hatte, konnte dieses Feuer nicht dazu bewegen, weniger hell zu leuchten.

King James war zum Herrscher geboren. Da er nun frei war, würde er sich von keinem Weißen Nachlässigkeit vorwerfen lassen. Für Marlowe bedeutete das, dass dieser Haushalt mit großer Effizienz geführt wurde. Er schien gewusst zu haben, dass es so sein würde.

King James zog die Tür hinter sich ins Schloss, trat an den großen Schrank. Er klappte die Türen auf und ließ seinen Blick über die hängenden Kleider schweifen.

»Sei so gut und leg mir die Arbeitskleidung heraus, James«, hatte Marlowe an jenem Morgen gesagt. »Du weißt, welche ich meine. Ich werde bis Mittag unterwegs sein, und wenn ich wiederkomme, werden wir eine Weile an Bord der *Plymouth Prize* gehen, Bickerstaff und ich. Also pack ein, was wir brauchen.«

»Ja, Mr. Marlowe.«

»Du kommst auch mit, also pack zusammen, was du an Bord benötigst. Du wirst das Kommando auf der *Northumberland* übernehmen.«

»Ja, Sir.« Die *Northumberland* war die Schaluppe, die Marlowe für Transport und Ladung in der Chesapeake Bay und darüber hinaus einsetzte. Sie hatte Joseph Tinling gehört, damals unter dem Namen *Duke of Gloucester*, und war mit dem Verkauf der Plantage in Marlowes Besitz übergegangen.

Marlowe hatte sie umgetauft und King James erst zum Matrosen ausgebildet, dann zum Maat und schließlich zum Kapitän. James gab sich große Mühe mit der Kunst der Seefahrt und lernte schnell, anfangs nur, um Marlowe zu beweisen, dass er es konnte, dann um sich selbst zu beweisen, dass er sich nicht fürchtete. Vorher hatte sich seine Begegnung mit Schiffen auf seine Zeit an Bord des Sklavenfrachters beschränkt, und diese hatte seine Ansicht über alles, was auf dem Wasser fuhr, geprägt. Doch bald, und sehr zu seiner Überraschung, stellte er fest, dass er diese Schaluppe liebte, die Freiheit unterwegs zu sein.

»Und sag mir, James«, sagte Marlowe. »Kannst du kämpfen?«

»Kämpfen?«

»In einer Schlacht. Mann gegen Mann. Weißt du, wie man eine Pistole benutzt?«

King James lächelte leicht. Er dachte an ein anderes Leben, vor zwanzig Jahren, auf der anderen Seite des Atlantischen Ozeans.

Natürlich war er kein König gewesen, wenn auch die anderen Sklaven es so sagten. In Wahrheit war er ein Prinz gewesen, Prinz der Awikam, und wäre deren König geworden, hätte man ihn nicht aus seinem Elternhaus entführt, noch bevor er zum Mann herangewachsen war. Zu kaum etwas anderem als zum Kampf wurde ein Prinz der Awikam ausgebildet.

»Ja, Sir, ich kann kämpfen.«

James sah sich die Jacken an, die dort im Schrank hingen, suchte die »Arbeitskleidung«. Er wusste genau, was Marlowe meinte. Die Sachen waren alt und abgetragen, waren einst mit Segelmachernadel und großen Flicken ausgebessert worden, bevor er den Hausmädchen den Auftrag gab, die Reparaturen geschickter auszuführen. Es waren Kleider, die aus einer anderen Zeit in Marlowes Leben stammten, einer Zeit, von der James nichts wusste, über die er aber oft spekulierte.

Erst fand er den alten, blauen Wollrock. Der Stoff ausgeblichen, bis auf die Flecken unter dem Kragen und den umgeschlagenen Stulpen, welche die Sonne nicht erreichen konnte. Dort war der Stoff noch immer dunkelblau wie das Wasser in der Chesapeake Bay an einem klaren Herbsttag.

Er fuhr mit den Fingern über einen neueren Flicken, prüfte das Werk der Näherin. Er fand keinen Grund zur Beanstandung. Er sah sich den Rock innen an, das Loch, welches der Flicken überdeckte. Hervorgerufen durch einen Pistolenschuss aus nächster Nähe. Er legte den Rock aufs Bett, dazu die seidenverzierte Weste, einst aus feinstem Stoff, die Kniebundhosen aus Segeltuch, weich und abgewetzt wie Polierleder, dazu das Leinenhemd, welches als einziges ganz neu war. Marlowes altes Wollhemd hing noch im Schrank, doch stand ihm nicht der Sinn danach, es zu tragen. Nicht, wenn er sich Leinen leisten konnte.

Sein Hut war ein dreieckiges Ding, ramponiert wie der ganze Rest der Arbeitskleidung. Schlicht und schwarz war er. Eigentlich eher ein dunkles Grau, von Sonne und Salzluft ausgeblichen, auf eine Art und Weise bequem, die den geckenhaften Kleidern abging.

King James langte ganz hinten in den Schrank und holte Marlowes Stiefel hervor, alte, kniehohe Lederstiefel, so stark poliert, dass sie glänzten. Noch einmal griff er hinein und holte Marlowes Schwert hervor.

Marlowe besaß eine ganze Reihe von Schwertern, die meisten alberne, zerbrechliche Zierwaffen, wie weiße Herren sie trugen, die kein Schwert brauchten und auch nicht wüssten, was sie damit anfangen sollten, wenn sie eines hätten. Doch dieses Schwert war eine Mordmaschine. Das Schwert, das Marlowe bei der Arbeit benutzte, für die ein Schwert gemacht war.

Es war ein großes, plumpes Ding, schlecht ausbalanciert und hässlich anzusehen. King James packte zu und zog es langsam aus der Scheide, freute sich am kalten, drahtumwickelten Griff, freute sich am Gewicht und am Glanz der spätmorgendlichen Sonne, die auf der geraden Doppelklinge schimmerte. In den zwanzig Jahren, die er Sklave gewesen war, hatte er kaum jemals Gelegenheit gehabt, ein Schwert in Händen zu halten. Es fühlte sich gut an. Wie geschaffen für einen Kriegerprinzen.

Er ließ die Scheide zu Boden fallen und hielt das große Schwert auf die Weise, die ihn jene Kämpfer der Awikam gelehrt hatten, die für die Ausbildung der Prinzen zuständig waren. Natürlich hatten sie keine Schwerter benutzt, doch konnte man die Techniken, mit denen sie ihre Knüppel schwangen, auch auf Klingen übertragen.

Seine Kindheit schien ihm so unwirklich. Magisch. Wie der Christenhimmel, von dem er so viel gehört hatte. Einst hatte er selbst Sklaven und andere gehabt, die ihn bedienten, und allein seinem Vater war er Rechenschaft schuldig gewesen. Vor langer, langer Zeit. Ein ganzes Leben war es her. Nach den vielen Jahren, nach Hass und Zorn, nach Furcht und Qualen, waren ihm nur Fetzen von Erinnerung an die Goldküste geblieben.

Goldküste. Inzwischen benutzte er den Namen des weißen Mannes. Er konnte sich nicht mal mehr an den Namen der Awikam für seine eigene Heimat erinnern.

Er stieß nach einem imaginären Feind. Dachte an seinen Vater, wie jeden Tag, seit jenem Tage, als die Sklavenhändler,

Weiße wie Schwarze, frühmorgens vor Sonnenaufgang über sein Dorf hergefallen waren.

Wie ein wilder Stier hatte sein Vater gekämpft, jeden erschlagen, der sich ihm entgegenstellte, sich auf alles und jeden gestürzt, um sein Volk zu schützen. Kein Mann war stärker, wilder als sein Vater, kein Mann war ihm überlegen. Aber einer Musketenkugel war auch sein Vater nicht gewachsen.

»James, kannst du kämpfen?«, hatte Marlowe gefragt. Ja. Seite an Seite mit seinem Vater an jenem Morgen. Er hatte mit Sicherheit fünf Mann erschlagen, wahrscheinlich mehr.

Aber Sklavenhändler töteten keine wertvollen jungen Männer von fünfzehn Jahren. Sie warteten auf ihre Chance. Schlugen ihm seitlich gegen den Kopf. Als er aufwachte, lag er in Ketten, und daran hatte sich seither nichts geändert.

Keinen Tag hatte es gegeben, an dem James sich nicht gewünscht hätte, er wäre damals an der Seite seines Vaters gestorben.

Er hob die Scheide wieder auf und stieß das Schwert hinein. Die Waffe war zu schwer, als dass man sie bequem an einem Gürtel tragen konnte. Entsprechend war die Scheide an der Bajonettschlaufe eines Lederriemens befestigt, die Marlowe um die rechte Schulter trug. Um die linke lag ein weiterer Riemen mit Schlaufen für Pistolen.

Nur bei jenen seltenen Gelegenheiten, wenn Nachbarn Marlowe gebeten hatten, ihnen bei der Jagd auf entflohene Sklaven zu helfen, hatte James gesehen, wie er diese Waffen trug. Er legte das große Schwert neben die anderen Sachen aufs Bett und ließ seinen Blick darüber schweifen, um sicherzugehen, dass alles in Ordnung war. Überlegte, was er von seinen eigenen Sachen mitnehmen wollte. Er wusste nicht, wohin sie fuhren, aber in jedem Fall hatte es mit einem Kampf zu tun.

King James spürte die angenehme Vorfreude, ein Gefühl, von dem er sich nicht erinnern konnte, es in seinem erwachsenen Leben je empfunden zu haben. Marlowe hatte ihm vieles von dem zurückgegeben, was die anderen Weißen ihm genommen hatten. Das musste er zugeben, wenn auch zähneknirschend. Marlowe hatte ihm eine Art Befehlsgewalt gegeben. Er hatte ihm seinen Stolz und seine Freiheit zurückgegeben. Und jetzt würde Marlowe ihm seine Kriegerseele wiedergeben.

Der alte Mann war zornig, außer sich vor Zorn. So hatte George Wilkenson ihn noch nie zuvor gesehen. Vierundzwanzig Stunden nach dem Tod seines zweiten Sohnes, seines Lieblingssohnes, war er noch immer fuchsteufelswild, wie vom Satan selbst besessen.

Jacob Wilkenson hielt in seiner Tirade kurz inne und holte Luft. Die beiden Männer befanden sich in der Bibliothek der großen Plantagenvilla, der besten Bibliothek der gesamten Kolonie. Wände voll massiver Eichenborde stellten hunderte von Büchern aus, die der alte Herr im Laufe der Jahre erworben hatte. Die George als Einziger des ganzen Wilkenson-Clans tatsächlich gelesen hatte.

Über den Büchern hingen rundum im ganzen Raum Porträts von Wilkensons. Sie reichten zurück bis zu jenen, die gegen Cromwell und seine Puritaner gekämpft und verloren hatten. Einige waren sogar noch älter. Es schien George, als starrten sie finsteren Blickes auf ihre beiden lebenden Nachkommen und warteten ungeduldig, dass sie etwas unternehmen würden, um das große Unrecht wieder gutzumachen, das man ihrer Familie angetan hatte.

Jacob, der zweifelsohne in ähnlichen Bahnen dachte, stand bei dem mächtigen Kamin, welcher den Großteil einer Wand des Raumes einnahm. Er griff sich einen Schürhaken aus dem

Gestell am Kamin und stach auf die brennenden Scheite im ummauerten Feuer ein. Dann riss die Woge seiner Wut ihn wieder mit sich.

»Seine schwarze Seele soll zur Hölle fahren!«, schrie er, fuhr herum und schleuderte den Schürhaken durch den Raum. Dieser krachte in die geschliffene Glastür einer Vitrine mit dem Familienporzellan aus der Zeit der Restauration und zerschlug das Glas und auch die Teller.

George Wilkenson zuckte zusammen, doch sein Vater schien nichts von alledem zu bemerken. Schon früher hatte George erlebt, dass sein Vater einen Anfall bekam, doch so etwas hatte er noch nie gesehen. Er hatte gedacht, der alte Herr würde trauern, klagen, den Tod seines Sohnes beweinen. Doch nichts dergleichen hatte Jacob Wilkenson getan. Er hatte nur getobt.

»Wenn du schon nicht den Mut hattest, ihn zu erschießen, wieso in Gottes Namen hast du den Hurensohn nicht wegen Mordes verhaften lassen?« Jacob Wilkenson drehte sich zu seinem Sohn um. »Verhafte ihn, lass ihn öffentlich hängen. Ich will, dass du Sheriff Witsen Bescheid gibst. Noch ist es nicht zu spät, sofern du deine Trägheit überwindest.«

George Wilkenson sah seinem Vater in die Augen. Langsam wurde er es leid. »Matthew wurde herausgefordert, Vater. Es war ein Ehrenhandel.« Er empfand tiefe Trauer über den Tod seines Bruders. Ganz im Gegensatz zum alten Herrn. Aber er wusste, dass Matthew ein Hitzkopf gewesen war. Er hasste Marlowe für das, was er getan hatte, nur sah er kein Verbrechen darin.

»Ehre? Was versteht dieser Schweinehund Marlowe schon von Ehre? Sag Witsen, er soll ihn verhaften. Den Scheißkerl habe ich in der Tasche. Er wird tun, was ich sage.«

»Ich hege keinerlei Zweifel daran, dass er tun wird, was du sagst, aber kein Geschworenengericht wird Marlowe wegen

Mordes verurteilen, und dann werden wir wie die Narren dastehen, weil wir es dennoch versucht haben.«

Wütend starrte Jacob Wilkenson seinen Sohn an, und die weißen Augenbrauen schoben sich auf seiner fleckigen, faltigen Stirn zusammen. »Du hast kein Rückgrat, Junge.«

»Vielleicht nicht, aber wenigstens habe ich meinen Verstand beisammen.« Logisch wäre gewesen, dass George diesen Marlowe herausforderte, um den Tod seines Bruders zu rächen. Bei dem bloßen Gedanken daran wurde ihm ganz flau im Magen. Er sah sich selbst im feuchten Gras liegen, und das Blut rann unter seinem leblosen Leib hervor. Er betete, sein Vater möge nichts dergleichen von ihm verlangen.

»Dein Bruder hatte Rückgrat, du hast Verstand«, spie Jacob aus. »Willst du mir erzählen, dass der Gouverneur uns gegen diesen Bastard Marlowe nicht den Rücken stärken wird? Die Wilkensons sind die einflussreichste Familie in ganz Virginia. Willst du mir erzählen, Nicholson würde sich hinter diesen Emporkömmling stellen?«

»Dieser Emporkömmling scheint sich der Aufmerksamkeit und des Vertrauens unseres Gouverneurs zu erfreuen. Er tut Nicholson einen großen Gefallen mit dem Wachschiff, und Nicholson dürfte in seiner Schuld stehen.«

»Was soll das heißen: ›mit dem Wachschiff‹?«

»Nicholson hat Allair seines Postens enthoben und Marlowe gebeten, das Schiff zu übernehmen.«

Da blieb Jacob Wilkenson stehen und ruderte auch nicht mehr mit den Armen. Er starrte George an, als hätte sein Sohn ihm eben erklärt, die Kolonie versinke im Meer.

»Offenbar war Marlowe im letzten Krieg eine Art Freibeuter«, fuhr George fort. »Jedenfalls ist er auf das Angebot des Gouverneurs eingegangen. Hast du nichts davon gehört?«

»Marlowe... übernimmt das Kommando auf dem Wachschiff?«

»Soweit ich weiß. Und ich denke, wenn er seine Sache gut macht, wird ihm der Gouverneur zu Willen sein.«

Einen langen Augenblick schwieg der ältere Wilkenson. George wurde es unter diesem Blick unbehaglich zu Mute. Dann wandte sich der alte Mann ab und stierte ins Feuer.

»Das darf nicht sein«, sagte er schließlich. »Das darf in keinem Fall so sein. Der kleine Bastard wird nicht meinen Sohn ermorden und dann so etwas wie ein Held in dieser Kolonie. Niemals!« Er fuhr herum und starrte seinen Sohn durchdringend an. »Du wirst in dieser Sache etwas unternehmen. Ist das klar?«

»Nun, Vater, was ich tun kann...«

»Ach, scheiß dir nicht in die Hosen. Ich schlage ja nicht vor, dass du Marlowe herausforderst. Wenn er Matthew töten konnte, dann kann er ganz fraglos auch dich töten, und das würde mir herzlich wenig nützen. Ich will, dass Marlowe entehrt wird, verhaftet und aufgeknüpft wie der miese Schweinehund, der er ist.«

»Aber wie...«

»Tu es! Lass dir was einfallen!«, brüllte Jacob Wilkenson und stieß einen kleinen Tisch um, als der Zorn einmal mehr Besitz von ihm ergriff. Eine Porzellanvase zerschlug am Kamin. »Du hast den Verstand geerbt. Dass du es mir ja nie vergisst!«

6

Elizabeth Tinling saß vor ihrem Schminktisch und betrachtete Lucy im Spiegel. Sie war ein liebes Mädchen, sechzehn oder siebzehn Jahre alt, mit einer Haut wie heiße Schokolade mit Sahne und weichem, braunem Lockenschopf, der ihr unter der Morgenhaube hervor auf die Schultern fiel. Falls dieses Schwein Joseph Tinling sie nicht ins Bett gezwungen hatte, so war ihm der Gedanke sicher durch den Kopf gegangen. Vermutlich hatte er es versucht.

Lucy war eine von drei Dienerinnen, die Elizabeth aus dem Haus der Tinlings mitgenommen hatte. Die Einzige, die sie von Herzen liebte, der sie zutiefst vertraute. Eine verwandte Seele, näher als Lucy oder sonst wer je erfahren würde. Von Lucy wollte sie sich niemals trennen.

Die junge Sklavin stand in der Tür des Schlafgemachs. Elizabeths Blick schweifte vom Gesicht im Spiegel zu der weißen Karte in Lucys Hand. Sie hatte das Klopfen an der Tür gehört, die gedämpfte Unterhaltung unten.

»Da ist ein Gentleman, der Euch sprechen möchte, Ma'am«, sagte Lucy.

Ein Gentleman zu Besuch. Am Tag zuvor hätte der Besuch eines Gentleman Matthew Wilkenson und sein unerwünschtes Werben bedeutet, falls man es denn so nennen konnte. Doch Matthew Wilkenson würde heute niemanden besuchen, höchstens seinen Schöpfer, und um seiner unsterblichen Seele willen hoffte Elizabeth, er wäre in diesem Gespräch nicht so unangenehm, wie er es ihr gegenüber gewesen war.

Es mochte George Wilkenson sein. Sie erwartete ihn. Sie zweifelte nicht daran, dass er ihr bei Gelegenheit seine Aufwartung machen würde, um mit ihr zu besprechen, was vorgefallen war.

Elizabeth drehte sich um und streckte die Hand aus. Lucy reichte ihr die Karte. In klobiger Druckschrift stand dort: »Mr. Thomas Marlowe, Esq.« Mehr nicht.

Das war der andere Besucher, den sie erwartet hatte.

Einen Moment lang starrte sie den Namen an und überlegte, ob Lucy ihm sagen sollte, sie sei heute den ganzen Tag über unterwegs oder zu hinfällig, um Besuch zu empfangen, vielleicht auch einfach unpässlich oder etwas in der Art, wie es hochwohlgeborene Damen gelegentlich heimsuchte. Stattdessen seufzte sie.

»Also schön. Führe Mr. Marlowe in den Salon und sag ihm, ich komme gleich herunter.« Sie konnte es nicht ewig aufschieben.

Den ganzen Morgen hatte sie an Marlowe gedacht, was kaum überraschen konnte. Er war das Gesprächsthema in Williamsburg, und zu ihrem Verdruss war ihr Name nun mit dem seinen verbunden. Marlowe, das wandelnde Rätsel.

Matthew Wilkenson zu töten, war eine wilde, unbarmherzige Tat gewesen. Sie würde ihm die Rache der gesamten Familie Wilkenson einbringen, und das konnte schwer wiegen, wenn man deren Reichtum und deren Ruf in der Gesellschaft Virginias bedachte.

Und auch sie würde es zu spüren bekommen, denn angeblich hatte er den kleinen Aufschneider erschossen, um ihre Ehre zu verteidigen.

Es gab nur zwei Möglichkeiten. Die erste und wahrscheinlichste war, dass Marlowe zu dumm war, die Folgen dessen, was er getan hatte, zu überschauen, zu närrisch, die Konsequenzen zu bedenken. Dieser Gedanke machte sie wütend. Hatte er ihr mit seiner eigenen Idiotie nur noch mehr Schwierigkeiten eingebracht!

Die andere Möglichkeit war, dass er sehr wohl verstand, was er getan hatte, und es ihn nicht kümmerte. Sie kannte

Marlowe nicht gut, doch nach allem, was sie wusste, hatte er etwas Rücksichtsloses an sich, was man unter Adligen nicht oft sah. Hatte er nicht alle seine Sklaven freigelassen? Es war der reine Wahnsinn, und doch hatte er es getan, und jetzt war der alte Grund und Boden der Tinlings die erfolgreichste Plantage an der Küste, die Einzige, auf der man nicht in stetiger Angst vor einer Sklavenrevolte lebte. Falls er begriff, was er getan hatte, und die Konsequenzen nicht fürchtete, dann war er entweder ein Narr oder ein wirklich mutiger Mensch.

Einer Sache jedoch war sie sich ziemlich sicher: Marlowe würde etwas von ihr erwarten. Männer setzten ihr Leben nicht allein für die Ehre bei einem Duell aufs Spiel, egal, was die Welt gern glauben wollte. Ganz wie Matthew Wilkenson eine Entlohnung für seine Diskretion gefordert hatte, würde Marlowe den Lohn für seine Ritterlichkeit einstreichen wollen, und Elizabeth wusste, in welcher Währung sie zu zahlen hätte. Sie war es leid. Sie war wütend.

Sie stand auf und betrachtete sich im Spiegel, strich ihr Kleid glatt und richtete ihr blondes Haar, dass es ihr auf die Schulter fiel. Es war an der Zeit, sich zu vergewissern, was für ein Mann dieser Thomas Marlowe war, ein Held oder ein Idiot. Es wurde Zeit, herauszufinden, was er von ihr fordern würde.

Marlowe spielte am Heft seines Schwertes herum, während er lauschte, ob von oben etwas zu hören war. Er war nervös, eine Empfindung, an die er nicht gewöhnt war, und es ärgerte ihn. Er war nervös, weil er keine Ahnung hatte, wie Elizabeth Tinling ihn empfangen würde. Falls man ihn überhaupt empfing, denn da war er sich gar nicht so sicher.

Mit seinem Schuss auf Matthew Wilkenson im Namen ihrer Ehre hatte er sie in etwas hineingezogen, das sich zu einer lang anhaltenden Fehde auswachsen konnte, was nicht in ihrem Sinne war. Daher mochte sie dankbar sein, dass er sie verteidigt hatte, oder sie mochte wütend sein, weil er sich in ihre Angelegenheiten einmischte und sie beide dem Klatsch und Tratsch in ganz Williamsburg aussetzte.

Als er leichte Schritte auf der Treppe hörte, sah er auf, doch war es nur Lucy, die wiederkam, nachdem sie seine Karte abgegeben hatte. Er machte sich für eine Ausflucht bereit. Sie sei außer Haus oder unpässlich oder irgendein ähnlicher Unsinn.

»Mrs. Tinling bittet Euch zu warten und sagt, sie wird gleich herunterkommen.«

Lucy führte Marlowe in den Salon. »Sagt bitte, Sir«, fragte sie, »wie geht es King James?«

»Sehr gut, Lucy. So gut wie immer.«

»Ich freue mich, das zu hören, Sir. Darf ich Euch um die Mühe bitten, Sir, ihm meine Grüße zu bestellen?«

»Es wird mir ein Vergnügen sein.«

Lucy machte einen Knicks und schenkte Marlowe ihr charmantes Lächeln, dann ließ sie ihn allein. Er sah sich im Zimmer um.

Es war ein gemütliches kleines Haus, aus Holz gebaut, mit Schindeldach und an der breiten Duke of Gloucester Street gelegen, nur wenige Blocks von dort entfernt, wo das neue Kapitol, das Regierungsgebäude, aus der umgegrabenen Erde wuchs. Der Putz war frisch in hellem Blau gestrichen, die Möbel waren schlicht, aber elegant und gut gearbeitet. Alles war neu. Elizabeth hatte aus dem Haus der Tinlings nichts mitgenommen, als sie gegangen war.

Marlowe hatte für das alte Tinling-Anwesen einen guten Preis gezahlt, nur wusste er nicht, wie viel Prozent des Geldes an Elizabeth gegangen waren. Es musste wohl eine ganze Menge gewesen sein, denn ihr neues Heim war nicht billig, besonders nicht, wenn man den Stall und die Kutsche bedachte, die sie besaß. Er vermutete, dass sie wohl um des äußeren Erscheinungsbildes willen keine Wahl hatte und das Leben weiterführen musste, dessen sie sich bisher erfreut hatte.

Er sah aus dem Fenster hinunter auf die Straße. Die Feierlichkeiten waren beendet und die Feiernden wieder zu Schmieden, Küfern und Farmern geworden. Doch nach wie vor drängten sich die Menschen im Ort, denn es waren »Publick Times«, bei denen Gerichte und allerlei Körperschaften zusammentraten.

Er hörte das Hämmern am neuen Kapitol. Bald schon würde Nicholson mit dem Bau an einem Gouverneurspalast beginnen, und Williamsburg würde wie eine richtige Hauptstadt der wohlhabendsten Kolonie des englischen Amerika aussehen. Bis dahin jedoch reihten sich nur ein paar Läden und Häuser an der Hauptstraße aneinander, der Rohbau des Kapitols am einen und das »College of William and Mary« am anderen Ende.

Er konnte sich nicht lange ablenken, denn seine Gedanken kehrten schon bald zu seinem drängendsten Problem zurück.

Am Morgen hatte Bickerstaff bemerkt: »Es gibt einiges Gerede, was das Duell angeht. Soweit ich sehe, scheint sich die öffentliche Meinung dahingehend zu teilen, dass man in Euch einen großen Mann oder einen Mörder sieht. Vermutlich richtete sich die Meinung danach, ob der Befragte den Wilkensons Geld schuldet oder nicht.«

Es schien Marlowe, als hätte er in den zwei Jahren, die er in diesem Lande lebte, nie von jemandem gehört, der im Duell getötet worden wäre. Er hatte noble Wunden begutachtet, gelegentlich einen Arm in der Schlinge, doch nie war einer umgekommen. Mit nicht unerheblicher Bestürzung fragte er sich, ob ihm möglicherweise ein schwerer gesellschaftlicher Fauxpas unterlaufen war.

Nun, dachte er, falls es so sein sollte, kann ich nichts mehr daran ändern. Er hoffte nur, Elizabeth wäre ebenso zuversichtlich.

»Guten Morgen, Mr. Marlowe.«

Ihre Stimme ließ ihn beinahe zusammenfahren. Er hatte nicht gehört, dass sie die Treppe heruntergekommen war.

Er drehte sich um und sah sie an. Sie stand im Licht, das durch das Fenster fiel, das blonde Haar fast weiß. Ein paar Strähnen hingen unter ihrer Morgenhaube hervor, und sie leuchteten wie Gold. Wieder einmal war er sprachlos ob ihrer Schönheit, und er fand sie etwas beunruhigend. Wenn auch nicht halb so beunruhigend wie den Ausdruck auf ihrem Gesicht.

Sie presste die feinen, vollen Lippen zusammen und lächelte nicht. Ein leichtes Stirnrunzeln war auszumachen, denn sie schob die Augenbrauen ein wenig zusammen. Ihre Augen – von der Farbe des Himmels an einem klaren Herbsttag – blitzten im Licht.

»Ah, guten Morgen auch Euch, Mrs. Tinling«, sagte Marlowe und verneigte sich unbeholfen. Er richtete sich auf und sah ihr in die Augen. Die Stille im Raum war bedrückend. Es würde nicht so laufen, wie Marlowe es erhofft hatte.

»Was wollt Ihr, Mr. Marlowe?«

»Wollen?« Marlowe war verlegen und plötzlich ein wenig verärgert. »Ich will... Euch nur einen Besuch abstatten. Einen formellen Besuch.«

Wieder herrschte Stille. »Tatsächlich?«, sagte Elizabeth schließlich. »Vermutlich bin ich Euch das zumindest schuldig, nachdem Ihr meine Ehre verteidigt habt?«

»Schuldig? Ihr seid mir nichts schuldig.«

Da sah er, woher der Wind wehte. Sie dachte, er sei gekommen, um einen Gefallen für geleistete Dienste einzufordern, um dort weiterzumachen, wo der tote Wilkenson aufgehört hatte. Nun, wenn er sie denn gewollt hätte, hätte er sie sich auch genommen. Der alte Marlowe zumindest hätte es getan.

Doch nun war er ein Gentleman und wollte sie keinesfalls auf diese Weise. Er wollte sie überhaupt nicht, wenn sie nicht geneigt war, ihre Zuneigung aus freien Stücken zu gewähren, und er wollte nicht wie ein Narr dastehen und herumschnüffeln, wo er nicht erwünscht war.

»Ich sehe, wie es um Euch steht, Ma'am«, sagte er. »Dann will ich Euch verlassen. Guten Tag.«

Thomas machte einen Schritt in Richtung Tür, stampfte beinahe, so wütend war er, dass Elizabeth seine Motive für diesen Besuch und seinen Kampf gegen Wilkenson derart missdeutete.

»Wartet, Mr. Marlowe«, sagte sie, und ihre Stimme klang reuig, wenn auch nur ein wenig. »Wollt Ihr Euch nicht setzen?«

Marlowe hielt inne und sah sie erneut an. Dann setzte er sich ohne ein Wort in den Sessel, auf den sie gedeutet hatte.

»Verzeiht mir, Sir. Ich bin sehr mitgenommen von den Ereignissen der letzten Tage. Ich hätte mir nicht gewünscht, dass meinetwegen Blut vergossen wird.«

»Es ließ sich nicht vermeiden, Ma'am. Die Beleidigungen dieses kleinen Wilkenson durften nicht geduldet werden. Ich wäre kein Mann, wenn ich es geschehen ließe. Und da Ihr meint, ich hätte ihn nur herausgefordert, um Eure Zuneigung zu gewinnen, so will ich Euch daran erinnern, dass er auch mich beleidigt hat.«

»Ich weiß nicht, ob Euch die Schwierigkeiten recht sein können, die Ihr hervorgerufen habt. Für Euch und für mich.«

»Ich hoffe, niemand wird so dumm sein, Euch noch einmal Schwierigkeiten zu bereiten. Es freut mich, wenn dieses

Exempel, das ich an Matthew Wilkenson statuiert habe, solches verhindern sollte. Was mich angeht, so bin ich unbesorgt. Ich habe schon früher Probleme gehabt, Ma'am, weit schlimmere, als sie die Wilkensons und ihresgleichen verursachen können, und ich werde ihnen doppelt heimzahlen, was immer sie mir antun.«

Wieder schwiegen sie, doch war die Feindseligkeit ihres bisherigen Schweigens verflogen. Elizabeth betrachtete Marlowe, musterte ihn, wie er vermutete, um das Maß seiner Ehrlichkeit, seiner Tapferkeit, seiner Verwegenheit einzuschätzen.

»Mr. Marlowe, ich denke, ich glaube Euch. Wäre Euch vielleicht nach etwas Tee oder Schokolade zu Mute?«

Die folgende Stunde verbrachten sie in angenehmer und entspannter Konversation, sprachen über nichts Besonderes und ganz sicher nicht über den Tod von Matthew Wilkenson und die möglichen Auswirkungen. Schließlich – und mit einigem Widerstreben – sagte Marlowe: »Verzeiht mir, Ma'am, aber ich muss mich sputen. So unmodisch es auch sein mag, ich habe heute noch einiges zu arbeiten.«

»Ich habe von anderen gehört, dass Ihr das Wachschiff kommandieren werdet.«

»Es stimmt, fürwahr. Gouverneur Nicholson hat mich gebeten, das Kommando zu übernehmen, bis aus der Heimat ein Ersatz geschickt wird. Ich denke, es wird etwa sechs Monate dauern.«

»Dieser grässliche Kapitän Allair hat verzichtet?«

»Nein. Der Gouverneur sah es als angezeigt, ihn zu ersetzen. Ich werde heute zur *Plymouth Prize* hinausfahren, um zu sehen, ob er sein Kommando abgibt.«

»Und wenn er es nicht tut?«

»Dann werde ich ihn davon überzeugen, dass es für ihn das Beste wäre.«

»So wie Ihr Matthew Wilkenson gezeigt habt, dass es das Beste für ihn wäre, sich zu benehmen?« Elizabeth zeigte ein leises Lächeln, ein wenig böse und verschwörerisch.

»Vielleicht. Wollen wir hoffen, dass Captain Allair ein besserer Schüler ist, als Wilkenson einer war.« Auch Marlowe lächelte. Er fühlte, dass zwischen ihnen etwas war, ein gewisses Einverständnis.

»Stimmt es, dass Ihr Marineoffizier wart, bevor es Euch in diese Kolonie verschlagen hat?«

Wohl kaum, dachte Marlowe, doch er sagte: »Nicht Marineoffizier, Ma'am. Ich war im letzten Krieg Kapitän auf einem Kaperschiff.«

»Ach, tatsächlich?« Elizabeth klang nicht gänzlich überzeugt, und für einen Augenblick geriet Marlowe aus dem Gleichgewicht. Sie würde ihn schmählich von sich stoßen, wenn sie dachte, er sei nicht von edler Geburt. Was sonst konnte sie tun? Die Witwe Joseph Tinlings, eines der großen Aristokraten dieser Küste. Er hätte keine Frau geheiratet, die nicht von edelstem Stammbaum war.

»Ihr seid ein tapferer Mann, Captain Marlowe«, fuhr Elizabeth fort, »dass Ihr Euch diesen Piraten in der Bay in den Weg stellen wollt. Ich habe schon die schrecklichsten Geschichten über sie gehört. Aber ich will Euch nicht von Eurer Pflicht abhalten, wenn ich auch um Eure Sicherheit fürchte. Ich weiß, wie Männer sind, wenn es um Pflichten geht.« Sie erhob sich, und auch Marlowe stand auf.

»Ich danke Euch, Ma'am, obwohl ich sicher nicht in größere Gefahr geraten werde.«

»Eines noch, Mr. Marlowe. Oder besser gesagt: Captain Marlowe.« Sie zögerte, als suche sie nach den richtigen Worten. »Ich danke Euch, Sir, dass Ihr für meine Ehre eingetreten seid. Ich stehe tief in Eurer Schuld.«

Marlowe trat einen Schritt näher an sie heran. »Ihr steht

keineswegs in meiner Schuld. Ich habe nur getan, was ein Gentleman tun sollte.«

»Dennoch, Captain, bin ich dankbar.« Sie sah zu Boden, dann trafen sich ihre Blicke noch einmal. »Ich bin es nicht gewohnt, dass meine Ehre auf solche Weise verteidigt wird. Und ich glaube, dass unsere Welt eine bessere ist, wenn ein Wilkenson weniger darauf wandelt.«

»Ich glaube, damit habt Ihr Recht, Ma'am. Und ich bin dankbar für die Gelegenheit, Euch diesen kleinen Dienst erwiesen zu haben.«

Er wünschte ihr einen guten Tag und ging hinaus, dorthin, wo er sein Pferd an ein Geländer gebunden hatte. Er stieg auf, und von dort oben sah er sich in der Hauptstadt Williamsburg um, die sich auf das Kommando Gouverneur Nicholsons hin aus dem grünen Land zu erheben schien. Es war wunderbar, einfach wunderbar.

Er kam erst wieder zu sich, als er schon zu Hause war. So gefangen war er vom Gedanken an Elizabeth Tinling, dass er sich an rein gar nichts erinnern konnte, was auf dem fünf Meilen weiten Heimritt von ihrem Haus geschehen sein mochte.

7

Kapitän Allair war, wie sich herausstellen sollte, nicht nur widerwillig, was die Herausgabe der *Plymouth Prize* anging, sondern fast toll vor Wut. Wäre er ein Hund gewesen, hätte Marlowe ihn erschossen.

Thomas ritt zum großen Haus hinauf, wo Bickerstaff und King James auf der breiten Veranda warteten. Neben ihnen ein Haufen Ausrüstung: Musketen, Pistolen, seine Seekiste, diverse Bündel, von denen King James offensichtlich meinte, dass sie ohne sie nicht auskommen konnten.

Bickerstaff war ruhig und philosophisch wie immer, der leicht exzentrische Schulmeister. Doch Marlowe hatte ihn in gnadenloser Schlacht gesehen und wusste, dass er im Kampf unnachgiebig und tödlich war. King James stand wie ein Baum hinter dem sitzenden Bickerstaff.

Die beiden Männer zu sehen erfüllte Marlowe mit Optimismus. Weit mehr als der Anblick der Miliz Virginias, die auf dem Rasen Aufstellung genommen hatte.

Es waren etwa zwei Dutzend Mann. Als er heranritt, rief der Lieutenant, der nicht älter als zwanzig sein konnte, einen Befehl, und langsam nahmen die Männer Haltung an.

Marlowe brachte sein Pferd bei den Männern zum Stehen, stieg ab und reichte dem Jungen die Zügel. Er hatte um Gouverneur Nicholsons Truppen nachgesucht, um Allair die *Plymouth Prize* zu entreißen, da nur eine geringe Chance bestand, dass Allairs Mannschaft ihm beistehen würde, sein Kommando zu erhalten. Und obwohl Marlowe nicht glauben konnte, dass der Dummkopf von einem Trunkenbold tatsächlich solche Loyalität in seinen Männern wecken konnte, dass sie auch nur die leichteste Verletzung für ihn riskieren würden, dachte er sich doch, dass es besser sei, gut vorbereitet zu sein. Daher die Miliz.

Sie hatten nur wenig Uniformes an sich, einschließlich ihrer Uniform. Ihre Regimentskleider hatten rot begonnen, doch inzwischen waren sie eher rosafarben, bis auf die des Lieutenants, dessen Rock, entweder neuer oder von besserer Qualität, nach wie vor eine respektable Farbe besaß. Ihre Westen waren entweder weiß, rot oder blau, wie auch ihre Kniebundhosen. Das Alter reichte von siebzehn bis fünfzig und darüber hinaus, und selbiges galt auch für ihre Waffen.

Insgesamt boten sie keinen sonderlich beruhigenden Anblick, und erst als Marlowe an die mürrische, verzagte Mannschaft der *Plymouth Prize* dachte, gegen die sie würden antreten müssen, kehrte seine alte Zuversicht zurück.

»Lieutenant …?«

»Burnaby, Sir. Lieutenant Burnaby, Virginia-Miliz.« Der junge Lieutenant riss seinen Hut vom Kopf und verbeugte sich.

»Lieutenant Burnaby, ich danke Euch für Eure Pünktlichkeit«, sagte Marlowe und hielt ihm die Hand hin. »Mit etwas Glück kann ich Euch Männer morgen bei Einbruch der Dunkelheit entlassen.«

»Oh. Ihr glaubt nicht, dass wir kämpfen müssen?«

»Das denke ich nicht, nein.«

»Oh.« Der Lieutenant schien enttäuscht.

»Aber ich sage nicht, dass es nicht sein kann. Möglicherweise steht uns ein blutiger Tag bevor«, fügte Marlowe hinzu, was Burnaby etwas freudiger zu stimmen schien. »Nun, bitte, seid so gut und lasst mir einen Augenblick, um mich umzuziehen, und dann geht es los.«

Er stellte fest, dass King James entsprechend seinen Anweisungen Kleider auf dem Bett ausgebreitet hatte: den langen, blauen Wollrock, die seidene Weste, die Leinenhosen, die hohen Lederstiefel. Kleider aus einer anderen Zeit. Nur waren sie jetzt sauber, gebügelt und makellos geflickt, und die Stiefel glänzten so sehr, dass das Licht vom offenen Fenster sich darin spiegelte.

Erleichtert legte er die Kleider ab, die er für seinen Besuch bei Mrs. Tinling getragen hatte, begann mit der verfluchten Perücke, die er wie eine tote Langhaarkatze in die Ecke schleuderte. Dann Seidenrock und Weste, die er unsanft zu Boden fallen ließ. Er schnallte sein albernes Schwert mit goldenem Heft und edelsteinbesetztem Knauf ab und warf es auf den Haufen zu seinen Füßen.

King James, der Marlowe in sein Schlafgemach begleitet hatte, wenn auch ungebeten, sammelte die Sachen so schnell vom Boden auf, wie Marlowe sie fallen ließ.

»Lucy hat mich gebeten, dir Grüße zu bestellen«, sagte Marlowe, als er seine alten Hosen anzog. »Wenn ich mich nicht gänzlich täusche, denke ich, dass sie von dir ganz hingerissen ist.«

»Mmmh«, machte James und setzte die Perücke auf einen Tischständer. »Lucy ist nur ein dummes kleines Mädchen.«

»In der Tat, und ich halte auch nicht viel von ihrem Geschmack, was Männer angeht, aber es könnte ein guter Rat sein, sich ihr falsches Urteil zu Nutze zu machen.«

»Mmmh«, machte James noch einmal.

Marlowe grinste James an, brachte jedoch nichts weiter aus ihm heraus. Also setzte er sich auf sein Bett und ließ sich von James in seine guten, ehrbaren Wollstrümpfe und die kniehohen Stiefel helfen. Er schob seine Arme in das weite Leinenhemd, dann in die Weste.

Er nahm sein altes Schwert, zog die Klinge aus der Scheide. Es war ein bedrohlich aussehendes Ding mit drahtumwickeltem Griff, einem Messingheft und gerader, schwerer Doppelklinge, die vom Heft bis zur Spitze über einen Meter lang war. Sie fühlte sich in seiner Hand so selbstverständlich an wie die Hand am Ende seines Arms.

Und er dachte: Wie seltsam das Leben doch spielen kann. Er dachte an die Zeiten, als er an der Reling irgendeines altersschwachen Schiffes gestanden und sich die Seele aus dem Leib geschrien hatte, während sie sich unbarmherzig einem entsetzten Opfer näherten. Er dachte an den Stahl, den diese Klinge abgewehrt, all das Blut, das er von der Scheide gewischt hatte.

Er schüttelte seine Erinnerungen ab und stieß das Schwert wieder in die Scheide zurück. Er legte den Riemen um seine rechte Schulter und richtete ihn ein, bis das Schwert genau richtig hing. Er drapierte den anderen Schulterriemen, der seine Pistolen halten sollte, über seine linke Schulter, sodass die beiden vor seiner Brust ein Kreuz bildeten. Wie eine Zielmarke.

»Du siehst wahrlich wie ein echter Schurke aus«, sagte Bickerstaff, als Marlowe auf die Veranda trat. Nichts in seiner Stimme wies darauf hin, dass er scherzen wollte, wenn Marlowe auch wusste, dass dem so war.

»Und du siehst aus wie ein gottverdammter Puritaner.« Bickerstaff war fast gänzlich in Schwarz gekleidet – alte Kleidung, wie die von Marlowe. »Also schön, dann lass uns gehen und das Kriegsschiff übernehmen.«

Sie waren wie eine Miniaturarmee, als sie südwärts nach Jamestown marschierten, wo die *Northumberland* schon wartete, um sie zur *Plymouth Prize* zu bringen. Vorn standen die beiden Offiziere Marlowe und Burnaby, außerdem Bickerstaff, der auch als Militärkaplan durchgegangen wäre. Hinter ihnen marschierte die Truppe, fünfundzwanzig Mann, und hinter der Truppe kam der Tross, bestehend aus einem Wagen, auf dem sich die Sachen stapelten, die King James gepackt hatte. Als Letztes kamen das Lagervolk, ein halbes Dutzend Diener, die als Köche und dergleichen arbeiten sollten.

Spät am Tag trafen sie in Jamestown ein. Marlowe fand, es sei ein übler Ort, schlimmer noch als er ihn in Erinnerung hatte, von stinkenden Sümpfen umgeben. Die verkohlten Ruinen des alten Kapitols standen noch, zwei Jahre nachdem das Feuer den Entschluss besiegelt hatte, die Hauptstadt nach Williamsburg zu verlegen. Der Ort verfiel schnell, da von Jahr zu Jahr immer mehr Menschen fortzogen.

Die *Northumberland* war an einem der stabileren Anleger vertäut, die auf den James River hinausragten. Sie war etwa siebzig Tonnen schwer, an Deck fünfzig Fuß lang und achtzehn breit. Gebaut in der Massachusetts Bay und erst zehn Jahre alt, als Marlowe sie gemeinsam mit dem Anwesen der Tinlings erworben hatte. Ein hübsches, schnelles Schiff.

Er hatte sie nach seinem Geschmack neu takeln lassen, den Mast etwas nach achtern versetzt, ihr ein Vorstag spendiert und die quadratischen Topsegel vergrößert. Neben diesem Segel besaß sie ein riesiges, gaffelgetakeltes Großsegel und drei Focksegel. Normalerweise benutzte Marlowe sie für Fahrten in der Chesapeake Bay, jetzt aber hatte er die Absicht, sie zum Begleitschiff der *Plymouth Prize* zu machen.

Sie schliefen in jener Nacht an Bord, Marlowe, Bickerstaff und Burnaby in der winzigen Kajüte am Heck, Miliz und Dienerschaft oben auf dem Deck.

Am nächsten Morgen stachen sie in See, wobei sich die fünf Mann Besatzung der *Northumberland* einen Weg durch die Soldaten bahnen mussten, um zu Segeln und Fallen zu gelangen. So nutzlos sie sein mochten, war die Miliz zumindest gut, was rohe Gewalt anging. In kürzester Zeit hatten die Matrosen Großsegel, Topsegel, Stagsegel und Klüver gesetzt, und mit dem vielen Tuch legten sie in leichter Morgenbrise vom Anleger ab. King James stand an der Ruderpinne, hielt das Schiff in der Flussmitte, als sie flussabwärts durchs schlammige Wasser dorthin fuhren, wo das Wachschiff vor Anker lag.

Es war nicht schwer, die *Plymouth Prize* zu finden. Nach Allairs kurzem Ausflug in Erpressung und Piraterie, bei dem er jene Schiffe aufgehalten hatte, die ehrbaren Handel trieben, und sich von jenen fern hielt, die ihm Schwierigkeiten bereiten mochten, war er müde geworden und hatte das Schiff nunmehr seit mindestens einem Monat nicht mehr bewegt. Es lag etwa fünfzehn Meilen den James River hinunter vor Anker, an einer Stelle, die für jedermann – Gouverneur

Nicholson oder ein Ratsmitglied beispielsweise – schwierig zu erreichen war.

Sie setzten den Anker der *Northumberland* etwa eine halbe Meile flussaufwärts von der *Prize*. Als er sicher verhakt war, wurden die beiden Beiboote, die sie im Schlepptau hatten, längsseits geholt, und die Miliz kletterte hinein.

»Eure Männer haben ihre Waffen geladen?«, fragte Marlowe Lieutenant Burnaby.

»Ja, Sir.« Er sah nicht mehr so kampflustig aus wie noch am Tag zuvor. Marlowe lächelte und dachte an das erste Mal, als er in einen echten Kampf gezogen war. Wie der junge Lieutenant war auch er nicht so erpicht darauf gewesen, als ihm klar wurde, wie real das alles war.

»Gut. Es wird erst geschossen, wenn ich das Kommando gebe. Ich würde es vorziehen, diese Sache ohne Blutvergießen über die Bühne zu bringen.«

»Das wäre vorzuziehen. Da stimme ich Euch zu.«

Das Beiboot mit der Miliz legte von der *Northumberland* ab, und die Ruderer stützten sich auf ihre Riemen, warteten darauf, dass Marlowe, Bickerstaff und Burnaby ihre Plätze im anderen Boot einnehmen würden, um vorauszufahren. Einen Augenblick später fuhren die beiden Boote hintereinander, trieben flussabwärts zur *Plymouth Prize*.

Das Wachschiff war in einem jämmerlichen Zustand, die Segel hingen halbwegs von den Leinen, die Rahen standen kreuz und quer, und das Tauwerk hing schlaff herunter. Große Flecken von weißem Tau waren zu sehen, wo der Teer an Stag und Wanten abgewetzt war.

Die Unterkünfte und das Achterschiff waren mit hübschen, ausgefeilten Schnitzereien verziert, aber auch diese litten unter Vernachlässigung. Farbe und Blattgold waren größtenteils abgeblättert, das Holz darunter war trocken und gespalten. Drei der geschnitzten Einfassungen an der Schiffsseite waren abgefallen, was Kreise von nacktem Holz um die Kanonenluken hinterließ. Einer Seejungfrau unter der Heckreling fehlte der Kopf, und der große Löwe Englands war Opfer einer doppelten Amputation geworden.

Die Crew des Kriegsschiffes zählte etwa fünfzig Mann, und sie waren gut bewaffnet mit Macheten, Pistolen, Spießen und Musketen. Manche schliefen, andere spielten Karten, manche starrten nur leeren Blickes die nahenden Boote an, ungeachtet ihres Bereitschaftsdienstes. Niemand schlug Alarm.

Marlowe war bei mehreren Gelegenheiten an Bord englischer Kriegsschiffe gewesen und hatte seinerzeit genug davon gesehen, dass er die straffe Disziplin und die anspruchsvolle Aufmerksamkeit den Details gegenüber sehr wohl zu schätzen wusste. Er konnte nicht glauben, dass die *Plymouth Prize* zur selben Flotte gehören sollte, der auch die mächtige *Royal Sovereign* angehörte.

Doch er wusste, dass er das Werk eines nachlässigen und dummen Kapitäns eines Provinzpostens sah, weitab von den Augen der Admiralität. Nie hatte er Sklaven auf irgendeiner Plantage gesehen, die verdrossener, teilnahmsloser und schlechter gekleidet gewesen wären als die Mannschaft der *Plymouth Prize*.

Eben wollte er zum Schiff hinaufrufen, sich erkundigen, ob Captain Allair an Bord sei, als ein Schrei die Stille durchbrach, der tief begann, zu einem hohen Kreischen heranwuchs und mit den Worten endete: »Du elender, gottverlassener Hurensohn!«

Dieses nun weckte das Interesse der Männer, wenn auch längst nicht so sehr, wie Marlowe es als angemessen erachtet hätte. Köpfe wandten sich zur Kajüte am Achterschiff um, von wo der Schrei gekommen war. Mehrere Männer, die nahe bei der Tür gesessen hatten, standen auf und gingen aus dem Weg.

Kaum hatten sie es getan, da flog die Tür auf, und Allair stürzte heraus, mit gesenktem Kopf, die Schultern hochgezogen, während aus dem Dunkel der Kajüte nach wie vor wildeste Beschimpfungen drangen. Plötzlich erschien eine dicke, rotgesichtige, wütende Frau an der Tür und hielt einen Eimer über ihrem Kopf. »Komm her, du miese kleine Kakerlake!«, schrie sie und schleuderte den Eimer nach Allairs Rücken.

Allair schien es nicht zu merken. Er war sturztrunken, wie Thomas sofort erkannte. Hätte der Wind anders gestanden, hätte er vermutlich den Atem des Kapitäns gerochen.

Allair hielt inne, als er die Ruderboote sah, die ihm sein Kommando nehmen wollten. »Marlowe? Seid Ihr das, Marlowe, Sohn einer versoffenen Hure?«, schrie er. »Ich sage: Kommt an Bord, und ich werde Euch willkommen heißen, wie Ihr es verdient!«

»Was sollen wir tun, Sir?«, fragte Burnaby.

»Wir gehen an Bord und übernehmen das Schiff.« Der Steuermann versetzte der Ruderpinne einen Stoß, um das Boot längsseits des Wachschiffs zu bugsieren. Marlowe sah, dass der Lieutenant ihn mit offenem Mund anglotzte, als sei er so etwas wie ein furchtloser Wundermensch, der auf direktem Weg auf die Gefahr zusteuerte. Doch kannte Marlowe genug von Allairs Sorte, um zu wissen, dass die Gefahr doch eher gering war.

Das Ruderboot ging längsseits der *Plymouth Prize*, und der Mann am Bug verhakte die Hauptkette am Bootshaken. Marlowe griff sich die Leiter und kletterte zum Deck hinauf, Bickerstaff dicht hinter ihm.

»Marlowe, Sohn einer räudigen Hündin!«, brüllte Allair. Er war in der großen Kajüte verschwunden, um eine Pistole zu holen, die er nun in der Hand hielt. »Ihr meint, Ihr könnt mich für dumm verkaufen? Elender Scheißkerl! Ihr bittet mich, Euch Tafelsilber zu beschaffen! Woher wusstet Ihr, dass das Silber von diesem verfluchten Nicholson an Bord war, he? Woher wusstet Ihr das?«

Tatsächlich hatte Marlowe die Rechnung für das Silber eines Nachmittags auf Nicholsons Schreibtisch liegen sehen, als er sich mit dem Gouverneur wegen irgendeiner anderen Sache traf. In den wenigen Sekunden hatte er den gesamten Plan ersonnen, zu Allair aber sagte er: »Ich habe keine Ahnung, wovon Ihr sprecht, Captain Allair, aber da ich nun dem Gesetz nach das Kommando über dieses Schiff habe, lasst mich Folgendes vorschlagen…«

In der Tür, etwa fünfzehn Schritte entfernt, zielte Allair mit seiner Pistole auf Marlowes Kopf und drückte ab. Mit einem mächtigen Knall ging die Waffe los, da Allair offenbar die doppelte Menge Schießpulver genommen hatte. Marlowe spürte den Luftzug, hörte das Pfeifen der Kugel, die an seinem Kopf vorüberflog.

Es war knapp, wenn auch nicht ganz so nah, wie ihm der junge Wilkenson gekommen war. Dennoch schien es Marlowe, als sollte er etwas dagegen unternehmen, dass ständig jemand auf ihn schoss. Doch nun war die Pistole einmal losgegangen, und Allair blieb nur noch sein Schwert.

»Spannt die Musketen!«, hörte er Lieutenant Burnaby unten vom Boot her rufen. Marlowe wusste nicht, was er vorhatte. Er beugte sich durch die Fallreepspforte und rief: »Haltet ein! Waffen in Vorderrast, alle Mann«, und selig kamen sie dem Befehl nach, bevor noch jemand verletzt wurde.

»Und jetzt an Deck.« Einer nach dem anderen kletterten die Milizsoldaten an der Bordwand hinauf und nahm mit geschulterter Muskete Aufstellung. Zu Marlowes großer Erleichterung machte keiner von der *Plymouth Prize* den Eindruck, als wolle er sich wehren.

»Captain Allair, ich habe Befehl von Gouverneur Nicholson, dem Vizeadmiral des Postens Virginia«, erklärte Marlowe.

»Vizeadmiral, am Arsch! Er hat keine Befehlsgewalt über mich. Er kann mir mein Kommando nicht nehmen!«

»Oh, aber das würde ich doch sagen.«

»Ihr? Und wer seid Ihr, Hurensohn? Übler Schurke! Ihr wusstet vom Silber dieses Schweinehunds. Ihr habt mich reingelegt.«

»Vielleicht, doch das liegt nun hinter uns. Ich muss Euch bitten, mein Schiff zu verlassen.« Er hielt den Befehl in die Höhe, den Nicholson niedergeschrieben hatte.

»Macht Euch hinfort!«

Er wandte seinen Blick nicht von Allair ab, doch er hörte, wie weitere Milizsoldaten an Bord kamen und hinter ihm Aufstellung nahmen. Hinter Allair sah er die unsicheren Mienen der Männer von der *Plymouth Prize*. So wenig beeindruckend die Miliz auf Marlowes Rasen auch ausgesehen haben mochte, sie nötigte einem jetzt doch einigen Respekt ab, zumindest unter Männern, die noch undisziplinierter waren. Es schien, als hätte Allair als einziger Interesse daran, die *Plymouth Prize* zu verteidigen.

»Ich würde es vorziehen, wenn Ihr jetzt von Bord gehen würdet«, sagte Marlowe so vernünftig wie möglich. »Nehmt Eure Gig und die Mannschaft dazu. Was von Eurer Habe nicht ins Boot passt, will ich Euch gern unverzüglich nachsenden.«

»Oh, Ihr seid ein kalter Hund, ein Schweinehund«, erwiderte Allair, »aber Ihr werdet mich nicht benutzen wie diesen Wilkenson-Bengel. Kommt her, Monsieur Kaperschiffkapitän. Sehen wir mal, was Ihr gegen einen Offizier des Königs ausrichten könnt!« Mit einiger Mühe zückte Allair sein Schwert und tat einen trunkenen Schritt in Marlowes Richtung.

Marlowe sah Bickerstaff an, und Bickerstaff schob seine Augenbrauen in die Höhe. Es war lächerlich. Allair war ihm niemals mit dem Schwert gewachsen, nicht einmal stocknüchtern.

»Zieht Euer Schwert, Feigling!«, tobte Allair, sammelte Mut bei Marlowes Seitenblick auf Bickerstaff.

Also zückte Marlowe sein Schwert. Er schwenkte die Waffe mit großer Bestimmtheit, denn er war Gewicht und Größe gut gewöhnt, und mochten ihn auch die vergangenen zwei müßigen Jahre etwas Kraft im Arm gekostet haben, so würde das doch nur Marlowe allein auffallen.

Dieser Umstand und die Größe der geraden Klinge entgingen auch Allairs trunkenem Blick nicht. Er geriet mit seinem Angriff etwas ins Taumeln, dann raffte er allen Mut zusammen, den die Mengen an Rum in seinem Bauch ihm möglich machten, und stürzte sich abermals auf Marlowe.

»Ich hau dich in Stücke!«, schrie er und schlug mit seinem Schwert zu. Marlowe fing den Angriff ab, hielt Allairs Schwert auf, als hätte dieser einen Stein getroffen, und schleuderte es beiseite.

Allair stand ungeschützt, als brauche seine Brust nur einen kleinen Hieb, um alledem ein Ende zu bereiten, doch Marlowe konnte nicht. Er trat einen Schritt zurück. Wieder hob Allair sein Schwert und schlug zu, und wieder lenkte Marlowe den Angriff ab. Auf diese Weise kämpften sie sich übers ganze Deck, Schritt für Schritt, Attacke und Parade, Attacke und Parade, wobei Allairs Atem immer schneller ging und sein Schwert mit jedem Angriff langsamer wurde.

Marlowe hörte, wie eine Muskete gespannt wurde, und hörte Bickerstaff sagen: »Nein, nein.« Die Männer von der *Plymouth Prize* und die Soldaten beobachteten das Drama, als würde es zu ihrem Vergnügen aufgeführt. Doch Marlowe wollte nicht, dass sie eingriffen. So lange der Kampf nur zwischen Allair und ihm stattfand, wurde niemand sonst verletzt.

Schließlich stieß er mit der Ferse an den Fuß der Nagelbank um den Fockmast, und er wusste, dass er nicht weiter zurückweichen konnte. Allair brachte so etwas wie ein Lächeln zu Stande, dachte offenbar, sein Gegner sei auf der Flucht vor ihm und säße nun in der Falle.

Er schlug sein Schwert von oben, und einmal mehr wehrte Marlowe es ab. Dann ließ Marlowe das seine sinken, mit der Spitze zum Deck, der Kopf nun gänzlich ungeschützt. Allair holte mit seinem Schwert aus, als sei es eine Axt, und schlug zu, wollte Marlowes Kopf in zwei Hälften spalten.

Was ihm auch gelungen wäre, wenn er getroffen hätte, denn er legte seine letzte Kraft in diesen Hieb. Doch Marlowe trat in genau dem Augenblick beiseite, als Allair zum Hieb ansetzte. Die Klinge traf einen Belegnagel, spaltete diesen statt Marlowes Schädel und blieb dann stecken.

Allair taumelte und fluchte und versuchte, das Schwert aus dem Nagel zu reißen, nur wollte es sich nicht bewegen lassen. Verzweifelt sah er zu Marlowe hinüber, erwartete, dass man ihm ein Ende bereitete, doch Marlowe starrte ihn nur an, wartete, dass Allair sein Schwert befreite oder vor Angst und Erschöpfung zusammenbrach.

»Also gut, Marlowe«, keuchte er und sank gegen die Nagelbank. »Tötet mich.«

»Nie im Leben, Sir, nicht einen Offizier des Königs. Ich fordere Euch nur auf, den gesetzlichen Anweisungen Gouverneur Nicholsons nachzukommen und die *Plymouth Prize* meinem Kommando zu unterstellen.«

Allair stierte ihn noch eine Sekunde wütend an, dann schlurfte er nach hinten, ließ sein Schwert im Belegnagel stecken. Die Milizsoldaten starrten ihm nach, wie auch die Männer der *Plymouth Prize*.

Wieder eine Mär von meinem Wagemut, die in Williamsburg verbreitet wird, dachte Marlowe. Eine Mär davon, wie Marlowe das Leben des Mannes geschont hatte, der ihn töten wollte. Welch ein Gentleman, würden sie sagen, welch ein Mann von edlem Blute.

Nur er und Bickerstaff und Allair wussten, dass es ein Gnadenakt gewesen wäre, den Mann zu erschlagen.

»Nun, Männer«, wandte sich Marlowe an die Crew, der *Plymouth Prize*. »Ich bitte Euch: Legt Eure Waffen nieder!«

Klappernd fielen fünfzig Musketen aufs Deck.

Eine Stunde später war das kleine Boot des Kapitäns um eine Flussbiegung verschwunden, flussaufwärts auf dem Weg nach Jamestown. Mit Captain Allair fuhr auch seine Fregatte von einer Frau, die es während der Konfrontation vorgezogen hatte, in der Kajüte zu bleiben. Wäre sie an Deck gewesen, hätte sich Marlowe vielleicht ernstlich gefürchtet.

So aber ließ ihre Anwesenheit in der Gig kaum Platz für Allairs persönliche Habe, doch Marlowe versicherte ihnen, diese würde ihm am folgenden Tag nachgesandt. Nachdem man sich nun des ehemaligen Kapitäns entledigt hatte, nahm er seinen Platz auf dem Achterdeck ein und rief die Mannschaft zu sich.

»Einen guten Tag, Männer«, sagte er so fröhlich wie er konnte. »Die kleine Auseinandersetzung mit Eurem ehemaligen Kapitän tut mir Leid, aber ich hege keinerlei Zweifel daran, dass Euch angenehme Abwechslung geboten wurde.«

Einige lächelten, wenn auch schwach. Niemand lachte.

»Ich bin Captain Thomas Marlowe, und ich habe hier einen Befehl von Gouverneur Nicholson, der mich anweist, das Kommando auf der *Plymouth Prize* zu übernehmen.« Eilig verlas er den Befehl, fügte etwas Banales bezüglich der Pflichterfüllung hinzu und entließ sie dann.

»Bitte, Sir«, meldete sich einer der Männer zu Wort, »aber was sollen wir jetzt machen?«

Marlowe lächelte. »Wir werden tun, wozu die *Plymouth Prize* hierher entsandt wurde«, sagte er. »Wir segeln hin und her und jagen diese schurkischen Piraten.«

8

Ein Schiff ist ein pflanzlich Ding. Jeder Teil – von kleinen Metallteilen abgesehen – war einstmals eine Pflanze. Die Rahmen und Planken, das Deck, die Winkel und Klampen und Dollborde, der Stoff, aus dem ein Schiff besteht, das alles war aus Eiche, Fichte, gelber Kiefer.

Holz hält das ganze Ding zusammen – Stifte, die man Holznägel nennt, werden in Löcher getrieben, die durch Planken und Rahmen gebohrt wurden, und dann mit großer Kraft hineingehämmert. Zwischen diesen Holzplanken befinden sich zerstampfte, trockene Pflanzenfasern in Form von Kalfaterwerg, der den Rumpf wasserdicht machen soll. Und zwischen die Planken gießt man geschmolzenes Kiefernharz.

Wie die großen Bäume, die sie einst waren, ragen die Masten auf. Ihre Wurzeln reichen durch Sturmdeck, Kanonendeck und Kajütdeck bis hinunter in den dunklen Laderaum, wo sie in einer Aussparung im Kielschwein enden, die man Mastspur nennt.

Doch sind diese Wurzeln nicht so fest, dass der Mast von allein stehen könnte, nicht bei dem enormen Druck der Segel, die er halten muss. Daher werden die Masten von der Takelung gehalten: Stag und Wanten, sperriges Tauwerk, das selbst wiederum aus getrockneten Pflanzen gewoben und mit

Harz beschichtet ist, welches aus dem Stamm der Kiefer gewonnen wird.

Die Wanten führen zu Jungfernblöcken, fein gearbeiteten, runden Holzstücken mit drei gebohrten Löchern, durch die man schmalere Taue namens Taljereep zieht. Die Taljereepe wiederum werden von dünnen Marlleinen gehalten, die nach einem ausgeklügelten System verknotet werden, was sich dann Zurrring nennt. So arbeitet die ganze Maschinerie – vom dicken, mächtigen Hauptmast zu den winzigen Zurrtauen des Sprietsegels an den Wanten der Stege – gemeinsam daran, dieses Riesending namens Schiff in Bewegung zu bringen, damit es dorthin fährt, wohin es seine Herren haben wollen.

Und jedes noch so kleine Teil, vom Kiel bis hin zum Flaggenknopf, begann sein Leben als lebendige Pflanze. Und wie alles, was einst gelebt hat, verrottet es früher oder später.

Und das war der Zustand der *Plymouth Prize*.

Ein Blick auf die Ankerleine, und Marlowe kannte den Grund dafür, wieso das Schiff so aussah. Von der Stelle an, wo die Leine aus dem Klüsenrohr kam, bis dorthin, wo sie in den Fluss tauchte, war das Tau trocken und weiß wie Knochen, weil es schon so lange der Sonne ausgesetzt war.

Gleich unterhalb der Wasseroberfläche klammerte sich eine dicke Masse Dreck und Unkraut an das Tau und flatterte in der Strömung. Man hatte den Anker nicht eingeholt, und das Schiff war schon seit einiger Zeit nicht mehr bewegt worden. Wenn ein Schiff nicht bewegt wird und sich die Mannschaft auch nicht darum kümmert, beginnt es schon bald die Rückkehr in seinen natürlichen Zustand.

Hätte Marlowe um den wahren Zustand der *Plymouth Prize* gewusst, hätte er vielleicht nicht so aktiv daraufhin gewirkt, das Kommando zu übernehmen. Nun jedoch war Captain Allair kaum flussaufwärts verschwunden, als der

Schiffszimmermann, der, wie die meisten Männer, das neue Kommando bereitwillig akzeptierte, zu ihm kam und sagte: »Bitte um Verzeihung, Sir, aber könnten wir ein paar Männer für die Pumpen haben?«

»Natürlich«, sagte Marlowe. »Wie hoch steht das Wasser im Pumpensod?«

»Drei Fuß, Sir, und es steigt.«

»Drei Fuß? Wann wurde zuletzt gepumpt?«

»Heute während der Morgenwache, Sir. Leergepumpt.«

Unwillkürlich sank Marlowes Kinn ob dieser Neuigkeit herab. Am Morgen erst hatte man das Schiff trocken gepumpt, und schon standen wieder drei Fuß Wasser im Laderaum, und das, obwohl es vor Anker lag, ohne nennenswerten Druck auf den Rumpf. Auf See wäre das Leck weit schlimmer, und in einem Sturm würden sie keine Stunde überleben. Doch das war noch nicht das Schlimmste.

Der Hauptmast hatte ein großes Stück von schwarzem Holz, wo die Fäule an ihm fraß. Das stehende Rigg war schlaff und musste dringend frisch geteert werden. Feines, weißes Pulver rieselte überall aus dem laufenden Gut, wenn Marlowe es anhob und drehte, ein sicheres Zeichen dafür, dass das Tau verrottet war und keinen Zug mehr halten würde.

Nachdem er die Hälfte der Männer an die Pumpen geschickt hatte, sandte er die andere Hälfte in die Takelung, um die Segel auszuschütteln, da er das Tuch trocknen lassen wollte. Sehr vorsichtig kletterten sie hinauf, setzten einen Fuß langsam vor den anderen, falls das Tau, auf dem sie standen, reißen sollte.

An der Rah des vorderen Topsegels sah er, wie ein Mann mit seinem Fuß glatt durch den verfaulten Stoff des Segels trat.

Ein anderer Mann, der das Haupttopsegel löste, saß halbwegs auf der Rah, als das Fußpferd, auf dem er stand, unter ihm nachgab und er schreiend aus dieser großen Höhe abstürzte. Überall an Bord erstarrten die Männer vor Entsetzen, als der Unglückliche an den Großmars prallte, mit einem dumpfen Schlag an die Großrahe schlug, sodass er ins Taumeln kam und in den Fluss stürzte. Trotz alledem fischte man ihn lebend heraus, wenn auch schwer erschüttert, und nach ein paar Bechern Rum war er bald wieder ganz bei sich.

Es war eine gewaltige Menge an Arbeit, die *Plymouth Prize* zum Kampf bereitzumachen, falls man tatsächlich hoffen durfte, sie in einen solchen Zustand versetzen zu können. Und Marlowe wusste, wenn es ihnen nicht gelänge, wären er, Bickerstaff und alle Mann an Bord der *Prize* keine Woche mehr am Leben.

Das und noch mehr diskutierte Marlowe mit Bickerstaff, während sie über den Weststrand von Smith Island stapften, hin zu den flachen, grasbewachsenen Hügeln und Hainen mitten auf der Insel.

Es war später Nachmittag, einen Tag, nachdem er das Kommando auf der *Plymouth Prize* übernommen hatte. Das Wachschiff lag noch da, wo sie es gefunden hatten, und wurde vom First Lieutenant William Rakestraw für die See bereit gemacht, von dem Marlowe nach längerem Gespräch hoffte, dass er im Grunde seines Herzens ein fähiger Offizier sei, der nur unter Allairs Tatenlosigkeit träge geworden war.

Hinter ihnen, vor Anker in der seichten Bucht, lag die Schaluppe *Northumberland*. Marlowe hatte deren kleine Mannschaft an Bord gelassen, nur Bickerstaff und King James mitgenommen. Niemand sonst musste wissen, was sie vorhatten. Niemandem sonst traute er so weit, dass er mit ihm die Höhle des Löwen betreten hätte.

»Gib es zu, Tom, sie ist in schlimmerem Zustand, als du dir vorgestellt hattest«, sagte Bickerstaff. »Sogar ich sehe es. Unendlich viel Arbeit wird nötig sein. Und auch kein Putzen, kein Schwärzen der Takelung, kein Deckschrubben und Ähnliches wird helfen. Nein, sie muss gekielholt werden, sie braucht einen neuen Großmast, einen neuen Satz Segel, das laufende Gut muss erneuert werden.«

»Ehrlich, Francis, du solltest dich hören. Man könnte glauben, das Schiff würde unter unseren Füßen versinken.«

»Im Augenblick nicht. Wir sind an Land. Gestern aber war es so, und wenn wir wieder an Bord gehen, wird es wieder soweit sein.«

»Also schön, sie sinkt. Aber du musst verstehen: Wir können nicht zum Gouverneur gehen und uns beklagen, dass sie repariert werden muss. Das war Allairs Ausrede, und ich denke, der Gouverneur kann es schon nicht mehr hören. Nein, ich würde gern etwas erreichen, bevor wir anregen, sie kielzuholen. Und sollte uns bei unserem momentanen Vorhaben Erfolg beschieden sein, werden wir uns erst etwas verdienen und dann weitersehen.«

»Das ist eine andere Frage.« Bickerstaff blieb stehen, zwang Marlowe, ihm in die Augen zu sehen. »Es scheint mir doch äußerst selbstlos von dir, das Wachschiff zu übernehmen. Du magst ja sicher deine Qualitäten haben, aber Selbstlosigkeit gehört nicht dazu.«

Marlowe hielt seinem Blick stand, diesem wunderbaren Blick. Nichts Gönnerhaftes, nichts Strafendes lag darin. Wäre dem nicht so gewesen, hätte Marlowe ihn schon vor langer Zeit durchbohrt oder wäre bei dem Versuch gestorben. Er sah aus wie immer, als wollte er nur, dass Marlowe sich selbst gegenüber ehrlich war.

Aber das war natürlich schon ärgerlich genug.

»Francis«, sagte er, »du allein begreifst die Umstände, die mich ... uns ... hierher geführt haben. Wie könnten wir unseren Platz in der Gesellschaft besser finden als dadurch, dass wir die Gesellschaft vor diesen üblen Piraten retten?«

»Retten? Was du im Sinn hast – was ich glaube, was du im Sinn hast –, schmeckt mir doch zu sehr nach deinem altvertrauten Tagwerk.«

Marlowe musste grinsen. »Nun, du wirst doch das alte Sprichwort kennen: ›Schick einen Dieb, um einen Dieb zu fangen‹?«

»Kenne ich. Aber du bist ein Gentleman, Tom. Du bist kein Dieb, und du bist kein Pirat.«

»Du kannst nicht von mir erwarten, dass ich diese Schurken bitte, von allein zu gehen. Und du kannst von den Tagedieben auf der *Plymouth Prize* nicht erwarten, so zu kämpfen, als sei es ihnen Ernst, wenn sie für ihre Bemühungen keinen Vorteil erfahren.«

Bickerstaff sah ihn scharf an. »Du stehst ganz nah an der Klippe, mein Freund.« Er drehte sich um und ging voran.

Sie wanderten weiter, Seite an Seite. King James lief voraus, schlich wie ein Tier, erinnerte sich an die Lektionen, die er als Junge in seiner Heimat Afrika bekommen hatte. Hin und wieder zeigte er sich, gab den beiden Männern ein Zeichen, dass alles klar war.

Smith Island war ein seltsam geformtes Stück Land von etwa fünf Meilen Länge und dort, wo sie es überquerten, glücklicherweise nicht breiter als eine Meile. Es lag im Atlantischen Ozean, keine halbe Meile östlich von Cape Charles, gleich nördlich der Einfahrt zur Chesapeake Bay, Teil der vorgelagerten Inselgruppe, wie ein Schutzwall vor der Küste. Die Insel war abgelegen und besaß auf beiden Seiten gut geschützte Häfen. Sie war perfekt geeignet für Schiffe, die zwischen den Capes lauerten und auf reiche Beute warteten. Es war eine beliebte Stelle unter den Piraten.

Und von denen gab es viele. König Williams' Krieg hatte

vor zwei Jahren geendet, und die Großmächte Europas waren wieder zu ihrem üblicherweise unsicheren Frieden zurückgekehrt. Während dieses Krieges wurden – wie in jedem Krieg – jene mit einer Neigung zur Piraterie als Kaperkapitäne eingestellt, damit sie unter dem Schutz des Kaperbriefes ihrer Monarchen feindliche Schiffe plünderten. Es war absolut legal, sogar patriotisch, selbiges zu tun.

Nach der Unterzeichnung des Friedensvertrages in Casco gaben nicht alle Kaperer ihr lukratives Treiben auf. Viele von ihnen fuhren einfach fort, Handelsschiffe aufzubringen. Nun jedoch nannte man es Piraterie, und Schiffe aller Nationalitäten wurden Beute. Und jene, die darauf aus waren, die reichen Tabakschiffe aus Virginia und Maryland zu überfallen, oder auch die reicheren Händler, die mit Waren von England kamen, versammelten sich alle bei Smith Island.

Das wusste Allair, weshalb er diese Insel auch so sorgsam gemieden hatte. Auch Bickerstaff und Marlowe wussten es, und deshalb waren sie hier.

Zwei Stunden brauchten sie, um sich einen Weg durchs hügelige Inland der Insel zu bahnen, marschierten langsam, warteten auf Zeichen von King James und suchten Deckung, falls es einen Posten gab, der diese Seite der Insel im Auge behielt. Als sie sich der fernen Hügelkette näherten, die einen Blick hinunter in den Hafen bot, ging die Sonne hinter ihnen unter. Sollte jemand in ihre Richtung sehen, müsste er direkt in deren Strahlen blicken, wodurch sie gut verborgen blieben.

»Nicht so viele wie ich gedacht hätte«, sagte Marlowe zu Bickerstaff. Sie lagen auf ihren Bäuchen inmitten von hohem Gras und einem kleinen Eichenhain mit Blick auf den Hafen in dreihundert Metern Entfernung. Nur ein Schiff lag dort vor Anker, dessen Stenge und Bramsegel rötlich gelb in der Abendsonne leuchteten.

Es war ein großes Schiff, nach Marlowes Einschätzung

mehrere hundert Tonnen schwer und für zwanzig große Kanonen ausgelegt. Weit und breit war keine Flagge auszumachen, aber keiner der beiden Männer brauchte eine Flagge, die ihnen sagte, was es war.

Es hätte ein Kriegsschiff sein können, bei all den Männern und Kanonen, aber auf einem Kriegsschiff hätten die Rahen nicht so kreuz und quer gestanden, an Deck hätte sich kein Müll gestapelt und die Segel hätten nicht wie Wäsche da gehangen, die kurz vor dem Rahen eilig hereingeholt worden war. Marlowe und Bickerstaff kannten Piraten, und alles an diesem Schiff deutete darauf hin.

Der größte Teil des Strandes lag im Schatten, doch war es nicht so dunkel, dass sie die Aktivitäten dort unten nicht hätten ausmachen können. Es waren mindestens hundert Männer, allesamt beschäftigt. Manche brachten Proviant, Beute und Waffen vom ankernden Schiff herüber und schafften alles an den Strand. Andere stapelten Holz für das große Lagerfeuer, wo sie später sitzen, ihr Abendessen grillen und ihre trunkenen Rituale feiern würden.

»Ich glaube, sie wollen ihr Schiff hier kielholen«, sagte Marlowe.

»So scheint es. Ist dir aufgefallen, dass nicht mal die Hälfte ihrer Kanonen noch an Bord ist?«

»Das ist gut so. Ich kann mir nicht vorstellen, dass sie ihre Batterien an Land aufstellen. Sie werden sicher nicht wissen, dass ich inzwischen das Kommando über das Wachschiff habe.«

»Und falls sie es herausfinden, bezweifle ich, dass sie sich deshalb große Sorgen machen werden.«

»Das stimmt wahrscheinlich«, sagte Marlowe.

»In jedem Fall hat es den Anschein, als würden sie hier eine Weile bleiben. Eine Woche mindestens, würde ich vermuten, bevor sie wieder in See stechen.«

»Und wenn sie wieder in See stechen«, sagte Marlowe, »wird es für die meisten von ihnen jene große, endgültige Reise werden, auf die wir uns alle eines Tages begeben müssen.«

»Aber, Marlowe, du wirst ja richtig lyrisch. Hör auf meinen Rat und lass es sein, bevor du noch allen Grund hast, in Verlegenheit zu kommen.«

Marlowe lächelte nur, und plötzlich spürte er, dass jemand hinter ihm stand. Er rollte sich herum und griff nach seiner Pistole. Dort kauerte King James. Sie hatten ihn nicht kommen hören.

»Da steht ein Posten etwa hundert Meter in die Richtung dort«, King James deutete nach Norden, »und ein anderer auf dem Kamm da drüben. Aber sie sind beide betrunken.«

»Sehr gut.« Marlowe hielt kurz inne, wartete, dass sein Herz wieder ruhiger schlug. »Nun lasst uns über eine Strategie nachdenken und dann von hier verschwinden.«

Als die *Plymouth Prize* endlich wieder fahrtüchtig war, konnte Marlowe seinem Herrgott nur danken, dass er sie nicht aufs offene Meer hinausfahren musste.

Als er und Bickerstaff an jenem Tag von ihrem Ausflug zurückkamen, stellten sie fest, dass sich Lieutenant Rakestraw alle Mühe gegeben und die Männer angetrieben hatte, es ihm gleichzutun. Die unteren Wanten waren stramm gespannt, aber vorsichtig, um die faulen Masten nicht weiter zu beschädigen. Das Schiff wurde von vorn bis hinten geschrubbt, und was an Ersatzsegeln vorhanden war, wurde festgemacht, zumindest jene, die nicht in noch schlechterem Zustand als die ersten waren. Es gab kein Ersatztau, mit dem man das laufende Gut hätte erneuern können, doch war das Meiste zumindest der Länge nach zusammengelegt.

»Ich denke, das ist so ziemlich alles, was wir tun können,

Sir, mit dem, was wir an Bord haben«, meldete Rakestraw, als er auf dem Achterdeck neben seinem neuen Kapitän stand, während die Ufer des James River vorüberglitten. »Ich sage es nicht gern, Sir, und lieber würde ich nach einer Ausflucht suchen, aber sie muss dringend gekielholt werden.«

Seine Kleidung, das fiel Marlowe auf, war ordentlicher als zuvor. Er trug eine neue Jacke und einen Dreispitz. Er schien sogar aufrechter zu stehen.

»Fürchtet Euch nicht, es auszusprechen, Lieutenant. Ihr habt ganz Recht damit, und wir werden sie so bald wie möglich auf die Seite legen. Allairs Fehler war, Forderungen zu stellen, ohne im Gegenzug etwas zu geben. Bald schon werden wir der Kolonie beweisen, dass sie ohne uns nicht auskommt, und dann werden wir alles bekommen, was wir brauchen.«

»Ja, Sir«, sagte er. »Aber, bitte, Sir, was wollen wir denn tun?«

»Alles zu seiner Zeit, Lieutenant, alles zu seiner Zeit.« Marlowe wollte nicht, dass seine Pläne im Unterdeck bekannt wurden. Es würde den Männern unten nicht gut tun, in den kommenden zwei Tagen Todesängste auszustehen.

Marlowe wusste, was Todesangst war. Er kannte die Furcht, die Piraten auslösen konnten, und wusste besser als die meisten anderen, wie berechtigt diese Furcht war. Er hatte Münder gesehen, aus denen brennendes Wachs troff, Männer, die bei lebendigem Leib mit zerschlagenen Flaschen aufgeschlitzt wurden, zu Tode geschändete Frauen.

Nur waren es nicht die betrunkenen Schurken auf Smith Island gewesen, die solches getan hatten. Es war ein anderer Mann, zu einer anderen Zeit, und er verdrängte den Gedanken. Vielleicht fürchtete er diesen Mann, doch er würde sich diesem Mann nicht stellen müssen.

Und das war sein Glück. Das Ausmaß dieses Glücks wurde ihm an jenem Morgen klar, als er sich die Männer von der *Plymouth Prize* ansah, die Männer, auf die er während der bevorstehenden, blutigen Schlacht würde bauen müssen und die schon damit zu kämpfen hatten, den Anker vom Grund zu lösen. Es dauerte dreiundzwanzig Minuten, das Ankerspill, die Ankerkette und das Handspakenreep vorzubereiten, und die Männer wanderten umher und glotzten, als sähen sie die *Plymouth Prize* zum ersten Mal. Es war nicht zu fassen.

Nach einiger Zeit und mit viel Mühe und manchem Schaden hatten sie den Anker eingeholt, sodass sich die *Plymouth Prize* von der Stelle bewegte, wo sie zur festen Größe auf dem James River geworden war.

Von diesem Augenblick an arbeiteten die Pumpen und taten es während der gesamten Zeit, die sie unterwegs waren.

Und in den dreißig Stunden, die sie brauchten, um Smith Island zu erreichen, konnte er nur an eines denken: Ich führe diese Ruine von einem Schiff und diese Männer gegen eine Bande von Räubern, die uns zahlenmäßig um das Doppelte überlegen ist. Eine Bande, für die das Töten ebenso sehr zum Leben gehört wie die Faulheit und das Nörgeln zum Leben der Männer auf der *Plymouth Prize*.

9

George Wilkenson stand im Schatten von Mrs. Sullivans Wirtshaus, halb verborgen hinter einer Ecke des Gebäudes, und gab sich alle Mühe, so auszusehen, als würde er sich nicht verstecken. Was er jedoch tat. Er behielt Elizabeth Tinling im Auge, die sich auf der gegenüberliegenden Seite der Duke of Gloucester Street mit Lucy einen Weg zwischen den Marktbuden bahnte.

Es war ein wunderbarer Frühlingstag mit weißen Wolken, die hin und wieder über den blauen Himmel zogen, und einer kühlen Brise, die von der Bay hereinwehte und Hitze, Gestank und Fliegen vertrieb. Das Wetter schien auf jeden Einfluss zu haben, der in Williamsburg zu tun hatte. Fröhlichkeit, Lächeln, Gelächter und allgemeines Wohlgefühl trugen noch dazu bei, dass sich Wilkenson nur umso schlechter fühlte.

Seit einer Stunde folgte er den beiden, seit sie das Haus verlassen hatten und zum Einkauf über diese Straße schlenderten, auf welcher sich die Menschen drängten. Dieses Herumschleichen war ganz und gar nicht seine Art. Schließlich war er einer der mächtigsten Männer der ganzen Kolonie, verantwortlich für den Besitz der Wilkensons, für Schiffe, Tabak und Sklaven. Und auch für ihr zunehmend lukratives Importgeschäft: Stoffe, Silber, Möbel, Feuerwaffen und allerlei Ware aus England, die hier so sehr gefragt war.

Sein Vater mochte den groben und prahlerischen Bruder vorgezogen haben, doch George wusste, dass er es war, der stille Planer, eher ein Mann des Geistes als der Tat, der das kleine Vermögen der Wilkensons zu einem nach wie vor wachsenden Imperium ausgebaut hatte.

Er wartete auf eine Gelegenheit, Elizabeth allein zu sprechen, aber Lucy folgte ihr wie ein Hündchen.

Er musterte die junge Sklavin.

Hübsch. Hellbraune Haut, die von einer unerlaubten Liaison zwischen Herr und Sklavin kündete, irgendwo in ihrer lang vergessenen Familiengeschichte. Eine Freude, sie sich anzusehen, und George konnte sich sehr wohl vorstellen, dass der alte Tinling seine Finger nicht von ihr hatte lassen können, obwohl er mit einer Frau wie Elizabeth verheiratet war.

Es war allgemein bekannt, dass Lucy in King James verliebt war, Tinlings mürrischen, bösen, rebellischen Feldarbeiter. Marlowes Majordomus. George wusste um diese Afrikaner und ihre unersättliche Fleischeslust. Im Geiste sah er Bilder von James, der sich mit Lucy vergnügte, deren fester brauner Leib sich unter ihm wand, Kopf im Nacken, stöhnend, während seine kräftigen Hände ihre Taille packten.

Er schüttelte sich bei dem Gedanken, der ihn nur erregte und ablenkte, und konzentrierte sich auf sein Opfer. Er sah, wie Elizabeth um einen Kuchenkarren schritt, sich dann Lucy zuwandte und etwas sagte, was er nicht hören konnte. Lucy nickte, ging auf einen Botengang, und Elizabeth war ganz allein.

Wilkenson trat aus dem Schatten des Wirtshauses und hastete über die Straße, schob sich durch die Menge, Männer und Frauen, die in feinen Kleidern dahinschlenderten, Händler in den Kitteln ihres Gewerbes, zerlumpte Sklaven, die im Auftrag ihrer Herren Besorgungen machten.

Er trat an sie heran, überlegte, was er sagen sollte und wie er es sagen wollte.

Da ist er wieder, dachte er, der Unterschied zwischen Matthew und mir.

Matthew war barsch und dumm gewesen, war in einen Kampf gestolpert, von dem er hätte wissen müssen, dass er ihn nicht gewinnen konnte. George hingegen war schlauer. Wie eine Kanone, die aus großer Entfernung abgefeuert wird, wollte er Marlowe töten. Der Bastard wäre tot, bevor er den Schuss überhaupt hörte. George wünschte, sein Vater würde erkennen, dass seine Methoden denen von Matthew überlegen waren.

Er machte sich an Elizabeth heran, bis er mit ihr im Gleichschritt ging. »Guten Morgen, Mrs. Tinling.« Er gab sich Mühe, wie ein Mann zu klingen, der alles unter Kontrolle hat.

»Guten Morgen, Mr. Wilkenson«, sagte Elizabeth, ohne

ihn anzusehen. »Habt Ihr mir ausreichend nachspioniert und wie ein Taschendieb im Schatten herumgelungert?« Sie sah ihn an und lächelte.

Wilkenson zog ein finsteres Gesicht, sagte aber nichts. Ihre Schönheit verunsicherte ihn stets ein wenig, und ihre spitze Zunge konnte ihn ins Wanken bringen. Von jeher hatte er Matthews Fähigkeit, ihr zu begegnen, eifersüchtig bestaunt. Nach dem Tod ihres Mannes hatte er im Stillen stets gedacht, sie solle die Seine werden, doch fehlte ihm der Mut zur Tat.

»Mrs. Tinling, es gibt da ein paar Dinge, die wir besprechen sollten«, erklärte Wilkenson schließlich. In Gedanken stellte er sich das große Anwesen vor, welches er kontrollierte, die hundertfünfzig Sklaven, die ihm auf Leben und Tod ausgeliefert waren, und es gab ihm neue Zuversicht. Er wartete darauf, dass Elizabeth etwas sagte, was sie nicht tat, und so fuhr er fort: »Wie Ihr zweifelsohne wisst, hat dieser Schurke Marlowe meinen Bruder getötet. Tatsächlich hat er ihn um Euretwillen erschossen.«

»Ich weiß nicht, weshalb Mr. Marlowe Euren Bruder getötet hat, Sir. Ich schlage vor, Ihr fragt ihn.«

»Das ›weshalb‹ ist nicht von Bedeutung. Er hat es getan, und er wird dafür bezahlen.«

»Er hat Euren Bruder im Duell getötet. Sollte er irgendwie betrogen haben, so war es Eure Pflicht als Matthews Sekundant, solches zu verhindern.«

Wilkenson starrte in ihre blauen Augen. Es war der reine Unsinn, zu behaupten, Marlowe hätte etwas Illegales oder Unmoralisches getan. Er hatte es von vornherein gewusst und er wusste, dass auch Elizabeth es wusste. Schon hatte er beschlossen, dass er nichts dagegen einwenden wollte.

»Nichtsdestotrotz«, sagte Wilkenson, »muss er bezahlen.«

»Warum fordert Ihr Marlowe nicht einfach heraus und tötet ihn in einem fairen Kampf? Wie er es mit Eurem Bruder getan hat? Ein Mann würde es tun.« Sie legte eine leise Betonung auf das Wort »Mann«.

»Ich habe etwas weit Schmerzhafteres als eine Kugel im Sinn. Ich möchte sehen, wie Marlowe in Ungnade fällt, bevor er stirbt. Und Ihr werdet mir dabei behilflich sein.«

»Und wenn ich mich weigere?«, fragte Elizabeth mit blitzenden Augen und finsterer Miene. Sie war hübscher als je zuvor. Wilkenson spürte, wie es ihn unwillkürlich erregte.

»Ich glaube, Ihr wisst, dass ich Euch das Leben in dieser Kolonie höchst unangenehm gestalten kann.«

Elizabeths Miene änderte sich nicht. Sie starrte ihn nur voller Hass an. Wilkenson dachte sich, dass sie die Drohung wohl erwartet hatte. Er hoffte, dass sie ihn nicht beim Wort nahm, da sie dann merken würde, dass es eine Drohung war, die er nicht wahr machen konnte.

Als sie nicht reagierte, fuhr George fort: »Matthew hatte keine Geheimnisse vor mir. Ich weiß alles, was William Tinling ihm über Euch erzählt hat. Wir wissen beide, dass es Euer Ruin in dieser Kolonie sein könnte. Seid so gut und zwingt mich nicht, es laut zu sagen.«

In Wahrheit hoffte er sehr, dass sie ihn dazu nicht zwingen würde, denn er wusste nicht wirklich, was Matthews Geheimnis war. Sein Bruder war ein enger Freund von William Tinling gewesen, und William hatte ihm etwas über die junge Braut seines Vaters erzählt, doch hatte Matthew es für sich behalten und mit ins Grab genommen.

Das wusste Elizabeth offensichtlich nicht. Und nach ihrem Gesichtsausdruck zu urteilen war dieses Geheimnis, was immer es sein mochte, in jeder Form vernichtend.

»Also schön«, sagte sie schließlich. »Was genau wollt Ihr von mir?«

»Ihr steht Marlowe nah, wie man hört.«

»Er hat mich einmal besucht. Ist das ›nah‹?«

»Wie dem auch sei. Er hat ein Auge auf Euch geworfen«, fuhr Wilkenson fort. »Und das werden wir zu unserem Vorteil nutzen. Ihr werdet zu ihm gehen, wenn er allein zu Hause ist und… ihn zu einer unehrenhaften Liaison verführen. Ich werde eintreffen, bereit, ihn herauszufordern, und wenn ich da bin, werdet Ihr schreien, man täte Euch Gewalt an. In diesem Augenblick komme ich hereingestürmt und erwische ihn in flagranti. Wir werden ihn wegen Vergewaltigung verhaften und dafür sorgen, dass er angeklagt und verurteilt wird. Selbstverständlich werdet Ihr gegen ihn aussagen.«

Noch als er es sagte, wurde Wilkenson klar, wie absolut irrsinnig dieser Plan war. Doch um Marlowe hängen zu sehen, musste er ihn bei einem nachweisbaren Verbrechen erwischen, und dieses war das Einfachste und Erniedrigendste, das er ersinnen konnte.

Angewidert schüttelte Elizabeth den Kopf. »Das ist der feigste, jämmerlichste Vorschlag, von dem ich je gehört habe.«

»Möglich. Aber dennoch werdet Ihr es tun.« Wilkenson fühlte, wie seine Wangen vor Verlegenheit brannten. Vielleicht würde er ihr, wenn das alles hinter ihnen lag, zeigen, was es wirklich hieß, mit Gewalt genommen zu werden. Ihr zeigen, dass er nicht der furchtsame, kleine Mann war, für den sie ihn hielt.

Er schüttelte diese Gedanken ab. »Ich erwarte bis zum Ende der Woche von Euch eine Nachricht, die mir sagt, wann Ihr in Marlowes Haus sein werdet, dazu den genauen Zeitpunkt, zu dem ich kommen soll. Sollte ich bis dahin keine Nachricht bekommen…«

»Ich bitte Euch, sagt es nicht.« Aus Elizabeths Stimme

sprachen gleichermaßen Müdigkeit und Verachtung. »Eure Drohung war ohnehin nicht eben zweideutig.«

»Dann haben wir einander verstanden?«

Böse funkelte Elizabeth ihn an, presste die Lippen zusammen. »Ja, ja, was immer Ihr wünscht. Es scheint, als bliebe mir nur, mich an Eurem miesen kleinen Plan zu beteiligen.«

»Ganz recht.« Er hatte sie den Stock spüren lassen, und sie war in die richtige Richtung gelaufen. Nun würde die Belohnung folgen. »Übrigens, dieses neue Haus, das Ihr erworben habt, ist wirklich hübsch. Sehr hübsch. Es kann nicht billig gewesen sein.«

Hart sah sie ihn an, misstrauisch. »Das war es nicht, aber es liegt im Rahmen meiner Mittel.«

»Es sei denn natürlich, der Schuldschein sollte eingefordert werden. Ich denke, es würde Eure Ressourcen aufbrauchen, wenn Ihr ihn auszahlen müsstet.«

»Vielleicht. Aber der Schein befindet sich in Mr. David Nelsons Händen, der ein Ehrenmann ist und mir versichert, dass er ihn nicht einfordern wird.« Sie sah es kommen. Schlaues kleines Biest, dachte Wilkenson.

»Ah, aber das ist nicht mehr der Fall, müsst Ihr wissen, da ich den Schein von Mr. Nelson erworben habe, neben einigen anderen, und nun gehört er mir, und ich kann ihn einfordern, wann immer mir danach zu Mute ist. Sollte ich in dieser Sache auf Eure Unterstützung rechnen dürfen, könnte ich mich ohne weiteres dazu überreden lassen, den Schein zu zerreißen, und Euer Haus gehört Euch, mit allem Drum und Dran. Wenn nicht, dann fürchte ich, seid Ihr bankrott, sobald ich ihn einfordere und Ihr bezahlen müsst.«

Er ließ die Worte in der Luft hängen. George Wilkenson verstand eine ganze Menge von der Kunst der Überredung.

»Wenn ich ... mir gehört mein Haus mit allem Drum und Dran, wenn ich es tue?«

»Allerdings.«

»Also gut dann. Ich will tun, was Ihr verlangt.« Es schien, als ginge ihr vor Resignation die Luft aus.

»Schön. Dann wünsche ich Euch einen guten Tag.« Er verneigte sich knapp, machte auf dem Absatz kehrt und wandte sich noch einmal um. »Dann schickt Ihr mir zum Ende der Woche eine Nachricht?«

»Ja, ja. Ich sagte: ja.«

»Schön.« Wieder wandte er sich um und schritt von dannen. Er spürte, wie seine Wangen brannten, und sein Hals und seine Hände waren schweißnass.

Dennoch war es ein guter Plan, da das Verbrechen absolut glaubwürdig wäre. Es wäre keine Kunst, aufzuzeigen, dass Marlowe, nachdem er Matthew Wilkenson um ihrer Ehre willen getötet hatte, eine gewisse Gefügigkeit von Elizabeth erwartete, und als sie sich nicht ausreichend entgegenkommend gab, hatte er versucht, sie sich zu nehmen.

Es war vollkommen glaubwürdig, dass George zu Marlowe gehen würde, um ihn herauszufordern. Seine Behauptung, solches vorzuhaben, würde jene zum Schweigen bringen, die fragten, wieso George Marlowe nicht herausforderte, während gleichzeitig für Marlowes Tod durch den Strang gesorgt war, was George davor bewahrte, mit dem Schurken kämpfen zu müssen. Perfekt.

Und es wäre auch keine große Mühe nötig, die anderen dazu zu bewegen, dass sie seinem Willen nachkamen: Sheriff Witsen, die Geschworenen und selbst Gouverneur Nicholson.

George war sehr darauf bedacht, die Familie nicht in Schulden zu stürzen, weder bei ihrem Agenten in London noch bei irgendwem an der Küste. Geld zu schulden, hieß Ergebenheit zu schulden, und George Wilkenson wollte niemandem seine Ergebenheit schuldig sein.

Stattdessen sicherte er sich die Ergebenheit anderer durch großzügiges Verleihen von Geld, und zwar an jeden, der mit der nötigen Bescheidenheit darum bat, und niemals forderte er, es müsse in irgendeinem Zeitrahmen zurückgezahlt sein.

Seinem Verständnis nach – und auch seine Schuldner verstanden es so – war aber stets die gesamte Summe einzufordern, selbst wenn es den Ruin des Schuldners bedeutete. Auf diese Weise übte George Wilkenson Kontrolle über die Hälfte der Bewohner von Williamsburg aus.

Plötzlich spürte er den unbändigen Wunsch, das alles möge vorüber sein, Marlowe möge hängen und begraben sein, damit er endlich wieder zur Tagesordnung übergehen konnte.

Ich bin nicht Achilles, dachte er. Nein, ich bin kein Krieger. Ich bin Odysseus, der Verschlagene.

George Wilkenson fand einigen Trost in dieser Vorstellung.

10

Es dauerte zwanzig Stunden, den James River hinunter, dann mit Kurs Ost-Nordost und einem Schnitt von acht Knoten Wind auf dem Steuerbordbug, bis die *Plymouth Prize* sechzig Meilen von ihrem Ankerplatz bis Smith Island hinter sich hatte. Alle Segel waren gesetzt, einschließlich des kleinen Topsprietsegels, das auf dem Topsprietmast am äußersten Ende des Bugspriets saß. Das große, schwerfällige Wachschiff schleppte sich dahin, scheinbar nicht minder widerstrebend als seine Mannschaft auf dem Weg in die Schlacht. Doch wie die Männer musste auch die *Prize* dorthin, und Marlowe strich eine Meile nach der anderen von seiner Karte.

Alles in allem war es ein angenehmer Törn. Das Wetter in Virginia ist – wenn es gut ist – das beste der Welt. Und diese beiden Tage waren gut, mit warmer Brise, die Schaumkronen auf dem blauen Wasser der Bucht bildete. Der Himmel war von einem Horizont zum anderen ein feines, klares Blau, in der Farbe nur ein wenig heller als das Wasser.

Querab an steuerbord erstreckte sich, eingerahmt von Cape Charles im Norden und Cape Henry im Süden, der Atlantische Ozean, glitzernd und blitzend, bis er schließlich irgendwo am Horizont mit dem blassblauen Himmel verschmolz. In ihrem Fahrwasser lag die flache, grüne Küste des Festlands von Virginia und vor ihnen die lange Halbinsel, die an Cape Charles endete. Über ihnen wirbelte eine Vielzahl unterschiedlicher Vögel um die Flaggenknöpfe an den Masten, und unter ihrem Kiel rollte die Bay mit kaum merklichen Wogen. Was gut war, denn die *Plymouth Prize* wäre bei schwerem Wetter wohl gesunken.

Hundert Meter backbord vom Achterschiff hielt sich die *Northumberland*. Nur mit Mühe brachte es King James zu Wege, langsam genug zu segeln, dass er der *Plymouth Prize* nicht vorausfuhr.

Es gibt so viel zu tun, dachte Marlowe, so unendlich viel. Die Männer der *Plymouth Prize* zeigten sich als annehmbare Seeleute, aber unter Allairs Kommando waren sie lethargisch und unmotiviert geworden. Ihren Seemannskünsten galt auch nicht seine unmittelbare Sorge. Wichtiger war ihre Ausbildung zum Kampf, damit sie sich gut halten konnten oder damit zumindest nicht er und Bickerstaff und King James in Folge ihrer Unfähigkeit zu Tode kamen.

»Erste Position!«, hörte er Bickerstaff rufen, und die fünfzig Männer, die am Mitteldeck Aufstellung genommen hatten, nahmen die erste Position im Schwertkampf ein: Füße rechtwinklig auseinander, linke Hand hinter dem Rücken,

Säbel vor sich ausgestreckt. Sie waren anmutig wie watschelnde Pelikane am Strand – und auch ebenso einschüchternd.

»Zweite Position!«, rief Bickerstaff, und fünfzig rechte Füße traten vor, bereit, zuzustoßen oder zu parieren. Es war alles lieb und nett, und noch vor wenigen Jahren hätte Marlowe es als reine Zeitverschwendung angesehen. Hübsche Übungen hatten nichts mit dem blutigen, verzweifelten Hauen und Stechen eines echten Kampfes zu tun. Doch er vertraute Bickerstaff, und Bickerstaff hatte ihn davon überzeugt, dass es wichtig sei, erst die Feinheiten zu lernen und später die grimmige Realität.

»Attacke!«, rief er, und fünfzig Mann stießen nach einem imaginären Feind. Zwei von ihnen stolperten, als sie es versuchten, und stürzten aufs Deck. Marlowe wandte sich ab und starrte auf das blaue Wasser, sah das bewaldete Ufer in weiter Ferne. Es war an der Zeit, seine Strategie zu überdenken.

Drei Stunden nach Sonnenuntergang schleppte sich die *Plymouth Prize* um die Ostküste von Smith Island. Der Mond war fast voll, und in seinem silbrigen Licht hatte Marlowe einen guten Blick über die Bucht und auf das Piratenschiff, das dort vor Anker lag. Ein mächtiges Feuer brannte am Strand, und Lärm von einem wüsten Gelage trieb übers Wasser. Alles war so perfekt, wie er es zu hoffen gewagt hatte.

Bei Sonnenuntergang hatten sie sich von der *Northumberland* getrennt, nachdem Francis Bickerstaff mit einem Trupp der zehn besten Männer hinübergerudert war. Lieutenant Middleton, Zweiter Offizier an Bord der *Plymouth Prize*, wurde ausgesandt, das Kommando auf der Schaluppe zu übernehmen, und King James kehrte aufs Wachschiff zurück. Der schwarze Mann war nicht glücklich darüber, wie

Marlowe wusste, aber sie hatten keine Wahl. Er brauchte King James an seiner Seite.

»Sir?« Lieutenant Rakestraw trat an Marlowe heran und flüsterte verschwörerisch, warf einen Blick zur Leeseite des Achterdecks, wo King James stand.

»Ja, Lieutenant?«

»Sir, es ist… mh… wegen des Niggers, Sir. King James.«

Marlowe sah zu dem fraglichen Mann hinüber. Er sah gefährlich aus, keine Frage. Ein hellrotes Tuch war um seinen Kopf gewickelt, und er trug nur eine Weste, nicht mal zugeknöpft, ein loses Leinenhemd und weite Hosen. Ein kurzer Säbel und zwei Paar Pistolen hingen von gekreuzten Schultergurten, drückten auf den Stoff seines Hemds und hoben die breite Brust darunter deutlich hervor. Seine rechte Hand ruhte auf der Reling des Achterdecks, seine linke auf dem Heft seines Säbels. Die Muskeln an seinem Arm spannten sich bei der leisesten Bewegung.

»Ja, was ist mit ihm?«

»Nun, Sir, ist es klug, einen Nigger derart zu bewaffnen? Ich meine, ihm Pistolen zu geben? Ich denke, es ist ungesetzlich, Sir.«

»Vielleicht habt Ihr Recht«, sagte Marlowe. »Nehmt sie ihm lieber weg.«

»Sir?«

»Geht und entwaffnet diesen Mann, Lieutenant. Ich traue ihm nicht.«

»Oh. Na ja.« Unter diesen Umständen fand Rakestraw es offensichtlich nicht so wichtig, dass King James entwaffnet wurde.

»Sehen Sie, Mr. Rakestraw, ich weiß, dass es ungesetzlich ist, aber King James ist ein wichtiger Teil der ganzen Sache, und ich denke, wir tun gut daran, ihn an unserer Seite zu haben, wenn der Kampf beginnt.«

»Nun, wenn Ihr es sagt, Sir...«, meinte Rakestraw und sagte nichts mehr.

Marlowe stieg vom Achterdeck hinab aufs Mitteldeck, wo sie die Männer versammelt hatten. Jeder hielt eine Muskete in den Armen und hatte zwei Pistolen im Gürtel. Kurze Säbel baumelten von Schulterriemen.

Es war ein kunterbunter und zerlumpter Haufen, und Marlowe hatte keine Sorge, dass man sie als Besatzung eines Kriegsschiffes erkennen würde. Ebenso würden die Piraten wohl kaum darauf kommen, dass es sich bei der *Plymouth Prize* um ein stolzes Schiff Seiner Majestät handelte. Er musste nichts mehr dazu beitragen, dass es wie ein vernachlässigtes Piratenschiff aussah.

»Hört mir zu, Männer«, sagte er. »Ich habe den Plan ausreichend erläutert, also will ich euch damit nicht weiter langweilen. Ihr habt hart gearbeitet, deshalb will ich euch allen zum Dank einen Becher Rum spendieren.«

Zustimmendes Gemurmel wurde laut. Er sandte zwei Männer aus, um ein kleines Fass zu holen, während er fortfuhr. »Dieser Kampf könnte hart werden, aber hört mich an und fasst Mut. Wir werden die Piraten überraschen. Darüber hinaus vermute ich, dass sie allesamt sturzbetrunken sind und kaum in der Lage sein dürften, sich uns zu widersetzen.«

Das war nur die halbe Wahrheit. Er zweifelte nicht daran, dass sie betrunken waren, aber er wusste auch, dass die Trunkenheit sie unter Druck nur noch bedrohlicher machte. So wirkten hochprozentige Spirituosen, was auch der eigentliche Grund war, weshalb er sie seinen eigenen Männern verabreichte.

»Also denkt alle daran, weicht nicht, tut eure Pflicht, befolgt Befehle, und morgen seid ihr Helden. Und wohlhabend dazu.« Da sah er endlich, wie einige die Köpfe wandten, Blicke tauschten.

Diese kurzsichtigen Träumer haben noch nicht mal über die Möglichkeit nachgedacht, Beute zu machen, dachte Marlowe. Doch nun würden sie es tun, und es würde sie erheblich kooperativer machen.

Er drehte sich um und steuerte das Achterdeck an, als das Fass mit dem Rum kam. Seine Anwesenheit hätte nur die Freude der Männer an diesem Moment gedämpft und verhindert, dass sie über mögliche Reichtümer spekulierten.

Sie umrundeten die östliche Spitze der Insel und fuhren westwärts, segelten hoch am Wind mit Backbordschoten. Der Wind blieb stetig, und die *Plymouth Prize* machte mindestens drei Knoten, legte sich nur ein wenig nach steuerbord. Das Mondlicht und das riesige Feuer am Strand blitzten in den kleinen Wellen, flackerten und tanzten. Die fernen Festlichkeiten und das Knistern der Flammen schienen in dieser ansonsten stillen Nacht fast unnatürlich laut. Die dunkle Silhouette des ankernden Schiffes war vor dem Feuer und den Spiegelungen im Wasser deutlich zu erkennen.

»Haltet Euch bereit, den Anker auszuwerfen«, rief Marlowe nach vorn, und Lieutenant Rakestraw, der am Kranbalken kaum auszumachen war, rief: »Aye!«, ließ das »Sir« aus, ganz nach Marlowes Anweisung. Alles lief gut, ganz wie erhofft.

Landwärts passierten sie das ankernde Schiff. Es war ziemlich groß, größer als die *Plymouth Prize* und schwerer bewaffnet, doch nun war es wehrlos, die Kanonenluken leer, die schweren Geschütze an Land. Es hätte keine großen Schwierigkeiten bereitet, sie zu entern und mitzunehmen, doch darauf war Marlowe nicht aus. Was er wollte, war an Land zu gehen – zu den Piraten und ihrer unehrenhaft erworbenen Ware.

»Wer ist da?«, rief eine Stimme vom Piratenschiff herüber, schwer lallend, laut vor Überraschung. Der Bursche, der an Bord geblieben war und Wache hielt, dachte Marlowe, und wie gut er Wache hält. Die *Plymouth Prize* war keine fünfzig Meter mehr entfernt, als er sie endlich bemerkte. »Was ist das für ein Schiff?«, fügte der Wachmann hinzu.

»*Vengeance*«, rief Marlowe.

»Und woher kommt Ihr?«

»Von See!« Es war die übliche Antwort auf diese Frage, herausfordernd, ein Hohn auf das maritime Protokoll und alle Etikette.

Es folgte kurze Stille, und dann: »Was wollt Ihr?«

»Das ist nicht Eure Sache. Wir brauchen einen Hafen. Wir sind leck wie eine alte Vettel. Hört Ihr nicht, wie unsere Pumpen gehen?«

Als Antwort war ein Schnauben zu hören. »Na schön, aber haltet Abstand, hört Ihr? Und wenn Ihr sie auf den Strand setzen wollt, bleibt auf Kurs. Direkt voraus liegt eine Sandbank, einen Faden tief.«

Marlowe hörte seine Worte, schenkte ihnen aber keinerlei Beachtung. Der Wachmann hatte nicht Alarm geschlagen. Jetzt war er in Gedanken mit dem Strand beschäftigt. Wenn sie noch eine Kabellänge Kurs hielten, so dachte er, konnten sie im Dunkeln landen. Diese Piraten wären von ihrem eigenen Feuer geblendet und vor den Flammen gut zu erkennen. Ja, es würde hübsch werden.

Und dann dachte er daran, was der Wachmann gesagt hatte. Er fuhr zu King James herum.

»Hat dieser Schurke gesagt: ›Wenn Ihr sie auf den Strand setzen wollt …‹«, begann er, kam jedoch nicht weiter. Abrupt kam die *Plymouth Prize* zum Stehen. Marlowe taumelte vorwärts, verlor beinahe das Gleichgewicht. Das Knirschen ihres Bugs auf der Sandbank ging durch das ganze Schiff.

»Himmelarsch«, sagte er laut. Sie waren auf Grund gelaufen. Das Schiff begann zu schwojen, drehte sich um seinen Bug, als das Heck in den Wind gedreht wurde. Über sich hörte er das Flattern der Segel, dann blieben sie still, als sie zurückkamen.

Als Marlowe sich eben vergewisserte, dass sie keinen Schaden genommen hatten – sie saßen nur auf Sand –, hörte er ein Knarren, ein schreckliches Knirschen und Knacken von Holz, das Ächzen von Tampen und das scharfe *Knackknackknack* von Tauen unter großer Spannung.

Er sah hinauf. Der Großmast lehnte sich nach steuerbord und achtern. Er sah, wie das Holz barst, wie es splitterte, wo der Mast am Fuß verfault war. Die Segel hingen alle hinten und schoben das ganze Schiff seitwärts.

»Topsegel reffen! Großsegel reffen!«, rief er. »Haut die verdammten Dinger einfach durch! Haut sie durch!« Was er damit erreichen wollte, wusste er nicht, und es war auch egal. Die Männer standen nur da, starrten wortlos hinauf, als galten seine Befehle einer anderen Mannschaft.

Immer weiter neigte sich der Mast. Die Wanten brachen eine nach der anderen, flogen übers Deck, und der Mast ging über Bord. Das Großstag war stramm gespannt wie eine Harfensaite und ächzte unter der Last. Er hörte die Fasern knacken, denn das verrottete Tau sollte das ganze Gewicht des Mastes halten.

»Ihr da, auf dem Mitteldeck«, rief er ein paar Männern zu, die direkt unter dem Stag standen, »bleibt zurück…«

Da rissen die Taljen am Großstag, und das »Herz«, ein großer Eichenblock, der am Ende des Großstags befestigt war, peitschte durch den Trupp auf dem Mitteldeck. Ein Mann fuhr bei dem Geräusch herum und bekam den Block voll ins Gesicht. Dieser riss ihn mit sich, als er die anderen aufs Deck warf, sie wie eine Kanonenkugel zerstreute.

Wachsam, immer wachsam bleiben und nicht herumstehen, dachte Marlowe, und fand leise Befriedigung darin, zu sehen, dass die Faulpelze für ihre Trägheit nun bezahlten.

Der Mast zögerte noch, als würde er sich ein letztes Mal alle Mühe geben, aufrecht zu bleiben, dann kippte er seitwärts über die Reling. Großmast, Großmars, Großstenge, Großbramsegel, Fahnenmast, Vorbramsegel samt Fahnenstange und eine halbe Tonne Takelage kippten in den Hafen.

»Setzt den gottverdammten Anker!«, rief er nach vorn und hörte, wie der Anker ins Wasser klatschte.

Er sah zum Strand hinüber. Einhundert Piraten standen staunend am Ufer und sahen sich den Spaß an, als der Mast der *Prize* in sich zusammenbrach. Das nämlich hatte der Mast schließlich auch noch mitgenommen ... ihre Chance auf einen Überraschungsangriff.

Er stieg zum Mitteldeck hinab und zischte in scharfem Flüsterton: »Bringt diese Boote längsseits. Ladet Eure Waffen, und denkt daran: Wenn einer schießt, bevor ich das Kommando gebe, schlag ich ihn tot.«

»Wir gehen trotzdem an Land?«, krächzte jemand.

»Ja. Und den Nächsten, der meine Befehle in Frage stellt, schlag ich ebenfalls tot.« Und, bei Gott, es war sein Ernst.

Die beiden Boote wurden längsseits gezogen, und einer nach dem anderen stiegen die Männer die Leiter hinunter und nahmen ihre Plätze auf den Ruderbänken ein, legten ihre Musketen mittschiffs ab. Marlowe stand an der Gangway und sah hinunter. Weiße, erwartungsvolle Gesichter blickten zu ihm auf. Er hatte die Absicht gehabt, die Männer am dunklen Ende des Strandes landen zu lassen, doch das kam nun nicht mehr in Frage.

»Ach, zum Teufel damit«, sagte er laut. Wenn die Schurken am Ufer glaubten, die Männer der *Prize* gehörten der Bruderschaft der Küste an, dann konnte er sie nicht überraschen, dass sie schwer bewaffnet an Land gingen. So war es bei Piraten üblich.

»Hört zu, Männer«, sagte er im Flüsterton. »Wir gehen direkt auf sie zu. Sobald wir anlanden, ziehen wir die Boote auf den Strand und gehen an Land, ganz ruhig. Haltet den Mund. Ich allein rede. Dann, wenn ich das Kommando gebe, geht ihr in Stellung und macht euch bereit, eine Salve abzufeuern. Ist das klar?«

Marlowe hörte, wie zustimmendes Gemurmel von den Booten heraufdrang. Er kletterte ins erste Boot hinab und setzte sich an die Achterspitze; wortlos folgte ihm King James und nahm die Ruderpinne. Der ehemalige Sklave schien die abschätzigen Blicke gar nicht zu bemerken, die ihm die Männer von der *Plymouth Prize* zuwarfen, denen die Vorstellung, einen Schwarzen als Steuermann zu haben, offensichtlich nicht behagte.

Was sie jedoch nicht begriffen, im Gegensatz zu Marlowe, war die perfekte Tarnung, die damit einherging. Außerhalb der rüden Demokratie der Piratenwelt würde man nirgends einen Schwarzen finden, der unter Weißen solches Ansehen genoss.

Lieutenant Rakestraw, der ganz ähnlich wie seine Männer gekleidet war und keineswegs wie ein britischer Marineoffizier aussah, übernahm das Kommando auf dem zweiten Boot, und auf seinen Befehl hin senkten sich die Ruder, und die Boote steuerten das Ufer an.

Im Mondschein konnte Marlowe die Gesichter der Männer an den Riemen sehen. Schmallippig und grimmig wirkten sie, und ihre Haut schien blass und wächsern. Schweißperlen standen ihnen auf der Stirn, mehr noch als Wärme und Anstrengung erwarten ließen.

Sie waren ein furchtsamer Haufen, und Marlowe zog etwas in die Nase, das ahnen ließ, dass jemand nicht hatte an sich halten können, doch mochte dieser Geruch auch sehr wohl andernorts herrühren. Wenigstens saßen sie mit dem Rücken zum Strand, und die wartenden Piraten würden das

Entsetzen auf ihren Gesichtern nicht sehen, nur ruhige Mienen, die seine und die von King James.

Sie kamen an den Strand, einhundert Meter, fünfzig Meter. Er sah, dass sich die Piraten dort versammelt hatten und auf ihre Ankunft warteten. Es waren mehr als hundert Mann, dagegen nicht mehr als vierzig von der *Prize*. Auch das würde den Piraten ein sicheres Gefühl vermitteln, doch konnte es Marlowe nicht verunsichern. Er überlegte, was er sagen wollte, wie er ihre Aufmerksamkeit halten konnte, während sich seine Männer formierten.

Jetzt konnte er das Feuer riechen, das Spanferkel, den Rum und das verschossene Pulver, all die vertrauten Gerüche eines Piratenlagers. Das Boot knirschte auf dem Sand, und die Männer der *Plymouth Prize*, die dummen Schafe, saßen nur da und ließen die Ruder im Wasser baumeln.

»Steigt aus und zieht uns an den Strand«, knurrte er. Widerwillig verließen die Männer das vertraute Boot und gingen direkt unter den Augen ihrer Feinde an Land.

Marlowe stand auf, schwankte zum Bug des Bootes und sprang in den Sand. King James war nur zwei Schritte hinter ihm.

»Wer zum Henker seid Ihr?«, fragte einer aus der Menge. Sie standen zwanzig Schritte entfernt, drängten vorwärts, um einen Blick auf die Neuankömmlinge zu werfen, und dabei sahen sie in jeder Hinsicht wie eine Piratenbande aus. Die meisten trugen weder Schuhe noch Strümpfe. Einige trugen Kniebundhosen, die meisten aber Sackhosen, wie Seeleute auf der ganzen Welt sie bevorzugten. Mindestens die Hälfte von ihnen trug eine Schärpe um den Bauch, meist rot, in der Pistolen und Säbel steckten. Andere trugen Pistolen, die in Schlingen aus grellfarbenem Band um ihre Hälse hingen.

Manche trugen lange Mäntel und Dreispitze wie Marlowe, andere hatten bunte Lumpen um den Kopf gebunden. Alle hatten Bärte in irgendeiner Form, und ihr Haar war lang und ungepflegt. Der Rumgestank hätte nicht schlimmer sein können, wenn eine Destille am Strand gestanden hätte. Es war ein mörderischer, hässlicher Haufen.

»Mein Name ist Sam Blaine«, verkündete Marlowe, »was nicht von Bedeutung ist. Aber hört mich an. Das Wachschiff hier hat einen neuen Kapitän, und der hat keine Angst zu kämpfen. Habt ihr gesehen, wie mein Großmast über Bord gegangen ist? Gestern hab ich drei Stunden gegen den Hurensohn gekämpft, bis ich mich befreien konnte. Er hat meinen Mast erwischt. Ein Wunder, dass der noch so lange gestanden hat. Und der Kerl ist auf dem Weg hierher. Soll der Teufel seine schwarze Seele holen.«

Diese Nachricht ließ die Bande kurz innehalten, gerade so lange, dass Marlowe über die Schulter hinweg einen Blick auf seine Männer werfen konnte. Das zweite Boot war angekommen. Rakestraw sprang an Land und stellte sich an Marlowes Seite in den Sand. Fast alle Männer der *Prize* waren nun am Strand, und die meisten nahmen ihre Musketen. Das konnte nicht unbemerkt bleiben.

Er wandte sich wieder den Piraten zu. Unter ihnen war kein einziger, der unbewaffnet gewesen wäre. Säbel und Messer waren überall zu sehen, doch nur wenige davon gezückt, und auch Pistolen, wenn auch mit etwas Glück keine davon geladen war.

»Was hat das mit den Waffen zu bedeuten?«, fragte ein anderer Pirat. Marlowe hörte das Murmeln, das sich unter der Bande ausbreitete, und es wurden einige Waffen gezückt. Er hörte, wie jemand eine Pistole spannte.

Eine Minute noch, er brauchte nur noch eine Minute, bis seine Männer an Ort und Stelle standen, dann konnte er ihre Kapitulation fordern. »Hört mich an«, sagte er. »Eben habe ich euch erzählt ...«

Da konnte sich einer der Männer von der *Plymouth Prize* nicht mehr beherrschen, gab seinem Entsetzen nach, konnte die Spannung, diesem Angst einflößenden Feind Auge in Auge gegenüberzustehen, nicht mehr ertragen. Er schrie: »Verfluchte Schweinehunde!«, und direkt neben Marlowes Ohr ging – laut wie eine Kanone – eine Pistole los. Er spürte den Luftzug, hörte das fürchterliche Heulen, als die Kugel vorüberflog und den Piraten direkt vor ihm in den Hals traf, was diesen in den Sand warf.

»Gottverdammt!« Er fuhr herum und stieß James in den Sand, was nicht einfach war, stürzte auf ihn, als die Männer in Panik ihre Musketen hoben und die Piraten mit Blei voll pumpten. Er spürte, wie er glühende Pfropfen auf seine Hände und ins Gesicht bekam, was wie Insektenstiche brannte, hörte manchen vor Angst und Schrecken schreien. Die Männer von der *Plymouth Prize* konnten nicht danebenschießen, da sie aus fünfzehn Schritt Entfernung in eine Wand aus Menschen feuerten.

Marlowe sprang über James hinweg und kroch auf Händen und Knien aus dem Weg. Er hörte noch mehr Schreie, Flüche und Schüsse, diesmal aus Richtung der Piraten.

Schließlich sprang er auf, Rakestraw an seiner Seite, und James kam hinter ihm auf die Beine. Fünfzehn Piraten etwa wälzten sich im Sand, und die anderen achtzig schrien, zückten Waffen, griffen seine Männer an.

Diese hatten ihre Musketen weggeworfen, wie man es ihnen befohlen hatte, doch statt ihre Pistolen zu zücken und weiter zu schießen – der zweite Teil von Marlowes Plan –, drehten sie um und rannten zum Ufer, ignorierten bei ihrer panischen Flucht selbst noch die Boote.

Marlowe zog sein Schwert mit der rechten Hand und eine Pistole mit der linken, dann schoss er den Piraten nieder, der den Angriff auf die Männer der *Plymouth Prize* anführte, und stürzte seiner flüchtenden Mannschaft zum Ufer nach.

»Eure Pistolen! Eure Pistolen! Kehrt um und schießt!«, rief er. Er kam zu dem Mann, der den Rückzug führte, bis zu den Knien im Wasser stand und mit hohen, aufgeregten Schritten rannte. Wohin er eigentlich wollte, konnte sich Marlowe nicht recht erklären. Er versetzte dem Mann einen harten Hieb mit der flachen Seite seiner Klinge.

Ein Pirat feuerte, dann noch einer und noch einer, und die Männer der *Prize* fielen. »Kehrt um und schießt!«, rief er erneut, und diesmal fiel Rakestraw mit ein, der sich ebenfalls in die Menge der Flüchtenden gestürzt hatte. Es war Marlowes Plan, so viele Schurken wie möglich mit Muskete und Pistole zu erschießen. Er hegte keine Hoffnung, dass seine Männer den Piraten im Nahkampf gewachsen waren.

Dann waren sie alle in der Brandung, und die Piraten stürzten sich auf die letzten von Marlowes Männern und hackten sie in Stücke. Er roch Blut, wie warmes Kupfer. Dieser Geruch und die Schreie grausam sterbender Männer waren wie Geister aus einer Vergangenheit, von der er geglaubt hatte, er hätte sie weit hinter sich gelassen.

Er zückte noch eine Pistole, schoss einem der Piraten ins Gesicht, warf sie fort und zog eine andere. Rakestraw und King James hatten sich aller ihrer Pistolen entledigt und fünf Tote am Boden zurückgelassen. Nun standen sie vor den heranstürmenden Piraten und machten einen nach dem anderen nieder.

Marlowe feuerte seine letzte Pistole ab und schoss daneben, und der Mann an seiner Seite zog seine Pistole und feuerte ebenfalls; dann wandten sich die Männer von der *Prize* um, einer nach dem anderen, und feuerten, und der Ansturm der Piraten kam ins Stocken. Marlowe sah, wie Pistolen durch die Luft flogen, da man sie nach den Angreifern warf, und er sah Männer, die nach ihrer zweiten Waffe griffen. Der Geist des Widerstands schien seine Männer ebenso schnell erfasst zu haben wie die Panik, und nun standen sie in der Brandung und feuerten.

Es entstanden Lücken bei den Angreifern, da die Schurken starben, wo sie gerade standen. Einer machte einen Schritt zurück, dann noch einer, und schon bald wichen sie alle vor den Männern der *Prize* zurück, doch wollten sie nicht fliehen, und Marlowe wusste, dass sie es auch nie tun würden. Diesen Männern waren ein solcher Kampf und solcherart Gemetzel nicht fremd. Sie empfanden keine Trauer um gefallene Kameraden, und jeder Einzelne von ihnen wusste, dass er hängen würde, sobald er kapitulierte.

»Auf sie, Männer!«, rief er und schwenkte sein Schwert über dem Kopf. Dreißig Säbel wurden gezückt, und die Männer von der *Plymouth Prize* schrien und griffen an.

Sie kamen nicht weit. Die Piraten mochten ungeschützt gegen geladene Schusswaffen nichts ausrichten können, doch nachdem Marlowes Männer keine Pistolen mehr hatten, hieß es nun Stahl auf Stahl, und in einem solchen Kampf waren die Piraten nicht zu übertreffen. Die Schurken brüllten und fielen über die Männer vom Kriegsschiff her, als die beiden Trupps mit klirrenden Klingen aufeinander losgingen.

Marlowe drängte sich durch seine Männer. Vor ihm stand ein Monstrum von einem Piraten, groß wie ein Bär, mit langem, schwarzem Bart, verfilztem Haar, blutverschmiertem Gesicht, und zwischen ihnen stand einer von Marlowes Männern, der versuchte, die blitzende Klinge des Piraten abzuwehren.

Marlowe legte dem Mann eine Hand auf die Schulter, versuchte ihn beiseite zu schieben, als das Piratenschwert den Rücken des Mannes so weit durchbohrte, dass die Spitze Marlowe in die Brust stach. Marlowe sah dem Piraten in die

Augen, und der Schurke grinste ihn an, grinste tatsächlich, während Marlowes Mann schrie und Blut spuckte.

Auch Marlowe grinste und hob sein Schwert. Der Pirat fluchte und kämpfte darum, seine Waffe von dem Sterbenden zu befreien, doch er schaffte es nicht. Marlowe trieb seine Klinge dem Piraten direkt ins Gesicht, kurz unter seinem linken Auge, und riss sie wieder heraus, als der Pirat schreiend ins flache Wasser fiel.

Er stieß das Opfer des Piraten beiseite und wehrte eine Klinge ab, die ihn um ein Haar getroffen hätte. Er sah sich um. Er war beinahe allein, abgesehen von King James, der an seiner Seite schlug und hackte.

Die Miene des schwarzen Mannes zeigte einen Ausdruck wilder Raserei, und er schrie Worte heraus, die Marlowe nicht verstehen konnte. Seine Zähne blitzten, und die Haut glühte unter einer Schweißschicht, während er seine Klinge schwang, zuschlug und parierte, sämtliche Angreifer niedermachte.

Nun waren sie von Piraten umzingelt, und wieder wichen seine Männer Stück für Stück in die Brandung zurück.

»Zu mir!«, rief er, aber er glaubte nicht, dass sie ihn beim schrillen Geheul der Piraten hörten, und selbst wenn sie es taten, glaubte er nicht, dass sie ihm gehorchen würden. Zwei Tage Drill konnten diesen Männern nicht die Standhaftigkeit geben, erfahrene, rasende Mörder zu bekämpfen.

Er klopfte James auf die Schulter, um sicherzugehen, dass er ihn bemerkte, dann tat er einen Schritt zurück, dann noch einen. Rechts von ihm war Rakestraw schwer beschäftigt, doch als er sah, dass sein neuer Kapitän zurückwich, tat der Lieutenant es ihm gleich.

Die Piraten waren ihnen zahlenmäßig überlegen, und ohne Zweifel würden sie bald sterben müssen. Er schlug nach rechts, um einen Säbel abzuwehren, doch er war nicht schnell genug. Die Klinge ging durch seinen Ärmel und schnitt ihm die Haut auf. Er fühlte, wie das warme Blut an seinem Arm herunterlief, und wusste aus Erfahrung, dass er den Schmerz erst später spüren würde, falls er überhaupt so lange lebte. Wie hatte er in diese Klemme geraten können, ohne jede Möglichkeit zur Flucht?

Hatte er nicht. Das hatte er natürlich nicht. In eben jenem Augenblick, als es ihm einfiel, hörte er Schüsse, das süßeste Geräusch, das er sich denken konnte. Es kam von jenseits der Piraten, blitzte in der Nacht und beleuchtete sie von hinten.

In den wenigen Sekunden der Mündungsblitze sah er blutige, grässliche Gesichter, Säbel, von denen Blut tropfte, Leichen, die in der Brandung trieben, und zehn Piraten fielen, tödlich getroffen von Bickerstaffs sorgsam zielenden Männern.

Bickerstaff. Marlowe hatte ihn vergessen, hatte ihn vollkommen vergessen, während er doch ihre einzige Hoffnung auf einen Sieg gewesen war. Er war über die Insel gekommen und stand nun hinter dem Feind. Gerade rechtzeitig.

Die Piraten fuhren halb herum, wollten Marlowes Männern nicht den Rücken zuwenden, doch fürchteten sie diesen Angriff von hinten. Aus gutem Grund.

Bickerstaffs kleiner Trupp feuerte erneut, dann stürzten sie sich auf die Piraten und schlugen mit ihren Säbeln auf sie ein, Bickerstaff selbst an ihrer Spitze. Es war ein grauenvoller Anblick, grauenvoll zumindest für die Piraten, die unter ihren Klingen fielen.

»Zu mir!«, rief Marlowe den Männern hinter sich zu, von denen manche schon bis zur Hüfte im Wasser standen, und mit einem Schrei griffen auch sie erneut an.

Und das war zu viel für die Piraten. Mit manchem Fluch, der die schwarzen Seelen der Sieger zur Hölle wünschte, warfen sie ihre Waffen ins Wasser und hoben die Hände über den Kopf. Marlowe hatte das schon mal gesehen, diesen Augenblick, in dem ein Strick um den Hals irgendwann in ferner Zukunft besser schien als die Gewissheit eines Säbels, der einen im nächsten Moment durchbohrt.

Einen Augenblick lang standen sie da, Männer des Königs und Piraten, lauschten dem Stöhnen und Geschrei der Verwundeten, dem schweren Keuchen der erschöpften Männer, dem Plätschern des Wassers um ihre Knöchel.

Marlowe sah zu Bickerstaff hinüber, der auf der anderen Seite der Piratenbande stand. Er sah so ruhig wie eh und je aus. Neben ihm stand schwer atmend, die Spitze seines Säbels im Sand, Lieutenant Middleton. Das Licht vom Feuer erhellte sein halbes Gesicht und schimmerte auf dem Blut an seiner Klinge.

»Bickerstaff«, sagte Marlowe schließlich, »wie froh ich bin, dich zu sehen.«

11

»Ruhe! Ruhe!«, brüllte LeRois, um seine aufgeputschte Piratenhorde zum Schweigen zu bringen.

»Ruhe! Söhne von Huren!«, brüllte LeRois erneut, bis auch der letzte Pirat schwieg und LeRois nur noch den stöhnenden Kapitän des gekaperten Handelsschiffes hörte, der dort zu seinen Füßen auf dem Deck lag und sich vor Schmerzen wand.

»Ruhe, *cochon*!« LeRois trat dem Mann fest in die Rippen. Der Kapitän stöhnte auf. LeRois trat noch einmal zu, und der Mann war still.

Und dann fing jemand an zu schreien, ein lang gezogenes Kreischen wie von einer verlorenen Seele. LeRois stellten sich die Nackenhaare auf. »Wer schreit da, verdammt! Wer ist das? Ich bringe ihn um…« Er sah sich unter den Männern der *Vengeance* um. Ihre Mienen sagten ihm, dass es von ihnen keiner war. Die Schreie waren nur in seinem Kopf, und im selben Moment, als es ihm klar wurde, erstarben sie.

Er hielt sein Ohr gen Norden. Sie befanden sich etwa drei Meilen südlich von Cape Charles, nachdem sie erst am Nachmittag die breite Mündung der Chesapeake Bay erreicht hatten. Und kaum hatten sie die Capes gesichtet, als ein kleiner Kaufmann, den sie derzeit plünderten, die gefährliche Sandbank der Middle Ground Shoal umfuhr und ihnen direkt in die Arme segelte.

Zum ersten Mal seit zehn Stunden waren die Piraten still, versuchten herauszuhören, was es denn sein mochte, was LeRois da hörte. Nur war nichts weiter als das Klatschen von Wasser an den Rümpfen der beiden Schiffe auszumachen, das Knallen der Segel und der Takelung und hin und wieder dieses Knirschen, wenn die beiden Schiffe, die mit Enterhaken verbunden waren, aneinander rollten.

Dann hörte LeRois etwas, den Hauch eines Lautes, welchen die Brise vom Land herüberwehte.

Schüsse. Kleine Waffen feuerten Salven ab.

Er runzelte die Stirn und konzentrierte sich auf das Geräusch. Ja, es waren kleine Waffen. Von jeher hatte der Pirat außergewöhnlich gut hören können, und das jahrelange Lauschen darauf hatte ihn gelehrt, es noch im ohrenbetäubendsten Getöse herauszuhören. Er war ganz sicher, dass er es hörte. Nur hatte er in letzter Zeit vermehrt Dinge gehört, die kein anderer hörte.

Er wandte sich zu William Darnall um, der neben ihm stand und seine Ohren in dieselbe Richtung spitzte. »Klingt nach Musketen«, sagte Darnall zu LeRois' unendlicher Erleichterung. »Viele davon.«

»Smith Island, *oui*?«, sagte LeRois und zuckte mit dem Kopf in die Richtung, aus welcher die dumpfen Schüsse kamen.

»Ich denke schon«, gab Darnall ihm Recht. »Hört sich so an.«

LeRois lauschte noch etwas, dann zuckte er mit den Schultern. »Ist für uns nicht von Bedeutung«, sagte er, und dann, wie Männer, die nicht länger die Luft anhalten konnten, fingen die Piraten wieder an, herumzuschreien, zu fluchen und alles zu zertrümmern.

Noch einmal trat LeRois kräftig nach dem Kapitän, dann ging er nach hinten, benutzte sein Schwert als Gehstock, bohrte es ins Deck und riss es im Gehen wieder heraus. Die Männer der *Vengeance* hatten die Schnapslager und die Privatvorräte des Kapitäns aufgebrochen und tranken nun so schnell sie konnten. Sie machten sich einen Spaß daraus, die wenigen Passagiere an Bord zu quälen, zwangen sie, große Mengen Rum zu trinken, den König und den Gouverneur zu verfluchen und ihre eigenen Seelen zur Hölle zu wünschen.

Die Piraten würden sich einen Spaß erlauben, mehr Schaden aber würden sie nicht anrichten. Das Handelsschiff hatte ohne einen Schuss kapituliert, sobald man LeRois' schwarze Flagge sah. Zur Belohnung würde er die Menschen an Bord nicht foltern und auch nicht töten.

Die Mannschaft des Handelsschiffes war gezwungen worden, die Schiffsluken aufzubrechen, und holte nun alles hervor, was es im Laderaum gab: Tabak zumeist, aber auch feine Stoffe, die den Weg von der Nordostküste Südamerikas hierher gefunden hatten, und Weinfässer, die einen guten Preis einbringen würden, sofern die Männer der *Vengeance* sie nicht vorher leerten. Darüber hinaus würden die Piraten die Ersatzsegel mitnehmen, einige Rollen Tau und die Ankerleine, um sie gegen ihre eigene auszutauschen, die verrottet war.

Auch Gold gab es – Dublonen, die zweifelsohne mit dem spanischen Tuch die Küste heraufgekommen waren. Nicht viele, aber genug, dass man sie unter den Männern aufteilen konnte.

Unklugerweise hatte sich der Kapitän anfangs geweigert, preiszugeben, wo die Münzen versteckt waren, doch ein paar Hiebe mit der flachen Seite von LeRois' Schwert und ein brennendes Streichholz, das man ihm zwischen die Finger gebunden hatte, machte ihn schließlich doch gesprächig, was dieses Thema anging.

Selbst noch, nachdem sie das Gold bereits in Händen hielten, ließen die Piraten nicht von dem alten Mann ab, sondern brannten die Streichhölzer in ihrer ganzen Länge an seinen Fingern ab. Sie johlten, als ihr Opfer, das an einen Ringbolzen an Deck gefesselt war, schrie, sich wand und fluchte. Der Mann musste für seine Schweigsamkeit bestraft werden. Seine Qual hatte ihnen die zukünftige Kooperation der Leute an Bord gesichert.

LeRois machte sich auf den Weg hinüber zu den Passagieren, die sich im Regen aneinander drängten und vor ihren Peinigern zurückschreckten. Die wenigen Frauen unter ihnen wurden von ihren Männern beschützt, als würde das etwas nützen, wenn es den Piraten in den Sinn kam, sie sich zu nehmen.

Die Männer der *Vengeance* schrien und rannten an Deck auf und ab, tanzten, feuerten ihre Waffen ab, tranken, fluchten, schlugen Trommeln, urinierten und hackten mit ihren Entermessern wahllos auf Schiff und Takelwerk ein.

LeRois war betrunken wie alle anderen, und die seltsamen Bilder schwammen vor seinen Augen, vom Blitzen der Pistolen zu starren Szenen erleuchtet. Die Schreie schienen in Schichten zu kommen, und jede baute auf der anderen auf, türmten sich zu einer Kakophonie aus Pein und Terror. Immer schwerer fiel es ihm, zu sagen, ob die Bilder um ihn Albtraum oder Wirklichkeit waren, ob er wach war oder schlief – oder tot und in der Hölle war.

Er trank noch einen großen Schluck aus seiner Rumflasche und genoss das Brennen in seiner Kehle, die irdische Realität des Schmerzes. Er sah zu den Passagieren hinüber, die seinen Männern so viel Vergnügen bereiteten. Sie sahen allesamt wohlhabend aus, und er dachte sich, dass jeder von ihnen für das, was er im Schilde führte, wohl in Frage käme. Alle, die verheiratet waren.

Er packte das erste Paar, zu dem er kam, eine Art Gentleman mittleren Alters und seine hübsche Gattin, die dieser vor der brüllenden Bande schützte. Er packte beide bei den Kleidern, riss sie von der Reling weg und stieß sie aufs freie Deck. Bevor der Gentleman noch ein Wort von sich geben konnte, zog LeRois eine Pistole aus dem Gürtel und hielt sie der Frau an die Stirn.

»Woher kommst du, *cochon*?«, fragte er den Mann, doch der blieb still und sah LeRois nur finster an.

LeRois merkte, wie in seinem Hirn etwas zerriss. Er fing an zu zittern. Er spannte das Schloss seiner Pistole und rammte der Frau die Mündung gegen die Stirn, stieß sie mit Macht rückwärts. »Woher kommst du?«, schrie er.

»Williamsburg.«

»Kennst du viele Leute in Williamsburg?«

Der Mann zögerte. »Ja«, sagte er schließlich.

»*Bien, bien*, du Wurm. Kennst du eine Pestbeule von Hurensohn, der heißt Malachias Barrett?«

»Nein.«

»Sicher, Sohn von Hure?« Er drückte der Frau die Pistole an den Kopf. Sie schloss die Augen und verzog das Gesicht. Ihre Lippen bebten, da sie auf ihr Ende wartete.

»Nein«, sagte ihr Mann schließlich mit Entschlossenheit.

»Na gut«, erwiderte LeRois. »Ich habe eine Nachricht, die du überbringen wirst, und wenn du es tust, geht es der *belle femme* gut, wenn nicht, werde erst ich sie nehmen, dann gebe ich sie der Mannschaft. Hast du mich verstanden?«

Wieder zögerte der Mann, stellte sich zweifelsohne vor, wie die letzten Erdentage seiner Frau aussehen würden, falls er nicht verstand und sich nicht fügte. »Ja, ich verstehe.«

LeRois blinzelte ihn an, versuchte seine Aufrichtigkeit einzuschätzen. Das Denken fiel ihm schwer. Er wünschte, die Schreie würden aufhören, nur für einen Augenblick.

Ja, beschloss er, der Mann würde tun, was er sagte.

Der Schatten einer Bewegung fiel ihm auf, wie ein dunkler Geist hoch über ihm. Er blickte auf, zuckte erschrocken zusammen, doch es war nur seine Flagge, seine eigene Flagge, die in der Brise flatterte. Sie peitschte und sank herab, die schwarze Flagge mit dem grinsenden Totenkopf und den gekreuzten Entermessern darunter, ganz unten eine Sanduhr, die zeigen sollte, dass die Zeit ablief.

Es war eine Flagge, die schon überall in der Karibik und vor der Küste Südamerikas Angst und Schrecken verbreitet hatte, eine Flagge, welche die Königliche Marine seit beinahe zwanzig Jahren jagte.

Und wenn er mit der Chesapeake fertig war, das schwor er, sollten sich die Menschen dort bei ihrem Anblick in die Hose scheißen.

Elizabeth Tinling saß an einem kleinen Tisch in ihrem Wohnzimmer. Sie starrte das leere Blatt an. Sah zur Decke auf. Drehte die Feder zwischen Zeigefinger und Daumen und fing dann an zu schreiben.

G,

habe eben Nachricht erhalten, dass Marlowe seine Pläne kurzfristig geändert hat und heute Abend nicht heimkehren wird, sodass auch ich nicht dort sein werde. Ich hoffe, diese Nachricht erreicht Euch noch zur rechten Zeit. Ich will Euch Nachricht geben, sobald ich sicher bin, dass er zu Hause weilt.

Sie starrte das Blatt an, war in Gedanken ganz woanders. Als die Tinte trocken war, faltete sie das Blatt, versiegelte es mit Wachs und schrieb »George Wilkenson« darauf.

Sie stand auf, strich ihre Röcke glatt und zupfte ihre rote Reitjacke zurecht. Auf dem Kopf saß ordentlich festgesteckt ein kleiner runder Reithut, und an den Füßen trug sie halb hohe Stiefel aus Maroquin.

»Lucy«, rief sie, und die Dienerin, die vor der Tür wartete, erschien sofort und machte einen kleinen Knicks.

»Ich bin jetzt weg«, sagte Elizabeth. »Bist du sicher, dass Caesar alles verstanden hat?«

»Ja, Ma'am.«

»Gut. Einen Auftrag habe ich noch für dich. Nimm diesen Brief. Sobald es dunkel wird, möchte ich, dass du zur Plantage der Wilkensons läufst. Halte dich von den Hauptstraßen fern und pass gut auf. Wenn du siehst, dass George Wilkenson herauskommt, warte noch zwanzig Minuten, dann gib diesen Brief im Haus ab. Ist das klar?«

»Ja, Ma'am.« Sollten diese Anweisungen Lucy neugierig gemacht haben, so ließ sie es sich nicht anmerken, und dafür war Elizabeth dankbar. Nie hatte Lucy die Rolle, die sie in Elizabeths Plänen spielte, hinterfragt. Unter dem Furnier unschuldiger Schönheit war sie ein gerissenes Mädchen. Für Elizabeth waren sie beide vom gleichen Schlag, war Lucy ein dunkelhäutiges Spiegelbild ihrer selbst.

Elizabeth rief den Jungen, damit er ihr Pferd brachte. Sie schwang sich in den Sattel und machte sich auf den langen Weg zu Marlowes Haus.

Zu ihrem früheren Zuhause.

Zuhause? Nein, dachte sie. Doch eher Haus. Im Wort *Zuhause* schwang eine gewisse Zärtlichkeit mit, die sie der Tinling-Plantage gegenüber nie empfunden hatte.

In Wahrheit konnte sie sich an kein Gebäude erinnern, das sie als ihr Zuhause hätte bezeichnen können. Nicht das Schindelhaus am Hafen, im ärmeren Teil von Plymouth, wo sie bis zu ihrem vierzehnten Lebensjahr bei einem brutalen Vater und einer Mutter gelebt hatte, die derart verschreckt war, dass sie sich nicht einmal selbst schützen konnte. Sicher nicht das Haus in London, in dem sie Joseph Tinling kennen gelernt hatte.

Die kleine Stadt Williamsburg wich der Landschaft Virginias, während Elizabeth über den langen, hügeligen Weg aus brauner Erde ritt, glatt und festgeklopft von den Tabakfässern, die jedes Jahr über diesen Weg gerollt wurden, um dann in Jamestown auf Barkassen und Schaluppen verladen zu werden. Der Weg war zu beiden Seiten von Zäunen gesäumt, und jenseits davon erstreckten sich die weiten grünen Tabakfelder, welche die Wälder in weiter Ferne im Zaum zu halten schienen.

Sie dachte an Marlowe. Marlowe mit seinem vielen Gold, seinen feinen Manieren und exzentrischen Methoden, seiner offensichtlichen Nichtachtung der Gefahr, ob physisch oder sozial. In London würde man ihn meiden. Für die Gesellschaft dort war er viel zu wild. Doch Williamsburg war nicht London, und die Kolonie Virginia war nicht das gute alte England.

Es war ein neues Land, ein Land, in dem ein deportierter Verbrecher mit Geschick und Durchsetzungskraft in eine mächtige Position aufsteigen konnte. Es war ein Land wie kein anderes auf Erden, und ein neues Land brauchte eine neue Sorte Mensch. Sie dachte, dass Marlowe ein solcher Mann war.

Schließlich kam sie zu dem großen weißen Haus, als sich die Sonnenstrahlen eben in den Bäumen am anderen Ende der Tabakfelder verfingen. Sie gab ihr Pferd dem Stallburschen, erklomm die Stufen, wie sie es schon so oft getan hatte, und trat durch die große Haustür.

»Hallo, Mrs. Tinling.« Caesar begrüßte sie mit seinem hintersinnigen Lächeln, seinem dunklen, freundlichen, faltigen Gesicht. Seine Augen blinzelten unablässig von den vielen, vielen Jahren in der Sonne, und Stirn und Wangen waren noch von Mustern heidnischer Herkunft gezeichnet.

Nie hatte sie Caesar in etwas anderem als Lumpen gesehen, doch hatte sie ihn wiederum nicht mehr gesehen, seit Marlowe die Plantage erworben und die Sklaven befreit hatte. Vor fünf Jahren war Caesar schon zu alt gewesen, um auf dem Feld zu arbeiten, doch Joseph Tinling hatte ihn dennoch dazu angetrieben. Es war das Vernünftigste, wirtschaftlich gesehen, wenn sich der alte Sklave zu Tode arbeitete.

Nachdem Marlowe ihn befreit hatte, bat er ihn, im Haus zu arbeiten, unter King James, der dem alten Mann nur leichte Pflichten auferlegte. Nun trug er ein sauberes weißes Hemd und eine Leinenweste. Nackte braune Unterschenkel und breite Füße ragten aus weißen Kniebundhosen. An Schuhe hatte sich Caesar nie gewöhnen können. »Wie geht es hier, Caesar?«

»Es ist dem Himmel so nah, wie wir ihm wohl sein können, wir armen Seelen, Mrs. Tinling. Master Marlowe, er hat uns freigelassen, genau wie er es versprochen hatte.«

Das alles wusste Elizabeth natürlich. Lucy hielt sie auf dem Laufenden, was Marlowe trieb, und Lucy hatte noch viele Freunde unter ihren ehemaligen Mitsklaven. Doch ließ sie Caesar fortfahren und zeigte Überraschung und Freude.

»Jetzt arbeiten wir für Lohn«, sagte Caesar eben. »Wir legen unser Geld zusammen, und Mr. Bickerstaff kauft uns, was wir brauchen. Diese alten Sklavenquartiere, Tinlingtown haben wir früher immer...« Caesars Stimme erstarb vor Verlegenheit.

»Mach dir keine Sorgen. Ich weiß, dass mein Mann nicht sonderlich beliebt war und es auch nicht sein sollte.«

»Gott segne Euch, Ma'am, es hat nichts mit Euch zu tun. Ihr wisst, dass wir Euch alle gemocht haben. Ich konnte es kaum ertragen, mit ansehen zu müssen, wie der Hundesohn Euch so – verzeiht – benutzt hat. Wie gesagt, die alten Sklavenunterkünfte sind jetzt hübsch herausgeputzt. Es ist, als hätten wir unsere eigene, kleine Stadt. Kleine Häuser, alle weiß gestrichen...«

»Die würde ich gern sehen. Später vielleicht«, sagte Elizabeth. Sie hörte den Stolz in der Stimme des Mannes, und es gab ihr ein gutes Gefühl. Er hatte es verdient, nach seinem Leben in Ketten.

Sie verachtete die Sklaverei, denn mit unfreiwilliger Dienerschaft kannte sie sich aus, und nur weil sie fürchtete, zur Außenseiterin zu werden, behielt sie ihre Ansichten für sich und schenkte ihren eigenen paar Sklaven nicht die Freiheit. »Nun komm und zeig mir Master Marlowes Schlafgemach.«

»Ah, ja, Ma'am.« Caesar war nicht so sicher, was diesen Wunsch anging. »Davon hat Miss Lucy nichts gesagt.«

»Oh, keine Sorge. Ich will mir nur einen kleinen Scherz erlauben. Mr. Marlowe wird nichts dagegen einzuwenden haben. Du vertraust mir doch, oder?«

»Oh, na ja, ich denke schon.«

Sie gingen die breite Treppe hinauf, und Caesar lief voraus. Die Farben an den Wänden und die Muster der Teppiche wurden im Licht der Grenze zwischen Tag und Nacht undeutlicher. Elizabeth ging ihm nach, als wäre sie in diesem Haus fremd, und tatsächlich fühlte sie sich so.

Nur wenig hatte sich in den zwei Jahren, die sie nicht mehr hier gewesen war, verändert. Es schien ihr vertraut und fremd zugleich. Das Haus erfüllte sie mit vager Furcht. Geister lauerten in allen Ecken. Nur wenig Gutes war hier geschehen.

Sie hoffte, Marlowe wäre nicht ins Herrenschlafzimmer eingezogen. Diesen Raum wollte sie lieber nicht wieder sehen. Doch natürlich war genau das der Fall. Es gab für ihn keinen Grund, es nicht zu tun. Caesar blieb stehen und öffnete die Tür. Elizabeth trat ein.

Es war fast genau so, wie sie es verlassen hatte: das große Himmelbett an derselben Stelle, der Schrank, der Ohrensessel und die Truhe. Es fehlten nur ihre Sachen auf der Schminkkommode, und hinzu kam allein ein Waffenregal.

Respektvoll schweigend stand Caesar da, während sie ihren Blick durchs Zimmer schweifen ließ. Sie ließ die Geister kommen, wusste, dass sie unweigerlich kommen würden. Als erinnerte sie sich an ein Theaterstück, das sie vor langer Zeit gesehen hatte. Sie stellte sich die Schläge vor, den brutalen Akt, den man ihr aufgezwungen hatte. Selbst wenn sie bereit war, sich freiwillig hinzugeben, hatte er sie doch gezwungen. Solchen wie Joseph Tinling gefiel es so. Sie sahen gern ein wenig Blut.

Ihr Blick fuhr über das große Bett. Ob Marlowe sich je ausgemalt hatte, was dort vorgefallen war? Wiederum ließ sie den Geist Joseph Tinlings erscheinen, den Anblick seiner sterblichen Überreste, wie sie diese vorgefunden hatte.

Er lag ausgestreckt auf diesem Bett, die Hosen um seine Knöchel, Lucy, halb nackt, die Kleider zerrissen, kauerte in einer Ecke, schrie Unverständliches. Elizabeth und Sheriff

Witsen, mit dem sie unten gesprochen hatte, waren hereingeplatzt und Zeugen dieser verworfenen Szenerie geworden.

Sie schüttelte den Kopf und wandte sich zu Caesar um, sah in seine dunklen, feuchten Augen, und es schien als dächten sie das Gleiche.

»Lass mich einen Blick auf Mr. Marlowes Garderobe werfen«, sagte sie und zwang sich, unbeschwert zu klingen. Sie durchmaß das Zimmer und zog die Türen auf. Dort hing ein Dutzend Jacken, allesamt von bester Qualität. Sie nahm eine heraus, die aus roter Seide war, mit Gold an Taschen und Ärmeln. Es war der Rock, den Marlowe auf dem Ball des Gouverneurs getragen hatte, wo alles begann.

Sie hielt ihn Caesar vor die Brust. »Meine Güte, das würde dir gut stehen, Caesar.«

»O nein, Ma'am. Das ist ein Herrenrock. Der ist nichts für mich.«

»Nun, sehen wir mal. Bitte, probier ihn an.«

»Anprobieren? Aber Ma'am, das ist Mr. Marlowes Rock! Ich kann doch nicht einfach Mr. Marlowes Sachen anprobieren!«

»Ach, nun komm schon«, sagte Elizabeth, hielt den Ärmel hoch und schob ihn förmlich über Caesars Arm. »Vergiss nicht, ich bin eine gute Freundin von Mr. Marlowe, und ich bin hier, um ihm zu helfen.«

»Ich verstehe nicht, wie ihm das helfen soll…«, murmelte Caesar, als er den Rock anzog, der ihm tatsächlich gut passte, wenn er vielleicht auch etwas zu groß war. Er richtete sich auf und zupfte ihn vorn zurecht, betrachtete den Stoff, offenbar nicht unzufrieden mit dem, was er sah.

»Sehr gut, Caesar. Jetzt…« Elizabeth sah sich im Zimmer um. In der Ankleidekammer neben dem Schlafgemach sah sie vier Perücken auf Holzköpfen.

»Da sind sie ja.« Sie nahm eine Perücke und wollte sie

Caesar aufsetzen, doch der alte Mann wich zurück, schützte seinen Kopf mit beiden Händen.

»Was tut Ihr da? Niemand darf sehen, dass ich Mr. Marlowes Perücke trage! Schlimm genug, dass ich seinen Rock anhabe.«

»Nun komm schon, Caesar, du weißt doch, dass ich niemals etwas tun würde, was dich in Schwierigkeiten bringt. Es ist alles nur zum Besten von Mr. Marlowe.«

Fünf Minuten ihrer eindringlichsten Überredungskünste waren nötig, bis sich Caesar schließlich widerwillig die Perücke auf den Kopf setzte und ihr zur Treppe folgte. Vor dem Wohnzimmer blieb sie stehen, welches einen Blick auf den Rasen draußen vor dem Haus bot. Inzwischen war es dunkel. Die bunt gestrichenen Wände, die Teppiche, Bücher und Möbel waren nun alle grau und schwarz.

»Sind noch andere da?«

»Ja, Ma'am. William und Isaiah sind im Hinterzimmer.«

Caesar rief die beiden, und sie kamen in die Halle. Beide waren Feldarbeiter, große Männer Mitte zwanzig und so kräftig, wie Männer nur sein können. Isaiah hatte eine Muskete bei sich. In seinen Händen sah sie wie ein Stock aus. Elizabeth fiel auf, dass die Kleider der beiden sauber und neu genäht waren. Offenbar konnten sie sich inzwischen eine Jacke für die Arbeit und eine für besondere Anlässe leisten. Erstaunlich.

»William, bitte geh und mach Licht im Wohnzimmer«, sagte Elizabeth.

William, der neben Isaiah gestanden und Caesar mit offenem Mund angestarrt hatte, riss seinen Blick los und sagte: »Ja, Ma'am.« Er nahm eine Kerze und begann die Lampen anzuzünden.

Auch hier gab es Geister.

In diesem Zimmer hatte er sie zum ersten Mal geschlagen,

sodass sie neben dem kleinen Sofa zu Boden ging, und mit diesem einen Hieb hatte er sie gezwungen, sich allem zu stellen, was sie über ihn bereits vermutet hatte, aber nicht glauben wollte. Jedes Zimmer barg seine eigene Erinnerung, war eine Bühne, auf der die Tragödie ihrer Beziehung zu Joseph Tinling gespielt worden war.

William trat wieder in die Halle, und er und Isaiah zogen sich ins Hinterzimmer zurück.

»Warte hier einen Moment, Caesar«, sagte Elizabeth. Sie trat ans Fenster, dessen Vorhänge noch offen standen. »Caesar, ich möchte, dass du hier stehst, mit dem Rücken zum Fenster. Hast du mich verstanden? Unter keinen Umständen sollst du dich umdrehen und aus dem Fenster sehen.«

»Ja, Mrs. Tinling.« Resignation sprach aus seiner Stimme, als er sich den unsinnigen Wünschen dieser Frau fügte.

Elizabeth wandte sich vom Fenster ab, drehte ihm den Rücken zu und sagte: »Also dann, Caesar, geh an deinen Platz.« Sie drehte sich um und beobachtete, wie der alte Mann durchs Zimmer ging und sich dann mit dem Rücken zum Fenster dorthin stellte, wo sie gestanden hatte. Sie hoffte, dass er nicht allzu seltsam aussah.

Sie blickte kurz zum Fenster, doch aus dem hell erleuchteten Raum konnte sie durch die Scheiben nur Dunkelheit erkennen. Aber sie wusste, dass er da war.

Vielleicht vertraute er ihr. Er mochte glauben, dass sie es nicht wagen würde, ihn zu hintergehen, nach seinen Drohungen und seinen Versprechungen. Nur würde er sich nicht auf ihr Wort allein verlassen. Er bräuchte bessere Beweise als ihre Beteuerung allein, bevor er in Marlowes Haus stürmte. Er würde mit eigenen Augen sehen wollen, dass sie da war und dass Marlowe da war. Er würde sie beobachten. George Wilkenson beobachtete gern.

Er stand halb versteckt hinter der großen Eiche, die in Tinlings Garten wuchs. Marlowes Garten, dachte er, und der Gedanke, dass das große Haus dem Bastard Marlowe gehörte und nicht mehr seinem Freund Joseph Tinling, steigerte seinen Zorn nur noch.

George spürte, wie sein Pferd unruhig an den Zügeln zog, und er sagte ein paar beruhigende Worte. Er versteckte sich nicht, so sagte er sich. Sich zu verstecken wäre allzu schändlich, allzu gewöhnlich. Er stand nur bei dem Baum, ein wenig hinter dem Baum, und sah sich das dunkle Haus an. Er wusste nicht, wen er mit seinem gespielten Desinteresse täuschen wollte. Dort war niemand, und wäre dort jemand gewesen, hätte er sich nicht unter den Baum gestellt.

Inzwischen war es fast dunkel. Wilkenson vermutete, dass es bald halb neun sein musste, und noch immer lag das Haus im Dunkeln. Eine gewisse Sorge wuchs in ihm heran.

Es war nicht möglich, dass dieses Weib ihn betrogen hatte. Er konnte sie ruinieren. Er konnte dafür sorgen, dass sie morgen um diese Zeit entehrt und obdachlos war. Sie konnte unmöglich so dumm sein zu glauben, dass Marlowe in der Lage wäre, sie vor der Rache der Wilkensons zu schützen.

Und dann sah er, wie sich die Flamme einer Kerze durch das Wohnzimmer bewegte. Eine Lampe wurde entzündet. Wilkenson sah einen Diener, der herumging und die anderen Lampen entzündete. Also ist er zu Hause, dachte er. Ich kann nur für sie hoffen, dass sie bei ihm ist.

Schließlich war das Wohnzimmer hell erleuchtet, und obwohl er gut sechzig Meter entfernt stand, konnte Wilkenson doch die vielen Bücher, die Gemälde, die Möbel erkennen, so als wäre Joseph noch am Leben. Bei allem Reichtum schien Marlowe nicht sonderlich viel persönliche Habe zu besitzen.

Da war Elizabeth, teilweise vom Vorhang verdeckt, das blonde Haar von hinten beleuchtet. Sie war zu weit entfernt, als dass er ihr Gesicht im Einzelnen hätte erkennen können, aber er war sicher, das sie es war. Wer sonst sollte es sein? Sie sah aus dem Fenster und drehte sich um. Er hatte nur einen kurzen Blick auf ihr Gesicht werfen können, doch das genügte. Er lächelte. Fühlte, wie seine Befürchtungen und Zweifel sich zerstreuten. Er legte seine Hand an den Knauf seiner Pistole.

Sie ging durchs Zimmer, und dann sah er Marlowe. Wilkenson erkannte den roten Seidenrock, den er beim Ball des Gouverneurs getragen hatte, und die lange, weiße Perücke mit den Ringellocken. Er stand mit dem Rücken zum Fenster, offenbar in ein Gespräch vertieft.

Er beobachtete sie eine Weile, ohne zu wissen wie lange, dann war Marlowe nicht mehr zu sehen, und Elizabeth folgte ihm. Er zog seine Uhr aus der Tasche und kniff die Augen zusammen, um etwas darauf erkennen zu können. Das Licht des Mondes und der wenigen Sterne genügte ihm, die Uhrzeit auszumachen. Fünf Minuten vor neun. Er steckte die Uhr weg und zog seine Pistole aus dem Gürtel. Es wurde Zeit zu gehen.

Er führte sein Pferd zur Vorderseite des Hauses und band es an einen Pfahl. Er fühlte seinen Schweiß am Holzgriff der Pistole. Es kam ihm in den Sinn, dass es verdächtig wirken mochte, wenn er die Waffe bereits gezückt hatte, doch er konnte sich nicht dazu bewegen, sie wegzustecken. Ich werde erst gehen, wenn ich sie schreien höre, und das wird der Grund sein, wieso ich die Waffe schon in der Hand halte, dachte er.

Langsam trat er auf die Veranda, spähte durch das Fenster ins Wohnzimmer. Er sah die große Uhr auf dem Kaminsims, und in eben diesem Augenblick hörte er sie neun Uhr schlagen, das Läuten der Glocken dumpf hinter den Scheiben. Er machte sich bereit, den Flur entlang in den Salon zu stürmen.

Diesen Schurken Marlowe festzunehmen, weil er versuchte, die arme Witwe Tinling zu bedrängen.

Sein Herz schlug heftig, die Hände waren feucht. Seine Fingerspitzen kribbelten vor Aufregung. Er wartete.

Und nichts geschah.

Die Erregung und die erhöhte Wachsamkeit verflogen, während er wartete, auf irgendeinen Laut von drinnen lauschte. Er sah auf die Uhr. Fünf Minuten nach neun. Verflucht sollst du sein, dachte er. Schrei! Was hast du vor, du dumme Gans?

Er wartete. Zehn Minuten nach neun. Es schien, als stünde er schon eine Stunde dort. Er umklammerte die Pistole noch fester und trat an die Tür. Vielleicht war etwas schief gegangen. Vielleicht hatte der Bastard Marlowe sie geknebelt.

Er drehte am Griff, schob die Tür langsam auf. Das Licht vom Wohnzimmer fiel in die Halle, erhellte das Foyer, während das andere Ende der Halle noch im Dunkeln lag. Wilkenson tat einen zögerlichen Schritt vorwärts. Er blieb stehen und lauschte. Spürte, wie ihm der Schweiß seitlich am Gesicht herunterrann. Er tat noch einen Schritt nach vorn, dann noch einen. Nichts. Kein Laut, kein erstickter Schrei, nichts, was auf einen Kampf hingedeutet hätte. Hatte sie ihn schließlich doch verraten?

»Keine Bewegung! Wer zum Teufel seid Ihr?« Die Stimme kam von hinten, laut und scharf wie die eines Feldwebels, und Wilkenson spürte, wie sein ganzer Körper vor Schreck erstarrte. Es war ein Wunder, dass seine Pistole nicht losging. Er fuhr herum und starrte in die Mündung einer Muskete. Ihm gegenüber stand ein alter, schwarzer Mann, gekleidet wie ein Hausdiener, sah man von seinen nackten Füßen und Unterschenkeln ab.

Der schwarze Mann kniff die Augen zusammen und neigte seinen Kopf zur Seite. »Ihr seid doch Mr. Wilkenson, nicht? Der Wilkenson, den Marlowe nicht erschossen hat?«

Wilkenson richtete sich auf und sah sich um. Schätzte die Lage ein, nachdem sich der erste Schreck wieder gelegt hatte. Hinter dem Alten mit der Waffe standen zwei weitere Männer, beide schwarz. Es waren keine Weißen, nur Sklaven. Ein Hauch von Erleichterung überkam ihn.

»Ich sagte: Ihr seid doch Mr. Wilkenson, oder nicht?«, wiederholte der Alte. Er hatte einen arroganten Ton, kein Anflug von Unterwürfigkeit. Das würde sich Wilkenson nicht gefallen lassen, nicht von einem Nigger.

»Ich bin Mr. Wilkenson. Und jetzt leg die Waffe weg, Junge.«

»Ich bin nicht Euer Junge. Ich bin der Mann mit der Waffe in der Hand, Junge.«

»Du wagst es? Kein Sklave richtet eine Waffe auf mich und…«

»Wir sind keine Sklaven. Wir sind frei. Und Ihr schleicht mit einer Pistole in der Hand in unser Haus, und wir wollen wissen, wieso.«

»Äh…«, stammelte Wilkenson. Eine solche Situation hatte er noch nie erlebt. Er würde sich eine solche Behandlung von keinem Sklaven bieten lassen, oder von ehemaligen Sklaven oder was sie sonst sein mochten. Nur waren sie zu dritt, und wenn sie sich ihm nicht fügen wollten, was konnte er dagegen tun? »Ich… äh… habe etwas gehört.«

Der Alte sah sich nach den anderen beiden um, und sie schüttelten den Kopf. Zuckten mit den Schultern. Wilkenson konnte erkennen, dass sie jünger waren und stark wie Pferde. So verlor er noch das letzte bisschen an Gelassenheit.

»Wir haben nichts gehört.«

»Nun, ich aber, also werdet ihr mir schon glauben müssen. Aber wenn ihr die Lage im Griff habt, kann ich ja wieder gehen und...« Er trat einen Schritt zur Tür, doch die runde Öffnung des Musketenlaufs folgte ihm, versperrte ihm den Weg.

»Halt, stehen bleiben! Ihr schleicht hier bei Nacht und Nebel ins Haus, mit einer Pistole in der Hand, nachdem Mr. Marlowe Euren Bruder erschossen hat, und erzählt irgendeine dumme Geschichte, Ihr hättet etwas gehört, als kämt Ihr eben zufällig vorbei, und Ihr glaubt, wir würden Euch gehen lassen? Nein, Sir. Ich denke, wir sollten am besten den Sheriff rufen.«

»Sheriff! Jetzt pass mal auf, Junge. Ich habe endgültig genug von diesem Unsinn. Tritt beiseite und...«

»Setzt Euch ins Wohnzimmer, Mr. Wilkenson. Ich werde William losschicken, damit er den Sheriff holt und wir die Sache klären.«

»Wie kannst du es wagen!«

»Mr. Wilkenson, wenn Ihr Euch nicht setzt, werden wir Euch fesseln müssen.«

Wilkenson starrte von einem dunklen, ausdruckslosen Gesicht zum nächsten. Es war die denkbar schlimmste Erniedrigung, wenn man ihn fesseln würde und der Sheriff ihn so fände. Und sie würden es tun, das konnte er sehen, und niemand würde sie daran hindern. Was konnte er tun? An Marlowe appellieren?

Vor Entsetzen krampfte sich sein Magen zusammen. Er fühlte den Schweiß an Stirn und Händen. Wollten sie denn Marlowe nicht holen? Würde Marlowe ihn so vorfinden, mit der Pistole in der Hand, während seine Diener ihn in Schach hielten? Es war eine allzu grässliche Vorstellung. Würde Marlowe ihn des versuchten Mordes bezichtigen? Sein sorgsam ausgeklügelter Plan mochte zum Albtraum werden. Wie in Trance ließ er sich von dem alten Mann die Waffe abnehmen. Er trat ins Wohnzimmer und setzte sich auf den Rand des kleines Sofas. Der Alte mit der Waffe setzte sich ihm gegenüber hin, und das runde Auge der Muskete starrte ihn an.

Die folgenden anderthalb Stunden waren die schlimmsten in George Wilkensons siebenunddreißig Lebensjahren. Reglos und rotgesichtig saß er da, während ein Diener, ein Nigger, ihn anstarrte, ihn gefangen hielt, während ein anderer mit verschränkten Armen in der Tür stand und ihn ebenfalls anstarrte.

Es war zutiefst erniedrigend, und die ganze Zeit über wollte sich ihm schier der Magen umdrehen, während er wartete, wohlwissend, dass Marlowe jeden Augenblick durch die Tür treten würde, mit einem weiteren Diener, der sagte: »Da ist er, Mr. Marlowe«, und Marlowe würde sagen: »Wilkenson, was treibt Ihr hier? Das geht doch nicht mit rechten Dingen zu.«

Er biss die Zähne zusammen und tröstete sich mit dem einzigen Gedanken, der ihm Trost spenden wollte... dem Gedanken daran, was er Marlowe antun wollte und was er diesem Biest antun würde.

Endlich kam schwer keuchend Sheriff Witsen. Sein Gesicht war rot und schweißgebadet, und seine Strümpfe waren nach unten gerutscht. Offensichtlich hatte er sich in großer Eile angezogen. Wenn nicht, hätte Wilkenson ihn wie einen Käfer zerquetscht.

»Mr. Wilkenson, was haben Sie getan?«, schnaufte er.

»Nichts. Es war alles nur ein Irrtum«, sagte Wilkenson.

Da nun der Sheriff da war, konnten die Diener ihn nicht länger festhalten. Er sah weder Witsen in die Augen noch den schwarzen Männern, sondern stürmte nur aus dem Haus, fürchtete mehr als je zuvor, dass Marlowe nun erscheinen würde.

Nie in seinem Leben war George Wilkenson derart erniedrigt worden. Nicht damals, wenn sein Vater oder sein

Hauslehrer ihn verprügelt hatten, nicht als er sich nach dem Tod seines Bruders übergeben musste und vor Marlowes Drohungen zurückgeschreckt war, nicht durch Jacob Wilkensons Anspielungen auf seine Unfähigkeit. Niemals. Nie hatte er begriffen, was blinder Zorn war. Bis jetzt.

Und er schwor, dass Marlowe für seine Erniedrigung bezahlen würde. Er würde bezahlen. Nicht nur für das, was er selbst getan hatte, sondern für das, was sie alle getan hatten.

Elizabeth Tinling stand hinter der großen Eiche und beobachtete, wie George Wilkenson und Sheriff Witsen im Lichtschein des Hauses über die Veranda kamen und hinunter auf den Rasen stiegen. Wilkenson rannte förmlich. Der Sheriff, einer von Wilkensons größten Speichelleckern, gab sich alle Mühe, ihm zu folgen, doch Wilkenson schien ihn zu ignorieren.

Sie hielt ihre Hand vor den Mund. Sie durfte nicht zulassen, dass sie laut auflachte. Zu Hause würde er ihren Brief vorfinden, in dem sie Wilkenson mitteilte, dass er nicht kommen solle, und gemeinsam mit ihren Beteuerungen, dass sie an diesem Abend nicht bei Marlowe gewesen sei, würde der Brief ausreichend Zweifel in ihm wecken, dass ihr die volle Wucht seiner Rache erspart bliebe.

Sie schüttelte den Kopf, als sie sah, wie er sich in den Sattel schwang und blindlings davonritt. Sie fragte sich, welcher perverse Aspekt ihrer Persönlichkeit sie dazu trieb, solche Tricks anzuwenden, obwohl sie doch wusste, dass sie später dafür bezahlen würde.

Doch es war mehr als das, und das wusste sie. Es herrschte Krieg zwischen Marlowe und den Wilkensons, und sie konnte sich nicht erhoffen, neutral bleiben zu dürfen. Sie musste sich für eine Seite entscheiden, und sie hatte sich für die Seite entschieden, die sie für die Stärkere hielt. Diese Entscheidung war ihr nicht leicht gefallen. Augenblicklich hatte sie jede Hoffnung darauf begraben, dass Wilkenson den Schuldschein zerreißen würde. Das würde er niemals tun, da ihm klar war, welche Macht er über sie besaß, solange er diesen Schein hatte.

Und ebenso wenig würde er den Schein einfordern. Sie zu ruinieren, würde ihm nichts nützen. Nein, er würde versuchen, sie im Ungewissen zu lassen, wie er es mit allen seinen Schuldnern tat. Sie benutzen. Eines Abends ihre Hilfe einfordern, um irgendeinen armen Schlucker zu prellen. Und am nächsten eine schnelle Nummer einfordern.

Marlowe hatte bereits einen der Wilkensons getötet. Er hatte das Kommando auf dem Wachschiff, erfreute sich der Aufmerksamkeit des Gouverneurs, und der Gouverneur würde sicher nicht gern sehen, dass man seinen auserwählten Kapitän hängte. Wenn sie falsch gegen ihn aussagte und man ihn nicht hängte, müsste sie mit seiner Rache rechnen.

Doch es war mehr als das. Sie hatte Marlowe nicht allein aus pragmatischem Grund erwählt. Er schien ein anständiger Mann zu sein, und was Wilkenson ihm antun wollte, war schändlich. Elizabeth Tinling hatte genug davon, schändliche Dinge zu tun. Sie hatte sich auf seine Seite geschlagen, weil sie ihn mochte, und das überraschte sie ein wenig.

Sie hoffte, dass sie eine gute Wahl getroffen hatte.

12

Am Ende schlug Marlowe den Mann, der den ersten Schuss abgefeuert hatte, doch nicht tot. Nicht, dass er es nicht gewollt hätte, aber er konnte einfach nicht herausfinden, wer es war. Anscheinend hatte keiner aus dem Dutzend Männer, die

Schulter an Schulter gestanden hatten, den Übeltäter bemerkt, oder zumindest wollten sie ihn nicht verraten. Ohnehin hätte Marlowe ihn vermutlich mit zwei, drei Dutzend Peitschenhieben entkommen lassen, als Lektion und Beispiel für sein nachsichtiges Wesen.

Sie verbrachten eine unruhige Nacht auf Smith Island. Wer von den Piraten noch am Leben war, wurde zum Feuer getrieben, an Händen und Füßen gefesselt, und von bewaffneten Matrosen bewacht. Marlowe sah sich jeden Mann genau an, wollte unbedingt wissen, ob er einen davon kannte. Wäre das der Fall gewesen, hätte er den Schurken auf der Stelle und ohne Erklärung getötet. Doch das Glück stand ihm bei, und es war keiner darunter, den er kannte.

Bickerstaff, Middleton und seine Männer fuhren zum Piratenschiff hinüber und nahmen die fünf Mann an Bord fest, die sich, nachdem sie gesehen hatten, was mit ihren Kameraden geschehen war, sinnlos betrunken hatten. Man trieb sie zusammen, ließ sie mit Hilfe einer Leine ins Boot hinunter und brachte sie zu ihren gefangenen Kumpanen an den Strand.

Sämtliche Matrosen schoben die ganze Nacht lang Wache. Es geschah nicht auf Marlowes Befehl hin, sondern einfach weil die Männer zu erregt vom Kampf und zu misstrauisch den Piraten gegenüber waren, als dass an Schlaf zu denken war. Marlowe, Rakestraw und Middleton wachten abwechselnd bei ihnen, um sicherzustellen, dass nichts schief ging.

»Es war ein guter Kampf, oder nicht?«, sagte Marlowe zu Bickerstaff, als er aufstand, um dessen Wache zu übernehmen. Bickerstaff hatte die ganze Zeit über dagesessen, abseits der Männer, und nachdenklich geschwiegen. Das Feuer war heruntergebrannt, und der Lichtkreis hatte sich um die rot glühenden Scheite zusammengezogen. Bickerstaffs Gesicht schien zu glühen. Licht und Schatten tanzten darüber, während das Licht aufflammte und verging. Marlowe sah seine Erschöpfung und auch seine Zufriedenheit.

»Es war ein guter Kampf, Tom«, sagte er. »Du bist für eine solche Art von Kommando geboren. Ein ehrliches Kommando. Ich kenne keinen anderen, der diese Männer dazu bewegt hätte, aufzustehen und zu kämpfen.«

»Ich danke dir, dass du das sagst«, erwiderte Marlowe, und er meinte es auch so, denn er wusste, dass auch Bickerstaff es ehrlich meinte. Nie hatten eitle Komplimente Bickerstaffs Lippen besudelt. »Nichtsdestoweniger war es kein Agincourt. Wärst du nicht im richtigen Augenblick erschienen, hätten uns die Schurken sicher den Garaus gemacht.«

»Aber ihr habt durchgehalten, wenn auch mit nassen Füßen, wie man sagen muss.«

Schweigend standen sie eine Weile da und starrten ins Feuer. Freuten sich ihrer Kameradschaft. Seit sechs Jahren waren sie beieinander, sechs Jahre als Freunde, Schiffskameraden, Schüler und Lehrer. Sie hatten eine ganze Menge zusammen gesehen, doch waren sie dennoch nach wie vor sehr unterschiedliche Männer.

»Also, gute Nacht, Francis«, sagte Marlowe schließlich.

»Gute Nacht, Tom.« Er lächelte und stapfte in die Dunkelheit.

Der Anblick, der sich ihnen am nächsten Morgen bot, war grotesk, die höllischen Nachwehen einer Schlacht. Die Leichen von mindestens zwei Dutzend Männern, Matrosen und Piraten gleichermaßen, lagen am Strand oder trieben im flachen Wasser. Sie waren schwarz vom getrockneten Blut und so aufgedunsen, dass ihre Kleider nicht zu passen schienen. Ein Schwarm von Vögeln machte sich über sie her, riss an ihrem Fleisch.

Die Leichen im Wasser wirkten, als würden sie halbherzige Versuche unternehmen, die Aasfresser zu vertreiben, winkten leicht mit den Armen, wenn die seichte Brandung sie hin und her bewegte. Krebse gab es dort in Hülle und Fülle. Es war ein grässlicher Anblick, und einige der Männer von der *Prize* rannten ins Dünengras, um sich zu übergeben.

Den Rest jedoch schien dieser Anblick nicht weiter zu bewegen, zumindest nachdem sie damit begonnen hatten, in den großen Haufen Beuteguts herumzuwühlen, welche man am Strand aufgetürmt hatte. Vieles davon stammte von englischen Handelsschiffen: Steingut, Tafelsilber, Seide, Leinen, Fassringe, große Kleiderhaufen. Es war ein ungewöhnlich reicher Fang.

Die Piraten hatten eine erfolgreiche Fahrt hinter sich und waren zweifelsfrei bereit gewesen, ihre gewaltige Beute zu verkaufen. In Charlestown und Havanna gab es reichlich Händler, die sich von der Importpolitik der Regierung gegängelt fühlten und nur zu gern bereit waren, solche Dinge zu erwerben. Sie würden keine peinlichen Fragen zu Frachtpapieren und dergleichen stellen.

Es gab sogar eine erkleckliche Menge an Gold und Silber, wie auch Unmengen von Waffen: Schwerter, Pistolen, hübsche Musketen. In den Augen vieler Männer von der *Plymouth Prize* blitzte es piratenhaft, als sie die Waren durchsuchten. Offenbar waren Marlowes Andeutungen auf eine mögliche Belohnung auf fruchtbaren Boden gefallen.

»Mr. Rakestraw«, rief er den Ersten Offizier, der in einer Kiste mit Musketen wühlte. Er legte die Waffe in seiner Hand beiseite, eine wunderschöne Muskete, und mit verlegener Miene, als hätte man ihn bei einer Indiskretion erwischt, kam er zum Kapitän herüber.

»Mr. Rakestraw, ich möchte gern, dass Ihr Folgendes für mich tut. Zählt, wie viele unserer Männer noch leben, und verteilt das Gold und Silber zu gleichen Teilen. Zwei Teile für die Offiziere. Und wer verwundet ist, diejenigen, von denen Ihr meint, sie könnten überleben, bekommen ebenfalls zwei Teile. Kümmert Euch darum. Vergesst die Männer, von denen Ihr meint, dass sie nicht überleben. Dann werden wir Nummern ziehen, und nach der Reihenfolge der Nummern kann sich jeder neue Kleidung, ein Schwert und eine Pistole aussuchen. Offiziere zuerst.«

»Ja, Sir«, sagte Rakestraw, doch er schien zu zögern. »Aber Sir, Ihr wisst, dass dies alles rechtmäßig die Beute der Krone ist. Dieses ... ähm ... wovon Ihr eben sprecht, Sir, ist nicht rechtens.« Rakestraws Protest wurde, wie Marlowe dachte, von dem Umstand abgeschwächt, dass er ständig hinüber zu jener Waffe schielte, die er in Händen gehalten hatte, und der Panik nah zu sein schien, als ein anderer sie nahm und betrachtete.

»Du da«, rief Marlowe dem Mann zu, der die Muskete hielt. »Bring das Ding her.«

Widerstrebend schlurfte der Mann herüber und reichte ihm die Waffe. Sie war wirklich hübsch, nicht so eine grobe Waffe, wie minderwertige Waffenschmiede in dunklen, winzigen Hinterhofwerkstätten sie anfertigten, sondern ein besonderes Stück mit hübschen Gravuren am Schloss und Einlegearbeiten aus Elfenbein im Schaft aus Vogelaugenahorn. Wenn man denn Rakestraw in Versuchung führen konnte, so freute sich Marlowe, dass er sich nicht mit Minderwertigem zufrieden gab.

Er reichte dem Lieutenant die Waffe.

»Mr. Rakestraw, Ihr habt gestern Nacht gut gekämpft, verdammt gut. Ohne Euch hätte man uns niedergerungen. Und Ihr habt gut dafür gesorgt, das Schiff kampfbereit zu machen«, sagte er, was nicht gelogen war. »Ich möchte, dass Ihr diese Waffe nehmt.«

»Oh, danke Sir. Aber, Sir ...«

»Hört zu, Lieutenant. Jeder einzelne Offizier und Matrose hat ein Anrecht auf Beutegeld, oder etwa nicht? Wir alle haben ein Anrecht auf einen Teil dessen, was geraubt wurde. Nur wissen wir beide, dass es mindestens ein Jahr dauern wird, bis wir etwas davon zu sehen bekommen, vorausgesetzt, die Herren von der Admiralität finden nicht noch eine Möglichkeit, uns um unseren Anteil zu betrügen. Ich will nur dafür sorgen, dass die Männer bekommen, was ihnen von Rechts wegen zusteht, ohne dass sie eine Ewigkeit darauf warten müssen. Ich nehme nur eine Abkürzung, mehr nicht.«

»Oh, ich verstehe, Sir«, sagte Rakestraw, und er verstand tatsächlich, vor allem weil er es gern wollte. Mit dieser hübschen Waffe in Händen und dem Haufen Gold und Silber in zehn Schritten Entfernung, war er gern bereit, die fragwürdigeren Teile von Marlowes Rechtfertigung zu ignorieren, wie etwa den Umstand, dass die Männer weit mehr bekamen, als das Beutegeld betragen würde, und dass man das, was der Kapitän da tat, schlicht und einfach als Diebstahl bezeichnen würde, wenn es herauskäme.

Nur würde es nicht herauskommen. Beide Männer wussten, dass es nicht herauskäme. Die Piraten würden es sicher nicht erzählen, und außerdem würde ihnen niemand glauben. Und Marlowe würde dafür sorgen, dass man sie in einen dunklen Laderaum sperrte, bevor die Beute aufgeteilt wurde.

Die Männer der *Plymouth Prize*, die in der kommenden Stunde mehr Geld verdienen würden, als sie in ihrem ganzen bisherigen Leben verdient hatten, würden ebenfalls kaum ein Wort darüber verlieren. Was Marlowe für sie tat, war nur gerecht, nachdem die Marine sie derart missbraucht hatte. So zumindest würden sie es sehen.

Rakestraw hatte sich seine neue Muskete unter den Arm

geklemmt und eilte davon, um dafür zu sorgen, dass die Gefangenen auf die *Plymouth Prize* verschifft wurden, und um das Teilen der Beute zu beaufsichtigen.

»Da drüben kommt die *Northumberland*«, sagte Bickerstaff, trat an Marlowes Seite und nickte zum Hafen hinüber. Die kleine Schaluppe fuhr mit Großsegel, Klüver und Topsegel in die Bucht ein. Einen Moment lang standen sie da und beobachteten, wie das kleine Schiff mit achterlichem Wind in den Hafen segelte.

»Ausgezeichnet«, sagte Marlowe schließlich. »Also, ich möchte gern, dass du...«

»Marlowe, sag mal, was hat Lieutenant Rakestraw vor?«

Er drehte sich um und sah in die Richtung, in die auch Bickerstaff blickte. Rakestraw hatte alles an Münzen, Gold und Silber auf zwei Kisten gestapelt, und es war ein eindrucksvoller Haufen. Jetzt begann er, kleine Häufchen abzuzählen.

»Nun«, sagte Marlowe, »er zählt das Hartgeld. Um einen ordentlichen Überblick für die Inventur zu bekommen.«

»Tatsächlich? Für mich sieht es eher so aus, als würde er es wie Beute teilen. Damit sich jeder der Männer seinen Anteil holen kann.«

»Ach ja, ich hatte so ein Gefühl, als sollten die Männer, da es ihnen an den grundlegendsten Dingen mangelt, wenigstens etwas von den Kleidern bekommen, vielleicht auch ordentliche Waffen, was uns bei zukünftigen Kämpfen nützen dürfte.«

Bickerstaff drehte sich um und sah ihm in die Augen. Marlowe fragte sich, wieso er eigentlich Bickerstaff nicht die Wahrheit sagen mochte, dass er tatsächlich jedem der Männer seinen Anteil gab. Weil Bickerstaff dagegen wäre, gänzlich dagegen, und er würde es noch schlimmer machen, indem er seine Ablehnung für sich behielt.

»Hör zu«, sagte Marlowe. »Ich weiß, es entspricht nicht ganz den Regeln der Admiralität, aber sieh dir diese armen Schlucker an. Sie tragen Lumpen, und die Marine tut rein gar nichts, um ihre Lage zu verbessern. Meinst du, wenn ich Nicholson um neue Kleidung für diese Männer bitten würde, bekäme ich etwas Freundlicheres als Gelächter zu hören? Sie haben gut gekämpft. Ich muss ihnen doch zumindest eine Belohnung geben.«

»Sie verdienen ordentliche Kleidung. Da kann ich dir zustimmen ...«, sagte Bickerstaff, und Marlowe schnitt ihm das Wort ab, bevor er weitersprechen konnte.

»Genau. Du müsstest nun zum Piratenschiff hinüber und mit der Inventur dessen beginnen, was an Bord ist. Sieh nach, ob du den ursprünglichen Namen feststellen kannst, den Besitzer und so weiter. Falls es an Bord nicht so etwas wie Aufzeichnungen gibt, denke ich, können wir sie als Beute betrachten. Vielleicht sollten wir sie *Plymouth Prize Prize* taufen, hm?«

Bickerstaff lachte nicht, lächelte nicht einmal. »Also gut, ich mache mich auf den Weg.« Er rief die Bootsmannschaft zusammen.

Es dauerte nur eine Stunde, den letzten Hauch von Verzagtheit zu vertreiben, die Allair in seinen vier Jahren als Kapitän unter den Männern hatte aufkommen lassen. Es war die Stunde, die nötig war, jeden einzelnen Mann aufzurufen, ihm Gold und Silber in die Hand zu drücken und dann Lose ziehen zu lassen, damit sich jeder eine Waffe und neue Kleidung aussuchen konnte. Wie Marlowe es schon so viele, viele Male getan hatte. Aus genau diesem Grund fühlte er sich dabei etwas unwohl.

Bald schon war der Strand von herumliegenden Lumpen übersät, und die Männer stapften in ihrem neuen Staat herum, Schärpen um die Bäuche gewickelt, Pistolen und Säbel verstaut. Sie waren ein fröhlicher Haufen, eine Bande von Brüdern, bereit für Kampf und noch mehr Beute. Und sie sollten nicht enttäuscht werden.

Mit einiger Zufriedenheit betrachtete Marlowe die Szenerie am Strand. In kaum einer Woche hatte er diese Männer verändert, eine verzweifelte Schlacht geschlagen, eine Bande übler Piraten gefangen und würde in der kommenden Stunde sein Vermögen um einiges bereichern. Sobald die Nachricht Williamsburg erreichte, wäre er der große Held, und sein Stern würde am Firmament der Aristokratie Virginias aufsteigen. Er wäre ein Gentleman von einiger Bekanntheit, und sicher wäre Elizabeth Tinling beeindruckt. Und das war erst der Anfang.

»Mr. Rakestraw!«, rief er. Der Lieutenant nahm seine neue Muskete und eilte herbei. »Ich fürchte, wir sind hier höchst verletzlich, wenn wir uns über den ganzen Strand verteilen. Sollte noch so ein Piratenschiff hereinsegeln, wären wir geliefert. Ich möchte so viel wie möglich von dieser Beute in Sicherheit wissen, so schnell es geht.«

Er blickte zur *Plymouth Prize* hinüber und tat so, als würde er seine Möglichkeiten überdenken. »Die *Prize* wird einen neuen Mast brauchen, bevor sie wieder segeln kann. Wir werden Folgendes tun: Lasst uns so viel wie möglich an Bord der *Northumberland* verladen, um es hier wegzuschaffen, und der Rest kann dann aufs Wachschiff, sobald es bereit ist.«

Dann ging er mit Rakestraw die Beutehaufen durch, zeigte ihm, was an Bord der *Northumberland* verladen werden sollte. Da waren drei Truhen mit Damenkleidern, und darunter fand er ein goldenes Kreuz an einer Goldkette, fein wie Spinnweben. Das Kreuz selbst hielt einen Diamanten in der Mitte, und ein zartes, rundliches Muster war ins Gold gearbeitet, so zart, dass man es beinahe übersah. Es war ein wunderschönes Stück, und er steckte es in seine Jackentasche. »Bringt diese Truhen mit Damenkleidern an Bord der *Plymouth Prize*«, befahl er, »und den Rest an Bord der Schaluppe.«

Natürlich war es nur vernünftig, dass die wertvollsten Dinge zuerst verschifft wurden, und also machten sich die Männer daran, diese an Bord der Schaluppe zu verstauen. Weder Lieutenant Rakestraw noch irgendeiner unter den Offizieren oder Matrosen hatte die Absicht, Marlowes Entscheidungen oder Motive zu hinterfragen. Nicht nach allem, was er für sie getan hatte.

Und auch King James erhob keine Einwände, als Marlowe ihm sagte, er solle den Piratenschatz in sein kaum genutztes Lagerhaus in Jamestown bringen und ihn hinter Tabakfässern verstecken. »Ja, Sir«, sagte er nur, und zwanzig Minuten später segelte die *Northumberland* aus dem Hafen, nahm Marlowes Anteil der Beute mit.

Einen Monat würde es dauern, vielleicht länger, dieses Allerlei zu Geld zu machen, doch würde es seinen ohnehin erheblichen Reichtum um einiges vergrößern. Er kannte diese Händler in Charleston und Savannah, wie jeder Bukanier.

Er musste lächeln, als er sah, wie seine kleine Schaluppe hinter der Landzunge verschwand.

Welch ungeheurer Jokus, dachte er, die berüchtigtsten Diebe der Welt zu bestehlen! Wieso bin ich nicht schon vor Jahren darauf gekommen?

Bickerstaff stand auf dem Achterdeck des gekaperten Piratenschiffs und sah der *Northumberland* nach, die aus dem Hafen segelte. Vorn und unten in der Kajüte hörte er das halbe Dutzend Männer, die das Schiff durchsuchten, ob etwas zu finden wäre, was es wert war, mitgenommen zu werden.

Das Piratenschiff ist gekapert, dachte er, aber nach wie vor sind Piraten an Bord.

Er war in Sorge. Sorgte sich um Marlowe. Glaubte Marlowe wirklich, er könnte diese Plünderung geheim halten? Dachte Marlowe, er, Bickerstaff, habe die großen Haufen nicht bemerkt, die man auf die Schaluppe verladen hatte, welche zweifelsohne zu jenem kleinen Lagerhaus in Jamestown fuhr?

Während seiner sechsjährigen Verbindung zu Marlowe hatte Bickerstaff stets sorgsam darauf geachtet, dass er alles mied, was seinen moralischen Vorstellungen entgegenlief, so schwierig das unter den gegebenen Umständen auch sein mochte. Anfangs war er bei Marlowe geblieben, weil er keine Wahl hatte, dann weil er neugierig geworden war, und schließlich weil er den Mann einfach mochte.

Er war zu der Überzeugung gekommen, dass Marlowe im Grunde ein guter, moralischer Mann war, dem man sein Leben lang eine ordentliche Unterweisung in Ehrgefühl und christlicher Bescheidenheit vorenthalten hatte.

Sie waren nach Virginia gekommen, um neu zu beginnen. Für Bickerstaff bedeutete das, endlich mehr als ein halb verhungerter Pädagoge zu sein, den man trotz seiner Bildung als minderwertig ansah, weil er Latein und Griechisch konnte, aber kein Geld besaß. Für Marlowe bedeutete es, seinen Platz in der Gesellschaft einzunehmen, der richtigen Gesellschaft, in welcher der Wert eines Menschen nicht nach seinem Umgang mit dem Schwert oder seiner Treffsicherheit mit einer Pistole bemessen wurde.

Doch welchen Maßstab legte diese Kolonialgesellschaft an, um den Wert eines Menschen einzuordnen? Sein Geld? Die Größe des Ackerlandes, welches er bebaute, die Menge der Sklaven, die seine Arbeit für ihn verrichteten? Bickerstaff fragte sich, ob diese Gesellschaft tatsächlich besser war als die brutale, aber zutiefst egalitäre Welt der Piraten.

Bickerstaff schüttelte den Kopf und wandte sich wieder der Aufgabe zu, die man ihm aufgetragen hatte. Er konnte nicht ewig Marlowes moralischer Kompass sein. Irgendwann würde Marlowe seinen eigenen Weg finden müssen.

Er trat an den Rand des Achterdecks und stieg dann zum Mitteldeck hinunter. Das Piratenschiff war, wie er sah, tatsächlich ein ehemaliger Händler, wie es meistens der Fall war. Irgendwann hatten die Seeräuber ihn gekapert und nach Piratenart in ein Kriegsschiff für Lumpenpack verwandelt.

Ein halbes Dutzend neue Kanonenluken waren durch das Schanzkleid gebohrt worden. Bickerstaff sah sie als Kanonenluken, aus Ermangelung eines anderen Wortes, doch waren sie in Wahrheit kaum mehr als Löcher, mit einer Axt hineingehauen.

Früher hatte es ein Achterdeck und auch ein Vorderdeck gegeben, doch hatten die Piraten eine Säge oder ein Beil genommen und sie abgehackt, sodass das Schiff ein durchgehend flaches Deck besaß. Die weißen, verwitterten Decksplanken endeten abrupt, wo einst das Schott gewesen war, und wurden zu dunklerem, weniger abgewetztem Holz, das bis vor kurzem noch vor Wind und Wetter geschützt gewesen war. Es sah aus wie der Flutsaum an einem Strand.

Die Gangways waren abgebrochen und die meisten Verzierungen nicht mehr vorhanden, sodass nur noch kahle Stellen am Holz darauf hindeuteten, wo sie einst gewesen waren. Auch die ursprüngliche Galionsfigur hatte man entfernt und durch Piratenschnitzereien ersetzt. Bickerstaff konnte nicht erkennen, was der neue Kopf darstellen sollte.

Er hörte das Knarren von Rudern in Dollen, warf einen Blick über die Reling und sah, wie die Gig der *Prize* ablegte, mit Marlowe am Heck. Einen Augenblick später trat dieser über die Gangway.

»Ah, Marlowe«, rief er, »ich muss die Inventur noch niederschreiben, aber es ist kaum etwas an Bord. Sie wollten das Schiff kielholen, wie wir schon vermutet hatten, und deshalb ist fast alles am Strand.«

»Hast du herausgefunden, was für ein Schiff es ist? Oder war?«

»Ja. Komm, sieh dir das an.«

Bickerstaff ging nach achtern voraus, wo einst eine große Kajüte gewesen war und sich nun das Achterdeck befand. Das gesamte Sturmdeck war von Bug bis Heck mit leeren Weinflaschen übersät, manche zerbrochen, dazu verschiedenste Kleidungsstücke, weggeworfene Knochen und gelegentlich ein Entermesser oder eine Pistole. Gleich steuerbord vom Kompasshaus gab es ein kleines Fass mit Schießpulver, einen Haufen Munition und noch einen Haufen fertiger Kartuschen. Daneben lag ein ledergebundenes Buch, aus dem ein Pirat Papier herausgerissen hatte. Bickerstaff sammelte es auf und reichte es Marlowe.

»Das hier ist das Logbuch dieses Schiffes. Der Schurke hat von hinten angefangen, sodass die Namen von Schiff und Mannschaft erhalten sind.«

Marlowe klappte den Deckel auf und hielt das Buch so, dass beide Männer lesen konnten. In ordentlicher Handschrift stand dort: »Logbuch der *Patricia Clark*, Boston. Mr. Paul McKeown, Kapitän.« Er blätterte ans Ende. Ungefähr die letzten zwanzig Seiten fehlten. Der letzte Eintrag lautete: »Leichter Wind von SSO. Topsegel gesetzt.« Kein Hinweis darauf, was aus der Mannschaft der *Patricia Clark* geworden sein mochte.

Zweifelsohne hatten sich manche den Piraten angeschlossen und saßen nun in Ketten im Laderaum der *Plymouth Prize* oder wurden von den Krähen am Strand zerhackt. Was die anderen anging ...

Gott sei ihren Seelen gnädig, dachte er. Das Meer war ein

gefährlicher Ort. Das wusste er nur allzu gut. Gefährlich sowohl für Diebe als auch für Ehrenmänner.

13

LeRois taumelte mitten über die mit Staub und Steinen übersäte Straße, die den größten Teil des Städtchens Norfolk darstellte. Der abnehmende Mond und die wenigen Sterne, die durch den leichten Dunst zu sehen waren, gaben das halbe Dutzend neuer Häuser preis, das seit seinem letzten Besuch in diesem Hafen errichtet worden war. Norfolk wuchs schnell, denn wenn es auch in Virginia gelegen war, so diente es vor allem als Lagerplatz für den blühenden Handel North Carolinas, einer Kolonie, die – vom fernen Charleston abgesehen – über keinen natürlichen Hafen verfügte.

Die Luft war von den typischen Lauten einer Hafenstadt erfüllt: trunkenes Gelächter aus den zahlreichen Tavernen, gedämpftes hinter verschlossenen Türen. Streit, gelegentlich ein Schrei, Pistolenschüsse. Und dabei die Geräusche der Insekten, Frösche und Vögel, die in den Sumpfgebieten lebten, welche diese Stadt umgaben.

Die *Vengeance* ankerte vor Willoby's Point, gleich jenseits von Cape Henry und der Einfahrt zur Chesapeake Bay. Der Gentleman, dessen Weib LeRois an Bord behalten hatte, brauchte nicht mehr als zwei Tage, um nach Williamsburg zu gelangen, LeRois' Nachricht zu überbringen und wieder zurückzukommen. Seine Eile war ohne Zweifel durch den Gedanken daran motiviert, was mit seiner Frau während seiner Abwesenheit geschah, was mit ihr geschehen mochte, falls er nicht wiederkam.

Während dieser beiden Tage hatte man die hübsche junge

Gattin in die Kombüse der großen Kajüte gesperrt, wo ihr Heulen, Beten und Zähneklappern LeRois beinahe in den Wahnsinn trieb. Wenn er es nicht mehr ertragen konnte, klopfte er an der Tür und schrie: »*La ferme! La ferme!*«, und das brachte sie dann für etwa eine Stunde zum Schweigen. Dann begann es von neuem.

Früher hätte LeRois mit ihr gemacht, was ihm beliebte, schon aus Prinzip, egal was er ihrem Mann versprochen haben mochte. Doch war es schon ein paar Jahre her, dass er ausreichend erregt gewesen wäre, das Bett mit einem Weib zu teilen. Es bereitete ihm Sorgen, stürzte ihn in finstere Stimmung, wenn er daran dachte, doch schrieb er es dem Trunke zu und wusste, dass er nichts dagegen unternehmen konnte.

Er überließ sie nicht der Mannschaft. Es musste noch etwas von ihr übrig sein, wenn ihr Mann kam. Darüber hinaus fanden es die Piraten amüsant, der großen Überraschung ihres Mannes beizuwohnen, wenn er merkte, dass sie unversehrt war.

Schließlich kam LeRois zur »Royal Arms Tavern«, einem flachen, finsteren Bau an einer Gasse, nicht an der Hauptstraße. Eines der letzten althergebrachten Etablissements in der Neuen Welt. Er stieß die Tür auf und trat ein. Sein Hut strich über die grob gehauenen Balken an der Decke. Rauch hing wie Nebel im oberen Drittel des Raumes. Jenseits des trüben Lichts der drei Laternen, die den Laden beleuchteten, schien es keine anderen Farben als Grau, Schwarz und Braun zu geben.

Das Royal Arms war ein raues Etablissement, Zuflucht jener Seeleute und Arbeiter, die in den anderen Lokalen nicht willkommen waren, und der Huren, die für ein besseres Publikum zu alt oder zu hässlich waren. Außerdem war es eine der älteren Tavernen im Ort, ein Laden, den LeRois gut kannte und besuchte, wann immer er in diesem Teil der Welt war. Niemand im Royal Arms war auch nur im Mindesten neugierig auf das, was irgendwer sonst trieb. Genau das gefiel ihm an diesem Laden.

Stocksteif stand er da und sah sich im Raum um. Er schwitzte und spürte ein vages Entsetzen in der Magengrube, fürchtete, dass sein ausgeklügelter Plan scheitern würde, dass die Stimmen von neuem beginnen würden.

Ein Fluch wollte sich auf seinen Lippen bilden, als er eben den Mann sah, den er suchte.

Dieser Mann war Ezekiel Ripley. Er saß mit rundem Rücken über einen Tisch gebeugt, klein und rattengleich mit großer Nase und schiefen Zähnen, dunklen Augen, die in die Runde blitzten. In seinem Mund steckte eine Pfeife.

Ripley war der ehemalige Quartermeister der *Vengeance*. Jahrelang war er mit LeRois gesegelt und zum Quartermeister aufgestiegen, nachdem Barrett weg war. Sein bloßer Anblick rief Erinnerungen an jenen Tag wach, daran wie Barrett versuchte, seinen Abschied zu nehmen, daran wie Ripley ihn einen Feigling schimpfte, an den Kampf, der darauf folgte. Ein Schauer lief LeRois über den Rücken, und er vertrieb den Gedanken daran.

Inzwischen hatte Ripley das Kommando auf einer kleinen Schaluppe, einem rechtmäßigen Transportschiff, mit dem er in der Chesapeake kreuzte. Der Umstand, dass ein Mann wie Ripley eine Anstellung finden konnte, kündete vom ausgesprochenen Mangel an erfahrenen Seglern an dieser Küste.

Vor einem Jahr hatten sie sich zufällig in dieser Taverne getroffen und bei zahlreichen Krügen Punsch jenen Plan ersonnen, der sie alle reich machen würde: LeRois, Ripley, die Männer der *Vengeance*.

Es war eigentlich kein großartiger Plan, doch nahm er sich eines der größten Hindernisse an, mit denen die Männer zu ringen hatten. Zwar mochten die gefragtesten Waren an Bord eines geplünderten Schiffes Hartgeld, Gold und Silber sein, doch fand man solches nur sehr selten. Eher stießen die Piraten auf Ladung wie Tabak, Tuch, Manufakturwaren, Fassringe, welche die Piraten erst verkaufen mussten, damit sie ihnen etwas nützte.

Die Kaufleute in Charleston und Savannah waren willige Kunden, doch hatten sie kaum Geld, hingegen aber gestohlenes Gut im Übermaß. Sie gaben einem nur einen Bruchteil dessen, was die Ladung wert war. Es war ihr Honorar dafür, dass sie keine Fragen stellten.

Doch Ripley sah sich als Visionär, der Gelegenheiten erkannte, betrachtete sich als großen Mann. Sah eine neue Möglichkeit, Güter zum Verkauf in eine wohlhabende Kolonie zu importieren, die darauf nur wartete. Hatte wichtige Männer an Land, die auf ihn hörten und manches bewegen konnten.

Es war natürlich *merde*. Ripley war ein verlogenes Schwein, eine kleine Ratte, die sich aufplusterte. LeRois wusste das, doch es störte ihn nicht, solange er den Plunder von der *Vengeance* tatsächlich zu Gold machen konnte. Und Ripley sagte, das könne er, und er war zu schlau und zu feige, als dass er LeRois hereinlegen würde.

Das war schon der ganze Plan. Die von der *Vengeance* geplünderten Ladungen sollten durch Ripley auf den Markt geschleust werden, und Ripley würde die Piraten in Gold bezahlen. LeRois wusste nicht, mit wem Ripley zusammenarbeitete, und es war ihm auch egal. Sein eigener Teil war ganz einfach, so einfach, dass er ihn das ganze Jahr über, welches für die Organisation nötig gewesen war, im Kopf behalten hatte. Es war nur die Mitarbeit einiger weniger vonnöten. Die Profitmöglichkeiten waren enorm.

LeRois wusste, dass dieser Plan seine letzte Chance darstellte. Die Mannschaft der *Vengeance* murrte, und bald schon würden sie ihn als Kapitän abwählen, wenn er nicht den Beweis für seinen Wert in diesem Amt antrat. Bevor er zurücktrat, würde er so viele von ihnen töten, wie er konnte, und daraufhin würden sie ihn töten, und das wäre dann das Ende.

Er trat an den Tisch. Ripleys Rattenaugen zuckten zu ihm auf. »LeRois«, sagte er.

»Uhh, *bonsoir*, Quartermeister«, knurrte LeRois. Er hatte Ripleys Namen noch nie aussprechen können. Er sah auf den anderen Mann am Tisch herab. Er war ihm noch nie begegnet, doch er wusste, wer es war.

»Setzt Euch zu uns, *Capitain*«, sagte Ripley unterwürfig und versuchte doch, die Lage unter seine Kontrolle zu bringen.

»Kommt, wir nehmen das Hinterzimmer«, sagte LeRois und deutete mit einer Kopfbewegung in die Richtung.

Er schob sich durch die Menge und den Qualm, einen schmalen Flur entlang zum hinteren Teil des Gebäudes, wo es einen kleinen Raum gab, in dem man ungestört seinen privaten Geschäften nachgehen konnte. Zufällig war das Zimmer momentan von einer Hure und ihrem Freier belegt, die mit ausgesprochen privaten Dingen beschäftigt waren. LeRois stieß die Tür auf. Das trübe Licht vom Gang fiel auf den erschrockenen Mann und seine Dame.

»Was zum Teufel...? Mach die Tür zu!«, brüllte der Mann, doch seine Stimme erstarb, als er LeRois besser erkennen konnte, dessen Wanst die ganze Tür ausfüllte.

»Raus hier«, sagte LeRois. Der Mann zögerte, warf einen Blick auf die Hure, die rücklings auf dem Tisch lag, sah wieder zu LeRois hinüber, dann stürzte er zur Tür und riss im Laufen seine Hose hoch.

Die Frau folgte ihm langsamer, strich ihr Kleid glatt und

warf LeRois einen finsteren Blick zu, doch LeRois achtete nicht auf sie. Das Geschäft, das ihn hierher trieb, war wichtiger als die Gefühle oder monetären Absichten irgendeiner Hure. Er trat in die nun leere Kammer, wobei Ripley und der zweite Mann ihm folgten. Ripley schloss die Tür.

LeRois wandte sich zu seinem ehemaligen Quartermeister um. »Habt Ihr Barrett gesehen?«

»Barrett ist tot.«

»Woher wisst Ihr das?«

»Nach allem, was ich gehört habe, haben seine Männer ihn erschlagen. Seit drei Jahren habe ich nichts mehr von ihm gehört. Wenn er noch hier wäre, wüsste ich davon.«

»Pah!« LeRois spie auf den Boden. »Er ist nicht tot. Außer mir gibt es niemanden, der ihn töten könnte.«

»Ich weiß nicht, von wem Ihr redet«, sagte der Mann, den Ripley mitgebracht hatte, »und es ist mir auch egal. Ich denke, wir haben hier Wichtigeres zu besprechen.«

Blinzelnd sah LeRois den Mann an. Er war fett, und sein Hemd und seine Weste waren fleckig und dreckig. Er war betrunken und unrasiert. Er sah nicht aus wie jemand in seiner Position aussah.

»Ihr seid *capitain* auf dem Wachschiff?«, fragte LeRois.

Ripley und der Mann tauschten einen Blick. »Das hier ist Captain Allair«, sagte Ripley. »Er war Kapitän des Wachschiffs. Aber jetzt nicht mehr. Der Gouverneur hat einen anderen Hundsfott mit Namen Marlowe zum Kapitän gemacht.«

»Was!?«, brüllte LeRois. »Was zum Teufel soll das?« Der Plan hing an der Zusammenarbeit mit dem Kapitän des Wachschiffs, damit sich die *Vengeance* in der Bay frei bewegen konnte. Ripley hatte ihm versichert, dass man Allair kaufen könne, und zwar billig. Doch nun hatte ein anderer das Kommando über das Kriegsschiff.

Er spürte, wie seine Hände zu zittern begannen. Irgendetwas in seinem Kopf zerriss.

Captain Allair räusperte sich und blickte LeRois in die Augen. »Der Hurensohn Marlowe hat mich aus der Bahn geworfen, als wäre er beim Kegeln. Kommt zu Besuch aufs Schiff, behauptet er. Sagt mir, er will silbernes Besteck erwerben, und sollte ich auf so etwas stoßen, würde er es kaufen, und zwar für einen Haufen mehr, als es wert ist.

Nun, ich habe welches gefunden, an Bord eines Schiffes von London, und ich habe es an mich genommen, aber das Silber gehörte dem Gouverneur, und plötzlich übernimmt der Dreckskerl mein Schiff! Ich weiß nicht, woher er es wusste, aber er wusste Bescheid, der Hundsfott.«

LeRois starrte Allair an, als wäre er ein Tier, das er nicht kannte. Er wandte sich zu Ripley um. »Was zum Henker ist das hier? Wer ist dieser Marlowe, eh? Arbeitet er für uns?«

Bevor Ripley antworten konnte, sagte Allair: »Der Schweinehund Marlowe, Sohn einer versoffenen Hure. Wenn Ihr Euch in der Bay bewegen wollt, solltet Ihr dafür sorgen, dass ich mein rechtmäßiges Kommando wieder zurückbekomme! Ihr arbeitet mit mir, oder Ihr arbeitet gar nicht. Verstanden?«

Er beugte sich zu LeRois vor, sodass ihre Gesichter nur einen Finger breit voneinander entfernt waren.

LeRois kniff die Augen noch weiter zusammen, als versuchte er, Allairs Gesicht durch einen Nebel zu erkennen. Er riss eine Pistole aus seiner Schärpe, spannte den Hahn, rammte sie Allair in den Bauch und drückte ab.

Der Lärm der Waffe wurde vom Fett um Allairs Wanst gedämpft, doch der Schrei des ehemaligen Wachschiffkapitäns füllte den kleinen Raum, als er zu Boden ging.

»Nicht schreien! Nicht schreien, Sohn von Hure!«, brüllte LeRois Allair an, doch sein Befehl nützte nichts. Allair lag auf dem Rücken, hielt sich den Bauch, während Blut zwischen seinen Fingern hervorquoll, schrie, keuchte, wälzte sich hin und her.

»Nicht schreien!«, befahl LeRois erneut, und dann, als hätte er Allair schon ganz vergessen, drehte er sich zu Ripley um und sagte: »Wer ist dieser Marlowe?«

Auch Ripley ignorierte den Mann zu ihren Füßen. Er zuckte mit den Schultern und sagte: »Keine Ahnung. Hab ihn nie gesehen. Ich gehe nicht oft an Land. Will nicht erkannt werden, in meiner Position.«

»Wer ist dieser Marlowe!?«, tobte LeRois. Er trat nach Allair, der noch immer schrie und keuchte. »Halt's Maul!« Blut rann aus dem Mund des Sterbenden.

»Irgendein Kerl«, fuhr Ripley fort. »War früher Kapitän auf einem Kaperschiff, wie man hört. Angeblich hat er auf Smith Island einer Bande Piraten den Garaus gemacht, vor drei Tagen erst.«

Smith Island. LeRois war sicher, dass er vor nicht allzu langer Zeit von Smith Island gehört hatte. Er konnte sich nicht erinnern, was es gewesen war.

»Oh, verdammt sei deine Seele, verdammt!«, wimmerte Allair. »Verdammt sollst du sein, ich sterbe! Ich sterbe!«

LeRois zog seine zweite Pistole aus der Schärpe.

»Nein, nein!«, flehte Allair mit großen Augen, und dunkles Blut rann über sein Gesicht. LeRois hielt die Pistole an Allairs Kopf, spannte den Hahn und drückte ab. Durch den Qualm sah er, wie Allairs Körper zuckte, und als sich der Rauch verzogen hatte, sah er den dunklen, feuchten Fleck, der sich auf den Holzplanken ausbreitete. In der Mitte der schwarzen Pfütze lagen die Reste vom Kopf des Kapitäns.

»So, *cochon*, jetzt stirbst du nicht mehr.« Er blickte zu Ripley auf. Er sah Angst in dessen Rattenaugen. Das war gut so. Ripley sollte wissen, dass *Capitain* Jean-Pierre LeRois ein Mann war, den man fürchten musste. Alle sollten es wissen.

»Wird dieser Marlowe für uns arbeiten?« LeRois' Stimme war ganz ruhig, nachdem das Geschrei nun ein Ende hatte.

»Er wird für uns arbeiten. Das wird er, da habe ich keinen Zweifel«, sagte Ripley eilig. »Und wenn nicht, macht es auch nichts. Wir brauchen ihn nicht, und falls er Probleme macht, lassen wir ihn verschwinden. Ich habe Verbindungen, mit denen nicht zu spaßen ist.«

LeRois nickte. Genau das wollte er hören. Sie würden ihre Pläne nicht ändern müssen. Denn Ripley mochte zwar ein verlogener Wurm sein, doch es gab keinen Mächtigeren als Jean-Pierre LeRois.

14

Marlowe war auf einen Empfang vorbereitet, wie er einem heimkehrenden, siegreichen Helden zustand. Tatsächlich hatte er das Fundament dafür selbst gelegt, indem er King James angewiesen hatte, die Mannschaft der *Northumberland* an Land zu lassen, sobald sie heimlich, still und leise in den frühen Morgenstunden die wertvollsten Stücke aus der Piratenbeute in jenem kleinen Lagerschuppen in Jamestown verstaut hatten.

Hatten sie erst ihren Landurlaub bekommen, fiel die Mannschaft der Schaluppe über Williamsburgs Tavernen her und erzählte bereitwillig die Geschichte ihrer Heldentaten, wie Marlowe wusste. Ausgeschmückt, wie man es von Seeleuten erwarten konnte, doch selbst in ihrer reinsten Form war die Mär noch bemerkenswert.

Wie eine Woge schwappte die Geschichte über den Ort

und die umliegenden Plantagen hinweg, mit einer solchen Macht, dass selbst Marlowe das Maß an Aufregung nicht hatte voraussehen können, welches die *Plymouth Prize* empfing, als sie schließlich in den Hafen von Jamestown fuhr.

Sie trafen drei Tage nach dem Kampf dort ein, nachdem sie sich anderthalb Tage langsam den Fluss hinaufgeschleppt hatten, die *Plymouth Prize* voraus, das gekaperte Piratenschiff im Schlepptau. Hunderte von Menschen säumten das Ufer und jubelten wie Römer, die den siegreichen Caesar in der Stadt begrüßten.

Die *Prize* sah ganz und gar wie ein alter Veteran aus, mit den unablässig gehenden Pumpen, ihrer allgemein lädierten Erscheinung und dem Stumpf eines notdürftig aufgetakelten Großmastes. Niemandem kam in den Sinn, dass sie so aussehen mochte, weil man sie vernachlässigt hatte, oder dass der Mast aus eigenem Betreiben umgefallen und keineswegs in verzweifelter Schlacht weggeschossen worden war. Weder Marlowe noch irgendjemandem seiner Männer kam es in den Sinn, dieser Vorstellung zu widersprechen.

Doch selbst der fehlende Mast war für die Leute nicht halb so aufregend wie der Anblick der gefährlich wirkenden Mannschaft, als diese von der *Prize* an Land ging. Es war ein schwankender Haufen mit dem Gebaren siegreicher Männer. Ihre Kleider waren neu, und sie waren schwer bewaffnet, mit Schwertern, Entermessern und Pistolen.

Ihnen voran schritt Captain Marlowe mit der Selbstverständlichkeit eines geborenen Anführers, der gebildete Bickerstaff an seiner Seite. Und umgeben von den Männern der *Plymouth Prize* wie auch der ausgerückten Miliz kamen die Gefangenen, eine Bande von Piraten, die an Händen und Füßen in Ketten lagen, allesamt Mörder und Halsabschneider. Es war großes Theater, und die Menge reagierte mit aller Begeisterung, die Marlowe erwartet hatte.

Gouverneur Nicholson war natürlich da, zusammen mit den Abgeordneten der Volksversammlung, die allesamt hofften, etwas von dem strahlenden Licht abzubekommen, das die Männer der *Prize* umgab. »Marlowe, Marlowe!«, rief der Gouverneur, und schüttelte Marlowe die Hand. »Ich gratuliere Euch zu Eurem Sieg! Von ganzem Herzen!«

Er lächelte glücklicher, als Marlowe ihn je zuvor gesehen hatte. Der Gouverneur war kein geringes Risiko eingegangen, als er Allair ersetzte, ein Schachzug, der möglicherweise nicht ganz legal gewesen sein mochte. Hätte auch Marlowe sich als Fehlgriff erwiesen, wäre es für ihn höchst unangenehm geworden.

Nun, dachte Marlowe, jetzt ist er entlastet. Und außerdem ist er der wichtigste Mann in der Gesellschaft Virginias, und er steht in meiner Schuld.

»Bitte, Marlowe, Bickerstaff, wollt Ihr nicht zu mir nach Hause kommen, mit mir speisen und die Einzelheiten Eurer Heldentaten preisgeben?«, fragte Nicholson. Die Abgeordneten standen nun um sie herum, und jeder Einzelne von ihnen gab sich größte Mühe, aufzufallen, in der Hoffnung, dass der Gouverneur ihn bitten möge, an diesem Essen teilzunehmen. Schließlich bat der Gouverneur keinen von ihnen, behielt die Helden ganz für sich allein.

Sie schoben sich durch die Menge. Marlowe und Bickerstaff winkten und nahmen mit Bescheidenheit – in Bickerstaffs Fall ehrlicher Bescheidenheit – den Dank und die Glückwünsche der Menschen entgegen.

Eine kleine Kutsche stand am Rand der Menge, und der Kutscher striegelte ein einzelnes Pferd. Aus dem Fenster, halb im Schatten verborgen, blickte Elizabeth Tinling. Ihr blondes Haar fiel unter ihrem Hut hervor, umrahmte ihr makelloses Gesicht, den langen, schlanken Hals und ihre Schultern, allesamt nackt wegen des tiefen Ausschnitts ihres Kleides.

Marlowe blieb stehen, und ihre Blicke trafen sich. Sie betrachtete ihn mit einem Ausdruck, den er nur schwer einordnen konnte: weder Zuneigung noch Geringschätzung, ein Hauch Neugier, doch keine Heldenverehrung, wie andere Frauen in der Menge sie ihm entgegenbrachten.

»Entschuldigt mich einen Augenblick, Gouverneur«, sagte er und trat an die Kutsche und verneigte sich dabei tief.

»Einen guten Tag wünsche ich, Ma'am.«

»Guten Tag, Sir. Es scheint wahrlich Euer Tag zu sein.«

»Die göttliche Fügung war im Kampf auf meiner Seite.«

»So scheint es. Wenn ich auch mit Blick auf Eure Mannschaft kaum mehr sagen kann, wer die Piraten und wer des Königs Männer sind.«

Marlowe wandte sich um und betrachtete seine Leute, die in der Tat Seeräubern ähnlich sahen, mit ihren Pistolen und Schärpen und den neuen Kleidern. »Ich denke, Ma'am, Ihr werdet feststellen, dass meine Männer diejenigen sind, die lächeln.«

»Das denke ich«, sagte sie und zeigte selbst ein wunderbares Lächeln. Marlowe fand es höchst ermutigend.

»Madam, ich habe Euch ein kleines Schmuckstück mitgebracht, eine Erinnerung an meine Schlacht.« Aus seiner Tasche zog er das goldene Kreuz an der Kette, ließ es eine Sekunde von seinen Fingern baumeln, sodass sich das Licht der Mittagssonne darin fing; dann reichte er es ihr.

»Oh, Mr. Marlowe.« Sie nahm es entgegen und sah, dass es ein wirklich feines Stück war. »Piratenbeute, habe ich Recht? Gehört es denn nicht dem König?«

»Ich glaube, man wird mir in dieser Sache Diskretion gewähren. Und es ist nur gerecht, dass Ihr es bekommt, da es der Gedanke an Euch war, der mich mein Martyrium durchstehen ließ.«

Sie blickte ihn an. Ihre Miene verriet nichts von dem Entzücken, das er sich erhofft hatte. »Ich bete um Euretwillen, dass Ihr mit dem Schwert besser seid als mit Euren leeren Schmeicheleien. In jedem Fall jedoch kann ich das nicht annehmen.«

»Bitte … Elizabeth … ich flehe Euch an«, stammelte Marlowe, den ihr Widerwille, sein Geschenk und seine albernen Komplimente anzunehmen, gänzlich aus dem Gleichgewicht warf. »Ein Unterpfand meiner Zuneigung. Es soll unser kleines Geheimnis sein.«

Sie lächelte und schob verschwörerisch die Augenbrauen in die Höhe, dann legte sie sich die Kette um den Hals. »Unser Geheimnis«, sagte sie.

»Marlowe, Marlowe, seid so gut und kommt«, sagte der Gouverneur, als er schnaufend näher kam. »Mrs. Tinling«, fügte er nickend hinzu. »Verzeiht mir, aber ich muss Euch den Helden entführen, zumindest für den Augenblick.« Mit diesen Worten nahm er Marlowe beim Arm und zog ihn mit sich, sodass er ihr seinen Abschiedsgruß nur noch über die Schulter zurufen konnte. Er warf einen letzten Blick auf das winzige Kreuz auf ihrer blassen Haut, dann musste er seine Aufmerksamkeit Nicholson widmen.

»Also, ich hege keinerlei Zweifel daran, dass Ihr Euch gleich wieder ans Werk machen wollt, Marlowe«, sagte der Gouverneur, als sie in seine Kutsche stiegen, »aber ich muss darauf bestehen, dass dem Wachschiff einiges an Aufmerksamkeit zuteil wird. Kielholen, neuer Mast und neue Takelage, solche Dinge. Ich zweifle nicht daran, dass die Abgeordneten es gutheißen werden. Teufel auch, wir bezahlen es mit der Beute, die Ihr gemacht habt.«

»Nun, Gouverneur, wenn Ihr darauf besteht.«

»Und ich fürchte, wir werden Euch vor Gericht brauchen. Wir müssen dafür sorgen, dass diese Schurken baldmöglichst verurteilt und gehängt werden, als Exempel. Und ich fürchte,

Ihr müsst aussagen. Es ist leider alles etwas langweilig. Habt Ihr in der Heimat Erfahrung mit Prozessen gemacht?«

»In der Heimat? Oh, ja, allerdings. Ich habe in der Heimat einigen Prozessen beigewohnt.«

»Gut, gut«, sagte Nicholson. »Bickerstaff, nehmt doch bitte Platz. Ich denke, wir sollten diesen Unsinn vor Gericht in etwa vierzehn Tagen hinter uns haben, und dann geht es wieder los, was, Marlowe? Sobald die *Plymouth Prize* wieder flott ist, gerade rechtzeitig, wenn die Tabakflotte in See sticht, möchte ich sagen.«

Elizabeth Tinling berührte das winzige Kreuz um ihren Hals, spürte die unebene Oberfläche des Diamanten, während sie Marlowe betrachtete, wie er in die Kutsche des Gouverneurs stieg. In drei Tagen war er zum gefeiertsten Mann der ganzen Kolonie geworden, Virginias größter Held.

Es schien, als hätte sie die richtige Wahl getroffen.

Sie hatte keinerlei Nachricht von George Wilkenson bekommen, kein Anwalt hatte die Begleichung des Schuldscheins gefordert. Vielleicht hatte er ihrer verspäteten Nachricht, Marlowe würde doch nicht dort sein, geglaubt. Vielleicht fürchtete er zu sehr, dass sie erzählen würde, was er vorgehabt hatte. Höchstwahrscheinlich beides. In jedem Fall jedoch schien er nicht mehr Teil ihres Lebens zu sein, Marlowe hingegen schon, und soweit sie es beurteilen konnte, war das gut.

Es war am Vormittag des nächsten Tages, als sie in ihrem Schlafzimmer am Fenster saß und sah, wie Marlowe langsam die Duke of Gloucester Street entlang zu ihrem Haus kam. Nach der Richtung zu urteilen, aus der er kam, vermutete sie, dass er eben das Haus des Gouverneurs hinter sich gelassen hatte, wo er, wie es hieß, die Nacht verbracht hatte.

Fast eine Stunde wartete sie nun schon, hoffte, er würde

ihr einen Besuch abstatten. Er war nur noch zwei Häuserblocks entfernt. Sie fragte sich, ob er in der Lage wäre, diese Entfernung bis zum Einbruch der Nacht hinter sich zu bringen.

Unmengen von Bewunderern bedrängten ihn, während er versuchte, sich die Straße hinunterzuschieben. Wenn die Menschen allzu dicht gedrängt standen, blieb er stehen und gönnte ihnen irgendeine Geschichte, wiederholte zweifelsohne seine Heldentaten auf Smith Island. Schließlich gab sich die Menge dann zufrieden, und mit viel Händeschütteln und Schulterklopfen ließen sie ihn ziehen.

Gewöhnlich kam er etwa zwanzig Schritte weit, bis alles von neuem begann. Irgendwann wurde er förmlich in die »Palmer House Tavern« gezerrt und kam erst eine halbe Stunde später wieder heraus. Auf diese Weise gelangte er schließlich zu ihrer Haustür, und eilig ließ Lucy ihn herein.

Elizabeth war derart begierig darauf, ihn zu sprechen, dass sie ihn keine Viertelstunde warten ließ, bevor sie hinunter ins Wohnzimmer ging.

»Mr. Marlowe, Ihr scheint einige Aufregung unter den Menschen hervorzurufen. Sollte ich Gnade walten lassen, oder sollte auch ich mir die Geschichte Eurer Heldentaten in voller Länge berichten lassen?«

»Bitte nicht. Ich habe die Geschichte schon so oft erzählt, dass ich sie selbst kaum noch glauben kann.«

»Tatsächlich? Nun, nach allem, was ich höre, ist sie so heroisch, dass sie ohnehin kaum zu glauben ist.« Sie lächelte ihn an, und er lächelte zurück.

Er trug wieder seine feinen Kleider, nicht das grobe, abgewetzte Gewand, das er getragen hatte, als er von der *Plymouth Prize* kam. Er wirkte stattlich – obwohl man ihn nicht als schlank bezeichnen konnte –, und sein Rock und die Weste schmiegten sich auf eine Art und Weise an seinen Leib, die ihm gut stand. Er besaß den Körperbau eines Mannes, der keine sitzende Tätigkeit ausübt, und darin unterschied er sich erheblich von den meisten reichen Männern dieser Küste. Seine Hand ruhte selbstsicher am Heft seines Schwertes, als wäre diese Waffe sein ständiger Begleiter.

Er war, wie Elizabeth einräumen musste, ausgesprochen attraktiv. Noch vor einem Monat hatte sie ihn nur nach seiner Nützlichkeit beurteilt, als potenzielles Bollwerk gegen die Wilkensons. Doch nun waren ihre Gefühle anders geartet. Sie dachte an ihn, wie sie seit vielen Jahren nicht mehr an einen Mann gedacht hatte. Fühlte sich geradezu unwiderstehlich zu ihm hingezogen.

»Bitte, Sir, setzt Euch.« Sie deutete auf einen Stuhl, und als Marlowe sich setzte, rief sie: »Lucy, hol doch bitte etwas heiße Schokolade für Mr. Marlowe.«

Einen Augenblick später erschien Lucy mit dem Service, und während sie einschenkte, fragte Elizabeth: »Nun sagt mir, Sir: Wie gefällt Euch Euer Ruhm?«

»Etwas anstrengend, wie ich finde. Dieser Morgen war eine Herausforderung. Bickerstaff sagt, hinter den römischen Helden und Eroberern hätte, wenn sie durch die Straßen fuhren, ein Sklave gestanden, der ihnen ins Ohr flüsterte, dass Ruhm ein flüchtig Ding sei.«

»Nun, Mr. Marlowe ...«

»Bitte ... Thomas.«

»Also gut, ich werde Euch Thomas nennen, wenn Ihr mich mit Elizabeth ansprecht. Ich wollte sagen: Hättet Ihr Eure Sklaven nicht befreit, könntet Ihr es ebenso machen.«

»Dafür brauche ich keinen Sklaven, Elizabeth. Ich habe Bickerstaff, der wunderbar als mein Gewissen wirkt. Obwohl ich der Ansicht bin, dass Ruhm gar nicht flüchtig genug sein kann.«

Sie lächelte ihn an und nippte an ihrer Schokolade. Seine

falsche Bescheidenheit konnte sie nicht täuschen. Schon in dem Augenblick, als er von Bord der *Plymouth Prize* gegangen war, hatte sie ihm angesehen, wie sehr er die Lobhudelei genoss. Doch dieser Aspekt seiner Persönlichkeit störte sie nicht. Ganz im Gegenteil. Sie fand, es machte ihn nur umso attraktiver. So waren alle großen Männer – oder alle Männer, die Großes vollbringen würden.

»Ich fürchte, Ihr werdet die Heldenverehrung noch eine Weile ertragen müssen. Die Menschen in dieser Kolonie leben in ständiger Angst vor den Piraten, und Ihr seid seit Menschengedenken praktisch der erste Mann, der etwas dagegen unternimmt.«

»Ihr seid wirklich zu freundlich, Elizabeth. Aber in Wahrheit werde ich eine Weile davon erlöst sein, zumindest solange wir die *Plymouth Prize* unten bei Point Comfort kielholen.«

»Kielholen? Ich fürchte, ich kann Eurem nautischen Jargon nicht folgen.«

»Beim ›Kielholen‹ reinigen und reparieren wir den Schiffsrumpf. Es ist eine beschwerliche Aufgabe. Erst bringen wir alles von Bord, was sich an Deck befindet. Die Masten und Rahen und dergleichen, und auch die großen Kanonen, aber auch den Proviant aus dem Laderaum. Dann fahren wir die *Prize* auf einen Strand, und wenn die Ebbe kommt, kielholen wir sie. Das heißt: Wir rollen sie auf die Seite und legen so den Rumpf frei.«

»Ja, ich habe schon gehört, wie so etwas gemacht wird. Jetzt, wo Ihr es sagt ... Aber werdet Ihr eine Weile aus Williamsburg fort sein?« Ihre Stimme verriet weit mehr Enttäuschung, als sie hatte preisgeben wollen. Sie merkte, dass Marlowe ihren Ton bemerkt hatte. Zu viel verraten. Sie hatte sich spröder geben wollen.

»Ich werde eine Weile fort sein. Aber tatsächlich hatte ich Euch fragen wollen ... und ich bitte Euch, meinen Vorschlag keinesfalls als unschicklich zu werten, denn nichts dergleichen meine ich damit. Aber hättet Ihr Interesse daran, mich zu begleiten? Ich will an Bord meiner eigenen Schaluppe, der *Northumberland*, segeln. Ihr könnt Lucy gern mitbringen, wenn Ihr wollt. King James wird das Kommando auf der Schaluppe haben, und ich bin mir sicher, dass er Lucy gern sehen würde, obwohl er stets Desinteresse heuchelt. Es könnte so etwas wie ein Segelausflug werden.«

»In der Tat, Sir...« Die verschiedensten Verwicklungen wirbelten in Elizabeths Kopf herum. Ein solcher Ausflug mochte Anlass zu manchen Gerüchten bieten. Andererseits konnte einem momentan nichts Besseres geschehen, als in Gesellschaft von Captain Thomas Marlowe gesehen zu werden.

»...mit Euch davonzusegeln, ich weiß nicht...«

Sie wollte ihm gern folgen, doch sie fürchtete sich. Nicht vor Marlowe, ganz und gar nicht, wenn auch dieses Glühen, diese Gefahr, die sie in ihm gesehen hatte, in den vergangenen zwei Jahren nicht abgeklungen war. Sie fürchtete, was die anderen denken mochten.

»Nur ein Nachmittagsausflug, Ma'am, mehr nicht. Wir sollten mit der Morgenflut auslaufen und am selben Abend heimkehren.«

Was zum Teufel ist los mit mir? Das fragte sie sich. War sie schon so lang unter den albernen, anmaßenden Leuten von Williamsburg, dass sie selbst so wurde? Sie war nie schüchtern gewesen, wenn sie etwas haben wollte. Und jetzt wollte sie Marlowe, und einmal in ihrem Leben hatte sie Grund zur Hoffnung, dass das, was sie wollte, auch ihr gehören würde und nicht ihr Verderben wäre. Niemand würde wegen eines bloßen Nachmittagsausflugs die Stirn runzeln.

»Wenn das der Fall ist, Sir, dann würde ich liebend gern mit Euch segeln gehen«, sagte sie. Es war eine der wahrhaftigsten Aussagen, die sie seit langer, langer Zeit getan hatte.

15

Das spätfrühlingshafte Wetter an der Küste Virginias wich langsam, Tag für Tag, dem Sommer.

Die Winde, die in dieser Gegend stets wechselnd waren, hatten von Nord und Nordwest der Wintermonate zu Süd und Südost gewechselt. Und als der Wind aus dieser Richtung wehte, brachte er warme Luft aus dem Süden mit sich. In späteren Monaten wäre diese Luft heiß, feucht und drückend, doch in diesen ersten Tagen des Sommers war sie von ganz wunderbarer Wärme, als wäre so etwas wie Temperatur gar nicht vorhanden.

Es war an einem solchen Tag, eine Stunde vor Stillwasser, als Marlowes kleine Gesellschaft an Bord der *Northumberland* ging. Kaum war sie als Gesellschaft zu bezeichnen, da sie nur aus ihm selbst, Elizabeth Tinling und Lucy bestand, doch andererseits war auf der kleinen Schaluppe auch kein Platz, erheblich mehr Menschen unterzubringen.

Dennoch hatte sich King James, der wiederum das Kommando auf dem Schiff führte, auf das Eintreffen des Schiffseigners vorbereitet, als handelte es sich um eine königliche Jacht. Kleine Flaggen wehten an der Takelage, und überall in lichter Höhe flatterten die Fahnen. Die Gangway war frisch gestrichen, die Reling mit Tau umfasst, welches man mit Pfeifenton geweißt und an den Enden mit hübschen Knoten versehen hatte.

Marlowe ging zuerst an Bord und bot Elizabeth seine Hand an, half ihr über die Planke. Die vier Mann Besatzung der *Northumberland*, zwei schwarze und zwei weiße Männer, trugen gleiche Hemden, frisch gewaschene, weite Hosen und Strohhüte. Sie warteten in Habtachtstellung, als der Eigner und seine Gäste an Bord kamen, und mit nur einem Wort teilte James sie zu verschiedenen Aufgaben ein, die zu erledigen waren, um das Schiff in Fahrt zu bringen.

»Willkommen an Bord, Elizabeth«, sagte Marlowe.

»Oh, Thomas, es ist herrlich!«, sagte sie und meinte es genau so. Mit einer Hand an der breiten Krempe ihres Strohhuts reckte sie den Hals, um sich umzusehen. Die bunten Fahnen wehten im Wind, die kleinen Flaggen, die weiß geschrubbten Decks, die getünchte Reling und die schwarze Takelage waren fast zu perfekt, wie ein brandneues, grellbuntes Spielzeug. »Es ist wie aus einem Märchenbuch.«

»So kann das Leben sein«, sagte Marlowe, »wenn man in der Lage ist, sein eigenes Märchen zu schreiben.«

Bei Stillwasser legten sie ab. Die *Northumberland* trieb vom Pier ab, mit King James am Ruder und Marlowe und Elizabeth, die sich an der Heckreling verlustierten. Vorn setzte die kleine Mannschaft Klüver, Stag und Großsegel mit dem Gaffelsegel darüber, ohne dass Befehle nötig waren. James schwenkte den Bug aus, und die Schaluppe war auf dem Weg flussabwärts, hart am Wind, machte einen langen Schlag östlich, bis sie fast am nördlichen Ufer auf Grund liefen, dann kreuzten sie auf dem Fluss.

»Eure Männer arbeiten sehr gut zusammen«, bemerkte Elizabeth. »Ich höre kein Geschrei, kein Durcheinander, wie man es oft mit einer Schiffsmannschaft verbindet.«

»Die sind schon eine Weile zusammen«, sagte Marlowe.

»Ich sehe, es sind nicht dieselben Männer, die gesegelt sind, als mein... als die Schaluppe noch Joseph gehörte.«

»Nein. Die habe ich entlassen. Sie waren nicht bereit, sich King James als Kapitän der Schaluppe zu fügen.«

»Dann waren sie sehr dumm. King James scheint mir ausgesprochen fähig zu sein.«

»King James ist ein Mann, der alles gut macht, was er in die Hand nimmt. Deshalb habe ich es nicht gewagt, ihn als meinen Sklaven zu halten. Jemanden wie ihn will man nicht zum Feind haben.«

»Führt er nicht Euren Haushalt?«

»Doch, das tut er, wenn er nicht die Schaluppe führt. Aber im Haus ist nicht viel zu tun. Caesar ist dem wohl gewachsen. Man würde nur James' Talent verschwenden, wenn er dort bliebe.«

Die *Northumberland* fuhr weiterhin den Fluss hinab, hielt jeweils auf die Ufer zu, mit ihren Sandstränden, den Weiden von hohem Gras und gelegentlichen Waldstücken. Über ihnen marschierte eine mächtige Wolkenparade, unten flach und grau, doch dann schwollen sie zu riesigen, weißen Haufen an, die sich scharf gegen das Blau des Himmels abzeichneten.

Sie segelten an mehreren Plantagen vorüber, deren braune Felder bis ans Wasser reichten, und die Sklaven bewegten sich langsam zwischen den Hügeln, bereiteten die Erde darauf vor, die jungen Pflanzen aufzunehmen.

Das prächtigste Haus von allen war das der Wilkensons, welches keine hundert Meter vom Fluss entfernt auf einem Hügel stand, ein großes, weißes Monument des Reichtums, den nur wenige Generationen dieser Familie in der Neuen Welt angehäuft hatten. Weder Marlowe noch Elizabeth machten irgendeine Bemerkung zu dem Haus.

Es war Mittagszeit, als die *Northumberland* nach einem kurzen Schlag südostwärts in die weite Bay kam, wo Nasemond und Elizabeth River mit dem mächtigen James River zusammenfließen. Marlowes Steward erschien auf dem Achterdeck und stellte einen kleinen Tisch mit Stühlen auf, und auf diesem Tisch richtete er eine Mahlzeit aus Roastbeef, Brot, Käse, Nüssen, Obst und Wein an.

Marlowe half Elizabeth auf ihren Stuhl.

»Eure Tabakernte ist gut ausgefallen, wie ich hoffe?«,

fragte Elizabeth, als Marlowe ihr ein Glas Wein einschenkte. Tabak war stets in den Gedanken aller Leute an dieser Küste.

»Ausgezeichnet, danke. Wir haben ungeheure Mengen geerntet, und fast alles davon ist inzwischen in Fässer verstaut... ›gepresst‹, glaube ich, ist der korrekte Begriff, und bereit für den Konvoi Ende Mai.«

»Es scheint, als hättet Ihr in den letzten paar Jahren eine ganze Menge über den Tabakanbau gelernt.«

»Überhaupt nicht, ganz und gar nicht. Etwas Käse für Euch? Nein, das überlasse ich meinen Leuten, und die machen ihre Sache gut. Sie haben schon mehr vergessen, was das Kraut angeht, als ich je wissen werde. Bickerstaff zeigt akademisches Interesse am Anbau, aber ich selbst gebe mich mit einem gelegentlichen Pfeifchen und einem Ritt durch meine Felder zufrieden.«

Elizabeth trank einen kleinen Schluck Wein. Betrachtete Marlowe. Welch ein seltsamer Mann. »Ihr überlasst das Pflanzen und die Pflege Euren Negern? Und sie tun ihre Arbeit ohne jeden Aufseher?«

»Nun, natürlich tun sie das. Ihr Lohn ist ein Prozentanteil der Ernte, versteht Ihr? Es liegt in ihrem Interesse, so hart zu arbeiten, wie sie können. Sie sind nicht so dumm, als dass sie diesen Umstand nicht begreifen würden.«

Marlowe nahm einen Bissen und lächelte sie an, während er kaute. Es gab Augenblicke, in denen sie Marlowe für verrückt hielt. Er schien absolut willens zu sein, einen Neger als gleichwertig zu betrachten. Tatsächlich behandelte er King James eher als Kameraden, nicht wie einen Diener.

Dann ließ vorn einer der Matrosen mit lautem Knall eine Luke fallen, es klang wie ein Pistolenschuss. Marlowes Kopf fuhr bei dem Geräusch herum, gespannt, und automatisch wanderte seine Hand ans Heft des Schwertes. In seinen Augen dieses Lodern einer Flamme, das auf ein Raubtier schließen ließ. Sicher, die Piraten auf Smith Island hatten feststellen müssen, wie gefährlich er sein konnte. Da war er weder dumm noch geistig umnachtet gewesen.

Er lächelte und entspannte sich.

»Ungeschickt, ungeschickt«, sagte er und schenkte Wein nach.

War das Mahl erst abgeräumt, fanden sie sich wieder an der Heckreling ein.

»Dort drüben liegt Point Comfort.« Marlowe deutete auf eine flache Landzunge ein Stück weit backbord voraus.

»Und wieso nennt man es Point Comfort?«

»Ich weiß nicht. Ich denke, es war ein großer Trost, es zu sehen, nach einer langen Reise von Europa hierher.«

»Oh.« Elizabeth dachte daran, wie sie und Joseph Tinling auf einem anderen Achterdeck gestanden und diese Landzunge betrachtet hatten, als ihr Schiff von See hereinkam. »Ich kann nicht behaupten, dass ich so empfunden habe, als ich die Spitze zum ersten Mal gesehen habe.«

»Wart Ihr denn nicht erfreut, das neue Land zu sehen?«

Darüber hatte sie noch nie nachgedacht. Es waren so viele Gefühle gewesen, wie ein Strudel. »Oh, wahrscheinlich schon. Mein ... mein Gatte war enthusiastischer. Es war eine lange Reise, wie Ihr sagt, und eine schwierige dazu. Ich hätte nicht gedacht, dass man an der Chesapeake Bay ein Schiff – wie habt Ihr es genannt? – kielholen könnte.«

»In diesem Glauben hat Allair den Gouverneur gehalten«, sagte Marlowe, und Elizabeth war froh, dass er nichts zu ihrem abrupten Themenwechsel sagte. »Aber er war nur zu faul, es zu versuchen. Man kann ein Schiff so gut wie überall kielholen, wo es einen Strand und ausreichende Tide gibt. Nun, ich habe ... ich habe Schiffe schon an den seltsamsten Orten gekielholt.«

Eine Stunde später passierten sie Point Comfort, holten

die Segel ein und setzten den Anker etwas abseits vom Ufer. Dort, auf dem dunklen, feuchten Sand, lag die *Plymouth Prize*. Traurig und verletzlich sah sie aus, gänzlich abgetakelt, von den unteren Masten abgesehen: Fock, Besan und der strahlend neue Großmast. Auch ihre Kanonen waren fort, und wie die leeren Augen eines Totenschädels starrten die Kanonenluken zum Himmel auf. Man hatte sie auf ihre Backbordseite gerollt, und ihr von Würmern zerfressener, von Algen überwucherter Rumpf war für alle Welt zu sehen. Die Männer von der *Plymouth Prize* umschwärmten sie wie Ameisen einen Haufen verschütteten Zucker.

»Du meine Güte«, sagte Elizabeth. Es sah aus, als sei irgendetwas schrecklich fehlgeschlagen. »Hat sie Schiffbruch erlitten? Was ist mir ihr geschehen?«

»Nein, ob Ihr es glaubt oder nicht: So wird es gemacht. Die Burschen mit den Fackeln lösen Algen, Muscheln und dergleichen von ihrem Rumpf. Dann, wenn die nötigen Reparaturen gemacht sind, überziehen wir sie neu mit einem Zeug, das aus Talg, Pech und Schwefel besteht.«

»Ihr erstaunt mich, Sir, mit Eurem Wissen«, sagte Elizabeth. Offenbar war Marlowe ein ebenso erfahrener Mann der See, wie er im Kampf erfahren war.

Hatte er seinen ganzen Reichtum auf See erworben? Niemand wurde so reich wie er, indem er als ehrlicher Handelskapitän oder Marineoffizier fuhr. Hatte die Familie Geld?

Kaum jemals verlor er ein Wort über seine persönliche Geschichte vor der Ankunft in Virginia, und sie hatte den deutlichen Eindruck, dass es ihm lieber wäre, wenn sie ihn nicht danach fragte. Sie wusste so wenig über ihn. Sie fand es gleichzeitig faszinierend und irritierend. Eine ganze Reihe von Möglichkeiten konnte sie sich vorstellen, aber an viele davon wollte sie nicht denken.

Marlowe nickte zum Beiboot hinüber, das zur Schaluppe

kam, mit Lieutenant Rakestraw in der Achterspitze. »Ich schätze, bald werden wir wissen, wie viel Arbeit noch vonnöten ist, bis wir wieder auf Piratenjagd gehen können«, sagte Marlowe.

Eine Minute später kletterte Rakestraw an der Bordwand herauf, salutierte vor Marlowe und verneigte sich knapp vor Elizabeth. Er trug alte Kleidung, wie ein Matrose, und er war ziemlich dreckig.

»Ich bitte Euch, verzeiht mir meinen Aufzug, Sir, aber ich klettere schon den ganzen Tag auf dem Rumpf herum«, sagte er.

»Bitte, Lieutenant, verschwendet keinen Gedanken daran«, sagte Marlowe. »Wärt Ihr sauber, würde ich denken, dass Ihr Euch nicht richtig um Eure Arbeit kümmert.«

Elizabeth war Rakestraw in den vergangenen Jahren mehrfach in Williamsburg begegnet. Er sah inzwischen glücklicher aus, und auch eher wie ein Offizier als je zuvor, trotz seiner schmutzigen, gewöhnlichen Kleidung.

»Es hat den Anschein, Sir«, fuhr Rakestraw fort, »als wäre das Wasser vornehmlich dort eingedrungen, wo die Planken auseinander gedrückt waren. Wir haben die vier auf der Backbordseite gefunden, wie ich neulich schon gemeldet hatte, und heute sechs auf der Steuerbordseite. Da war weiches Holz um den Achtersteven, und drei Planken um die Bilge müssen ersetzt werden, aber die Würmer haben den Rumpf noch nicht so sehr befallen, wie ich erwartet hätte.«

»Nein, Allair hat lange dort vor Anker gelegen, wo das Wasser eher brackig ist. Das könnte den Würmern den Garaus gemacht haben.«

»Das einzig Konstruktive, was Allair meines Wissens nach je getan hat«, sagte Rakestraw, und die Abscheu in seiner Stimme war nicht zu überhören.

»Allerdings. Nun, Mr. Rakestraw, ich möchte Euch nicht von Eurer Arbeit abhalten.«

»Nein, Sir. Werdet Ihr heute Abend zurücksegeln, Sir?«

»Das hatte ich beabsichtigt, nur waren wir auf unserem Weg hierher so langsam, dass ich fürchte, wir haben die Flut verpasst. Ich denke, wir müssen die Nacht hier verbringen«, antwortete Marlowe, mied Elizabeths Blick und sah stattdessen Rakestraw an, »und auf die Flut morgen früh warten.«

»Oh, stimmt wohl, Sir, stimmt. Die Flut ist fast vorbei«, gab Rakestraw ihm Recht. Hätte er den Mund gehalten, hätte Elizabeth vielleicht geglaubt, was Marlowe sagte, nur war Rakestraw keineswegs ein so geübter Lügner wie Marlowe.

»Ich bitte vielmals um Verzeihung, Ma'am, und hoffe, dass es Euch nicht allzu viel Unbill bereitet.«

Marlowe blickte so reumütig wie möglich drein. »Ihr und Lucy sollt selbstverständlich meine Kajüte haben, und ich werde die kleine nehmen. Wenn es Euch lieber ist, könnte ich Euch auch eine Kutsche ans Ufer rufen lassen.«

»Es wird uns ganz sicher keine Unbill bereiten, Sir. Wenn wir schon von Piraten entführt werden, so freue ich mich, dass wir wenigstens einem ausgeliefert sind, bei dem es sich um einen solchen Gentleman handelt.«

»Oh, ein ehemaliger Pirat, Ma'am. Fürchtet Euch nicht. Ich habe diesem Leben abgeschworen.« Er lächelte, doch deuteten seine Augen an, dass Tieferes, Persönlicheres in diesem schlichten Schmerz verborgen lag.

Es war eine der Möglichkeiten, die Elizabeth in Betracht gezogen hatte.

Auf der *Northumberland* war alles still. Sämtliche Matrosen waren unter Deck und schliefen, und die Schaluppe schaukelte sanft an ihrem Anker, den weichen Armen der Strömung. King James hörte nur manchmal einen Nachtvogel vom Ufer her, das Summen ferner Insekten, das sanfte Plätschern von Wasser.

Er beugte sich über den Kompass und peilte Point Comfort und einen hohen Hain gleich querab an, den er vor dem Sternenhimmel gerade noch erkennen konnte. Hatte er seine Peilung gemacht, wartete er noch etwa eine Stunde, dann nahm er sie noch einmal vor, um sicherzugehen, dass der Anker der *Northumberland* auch Halt hatte. Deshalb war er noch wach und an Deck.

Oder wenigstens redete er es sich ein. Wieso er meinte, er müsse sich selbst zum Narren halten, konnte er nicht sagen, besonders weil er es nicht tat. Er war sich absolut darüber im Klaren, wieso er sich dort herumtrieb. Er hoffte, Lucy würde zu ihm kommen.

Er hörte das leise Knarren der Achterluke, reagierte aber nicht. Es konnte sonst wer sein … Marlowe oder der Kajütensteward.

War es aber nicht. Zögerlich stieg Lucy an Deck, blickte voraus und dann nach achtern. Sie sah ihn direkt an, doch er merkte, dass sie sich alle Mühe gab, zu erkennen, wen sie da ansah.

»Komm nach hier hinten, Kleine«, rief er leise.

Wieder blinzelte Lucy nach achtern, dann raffte sie ihre Röcke zusammen, erklomm die beiden kurzen Stufen zum Achterdeck und trat ans Heck. Es gab kaum Licht an Bord, nur die Sterne und das trübe Glimmen der verdeckten Kerze, die James benutzte, um den Kompass zu erkennen, das weiche, braune Haar, welches um ihre Schultern fiel, die hübsche Figur unter ihren Röcken. Lucy und Elizabeth. Was für ein Paar.

Sie lehnte sich an die Reling, an der King James stand, einen Fingerbreit näher, als ein zufälliger Bekannter stehen würde. »Wieso bist du um diese Zeit noch wach?«, fragte sie.

»Ich sehe nach dem Schiff. Und du?«

Sie blickte übers Deck, dann sah sie ihn an, wenn auch nicht direkt. Sie war nicht halb so scheu, wie sie zu sein vorgab. Das wusste James. Sie hatte eine Menge gelernt, seit sie für Elizabeth Tinling arbeitete. »Ich wollte nur frische Luft schnappen«, sagte sie.

»Dafür ist es genau die richtige Nacht.«

Sie schwiegen einen Augenblick. Er roch das leichte Parfüm, das Lucy trug, den Duft von Haut und Haaren. Sie war ausgesprochen ansehnlich, und er merkte, dass in ihm Gefühle heranwuchsen, wie er sie seit vielen Jahren nicht empfunden hatte. Lange waren in ihm nur Hass und Zorn gewesen.

»Wie ist es dir ergangen, Lucy?«, fragte er, und es überraschte ihn, wie sanft seine eigene Stimme klang. »Ich habe in den letzten Jahren nicht viel von dir gesehen. Wie geht es in der Stadt?«

»Es ist wunderbar, James, wirklich. Da ist nur dieses kleine Häuschen und nichts von dem Elend im Haus der Tinlings. Der Schweinehund Tinling konnte nichts Besseres für uns tun, als zu krepieren.«

»Mmmh«, sagte James. Er konnte nicht widersprechen. »Und deshalb bist du jetzt in Sicherheit.«

»Was meinst du damit?«

»Ich meine, dass Mrs. Tinling dich nicht verkaufen wird, weil sie nicht will, dass irgendjemand weiß, wie sie den alten Tinling gefunden haben, mit der Hose um die Kniekehlen und einer Herzattacke, nachdem er dem Sklavenmädchen seiner Frau die Kleider vom Leib gerissen hatte.«

Er starrte in die Nacht hinaus, dachte an die Unterwelt der Sklaven dort an der Küste. Eine ganze Gesellschaft mit gemeinsamem Wissen, gesellschaftlicher Struktur und eigenen Gesetzen, von denen die Weißen nichts wussten.

Und es gab niemanden, der um Joseph Tinling trauerte.

Ohne nachzudenken drehte sich James herum und legte seine Hand auf Lucys Schulter. Er konnte ihre weiche Haut unter den Schwielen an seinen Händen kaum fühlen, doch spürte er, wie sie sich anspannte, nur ein wenig, und sich ihm etwas weiter zuwandte.

»Es ist vorbei, Lucy. Denk nicht daran«, sagte er so sanft wie möglich. Fühlte, wie sie sich unter seiner Hand entspannte. Wortlos drückte sie sich an ihn, und er umarmte sie, umschlang ihre winzigen Schultern mit seinen kräftigen Armen.

»Du hast dich verändert, James«, sagte sie schließlich. »Ich … ich hatte immer Angst vor dir. Ich wollte dich und habe mich vor dir gefürchtet, gleichzeitig. Jetzt fühle ich mich nur sicher, wenn ich in deiner Nähe bin.«

»Ich bin jetzt ein freier Mann.«

Ein freier Mann. Er drückte Lucy fester an sich, dachte über diese Worte nach. Die Freiheit hatte ihm nichts bedeutet, als Marlowe sie ihm gab. James hatte nicht geglaubt, dass sie ihm wirklich gewährt werden sollte, glaubte rein gar nichts, was ein Weißer sagte. Und wenn Marlowe auch zu seinem Wort stand, konnten die ehemaligen Sklaven doch nirgendwohin. Die anderen hatten sich über die Freiheit gefreut, er aber nicht. Für King James war die Freiheit ganz langsam gekommen.

Sie war gekommen, als man ihn von den Feldern holte und er eine einflussreiche Aufgabe bekam. Sie war gekommen, indem er das Haus ordentlich führte, was den Weißen bewies, dass er genauso fähig war wie sie. Sie war mit dem Kommando über die *Northumberland* gekommen. Sie war mit seinem neuen Stolz gekommen. Und schließlich war sie gekommen, als er wieder zum Krieger wurde.

»Ich liebe dich, James. Das tue ich wirklich«, sagte Lucy. Sie sprach an seiner Brust, und ihre Stimme klang undeutlich.

James drückte seine Lippen an ihren Kopf und küsste sie, vergrub sein Gesicht in ihrem wundervollen Haar. Er hatte Tränen in den Augen, und er wollte nicht, dass sie es sah. Sie nicht, niemand.

Marlowe schlief tief und fest, als er die leichten Schritte hörte, das leise Knarren der Tür. Augenblicklich war er wach, und seine Hand zuckte hervor und packte sein Schwert beim Heft, doch wurde ihm im selben Augenblick bewusst, dass es wahrscheinlich niemanden an Bord der *Northumberland* gab, der ihn im Schlaf erschlagen wollte.

Die Tür befand sich am Ende der kleinen Kajüte und führte in die große Kajüte achtern. Sie öffnete sich, ganz langsam. Marlowe ließ sein Schwert los. Wagte nicht zu hoffen, wer es sein mochte.

Elizabeth stand da, trug nur ihr Seidenhemd. Das Licht von einer geschlossenen Laterne in der Kajüte schien durch den dünnen Stoff, hob die Umrisse ihrer schlanken Gestalt unter dem Stoff hervor.

Sie trat in die Kajüte, hob ihre Hand und löste das Band, welches das Hemd an Ort und Stelle hielt. Das Hemd glitt an ihrem Leib herab, fiel zu Boden, und sie stieg daraus hervor, schob sich in Marlowes schmales Bett.

Sie war die schönste Frau, die Marlowe je gesehen hatte. Er spürte, wie die Erregung in seiner Magengrube wuchs und dann zu Händen und Füßen eilte.

Er legte seine Arme um sie, fuhr mit den Händen über ihre Haut, weiche, goldene, makellose Haut. Sie sank auf seinem Bett zurück, und er rollte halb auf sie, küsste sie, suchte ihre Zunge mit der seinen, fand sie.

Sie schlang ihre Arme um seinen Hals, fuhr mit den Fingern durch sein Haar und legte ein langes Bein um seinen Oberschenkel. Er strich mit seiner Zunge über ihren Hals und ihre Schultern, übersäte sie mit kleinen Küssen, nahm eine Brust in seine Hände und liebkoste die harte Brustwarze sanft mit seinen Lippen. Sie bewegte sich unter ihm, stöhnte leise, und Marlowe spürte, wie seine Leidenschaft gefährlich ihrem Höhepunkt entgegenstrebte.

Zwei Stunden verbrachten sie damit, einander zu erkunden, einander zu liebkosen, zu flüstern, einander in den Armen zu halten. Schließlich lag Elizabeth still in seinen Armen, und ihr Atem ging leise und gleichmäßig.

Durch die halb offene Kajütentür sah er das blaue Licht des neuen Morgens. Er streckte die Hand aus und griff nach dem Heft des Schwertes, ganz vorsichtig, um sie nicht zu stören, zuckte die Klinge ohne einen Laut. Er hielt die Spitze an die Tür und stieß diese ins Schloss. Dann legte er das Schwert aufs Deck, und sie schliefen beide.

16

Sie boten einen imposanten Anblick, als sie den hügeligen Weg entlang ritten. Jacob Wilkenson vorn auf seinem schwarzen Hengst, George Wilkenson gleich dahinter auf seiner braunen Stute, und hinter ihm Sheriff Witsen mit vier Hilfssheriffs. Sie ritten schnell. Sie waren alle schwer bewaffnet.

George Wilkenson konzentrierte sich auf die Bewegung des Pferdes unter ihm, seine Haltung im Sattel, den Zustand der Straße unter ihm. Er war ein ausgezeichneter Reiter. Gedanken an sein Pferd und das Reiten lenkten ihn von dem ab, was eben vorgefallen war, was gleich geschehen würde.

Er hatte seinem Vater nichts gesagt, nur dass er einen Plan ersonnen hatte, dieser Plan jedoch nicht funktioniert hatte.

Er wagte weder ihm zu erzählen, was der Plan gewesen war, noch seine eigene Dummheit zu erwähnen, dass er sich auf die Kooperation Elizabeth Tinlings verlassen hatte. Er erzählte ihm kein Wort von der Erniedrigung und nichts von dem Bargeld, das er Witsen gegeben hatte, um sich dessen Schweigen zu sichern. Er sagte nichts von Elizabeths Nachricht, von seiner eigenen Unsicherheit, ob sie ihn hintergangen hatte.

Nichts von alledem hatte er erwähnt, doch hatte auch das ihn nicht vor Jacobs Rache retten können.

Sein Vater tobte eine Stunde lang, schimpfte ihn einen Dummkopf und wiederholte die Notwendigkeit, Marlowe zu vernichten. Schließlich hatte er verkündet, er würde die Sache nun selbst in die Hand nehmen. Sie würden den direkten Weg wählen. Sie würden Marlowe finanziell ruinieren.

Oder besser noch: Sie wollten ihn in Schulden stürzen. Es gab an dieser Küste keine Schulden, die die Wilkensons nicht unter ihre Kontrolle bringen konnten. Und hatten sie Marlowes Schulden erst übernommen, würden sie ihn langsam zu Tode würgen.

Jacob Wilkenson war kein subtiler Mensch. George empfand seinen Umgang mit der Situation als beängstigend. Es würde Ärger geben, Blutvergießen vielleicht, und das bereitete ihm nur noch mehr Sorgen. Die Anwesenheit des Sheriffs und seiner Männer konnte ihn nicht beruhigen.

Sie bogen von der hügeligen Straße ab und galoppierten den Kutschenpfad zum alten Haus der Tinlings entlang. Die hohen Bäume berührten sich über ihren Köpfen, das Sommerlaub verzweigte sich hoch über dem Weg, was die Zufahrt wie das Mittelschiff einer großen Kathedrale erscheinen ließ.

Am anderen Ende stand – wie ein Altar – das weiße Tinling House. Für George würde es immer Tinling House bleiben, egal wem es gehörte. Er dachte an die unzähligen Male, die er diese Straße entlanggeritten war, an glücklichere Zeiten.

Er spürte ein vages Prickeln, als läge etwas sexuell Erregendes vor ihm, und ihm wurde bewusst, dass er diesen Weg damit verband, Elizabeth Tinling demnächst zu begegnen, die Erregung, die von ihm Besitz ergriff, wenn er seine Blicke über sie schweifen ließ, sie beobachtete, wie sie sich bewegte, wenn er sie in seinen Fantasien sah.

Und als ihm diese Assoziation bewusst wurde, war die Spannung schon verflogen, wie ein Sprung ins kalte Wasser. Er wurde zornig. Fühlte sich erniedrigt. Unfähig.

Er hasste sie, mehr noch sogar als er Marlowe hasste, mehr noch, weil er nicht sicher sein konnte, ob sie ihn verraten hatte. Es war schon seltsam, dass ihre Nachricht eingetroffen war, nachdem er sich auf den Weg zu Marlowe gemacht hatte. Er war fast sicher, dass er sie im Fenster gesehen hatte. Fast, aber nicht ganz. Er war weitab vom Haus gewesen, und sein Augenlicht war nicht das beste.

Nie war sie ihm gegenüber mehr als höflich gewesen. Kein Flirten, nicht der leiseste Hinweis auf Leidenschaft in ihrer Stimme. Er sah erheblich besser aus als dieses fette Schwein Joseph Tinling. Er war klüger und netter als sein Bruder Matthew. Doch sie hatte ihn ignoriert, und jetzt war sie bei Marlowe, machte mit ihm ohne Zweifel das Tier mit den zwei Rücken.

Er hatte seit jener Nacht keinen Kontakt zu ihr gehabt, hatte den Schuldschein nicht eingefordert. Er wollte, dass sie unter der Unsicherheit litt. Vielleicht würde er diese Macht über sie noch einmal benutzen, wofür auch immer, und dann würde er sie zermalmen.

Es fehlte ihm am Mut, ihr ins Gesicht zu sehen. Daraus wuchsen Zorn und Selbstverachtung.

Seinem Vater, so viel war klar, konnte Elizabeth Tinling kaum gleichgültiger sein, doch gehörte sie ebenso zu seinen Plänen wie Marlowe. Er würde sie vernichten, wie er und Jacob Marlowe vernichten würden.

Schließlich kamen sie zu dem Haus am Ende des Kutschenpfades und schwenkten nach rechts, am großen Haus vorbei. Ein Schwarzer trat auf die Veranda heraus, betrachtete sie einen Augenblick, dann lief er wieder hinein, doch der Trupp zu Pferd beachtete ihn nicht. Allein Marlowe hätte sie interessiert, und sie wussten ganz sicher, dass er auf seiner Schaluppe war und diese vor Point Comfort lag.

Sie stürmten den wohl bekannten Weg hinunter, der ums Haus führte, an den Gärten und Geräteschuppen vorbei zum großen Speicher, in dem die Ernte der Plantage untergebracht war, zum Verschiffen bereit.

In einer Staubwolke brachten sie ihre Pferde zum Stehen und blickten sich um. Am anderen Ende des Feldes konnte George die Sklavenunterkünfte sehen. Sie waren weiß getüncht, und die Dächer waren erneuert worden. Insgesamt boten sie keinen so baufälligen, deprimierenden Anblick wie andere Sklavenhütten, die er gesehen hatte.

Aber natürlich waren es auch keine Sklavenunterkünfte mehr. Marlowe hatte seine Sklaven freigelassen.

Am anderen Ende des Feldes, beim Speicher, konnte er ein Waldstück sehen, das man für die Samenbeete der kommenden Ernte gerodet hatte. In jedem Frühling wurden die neuen Pflanzen in Beeten gezogen. Dann, wenn sie groß genug waren, setzte man die jungen Tabakpflanzen auf die Felder um.

Schon quollen die Samenbeete vor feinen, jungen Pflanzen über. Auf den Feldern hatte man in parallelen Reihen kleine Hügel aufgeschüttet, die diese Setzlinge aufnehmen sollten. Und das alles ohne einen weißen Aufseher und – soweit er gehört hatte – praktisch ohne jede Aufsicht durch Marlowe selbst. Er ließ die Nigger einfach machen, und sie machten es. Unglaublich.

»Kommt schon«, befahl Jacob, und die sieben Männer stiegen ab. Die Männer des Sheriffs öffneten die Tore zum großen Speicher. Das Licht des frühen Morgens fiel in den großen Raum. Es sah aus wie in allen Speichern der Plantagen an der Küste. Es gab eine erkleckliche Auswahl von Dingen: Holz, leere Fässer unterschiedlichster Größe. Werkzeug. Ersatzteile für Wagen und Kutschen, aufgerollte Seile.

Doch nichts von alledem interessierte die Männer. Sie wandten sich den großen Tabakfässern zu, die an einer Wand gestapelt standen, mehr als einhundert große Fässer, zum Bersten gefüllt. Sie stellten die Arbeit eines ganzen Jahres dar: Roden der Samenbeete, Aufziehen der Pflanzen, Umsetzen, Stutzen, Austreiben von Schößlingen, Blüte, Unkraut jäten und Entwurmen, Beschneiden, Stapeln, Trocknen, Fermentieren und Entblättern der Pflanzen, um sie dann zu bündeln und in Fässer zu pressen. Es war ungeheuer viel Arbeit, und nach der Menge der Fässer zu urteilen, die dort an der Wand gestapelt standen, schien Marlowes Ernte ungeheuer reichlich ausgefallen zu sein.

»Hier, brecht das da auf.« Jacob Wilkenson deutete auf ein Fass mitten im Stapel. Einer der Männer des Sheriffs nahm eine Axt und schlug sie oben in das Fass. Er riss sie heraus und schlug noch einmal zu, sodass der Deckel aufbrach und kleine, fest gepackte Tabakbündel auf den harten Boden fielen. Die Luft war vom Duft frisch getrockneten Tabaks erfüllt, für die Menschen an der Küste ein vertrauter, wunderbarer Duft.

George Wilkenson betrachtete den Tabak, der dort zu seinen Füßen lag. Sein ganzes Leben hatte er damit verbracht, diese Pflanze anzubauen, und es gab nicht viel, was er darüber nicht wusste. Und er wusste, dass dieser Haufen Tabak, der dort vor ihm lag, feiner und duftender war als in der Kolonie sonst üblich, perfekt getrocknet und lückenlos in Fässer verstaut. Und alles von Negern gemacht. Erstaunlich.

»Was hat das zu bedeuten?«

Die sieben Männer fuhren herum. George errötete vor Scham und Furcht, wie ein kleiner Junge, den man beim Stehlen erwischt hatte.

Im weiten Tor stand Francis Bickerstaff. Er hielt eine Muskete in der Hand, ebenso die beiden schwarzen Männer hinter ihm. Keiner antwortete ihm.

»Ah, Wilkenson, ja? Vater und Sohn? Was fällt euch ein, hier in unseren Speicher einzudringen?«

»Niemand bricht ein.« Sheriff Witsen trat vor. Er schien sich nicht recht wohl zu fühlen, und George dachte, dass dem Sheriff sicher ebenso wenig wie ihm gefiel, was hier geschah. »Wir inspizieren nur, und nach dem Gesetz haben wir jedes Recht dazu.«

»Sagt den Niggern, sie sollen ihre Waffen niederlegen, sonst lassen wir euch verhaften!«, befahl Jacob Wilkenson. »Es gibt Gesetze gegen das Bewaffnen von Niggern.«

»Es gibt Gesetze gegen das Eindringen in anderer Leute Häuser.«

»Es ist nicht euer Haus, und das hier ist nicht euer Speicher, oder?«, tönte der alte Wilkenson. »Nein, das dachte ich. Also, sagt den Niggern, sie sollen die Waffen niederlegen.«

Alle Blicke wandten sich zu Sheriff Witsen um, der sich räusperte und sagte: »Es ist gegen das Gesetz, ihnen Waffen zu geben, Mr. Bickerstaff.«

Es war vollkommen still im Speicher, während die Männer einander wütend anstarrten; dann drehte sich Bickerstaff um und nickte den beiden Schwarzen hinter sich zu. Wortlos lehnten, sie ihre Waffen gegen einen Holzstapel und stellten sich wieder hinter Bickerstaff.

»Wie Ihr seht, Sheriff, hegen wir keinerlei Interesse daran, das Gesetz zu brechen.«

»Das freut mich, Mr. Bickerstaff.«

Jacob Wilkenson wandte Bickerstaff den Rücken zu und durchsuchte den Haufen Tabak am Boden, trat mit dem Schuh darauf herum. »Mh-hm, mh-hm«, murmelte er, dann wandte er sich dem Mann mit der Axt zu und sagte: »Hier, brecht noch eins auf.«

»Was zum Teufel bildet Ihr Euch eigentlich ein?«, rief Bickerstaff. Die Axt schlug in den Deckel des Fasses, auf welches Jacob Wilkenson gedeutet hatte.

»Ich sagte es schon, Sir. Wir inspizieren den Inhalt dieser Fässer.« Jacob sah Bickerstaff nicht in die Augen, sondern konzentrierte sich lieber auf den Mann mit der Axt.

»Sie enthalten Tabak, Sir. Was hattet Ihr erwartet?«, sagte Bickerstaff. »George, was hat das alles zu bedeuten? Ist das die Rache für das Duell, das Euer Bruder mit Marlowe ausgefochten hat?«

»Ich… äh…«, war alles, was George herausbrachte, bevor das zweite Fass barst und sich sein Inhalt über den Boden ergoss. Zu seiner unendlichen Erleichterung wandten sich alle Blicke von ihm ab.

»Nun, seid Ihr zufrieden?«, fragte Bickerstaff.

Jacob stieß den Tabak mit seiner Stiefelspitze herum. »Wie ich schon dachte. Es ist Ausschuss. Alles Ausschuss.«

»Ausschuss?«, protestierte Bickerstaff. »Das ist beste Qualität, wohlriechender als das meiste hier an der Küste. Und ganz sicher ist es kein Ausschuss.«

Schließlich wandte sich Jacob zu Bickerstaff um. »Ihr versteht eine Menge von Tabak, was? Ich pflanze schon seit fünfzig Jahren Tabak an, Junge! Ihr habt ihn nicht ausreichend fermentieren lassen. Er ist zu trocken. Er wird niemals bis zum Markt halten.«

»Das ist reiner Unsinn. Dieser Tabak ist völlig in Ordnung. Und wenn etwas damit wäre, so ginge es Euch rein gar nichts an.«

»Oh, es ginge mich sehr wohl etwas an. Die Qualität des Tabaks, der aus dieser Kolonie kommt, ist die Sache aller Pflanzer. Deshalb habe ich den Sheriff mitgebracht, für den Fall, dass wir diese Partie beschlagnahmen müssen, was wir tun werden.« Jacob Wilkenson wandte sich George und den Männern des Sheriffs zu. »Also gut, Männer. Bringt es raus und verbrennt es. Die ganze Ladung.«

»Verbrennen? Das ist ungeheuerlich!« Zum ersten Mal wurde Bickerstaffs Stimme lauter. »Das ist nur die Rache, weil Matthew Wilkenson bei etwas getötet wurde, das einmal als Ehrenhändel galt. Sheriff Witsen, Ihr werdet doch nicht zulassen, dass dieser Frevel geschieht?«

Witsen blickte Jacob Wilkenson an, dann zu Boden, dann sah er Bickerstaff offen ins Gesicht. »Mr. Wilkenson ist ein Experte, was Tabak angeht, Mr. Bickerstaff. Wenn er sagt, dass es Ausschuss ist, nun, dann denke ich, wird es schon stimmen. Und es ist sein gutes Recht, Tabak zu melden, der von schlechter Qualität ist, und meine Pflicht ist es, dann dafür zu sorgen, dass er vernichtet wird.« Einen Moment lang starrte er Bickerstaff an, dann wandte er sich wieder seinen Männern zu. »Nun macht schon, verbrennt das Zeug.«

Die Männer des Sheriffs machten sich ans Werk. Drei Fässer wurden zu einer Stelle abseits des Speichers gerollt und zerschlagen. Eine ölgetränkte Fackel wurde mit einem Steinschloss entzündet, und schon bald brannte der ganze Haufen. Dann wurde ein Fass nach dem anderen herausgerollt und ins Feuer geworfen.

»Ihr könntet wenigstens die Fässer verschonen«, merkte Bickerstaff trocken an. »Es sei denn, auch die entsprächen nicht dem Standard der königlichen Kolonie Virginia.« Doch niemand achtete auf seine Worte.

Zwei Stunden dauerte es, bis das letzte Fass Opfer der Flammen wurde. Inzwischen war das Feuer derart angewachsen, dass man den Tabak aus einiger Entfernung hineinwerfen musste, mit Hilfe von Schaufeln und Heugabeln aus Marlowes Speicher, und man warf die leeren Fässer hinterher.

Vom Rand der Flammen sahen Bickerstaff und die beiden schwarzen Männer schweigend zu, und George Wilkenson konnte am anderen Ende des Feldes den Rest der ehemaligen Sklaven stehen sehen, die mit ansehen mussten, wie die Arbeit eines Jahres vernichtet wurde.

Das müsste Marlowes Ende sein, dachte er. Es gab nur wenige Pflanzer in dieser Gegend, die den Verlust einer gesamten Jahresernte überleben würden. Er war nicht einmal sicher, ob die Wilkensons es könnten. Das wird den Hundesohn ruinieren, dachte er, oder besser noch, in Schulden treiben.

Er konzentrierte seine Gedanken auf diese tröstliche Vorstellung. Es half, die Scham zu vertreiben, die schreckliche Erniedrigung, die er bei dem empfand, was sie hier taten.

17

Die Spuren der Schlacht auf Smith Island waren nicht zu übersehen, obwohl der Kampf mindestens zwei Wochen zurücklag.

LeRois kratzte sich am Bart. Er dachte, es sei so lange her, aber jetzt war er nicht mehr sicher. Er versuchte sich daran zu erinnern, was Ripley gesagt hatte, doch der Sand unter seinen Füßen schien ihm ungewöhnlich weich, sodass ihm das Gehen ziemlich schwer fiel, und die Sonne brannte auf ihn herab. Überall hörte er Stimmen. Das alles machte es ihm sehr schwer, sich zu konzentrieren.

Er trank einen großen Schluck Gin aus der Flasche in seiner Hand und sah sich auf dem weißen Sand um. Drüben beim Dünengras hatte irgendein Tier einen der armen Schlucker ausgegraben, die hier umgekommen waren, und nun hackten ein paar Truthahngeier planlos auf die sterblichen Überreste ein. Auf den ersten Blick hatte LeRois geglaubt, der Tote sei Barrett und er sähe, wie der Leichnam sich ein Schwert griff, hatte vor Schreck laut aufgestöhnt. Er hatte sich getäuscht.

Am Flutsaum lagen diverse Pistolen und Stichwaffen, halb vom dunklen Sand begraben. Ein großer, schwarzer Kreis wies darauf hin, wo das Feuer der Piraten gebrannt hatte, bevor sie von diesem Marlowe ermordet worden waren, dem neuen Kapitän des Wachschiffs, dem Mann, der zwischen LeRois und der endgültigen Erfüllung seiner Wünsche stand.

»*Merde alors*«, murmelte LeRois und trank noch einen Schluck.

»Er hat sie einfach niedergeschossen«, sagte Ripley. »Hat sie nicht mal aufgefordert, sich zu ergeben, hat sie einfach abgeknallt, und diejenigen, die um Gnade gefleht haben, werden nun gehenkt.«

»*Merde.*« Irgendetwas stank ganz fürchterlich. LeRois überlegt, ob es Ripley war oder vielleicht er selbst. Vielleicht der arme Kerl, auf dem die Vögel herumhackten. »Und das Schiff, das sie beschlagnahmt haben ... was ist mit dem Zeug, das sie an Bord hatten?«

»Soweit ich gehört habe, hat der Hundsfott Marlowe seine Männer nehmen lassen, was sie haben wollten, hat alles auf ein Fass gelegt und jedem seinen Teil gegeben.«

LeRois setzte die Ginflasche an, trank einen weiteren Schluck und grinste. »Dieser Marlowe klingt mir selbst eher wie ein Pirat, nicht wie ein Mann des Königs, *non*? Der Sohn von Hure. Wer ist er?«

»Hab ihn noch nicht gesehen. Er hält sich aus den Häfen fern. Sagte ich doch schon. Das hier ist eher nach meinem Geschmack.«

Die kleine Ratte plusterte sich vor Eigendünkel auf, als sei alles, was geschehen war, sein Tun. LeRois spie in den Sand.

Die drei Schiffe lagen im klaren Wasser des Hafens vor Anker. Das größte der drei war die *Vengeance*. Die geflickten Segel waren zum Trocknen ausgebreitet.

An der Steuerbordseite hatte eine kleine Schaluppe festgemacht. Sie gehörte dem einstigen Quartermeister Ezekiel Ripley. Auf der Steuerbordseite von Ripleys Schaluppe lag eine Brigg aus New York, die eine Woche von Barbados aus nordwärts unterwegs gewesen war, als man sie vom Ausguck der *Vengeance* entdeckt hatte.

Die Brigg hatte fliehen wollen, was LeRois fuchsteufelswild gemacht hatte. Als sie endlich eingeholt war, hatte die Mannschaft lieber kämpfen als kapitulieren wollen, woraufhin LeRois alles einbüßte, was ihm an gesundem Menschenverstand geblieben war.

Das war vor drei Tagen gewesen. Der Letzte aus der Mannschaft war erst am Morgen gestorben.

Auf dem Deck der Brigg, dem Verdeck der *Vengeance* und dem Deck der kleinen Schaluppe drängten sich die Männer. Ladung kam aus dem Bauch des Piratenschiffes, die Beute von sieben Schiffen, die sie gekapert hatten, seit sie in New Providence ausgelaufen waren, und dazu die Ladung ihres achten und jüngsten Opfers, und mit Stag- und Rahtaljen wurde alles auf Ripleys Schaluppe umgeladen und verstaut.

»Hätte dieser *cochon* Allair nicht sein Schiff verloren, müssten wir hier nicht herumschleichen wie verschreckte Hündchen«, knurre LeRois.

»Ja, nun, Ihr habt es ihm gezeigt.«

»Wo ist dieser Sohn von Hure Marlowe jetzt mit seinem verfluchten Wachschiff?«

»Sie kielholen das Schiff bei Point Comfort. Die ganze Woche war Marlowe beim Prozess gegen die armen Schweine, die sie hier festgenommen haben. Ich denke, sie sind jetzt alle bei der Hinrichtung.«

»Kielholen, ja? Wieso fahren wir nicht einfach hin und schießen ihr verfluchtes Schiff zu Klump, solange es an Land liegt?«

»Marlowe hat am Ufer große Kanonen aufgebaut. Er ist nicht dumm. Ich denke, Ihr solltet Euch von ihm fern halten, und wir machen einfach weiter wie bisher.«

LeRois knurrte, trank seinen letzten Gin und schleuderte die Flasche in die Brandung. Die heiße Sonne fühlte sich nun gut an, und der warme Sand um seine Schuhe war wie eine dicke Decke. Die Stimmen waren fort, und an ihre Stelle war Musik getreten, liebliche Musik. LeRois sah sich am Strand um, aber er konnte nicht sehen, woher sie kam.

Es gab Grund zur Freude. Der Plan, den Ripley und er ausgeheckt hatten, schien zu funktionieren, obwohl es ihnen an der Kooperation des Wachschiffs mangelte. Sie hatten sich wie vereinbart bei Smith Island getroffen, diesem beliebten Schlupfwinkel, LeRois mit einem Laderaum voll gestohlener Waren, Ripley mit einer Schatulle voller Hartgeld, mit dem er dafür bezahlen wollte. Kein Feilschen mit miesen, kleinen Krämern in Charleston oder Savannah, die darauf beharrten, dass man die Ware praktisch verschenkte. LeRois konnte hinnehmen, dass Ripley tat, als sei er wichtig, solange alles so glatt lief wie bisher.

Und was genauso wichtig war: Die Männer von der *Vengeance* waren froh und glücklich. Die Jagd unten um die Capes war gut gewesen. Fast ununterbrochen hatten sie getrunken, geplündert und gequält, seit sie in diesen Gewässern waren, und das stellte seine Männer zufrieden. Und solange sie zufrieden waren, würde niemand seine Autorität in Frage stellen.

Natürlich wäre es besser gewesen, wenn sie sich um das Wachschiff keine Sorgen machen müssten, doch hatte das Wachschiff sie bisher nicht belästigt. Es mochte die Dummköpfe dort am Strand gestellt haben, doch LeRois war nicht dumm, und so wollte er sich nicht zur Strecke bringen lassen.

»Die *flotte,* der Tabakkonvoi, sie segeln bald, nicht wahr?«, fragte LeRois.

»Ja, in einer Woche etwa. Im Augenblick sammeln sie sich unten bei Hampton Roads, aber scheiß auf die verdammte Tabakflotte. Wir haben allen Tabak, den wir brauchen. Hier in der Gegend gibt es keinen Bedarf an Tabak. Solche Sachen wie da drüben«, Ripley richtete sein spitzes, stoppeliges Kinn auf die Fässer, die aus dem Laderaum der *Vengeance* kamen, »finden hier reißenden Absatz. Importwaren aus England, solche Sachen, auf die ein hoher Zoll erhoben wird, so was kann man hier verkaufen. Außerdem hat der Konvoi eine Eskorte. Das Wachschiff mit diesem Marlowe, der den armen Schweinen hier den Garaus gemacht hat, er wird dort sein, denke ich.«

»Pah, verfluchtes Wachschiff«, knurrte LeRois. Er sah sich im Sand um, in der Hoffnung, irgendeine Flasche Alkohol zu finden, doch da war nichts dergleichen.

Scheiß auf Tabak?, dachte er. Wohl kaum. Tabak mag in Virginia nicht sonderlich gefragt sein, aber Virginia ist nicht der einzige Markt, und er war voller Zuversicht. Tabakschiffe hatten Bargeld an Bord. Er würde sich um diese Tabakflotte kümmern.

Schweigend und reglos saß Marlowe da und starrte achtern aus dem Fenster der großen Kajüte der *Northumberland*. Er fühlte, wie der Zorn gleich einer Woge über ihn hinwegschwappte und sich dann verzog, kam und ging wie die Brandung am Strand. Er hörte, dass Bickerstaff leise herumlief, dass King James unruhig auf seinem Stuhl rutschte, doch er ignorierte sie beide, bis er wieder sprechen konnte.

»Sie haben ihn verbrannt? Alles? Auch die Fässer?«

»Alles. Auch die Fässer«, erwiderte Bickerstaff.

»Verdammt sollen ihre Seelen sein«, sagte Marlowe. »Hat denn Ehre in diesem Land nichts zu bedeuten? Wieso sollte man den Gentleman spielen, wenn man solcherart Rache zu fürchten hat? Und das unter den Augen des Gesetzes?«

»Solange Witsen und die Hälfte der Küstenbewohner bei den Wilkensons verschuldet sind«, sagte Bickerstaff, »sind die Wilkensons das Gesetz.«

»Sie sind das Gesetz an Land, aber jetzt bin ich das Gesetz auf See.«

Der Gesetz auf See. Das war er, und an eben jenem Morgen bekamen die Einwohner von Williamsburg eine dramatische Demonstration dieses Umstandes, als fünfzehn Männer zum Galgen geführt wurden, den man am Ufer des James River errichtet hatte, und am Halse aufgehängt wurden, bis der Tod eintrat.

Erst zwei Jahre war es her, dass ein Gesetz den Kolonien das Recht verliehen hatte, Männer wegen Piraterie zu verurteilen, statt die Beschuldigten nach London zu verschiffen, und Nicholson hatte sich auf die Gelegenheit gestürzt, denn er hasste die Piraterie mit fast religiösem Eifer. Ein Gericht war einberufen und Geschworene waren vereidigt worden, und die Männer, die man am Strand von Smith Island gefangen hatte, wurden ihrer Verbrechen angeklagt.

Es war kein sonderlich langer Prozess gewesen.

Von Anfang an war es unwahrscheinlich, dass man die Männer als unschuldig betrachten würde, obwohl die Beweise gegen sie nicht gerade überwältigend ausfielen. Doch, wie der Zufall es wollte, gab es einige Seeleute an der Küste, deren Schiffe von den Beschuldigten gekapert und geplündert worden waren, und die Aussagen dieser Männer zeigten sich als einigermaßen belastend. In Verbindung mit dem, was Marlowe zu sagen hatte, und den Beweisen, die an Bord der *Patricia Clark* gefunden wurden, reichten die Aussagen, sie alle schuldig zu sprechen.

Die drei Jüngsten unter ihnen bekamen angesichts ihrer Jugend eine lebenslängliche Kerkerstrafe. Ein vierter brachte es fertig, die Geschworenen davon zu überzeugen, dass man ihn gegen seinen Willen dazu gezwungen hatte, sich den Piraten anzuschließen, ein nicht eben unüblicher Vorgang, und man hatte ihn freigelassen.

Der Rest wurde zum Tode verurteilt.

Sheriff Witsen hatte seine Befehle. »Ihr sollt besagte Piraten am Galgen aufknüpfen. Zu diesem Zweck sollen sie am Halse hängen, bis dass der Tod eintritt.«

Und genau das hatte er getan, unter den Augen von vierhundert Männern, Frauen und Kindern, die das Ufer des James River säumten. Es dauerte zwei Stunden, bis alle hingerichtet waren. Die Leute stöhnten und schüttelten die Köpfe, zeigten auf die baumelnden Leiber, zeigten ihren Kindern, was aus denen wurde, die nicht auf ihre Eltern hörten.

Es war ein großer Augenblick für Marlowe gewesen, der einmal mehr im Mittelpunkt der allgemeinen Aufmerksamkeit stand. Alle großen Männer der Küste legten Wert darauf, ihm noch einmal zu gratulieren, in seiner Gesellschaft gesehen zu werden. Gouverneur Nicholson saß während der gesamten Zeit an seiner Seite. Zu seinem Glück fehlte ihm allein Elizabeth, doch diese hatte ihm angewidert erklärt, sie könne so etwas nicht ertragen und wolle nicht zugegen sein.

Bickerstaff hatte freundlicherweise bis zum Ende des Tages gewartet und ihm erst dann mitgeteilt, was während seiner Abwesenheit mit der Tabakernte geschehen war.

Lange saßen sie schweigend da, Marlowe, Bickerstaff und King James. Marlowe spürte, wie sein Zorn verrauchte, endgültig verrauchte. An dessen Stelle trat ein objektiver Blick auf die Lage. »Es ist wirklich verdammt unangenehm«, sagte er schließlich. »Wir werden in diesem Jahr keinen Gewinn mit der Plantage machen. Ich werde die Arbeiter aus meiner eigenen Tasche entlohnen und außerdem noch unseren Proviant kaufen müssen.«

Natürlich hatte er den Piraten dreimal so viel genommen, wie ihm die Ernte eingebracht hätte, und er hoffte, noch weit mehr auf diese Weise einzunehmen, nur wollte er Bickerstaff davon nichts sagen. Dennoch ... er hatte gehofft, die Ernte würde seinen plötzlich wachsenden Reichtum erklären. Jetzt würden sie umsichtiger sein müssen, was das Geldausgeben anging.

Doch diese Überlegungen waren nichts gegen die ungeheure Erniedrigung, die er durch die Wilkensons erlitten hatte. Was diese getan hatten, ging über die Grenzen des Erlaubten weit hinaus. Dieser Affront durfte nicht unbeantwortet bleiben.

»Weißt du, Tom«, Bickerstaff sah vom Tisch auf, »ich bin kein Freund der Vergeltung ... Es ist die Domäne des Herrn, nicht die unsere. Und ebenso wenig möchte ich zusehen, wie es immer so weitergeht. Aber deinen Leuten die Freiheit zu schenken, war wohl das Anständigste, was du je getan hast, und es war ebenso ihr Lohn, den die Wilkensons vernichtet haben, wie es deiner war. Es stimmt mich traurig, zusehen zu müssen, wie sie mit ihrem ungeheuerlichen Betragen davonkommen.«

»Ich bin genauso traurig.«

»Nun, ich denke, dass es in deiner Funktion als Kapitän des Wachschiffs nicht nur deine Pflicht ist, Piraten zu jagen. Es ist ebenso deine Pflicht, dem Handel und den Seefahrtsgesetzen Seiner Majestät Durchsetzung zu verschaffen.«

Das war absolut der Fall. Fast hatte Marlowe es vergessen, was nicht überraschen konnte, da er nie die Absicht gehabt hatte, sie durchzusetzen. Damit war nichts zu gewinnen. Zeitverschwendung. Außerdem wollte er sein Ansehen unter den Pflanzern und Aristokraten an der Küste erhöhen. Von eben diesen Leuten Strafgelder zu erheben, sie dazu zu zwingen, sich dem Gesetz zu unterwerfen, würde ihm in dieser Sache nicht viel weiterhelfen.

Marlowe starrte aus dem Fenster und dachte über Bickerstaffs Andeutung nach. An Land konnten die Wilkensons mit dem Gesetz verfahren, wie es ihnen beliebte, doch er, Marlowe, war das Gesetz auf See.

»Du hast Recht, Bickerstaff, du hast Recht«, sagte Marlowe schließlich und lächelte zum ersten Mal, seit man ihm die Nachricht überbracht hatte. »Ich habe meine Pflichten geradezu schändlich vernachlässigt. Wenn George und Jacob Wilkenson die Qualität des Tabaks dieser Kolonie im Auge behalten und so selbstlos den guten Namen der Pflanzer an dieser Küste verteidigen, dann ist es wohl nur fair, wenn ich ihnen nacheifere.«

18

Einmal im Jahr versammelte sich die große Flotte der Handelsschiffe aus England und den Kolonien in Hampton Roads, um etwa achtzigtausend große Fässer mit der gesamten Tabakernte Virginias und Marylands an Bord zu nehmen. Fast hundertfünfzig Schiffe waren nötig, um das alles zu transportieren, und der Zoll für diese Ernte würde, wenn sie in England entladen wurde, der Regierung dreihunderttausend Pfund Sterling einbringen.

Daher war die Regierung hochmotiviert, dafür zu sorgen, dass sie unversehrt eintraf.

Zu diesem Zweck kam die *Plymouth Prize* mit ihrem sauberen und dichten Rumpf, neuer Takelage, frischen Segeln und ihrer mittlerweile enthusiastischen Mannschaft von Point Comfort herunter und nahm ihre Position ein, ankerte windwärts von der Flotte. Sie sollte die Tabakschiffe bis etwa dreihundert Seemeilen vor der Küste begleiten, durch das Spalier der Hochseegeier, die um Capes lauerten, und dann hinaus in tiefere Gewässer, wo die Weite des Ozeans sie schützen würde.

Dreihundert Meilen vor Land's End in England, auf der anderen Seite des Atlantiks, würde sich ein anderes Schiff der Königlichen Marine mit der Flotte treffen und sie nach London eskortieren, um sie vor den Gefahren zu schützen, die im Englischen Kanal lauerten. Auf diese Weise gelangte der ganze Reichtum, der in den Kronkolonien aus dem Boden wuchs, ins gute, alte England, und die Steuern auf diesen Reichtum gingen wie ein warmer Regen auf die Regierung nieder, die das ganze Unternehmen organisiert hatte.

Und bei dem Vertreter der Marine Seiner Majestät in dieser Kolonie, dem Mann, dem die entscheidende Autorität zufiel, sobald die Flotte aus Gouverneur Nicholsons Blick entschwunden war, handelte es sich um einen gewissen Thomas Marlowe, Esq., Kapitän der HMS *Plymouth Prize*.

Fast lachte er vor Freude, als er an der Bordwand der *Wilkenson Brothers* hinaufkletterte.

Die *Brothers* war ein Handelsschiff, das den Wilkensons gehörte, einer der wenigen Familien, die wohlhabend genug waren, ihren Tabak selbst zu transportieren. Nur wenige Pflanzer besaßen eigene Schiffe. Die meisten mussten unabhängige Transportunternehmen bezahlen, um ihre Ernte zu befördern.

Die *Wilkenson Brothers* war für ein Handelsschiff sehr groß und gut bewaffnet. Tatsächlich war sie, was Größe und Feuerkraft anging, der *Plymouth Prize* weit überlegen und hätte ohne weiteres für ihre eigene Verteidigung sorgen können, wenn die Wilkensons genügend Seeleute mitgeschickt hätten, um das Schiff gleichzeitig segeln und verteidigen zu können.

Doch das hatten sie nicht, weil sie nicht so viel Geld ausgeben wollten und weil sie niemals so viele Matrosen gefunden hätten, selbst wenn sie es gewollt hätten. Es gab nur wenige qualifizierte Seeleute, und auf jedem Schiff waren gerade genug Männer, dass es segeln konnte, nicht einer mehr.

Marlowe trat durch die Gangway und aufs Deck, trat beiseite, um Bickerstaff Platz zumachen, der direkt hinter ihm ging; außerdem hatten sie etwa ein Dutzend bewaffneter und gefährlich wirkender Männer von der *Plymouth Prize* dabei.

George Wilkenson war an Bord, wie auch sein Vater, ganz wie Marlowe gehofft hatte. Er spielte das Theater nur um ihretwillen. Sie hatten mit dem Kapitän des Schiffes konferiert, bis zu jenem Augenblick, in dem sie das Beiboot der *Plymouth Prize* entdeckten, das zu ihnen herüberkam. Nun standen die drei Männer an der Reling, mit morgendlicher Eiseskälte im Blick, die Arme verschränkt, und erwarteten eine Erklärung für diese höchst unwillkommene Störung.

»Was hat das zu bedeuten? Ihr wurdet nicht an Bord dieses Schiffes geladen, Sir, und Ihr seid hier nicht willkommen«, sagte Jacob Wilkenson. Er sah aus, als würde er gleich explodieren.

»Darüber bin ich mir im Klaren, Sir«, erwiderte Marlowe, »und ich wäre nicht hier, würde die Pflicht es nicht unumgänglich machen.«

»Pflicht? Welche Pflichten habt Ihr hier?«

»Als Kapitän des Wachschiffs ist es meine Pflicht, den Gesetzen Seiner Majestät hinsichtlich des Handels und der Seefahrt Geltung zu verschaffen, und somit inspiziere ich die Flotte.«

»Die Flotte? Ihr betretet unbefugt mein Schiff, nicht die Flotte. Ist das ein Trick, eine kleine Schikane?«

»Nichts dergleichen. Ich werde die Schiffe inspizieren, sofern die Zeit es mir erlaubt. Ich beginne einfach nur mit Eurem. Nun, bitte, öffnet die Luken und lasst uns einige Fässer zur Prüfung aufbrechen.«

»Aufbrechen ...«, stotterte der Kapitän, meldete sich zum ersten Mal zu Wort. »Aber wir haben gerade erst alles verstaut, die Luken dicht gemacht.«

»Nun, Sir«, sagte Marlowe, »entriegelt sie und klappt sie auf.«

»Wir werden nichts dergleichen tun«, sagte Wilkenson mit Entschiedenheit.

»Also schön, dann werde ich es selbst tun.« Er deutete auf die Männer der *Prize,* und diese machten sich daran, die Luken zu öffnen, schlugen die Keile los, um die Persenning zu lösen.

»Nein, nein, dafür ist keine Zeit«, sagte Marlowe. »Axtmänner, hackt sie auf. Durchschlagt einfach Gräting und Persenning.«

Die vier Männer, denen Marlowe befohlen hatte, Äxte mitzunehmen, sprangen auf die Luke und hoben die Klingen über ihre Köpfe.

»Nein, nein, haltet ein!«, rief der Kapitän. »Bootsmann, sorgt dafür, dass die Luken geöffnet werden.«

Schweigend standen die Männer vom Wachschiff da, als der Bootsmann der *Brothers* und seine Mannschaft die Arbeit eines ganzen Morgens ungeschehen machten, indem sie Persennings zurückwarfen und die Gitter hoben. Die Stagtaljen wurden gelöst und über die offene Luke gedreht, dann kletterten drei Mann von der *Prize* mit Schlingen, welche um die Fässer gelegt werden sollten, in den dunklen Laderaum hinab.

George Wilkenson, sein Vater und der Kapitän standen mit finsteren Mienen und verschränkten Armen da. Sie sagten kein Wort, doch Marlowe wusste, dass ihr Schweigen nicht von Dauer sein würde.

Zwanzig Minuten später hatten die Männer von der *Prize* ein halbes Dutzend Fässer herausgehievt und an Deck gestellt. Marlowe sah sie sich an, schritt langsam zwischen ihnen hindurch, schüttelte den Kopf. »Ich fürchte, es sieht nicht gut aus. Bickerstaff, seid so freundlich, dieses hier zu messen.«

Bickerstaff legte seinen Messstab auf den Deckel des Fasses, dann an dessen Seite, und auch er schüttelte den Kopf. »Sechsunddreißig Zoll am Deckel, zweiundfünfzig Zoll hoch.«

»Sechsunddreißig ...«, sagte Marlowe. »Trifft das auf alle zu?«

Bickerstaff schritt die Reihe ab, maß jedes einzelne Fass. »Ja, ich fürchte, sie sind alle gleich.«

»Nun, Sir«, sagte Marlowe und wandte sich Wilkenson zu, »es gibt da ein kleines Problem. Das gesetzlich vorgeschriebene Fass soll zweiunddreißig mal achtundvierzig Zoll sein. Wisst ihr, ich hätte darüber hinwegsehen können, wenn nur eines oder zwei zu groß gewesen wären, aber so müssen wir sie alle ausmessen.«

George Wilkensons Kinnlade sank herab. Jacobs Augen wurden schmal vor Zorn. »Sie alle ausmessen?«, brachte George hervor. »Wollt ihr damit sagen: Wir sollen sie alle wieder heraufholen, um sie auszumessen?«

»Ich sehe nicht, wie es anders möglich wäre.«

»Zum Teufel mit Euch und Euren Schikanen!«, brüllte Jacob Wilkenson. »Ihr könnt mich nicht zum Narren halten. Ihr wollt Euch nur rächen, weil wir Euren verdorbenen Tabak beschlagnahmt haben. Nun, es war reiner Ausschuss, Sir, und es war nach dem Buchstaben des Gesetzes, ihn zu verbrennen! Es war unsere Pflicht!«

»Und ich handle gleichermaßen nach dem Buchstaben des Gesetzes, wenn ich Eure Fässer prüfe, und es ist gleichermaßen meine Pflicht. Und nach allem, was ich bisher gesehen habe, verstoßt Ihr gegen das Gesetz.«

Die Wilkensons und der Kapitän des Schiffes starrten Marlowe lange an, doch sie sagten nichts.

Der springende Punkt war, und jedermann an Bord wusste es, dass Marlowe absolut Recht hatte. Die Fässer überschritten die gesetzliche Größe.

Außerdem wussten sie, dass alle Fässer dieser Flotte die gesetzlich vorgeschriebene Größe überschritten. Da die Zölle und Transportgebühren pro Fass und nicht nach dem Gewicht des darin enthaltenen Tabaks festgesetzt wurden, brachte es den Farmern einiges an Ersparnis, wenn sie es nicht ganz so genau nahmen, was die Fassgrößen anging, und die meisten Zollbeamten waren gegen ein kleines Entgelt bereit, nicht hinzusehen. Alle taten es, weshalb Marlowe auch wusste, dass sich Wilkensons dieses Vergehens schuldig gemacht hatten. Doch nur weil alle es taten, wurde es nicht legaler.

»Verdammt sollt Ihr für Eure Unverschämtheit sein. Für wen haltet Ihr Euch?« Jacob Wilkenson brach das Schweigen. »Ihr werdet ganz sicher nicht unsere gesamte Ladung heraufholen!«

»Tatsächlich? Und wer will mich daran hindern?« Die Männer der *Plymouth Prize* sammelten sich im Halbkreis hinter ihrem Kapitän, sahen zweifelsfrei wie eine Mörderbande aus, mit Pistolen und Säbeln in den Schärpen, Äxten und Musketen in den Armen, und um die Köpfe hatten sie helle Tücher gebunden.

»Ihr macht uns keine Angst, Ihr mit Eurer Bande von Piratenschurken«, knurrte der Kapitän.

»Uns steht der Sinn keineswegs danach, Euch Angst zu machen, Sir. Wir wollen nur die Bestimmungen durchsetzen. Und es hat den Anschein, als gäbe es da einiges durchzusetzen.«

»Nun, Marlowe«, meldete sich George Wilkenson zu Wort. Seine Stimme war leise, sein Ton vernünftig. »Sollten wir auf Grund eines unseligen Irrtums das Gesetz übertreten haben, dann möchte ich mich dafür entschuldigen. Nennt das Bußgeld, wir bezahlen und sind damit durch. Schließlich soll der Konvoi in zwei Tagen in See stechen.«

»Der Konvoi, Sir, sticht in See, wenn ich es sage. Und was die ...«

»Captain Marlowe?«, rief Bickerstaff vom Laderaum her, in den er zur Inspektion hinabgestiegen war. »Seht Euch das an.« Er kam aus der Luke und hielt einen Klumpen feuchten, braunen Tabaks in der Hand.

»Ist das loser Tabak? Die haben doch wohl nicht etwa losen Tabak an Bord?«

»Eine ganze Menge von dem Zeug, in jeder Ecke des Schiffes.« Tabak lose und nicht in Fässern zu verschiffen, war 1698 durch ein Gesetz streng verboten worden, doch es war unwahrscheinlich, dass es auch nur ein Schiff im Konvoi gab, das nichts dergleichen an Bord führte, denn die heimlichen Verkäufe waren ungeheuer profitabel.

»Nun, Sir«, Marlowe wandte sich den Wilkensons und dem Kapitän zu, »ich bin schockiert, dies zu sehen. Das ist reiner Schmuggel, und das bei einer der führenden Familien dieser Kolonie. Es tut mir Leid, aber das kann ich nicht durchgehen lassen.«

»Nennt einfach das verdammte Bußgeld und verschwindet von meinem Schiff!«, schrie Jacob Wilkenson.

»Das ist mit einem Bußgeld nicht getan, Sir. Entweder Ihr bringt diesen Tabak in Fässer von gesetzlich vorgeschriebener Größe und den losen Tabak ebenso, oder Ihr werdet nicht in See stechen.«

»Nicht in See stechen?«, knurrte der Kapitän. »Und wie wollt Ihr uns am Segeln hindern?«

»Indem ich sämtliche Segel von Eurem Schiff entfernen lasse, Sir, wenn Ihr nichts dagegen habt. Nun schlage ich vor, dass Ihr Euch ans Werk macht. Ihr habt viel zu tun.«

Kaum drei Stunden später sah die *Wilkenson Brother* wie ein Bienenstock aus, denn zahllose Arbeiter liefen hin und her, sputeten sich, um die Ladung in Ordnung zu bringen, bevor die Flotte segelte. Zwar wäre es legal gewesen, ohne Eskorte zu segeln, doch wäre es einem Selbstmord gleichgekommen, da sich Piraten an den Capes herumtrieben und die See zwischen der Küste Amerikas und der Karibik unsicher machten.

Marlowe dachte sich, dass die Wilkensons eine Beschwerde beim Gouverneur erwogen hatten, doch hatten sie sicher bald erkannt, dass es dumm gewesen wäre. Was wollten sie ihm sagen? Dass Marlowe ungerecht sei, weil er sie zwang, sich dem Gesetz zu fügen?

Lieber arbeiteten sie wie besessen, um ihre Ladung legal zu machen. Auf Schaluppen brachten sie neue Fässer heran, woher konnte Marlowe nicht sagen, hievten mühsam sämtliche alten Fässer aus dem Laderaum und brachen jedes davon auf, um den Inhalt im neueren, kleineren Fass zu verstauen.

Da der Tabak auf dem Schiff der Wilkensons schon einmal verstaut worden war, ließ er sich erheblich einfacher ein zweites Mal verstauen, aber dennoch nahm diese Arbeit volle zwei Tage in Anspruch, während derer die Männer der *Plymouth Prize* Wetten darüber abschlossen, ob sie es rechtzeitig schaffen würden oder nicht. Wenn Marlowe nicht schlafen konnte, übernahm er die Wache auf seinem Schiff und sah, wie sich die Seeleute und Feldarbeiter bei Lampenschein auf dem Mitteldeck der *Wilkenson Brothers* plagten, Fässer aufbrachen, sie leerten, den Tabak umpackten und die neuen Fässer im Laderaum verstauten.

Mehrfach schickten die Wilkensons einen Mann herüber, der Marlowe einlud, ihre Fortschritte zu inspizieren, zweifellos aus Angst, er könne fordern, dass auch die neuen Fässer heraufgehievt werden sollten, sobald sie unten verstaut waren. Er lehnte diese Einladungen ab und sandte jedes Mal die Nachricht, er als Gentlemen vertraue darauf, dass andere Gentlemen sich an Vereinbarungen und Gesetze hielten.

Zwei Tage später, als sich die Tabakflotte bereitmachte, in See zu stechen, war das Werk vollbracht. Die Schaluppe der Wilkensons legte ab und machte sich auf den Weg den James River hinauf, und vom Deck der *Plymouth Prize* hörte Marlowe das Hämmern, als Keile in die Persenningleiste getrieben wurden. Er war beeindruckt. Nie hätte er gedacht, dass sie rechtzeitig fertig werden würden.

»Entertrupp, seid ihr bereit?«, fragte Marlowe. Auf dem

Mitteldeck hatte sich ein bewaffneter Trupp versammelt, dem ersten ganz ähnlich, nur größer.

»Bereit, Sir«, sagte Lieutenant Rakestraw, der den Trupp anführte.

»Sehr gut. Dann ab ins Boot.«

»Tom«, sagte Bickerstaff, der an Marlowes Seite stand, »ist das wirklich nötig? Haben wir nicht ausreichend Rache genommen?«

»Was wir den Schweinehunden zugemutet haben, war ein bloßes Ärgernis, verglichen mit dem Schaden, den sie uns zugefügt haben. Francis, du hast es selbst auf den Punkt gebracht. Unsere Ernte zu verbrennen schadet weder dir noch mir besonders. Die Feldarbeiter müssen leiden. Deren Verlust ist es vor allem.«

»Du tust das alles nicht für die Arbeiter. Es bringt ihre Ernte nicht zurück. Ich fürchte, wir dehnen unseren sinnlosen Krieg mit den Wilkensons nur endlos aus.«

»Unsinn. Es wird alldem ein Ende bereiten und uns die Sicherheit geben, dass so etwas nie wieder geschieht. Ich muss gehen.« Mit diesen Worten stieg Marlowe in das Boot hinunter; er war nicht bereit, eine Entscheidung zu diskutieren, die er bereits getroffen hatte.

Erneut klettert er an der Bordwand des Wilkensonschen Schiffes hinauf, mit einem bewaffneten Trupp im Rücken. Das Schiff sah keineswegs so ordentlich und aufgetakelt wie noch vor zwei Tagen aus. Holzstücke, Tabaksklumpen, geborstene Fassdauben und Ringe lagen herum. Takelung lag in großen Haufen an Deck. Die Männer sahen zutiefst erschöpft aus, als hätten sie seit Tagen nicht geschlafen, was ja auch der Fall war.

Die Wilkensons waren da, Jacob wütend über Marlowes Unverfrorenheit, George müde und furchtsam.

»Marlowe, was zur Hölle soll das jetzt?«, wollte Jacob

Wilkenson wissen. »Ich war dumm genug, Euer Wort als Gentlemen zu akzeptieren, dass es keine weiteren Inspektionen geben würde.«

»Und es wird auch keine geben«, sagte Marlowe gut gelaunt. »Wenn Ihr sagt, die Ladung sei nun legal, dann will ich Euch vertrauen. Es gibt da nur noch eine Sache.«

Wilkenson und der Kapitän tauschten Blicke, die gemeinsame Furcht vor dem, was Marlowe als Nächstes sagen würde. Tatsächlich war diese Furcht wohl begründet.

»Mir mangelt es an Männern«, sagte Marlowe, »da ich meine Verluste aus der Schlacht auf Smith Island nicht ersetzen konnte. Ich fürchte, ich werde einige Eurer Leute brauchen, um das Wachschiff zu bemannen.«

»Ihr glaubt, Ihr könnt Leute von meinem Schiff abziehen? Das kann nicht Euer Ernst sein.«

»Oh, aber doch. Für das Wohl aller muss jedermann sein Opfer bringen. Das Wachschiff braucht genügend Männer, um die Tabakflotte zu beschützen.«

Jacob Wilkenson trat einen Schritt vor, spitzte die Lippen, und Marlowe konnte sich sehr gut vorstellen, was er gleich sagen wollte, doch bekam er dazu keine Gelegenheit. Der Kapitän packte ihn beim Arm, zog ihn zurück, und resigniert fragte er: »Wie viele Männer wollt Ihr, Marlowe?«

»Oh, ich denke, acht sollten genügen. Diese dort zum Beispiel.« Marlowe deutete auf die fünf Männer, die sich gerade an Deck ausruhten, nachdem sie Top- und Bramsegel gelöst hatten. Der Umstand, dass sie hoch oben arbeiteten und für die Topsegel sorgten, sagte ihm, dass sie die wichtigsten Leute auf Wilkensons Schiff waren.

»Acht Männer!« Diese Ankündigung holte den Kapitän aus seiner Resignation. »Aber das ist die Hälfte meiner Leute! Ich kann nicht segeln, wenn Ihr mir acht Männer nehmt!«

»Tatsächlich?« Schon hatten die Männer der *Plymouth Prize* unter Rakestraws Kommando die fünf und drei weitere zusammengetrieben und standen im Halbkreis um diesen Trupp erschöpfter, verdutzter und zunehmend wütenderer Männer.

»Hört mich an, Marlowe«, sagte George Wilkenson und versuchte einmal mehr, die Stimme der Vernunft zu sein. »Ihr habt Rache für das genommen, was Ihr als Verbrechen gegen Eure Person betrachtet. Doch das hier geht zu weit. Ihr wisst sehr gut, dass wir die Ernte eines ganzen Jahres verlieren, wenn wir nicht segeln. An der ganzen Chesapeake gibt es keine Seeleute mehr.«

»Ich weiß sehr wohl um den Mangel an Seeleuten in diesen Kolonien. Deshalb muss ich die Euren nehmen.«

»Wenn Ihr Männer braucht«, sagte der Kapitän, »wieso nehmt Ihr dann nicht je einen von einem Dutzend Schiffen?«

»Das könnte ich«, räumte Marlowe ein. »Aber das will ich nicht.«

»Gottverdammt!« Jacob Wilkenson explodierte förmlich. »Das könnt Ihr nicht tun! Ihr könnt ohne die Zustimmung des Gouverneurs keine Männer von uns fordern! Ihr verstoßt gegen das Gesetz, Bastard!«

Marlowe blickte theatralisch in die Runde und sagte: »Ich sehe hier kein Gesetz, Sir, außer meiner Wenigkeit.«

»Verlasst mein Schiff.«

»Meinetwegen. Lieutenant Rakestraw, sorgt dafür, dass diese Männer ins Beiboot gelangen.« Unter Stößen und Flüchen begann Rakestraw, die Unglücklichen an der Bordwand des Schiffes hinunter und ins Beiboot zu bugsieren.

»Marlowe! Bastard! Hurensohn!« Augenblicklich stürmte Jacob Wilkenson übers Deck. Er packte Marlowe am Kragen, und bevor Marlowe reagieren konnte, riss er ihn herum, sodass ihre Gesichter nur ein winziges Stück voneinander entfernt waren. »Damit kommst du nicht davon, Bastard, hörst du mich? Du kleiner Emporkömmling tauchst hier auf, erschleichst dir das Kommando, über das Wachschiff ...«

Marlowe sagte kein Wort, sondern griff nur in seinen Gürtel vor der Brust, nahm eine Pistole und hob sie an.

»Ihr glaubt, Ihr hättet den Gouverneur in der Tasche, Sir, aber lasst mich Euch versichern ...«, fuhr Jacob herum; dann hielt er inne, als er spürte, dass sich der Stahl am Ende des Laufes in das weiche Fleisch unter seinem Kinn drückte. Sein Wortschwall erstarb. Marlowe spannte den Hahn.

»Lasst mich bitte los«, sagte Marlowe. Wilkensons Hand lockerte sich, und Marlowe trat zurück, löste den Hahn seiner Pistole. »Ein anderer aus Eurer Familie war so unbesonnen, mich zu beleidigen, und Ihr wurdet Zeuge seines Schicksals. Seid dankbar, dass ich keine Genugtuung von Euch fordere. Wenn Ihr mir jedoch wie ein Mann begegnen wollt, müsst Ihr es mir nur sagen. Falls nicht, wäre ich Euch dankbar, wenn Ihr den Mund halten würdet.«

Hasserfüllt standen die Wilkensons da und starrten ihn an, doch sie sagten nichts. Marlowe wusste, dass sie den Köder nicht nehmen würden. Matthew Wilkensons Arroganz mochte von großer Dummheit geprägt gewesen sein, doch Jacob Wilkenson war sicher klüger, und George Wilkenson war ein Feigling, der sich eher verschlagen als offen aggressiv gab.

»Also gut. Dann«, sagte Marlowe, »soll die Sache damit ein Ende haben.« Er wünschte ihnen einen guten Tag und folgte Lieutenant Rakestraw ins überfüllte Boot.

Soll die Sache damit ein Ende haben. Das konnte er nur hoffen. Das konnten sie alle nur hoffen, doch Marlowe wusste, dass es niemals so sein würde, ungeachtet dessen, was er zu Bickerstaff gesagt haben mochte.

Zu viele solcher Konflikte hatte er schon erlebt, Auge um

Auge – er wusste, es würde nur ein Ende nehmen, wenn die eine oder andere Seite sich ergab oder die eine Seite der anderen ein Ende machte.

Und Marlowe wusste, dass weder er noch die Wilkensons jemals eine Niederlage eingestehen würden.

19

Es dauerte über einen halben Tag, bis die *Plymouth Prize*, die *Northumberland* und die hundertfünfzig Schiffe des Tabakkonvois ihre Anker gelichtet und die Segel gesetzt hatten. Sie starteten vor dem Morgengrauen, und am späten Nachmittag war der Treffpunkt bei Hampton Roads, wo sich gestern noch die Schiffe gedrängt hatten, gänzlich verwaist, abgesehen von der einsamen und fast verlassenen *Wilkenson Brothers*.

Als der späte Nachmittag in den frühen Abend überging, gelangten Konvoi und Eskorte Schiff für Schiff in die große Chesapeake Bay. Sie bahnten sich einen Weg an der großen Sandbank namens Middle Ground Shoal vorbei, die zwischen den Armen von Cape Henry und Cape Charles lag und aufs offene Meer deutete, wo es zwischen ihnen und England nichts als Wasser gab. Wasser und Piraten.

Es war ein Ehrfurcht gebietender Anblick, dieser ungeheure Wald von Segeln, der sich in zwei Kolonnen auf den Weg gen Osten machte, windwärts und leewärts. Einhundertfünfzig Schiffe, die den Reichtum der Neuen Welt heim in die Alte brachten.

Marlowe stand auf dem Achterdeck der *Plymouth Prize* und nahm sich einen Moment, den Anblick zu genießen. Es hatte eine Zeit in seinem Leben gegeben, in der er eine solche Flotte mit einer gewissen Gier betrachtet hätte, doch nun musste er zu seiner Überraschung feststellen, dass er von väterlicher Sorge erfüllt war.

Mit diesem Gedanken schweifte sein Blick über den Konvoi. Nach wie vor konnte er das Topsegel der *Northumberland* ausmachen. Er hatte sie vorausgeschickt, unter King James' Kommando, damit sie Aussicht hielten, was jenseits des Horizonts wartete. Selbst dieses kleine Boot war schneller als die großen, plumpen Handelsschiffe.

Marlowe wusste, dass die ersten Tage die gefährlichsten sein würden. Wäre die Tabakflotte erst in tieferen Gewässern, wäre sie vor Angriffen sicher, denn der endlose Ozean war zu groß, als dass Piraten darauf jagen konnten.

Stattdessen zog es die Bruderschaft der Küste vor, nahe bei jenen Häfen zu bleiben, von denen man wusste, dass es dort viele Schiffe gab. Marlowe zweifelte kaum daran, dass sie auf den dreihundert Seemeilen, die er den Konvoi begleiten sollte, einigen davon begegnen würden. Erst vor wenigen Jahren hatte König Williams Krieg geendet, und plötzlich hatte manch legitimer Freibeuter keine Arbeit mehr und unternahm den kleinen Schritt in die Piraterie. Inzwischen umschwärmten sie die Capes wie Ungeziefer.

Marlowes Einblicke in die Geisteshaltung eines Piraten hatte den Sieg auf Smith Island herbeigeführt, und er hoffte, das allein würde ihn auch weiterhin zu einem gefährlichen Feind machen, denn er besaß keinerlei formelle Vorbildung hinsichtlich der Führung einer Eskorte. Zwar war er herumgefahren und hatte mit den Kapitänen auf den Schiffen gesprochen, mit derart großem Selbstvertrauen, dass sie alle glaubten, er habe die Lage fest im Griff, doch tat er das alles eher aus dem Stegreif.

So konnte es nicht überraschen, dass seine Methoden unkonventionell ausfielen, und genau diese Vorgehensweise war es, die das Zutrauen der Kapitäne weckte.

Jedoch konnte sie kaum das Zutrauen jenes halben Dutzends Männer aus der Mannschaft der *Plymouth Prize* wecken, die auf dem Achterdeck herumstolzierten, und zwar in jenen Seidenkleidern, die Marlowe aus der Piratenbeute von Smith Island hatte. Sie wirkten reichlich ungehalten, wenn Marlowe ihnen auch versicherte, dass sie absolut charmant aussähen. Weiter hatte er ihnen versichert, dass sie Piraten begegnen würden, so bald sie die Capes hinter sich hatten, und bis dahin sollten sie ihre Verkleidung beibehalten.

Einiges wusste Marlowe sicher, was die bevorstehenden Begegnungen mit Piraten anging. Eines davon war, dass die *Plymouth Prize* niemals hoffen konnte, ein Piratenschiff einzuholen. Zwar war sie nun erheblich schneller, mit dem sauberen Rumpf, neuen Segeln und neuer Takelung, doch war sie einem schnellen Feind noch immer nicht gewachsen, und Piratenschiffe waren immer schnell.

Er konnte nur hoffen, sie zu vertreiben, doch das genügte nicht. Die Räuber würden in der Nähe bleiben, sich am Rande des Konvois herumtreiben und warten, bis sie sich über ein langsames oder havariertes Schiff hermachen konnten. Wenn es sein musste, würden sie der Tabakflotte bis nach England folgen.

Darüber hinaus lag kaum Ruhm darin, ein Piratenschiff nur zu vertreiben, und Profit schon gar nicht. Nein, ihm blieb nur, den Feind anzugreifen, ihn zu besiegen und gefangen zu nehmen. Und ein Pirat ließ sich nur dazu bewegen, ein Kriegsschiff anzugreifen, wenn er es als solches nicht erkannte.

»Heda, Schätzchen, willst du Papa nicht vielleicht ein kleines Küsschen geben?«, rief einer von der *Plymouth Prize* einem Kameraden im tief ausgeschnittenen, roten Seidenkleid zu, und das löste – wie stets – heulendes Gelächter aus.

»Schnauze, Bastard von einem Hundsfott, sonst blas ich

dir das Licht aus!«, knurrte der Mann im roten Kleid, den der Vorschlag offenbar gekränkt hatte. Marlowe dachte an Elizabeth. Sie hätte den derben Vorschlag mit erheblich größerer Finesse pariert. Und sie hätte auch in dem Kleid viel besser ausgesehen.

»Lasst Euch von ihnen nicht ärgern«, sagte er, wollte dem Mann Mut machen, doch auch Marlowe musste grinsen, und das schwächte seine Glaubwürdigkeit um einiges.

Die kostümierten Matrosen stapften herum, fluchten, spien aus und machten ein großes Theater darum, Männer zu sein, damit auch alle wussten, dass sie ihre Verkleidung keineswegs genossen. Es war wirklich schade, dass sie sich dazu veranlasst sahen, dachte Marlowe. Wenn Piraten diese List einsetzten, sahen sie den Spaß dabei, machten einen großen Jux daraus. Natürlich waren sie für gewöhnlich betrunken, wenn sie es taten.

Marlowe verstand genug von Konvois, um sich darüber im Klaren zu sein, dass man ein begleitendes Kriegsschiff stets ganz vorn und windwärts von den Schiffen, die es schützte, erwarten würde. Da jedoch hatte er die *Plymouth Prize* keineswegs postiert. Das Wachschiff befand sich auf halber Höhe der Kolonne, mit verschlossenen Kanonenluken, ohne Flaggen an den Masten, aber mit Frauen – so schien es zumindest – an Bord, die übers Achterdeck flanierten. Soweit man sehen konnte, war es nur ein Handelsschiff unter vielen.

An Stelle des Kriegsschiffes befand sich – unter dem doppelten Kommando des Kapitäns und von Lieutenant Rakestraw – das fünfhundert Tonnen schwere Handelsschiff *Sarah and Kate*. Wie die meisten großen Handelsschiffe war auch dieses schwer bewaffnet. Seine Bordwände waren grell gelb gestrichen, um die Stückpforten hervorzuheben, und an der Takelage flatterten bunt sämtliche Flaggen aus dem Flaggenschrank der *Prize*. Es sah absolut wie ein Kriegsschiff aus.

Wenn die Piraten angriffen, wären sie klug genug, die *Sarah and Kat* zu meiden. Und sie würden die *Plymouth Prize* angreifen. Dafür würde Marlowe sorgen.

Die Kapitäne der anderen Schiffe hatten diese Idee voll und ganz unterstützt.

Noch waren die Capes in Sicht, flach und schwarz, als die Sonne hinter ihnen unterging und Marlowe seinen verstimmten Männern erlaubte, ihre Kleider abzulegen. Er gab jedem von ihnen noch zwei Schluck Rum, was sie einigermaßen besänftigte, und machte das Schiff für die Nacht bereit.

In den dunklen Stunden hatten sie guten Wind und den Polarstern zwei Strich vom Backbordbug, nur einer von tausenden Sternen an der großen Kuppel. Der Konvoi breitete sich aus, um die Gefahr einer Kollision zu mindern, und als die Sonne aufging, nahm die Flotte mehrere Meilen Meer ein.

Rakestraw auf der *Sarah and Kate* und Marlowe auf der *Plymouth Prize* brachten den größten Teil des Morgens damit zu, wieder eine gewisse Ordnung hineinzubringen.

»Oh, dieser Schwachkopf!«

Ärgerlich schlug Marlowe an die Reling, als das Handelsschiff, das er eben in die Reihe treiben wollte, plötzlich vor dem Bug der *Prize* kreuzte, was ihn dazu zwang, sich zurückfallen zu lassen, um eine Kollision zu vermeiden. So war es schon den ganzen Morgen gewesen, und Marlowe hatte mehr als genug davon, als der Mann im Ausguck dankenswerterweise meldete:

»Deck! *Northumberland* in Sicht, am Horizont, mit allen Segeln, die sie hat!«

Soso, dachte Marlowe. King James hatte Order, sich dem Konvoi auf den kommenden dreihundert Seemeilen nicht wieder anzuschließen, es sei denn, er wollte eine Gefahr melden, und Piraten waren die Gefahr, der sie sich am ehesten ausgesetzt sehen würden. Und da er die Schaluppe derart antrieb, mussten wohl Piraten in der Nähe sein, die versuchten, ihn zu überholen.

»Mr. Middleton, eine weiße Flagge an der Fock und eine Kanone windwärts, wenn Ihr so freundlich wärt«, rief er. Es war das Zeichen, das er mit Lieutenant Rakestraw vereinbart hatte. Es bedeutete, dass Piraten in der Nähe waren und er seine Rolle als Kriegsschiff spielen sollte, während die *Plymouth Prize* ihre eigene Tarnung beibehielt.

Der Zweite Offizier setzte das Segel, und es wurde bestätigt. Marlowe brachte die *Plymouth Prize* näher an die Handelsflotte, ein Schiff unter vielen.

Es dauerte gut eine Stunde, bis die *Northumberland* den Konvoi erreichte, und seinem Befehl entsprechend machte King James zuerst an der *Sarah and Kate* fest und erstattete Rakestraw Meldung, bevor er weiter zur *Plymouth Prize* fuhr.

Die Schaluppe passierte das Wachschiff auf der Windseite in etwa dreißig Meter Entfernung, dann schwenkte sie aus wie eine Möwe auf dem Wind und lag längsseits. King James stand auf dem Achterdeck und sah mit seinem Säbel, den Pistolen und dem Tuch um seinen Kopf wie der Mohr von Venedig aus, dessen Hemd im Wind flatterte.

»Es sind Piraten, Sir!«, rief er, verschmähte das Sprachrohr, und seine Stimme klang wie ein Musketenschuss. »Voll aufgetakelt, zweihundert Tonnen, mehr oder weniger. Sie haben beigedreht, sobald sie uns gesehen haben, und sich wie verrückt ins Zeug gelegt. Ich denke, sie müssten inzwischen zu sehen sein.«

In ebendiesem Augenblick meldete der Ausguck fremde Segel, rief herab, im Südosten seien Top- und Bramsegel auszumachen, und sie kämen zügig näher.

»Gut gemacht, James«, sagte Marlowe. »Und achtet darauf, dass Ihr Euch fern haltet, wenn die Eisen fliegen.«

»Aye, Sir«, sagte er, hatte aber offensichtlich keineswegs die Absicht, dergleichen zu tun.

King James verbeugte sich, dann rief er einen Befehl, und die *Northumberland* scherte mit der Anmut einer Tänzerin aus, die sie nur an den Tag legte, wenn man sie gut behandelte.

Bickerstaff, der eben auf das Achterdeck gekommen war, sah die *Northumberland* davonsegeln; er wandte sich zu Marlowe um und sagte: »Freibeuter, hab ich Recht?«

»So scheint es. Nichts anderes könnte ihr Verhalten sonst erklären.«

Marlowe trat an die Reling, die das Achterdeck umgab. Die meisten Männer der *Plymouth Prize* standen an Deck, sahen nach achtern und warteten auf den Befehl, was nun geschehen sollte. Sie waren ein zuversichtlicherer Haufen als jener, den Marlowe nach Smith Island geführt hatte, doch nicht so kampferfahren, dass sie der Schlacht freudig entgegengesehen hätten.

»Hört mich an, Männer«, rief er. »Ihr habt alle gehört, was James zu sagen hatte. Sollten das dort hinten Piraten sein, müssen wir sie anlocken und dann willkommen heißen, wie sie es verdienen. Ihr wisst, was zu tun ist. Also, refft die Segel und macht euch ans Werk.«

Und sie machten sich ans Werk, denn während die *Plymouth Prize* vor Anker gelegen und darauf gewartet hatte, dass sich der Konvoi versammelte, hatte Marlowe sie immer wieder gedrillt, bis sie seinen Plan ausführen konnten, ohne auch nur nachzudenken, was genau es war, was er von ihnen wollte.

Sie refften die Segel, damit das Wachschiff abrupt stoppte, dann eilten sie nach vorn und hinauf. Zuerst kletterten sie auf die Topsprietsegelrah, dann lösten sie den kleinen Topmast am Ende des Bugspriets und ließen ihn auf unansehnliche Weise von einem Takelagengewirr hängen.

Ebensolches machten sie mit Mast und Rahe des Vorbramsegels und ließen beides samt verworrenem Tauwerk, Rundhölzern und Leinwand hoch über dem Deck hängen. Kaum zehn Minuten waren nötig, und in dieser Zeit hatten sie dort oben beachtlichen Schaden angerichtet.

Sie setzten die Topsegel neu, als das letzte Tabakschiff an ihnen vorübergefahren war, sodass sie zurückfielen, ein havariertes Schiff, das nicht Schritt halten konnte und im Fahrwasser der passierenden Flotte schwankte.

Vom Deck aus konnte Marlowe die *Sarah and Kate* durch sein Fernrohr gerade noch erkennen. Rakestraw hielt seine Position, und die vielen Fähnchen flatterten im Morgenwind. Leewärts sah man die beiden großen Kolonnen, sämtliche Segel gesetzt, die Tabakflotte, auf dem Weg nach Osten.

Doch würden die Piraten kein Interesse an einem eng beieinander fahrenden, schwer bewaffneten und eskortierten Konvoi haben. Nicht wenn ein einzelnes Handelsschiff achteraus rollte, dessen Topspietsegelrah und Vorbramrah samt Mast offenbar bei einer Kollision in der Dunkelheit abgerissen worden waren. Der Konvoi und das Kriegsschiff würden es seinem Schicksal überlassen. Wegen eines einzigen Schiffes konnten sie nicht anhalten.

»Die Herren, die als Damen eingeteilt sind, sollten ihre Kleider überziehen«, rief Marlowe zum Mitteldeck hinunter.

Bickerstaff schwieg, während er den Schaden dort oben betrachtete. Schließlich sagte er: »Das ist ein gefährliches Spiel, Marlowe. Hast du es gut durchdacht?«

»Allerdings. Ich kann mir nicht vorstellen, dass sie einen Konvoi samt Eskorte angreifen, wenn…«

»Nein, das nicht. Ich meine dieses Spiel, Piraten einzufangen.« Er sah sich auf dem Achterdeck um. Sie standen allein auf der Wetterseite, und nur Steuermann und Quartermeister standen leewärts, doch sie waren außer Hörweite. »Hast du bedacht, was geschieht, wenn einer von ihnen dich erkennt?«

»Das habe ich. Ich habe es mir gut überlegt«, log Marlowe. In Wahrheit hatte er eigentlich überhaupt nicht darüber nachgedacht. Da war nur dieser vage Gedanke, dass jemand, der ihn erkennen mochte, in der Schlacht fallen oder später hingerichtet werden würde. »Ich kann mir nicht vorstellen, dass man dem Wort eines Piraten Glauben schenkt, besonders einem, der so offensichtlich Grund hat, meinen guten Namen zu besudeln.«

»Möglich. Aber nicht immer sind Beweise nötig, um einen guten Namen zu ruinieren. Das war in London so, und es trifft ganz zweifelsohne auf die Kolonien zu. Die bloße Andeutung von etwas Unbotmäßigem genügt oft schon.«

»Nun denn«, sagte Marlowe mit gezwungenem Lächeln, »dann lass uns dafür sorgen, dass ein solcher Mensch den Kampf nicht überlebt. Aber vergiss nicht, dass es einige Zeit her ist, und diese Leute leben meist nicht lange.«

»Möglich«, sagte Bickerstaff nur.

Den restlichen Morgen und bis zum Nachmittag segelte der Konvoi weiter, und die Piraten kamen näher. Marlowe nahm ein Fernglas, kletterte auf den Ausguck, überschaute von dort aus den Horizont und sah sich das nahende Schiff genauer an. Es war für einen Piraten nicht ungewöhnlich, zwei oder drei Schiffe zu benutzen, doch dieser Schurke hatte nur eines. Ein großes, so viel war sicher, größer als die meisten, aber dennoch nur eines.

Als sich die Piraten dem Konvoi auf etwa eine Meile genähert hatten, setzte Rakestraw alle Segel auf der *Sarah and Kate* und stürmte ihnen nach. Ein wütender Bulle jagte den Hund, der auf seine Wiese streunte. Flaggen, Fähnchen und Banner aller Art flatterten überall von der Takelage, und Rakestraw feuerte links und rechts große Kanonen, veranstaltete ein großes Theater, wenn er auch nicht hoffen konnte, irgendwas zu treffen. Er versuchte es gar nicht. Die Piraten sollten nur wissen, wen sie meiden mussten.

»Ladys, kommt rauf, wir brauchen euch achtern«, rief Marlowe dem halben Dutzend junger Männer im Gedränge zu, die absichtlich zögerten, in ihre Kleider zu steigen. Der ganze Haufen lachte und johlte, wie Marlowe es erwartet hatte. Es war grausam von ihm, sie so zu necken, und das wusste er, besonders, da sie nur seinen Befehl befolgten, doch es trug dazu bei, die Spannung an Deck der *Prize* zu lösen. Außerdem lachte Marlowe ebenso gern wie jeder andere auf See.

Schließlich schlurften die sechs Männer unter einigem Jubel und schlüpfrigen Andeutungen nach achtern, und die Tarnung des Wachschiffs war vollständig. Marlowe ließ den Rum bringen.

»Deck! Pirat ist vom Konvoi ausgeschert!«

»Sehr gut«, rief Marlowe hinauf; dann schwang er sein Fernglas über die Reling. Das Piratenschiff, das sich dem Konvoi genähert hatte, änderte seinen Kurs, floh vor dem Spektakel, das Mr. Rakestraw und die *Sarah and Kate* aufführten. »Ich vermute, sie sehen einfachere Beute«, sagte er zu Bickerstaff.

»Mr. Middleton«, er wandte sich dem stellvertretenden Ersten Offizier zu, »lasst uns ein paar Männer auf den Bugspriet schicken, die so tun, als wollten sie ihn reparieren, und ein paar andere hinauf, die tun, als arbeiteten sie am Bramsegel.«

»Aye, Sir.«

Marlowe sah sich auf dem Deck um. Die Männer der *Prize* hatten ihren flüssigen Mut zu sich genommen. »Mr. Bickerstaff, Ihr sorgt für unsere Verteidigung?«

»Es wird mir ein Vergnügen sein.«

Bickerstaff versammelte die Männer und positionierte sie dem Plan entsprechend, welchen sie ersonnen hatten. Marlowe fand es amüsant, zu beobachten, wie er auf seine pingelige, pedantische Art der Mannschaft mitteilte, wie sich der blutrünstige Feind am besten morden ließ. Doch die Männer hatten begonnen, Bickerstaff zu respektieren, zum Teil dank des Drills an Säbel und Pistole, den er ihnen angedeihen ließ, hauptsächlich jedoch wegen seines rechtzeitigen Erscheinens auf Smith Island.

So aufmerksam wie die Schulkinder, mit denen Bickerstaff den Großteil seines Erwachsenenlebens verbracht hatte, luden die Männer der *Plymouth Prize* Pistolen, schliffen Säbel und bereiteten die Kanonen für die erste, entscheidende Breitseite vor. Von zwei Kanonen abgesehen waren alle, steuerbord und backbord, mit Kartätschen geladen, darauf packte man Nägel, Glasscherben, Eisenstücke, alles, was sich an tödlichen Projektilen finden ließ.

Auf gleiche Weise luden sie die sechs kleinen Kanonen, die Falkonette hießen und an der Reling aufgestellt wurden. Dann kauerten die Männer hinter dem hohen Schanzkleid, versteckten sich und warteten darauf, angegriffen zu werden.

»Hört zu«, rief Marlowe zu den Männern auf dem Mitteldeck hinunter. »Wenn diese Hundesöhne über uns herfallen, werden sie ganz ohne Zweifel Lärm machen, schreien, mit Schwertern klirren, Schlachtrufe von sich geben und dergleichen. Sie nennen es ›Totentanz‹, und es kann einem ordentlich Angst einjagen, aber es ist nur Lärm, hört ihr? Lasst euch nicht beunruhigen, denn es bedeutet, dass sich alle Mann am Schanzkleid drängen, was genau das ist, was wir wollen.«

Rakestraw änderte seinen Kurs und schloss sich dem Konvoi an, gut zehn Minuten nachdem das Piratenschiff ausgeschert war. Eine Minute später machte das Piratenschiff kehrt und steuerte die *Plymouth Prize* an. Es sah so aus, als müsste es vornüberkippen, bei all den Segeln, die sie gesetzt hatten, und schnell kamen die Piraten ihrem auserwählten Opfer näher.

»Also gut, Mr. Bickerstaff. Erste Kanone, wenn Ihr so freundlich wärt.«

»Aye, Sir«, rief Bickerstaff und gab den Befehl an den Stückmeister der vordersten Kanone auf der Steuerbordseite weiter. Der Stückmeister steckte das Pulver im Zündloch an, und donnernd ging die Kanone los.

Zwar mochte das Piratenschiff schnell näher kommen, doch war es selbst für einen langen Kanonenschuss zu weit entfernt, und die Kugel fiel hundert Fuß vor ihrem Ziel ins Meer. Dann lud die Kanonenmannschaft langsam nach und schoss erneut, was die Illusion erwecken sollte, dass die *Plymouth Prize* nicht genügend Männer hatte, um mit mehr als einer Kanone zu feuern, und das nicht allzu schnell.

Marlowe lächelte und schüttelte den Kopf. Das Wachschiff würde kläglich und schwach wie ein verirrtes Lamm erscheinen, wenn es seine Munition ins Meer verschoss. Und nichts liebten Wölfe mehr als ein schwaches und verirrtes Lamm.

Eine Viertelmeile entfernt eröffneten die Piraten ihren Angriff mit so viel Breitseite wie möglich. Eisenkugeln pfiffen durch die Takelage, und die eine oder andere schlug sogar im Rumpf der *Prize* ein, doch es entstand nur geringer Schaden, und niemand wurde verletzt. Die Piraten wollten ihr Opfer nicht versenken. Es war das Allerletzte, was sie wollten. Sie hofften, sie würden ihrem Opfer solche Angst einjagen können, dass es sich kampflos ergab.

Und es schien zu funktionieren, denn die Männer hinter dem Schanzkleid bekamen große Augen, und ihre Angst wurde noch größer, da sie den Feind nicht sehen konnten.

Sie wären wohl in Panik geraten, wenn Bickerstaff nicht

gewesen wäre, der gelassen an Deck auf und ab lief, ihnen erzählte, was geschah, und sie an ihre Pflicht erinnerte. Er täte gut daran, sie an die Reichtümer zu erinnern, die sie gewinnen konnten, dachte Marlowe, doch Bickerstaff war sich dieses Teils der Operation wohl nicht bewusst.

Die Piraten waren zwei Kabellängen entfernt, als sie ihren Totentanz begannen.

Es begann leise, als ein Mann auf dem Achterdeck langsam und gleichmäßig mit der flachen Seite seiner Klinge an die Reling schlug, dann noch einer und ein dritter mit zwei Knochen in Händen, die er aneinander hieb. Bald schloss sich ihnen jemand mit einer Trommel an, stimmte in das stetige Wumm-wumm-wumm mit ein, dann wieder einer mit seiner Fiedel, der den Bogen in einer Reihe kurzer, kreischender Stakkatos über die Saiten riss.

Als das Schiff bis auf eine Kabellänge herangekommen war, begann einer der Schurken mit langem, schwarzem Bart und einer Stimme wie ein Donnerschlag zu brüllen: »Tod, Tod, Tod…«

Andere stimmten in den Chor mit ein, sammelten sich an der Reling auf Achter-, Vorder- und Mitteldeck, klammerten sich an die Wanten, schrien, brüllten im Chor, schlugen mit den Klingen ihrer Säbel und Entermesser, wurden langsam immer schneller, wobei der ganze fürchterliche Lärm von knallenden Pistolen und dem hohen Kreischen der Piraten begleitet war.

Marlowe starrte hinüber, während sie näher kamen. Der grässliche Lärm entführte ihn, dieser hypnotisierende, stete Rhythmus, der immer schneller wurde, immer lauter, je näher das Piratenschiff nun kam. Es war das Furcht erregendste Geräusch auf der Welt.

Er packte sein Schwert mit schwitzender Hand, schluckte schwer, versuchte sich abzuwenden, konnte nicht. Der Totentanz riss ihn mit sich, spülte alte Ängste hoch, wie Schlick vom Grunde eines tiefen Tümpels.

Er hatte es schon mal gehört, hatte es von allen Seiten gehört, kannte die mächtige Woge brutaler Energie, kannte das daraus erwachsende Entsetzen. Das alles hatte er gelernt, wie man Opfer und Peiniger sein konnte, und zwar vom Teufel höchstpersönlich.

Diesen Teufel fürchtete er mehr als alles andere. Es war nicht rational, das wusste er. Dieser Teufel war nur ein Mensch, und es gab sonst keine Menschen, die Marlowe fürchtete. Einmal hatte er ihn besiegt. Höchstwahrscheinlich war er tot. Marlowe versicherte sich, dass er keinen Anlass habe, diesen Mann zu fürchten. Doch der Totentanz brachte alles wieder zurück, und er konnte es nicht abschütteln.

Schließlich riss er den Blick von den Piraten los, die sich an der Reling drängten, und sah aufs Mitteldeck seines eigenen Schiffes hinab. Der Teufel war tot. Es musste so sein. Das war nicht er.

Er hoffte, dass seine Männer nicht in Panik gerieten, dass Bickerstaff sie beruhigen konnte. Doch er konnte sehen, dass das Entsetzen sie mit sich riss. Der Totentanz. Der Lärm des nahen Todes.

20

Kapitän Jean-Pierre LeRois stand an der Reling auf dem Achterdeck, mit dem Schwert in seiner Rechten. Er hatte sich voll im Griff, wie auch sein Schiff, als sich die *Vengeance* diesen armen Unglücklichen näherte, welche die Kühnheit besessen hatten, auf ihn zu schießen.

Er war so gut wie nüchtern, hatte gerade so viel getrunken,

wie nötig war, sein Zittern niederzuringen, um der Schreie Herr zu werden. Und im Augenblick war seine Autorität unangetastet.

Die Mannschaft eines Schiffes mochte in normalen Zeiten durch Abstimmung entscheiden, doch wenn es in die Schlacht ging, war das Wort des Kapitäns Gesetz, wurde fraglos und ohne Zögern ausgeführt. Die Schlacht war nicht der rechte Zeitpunkt für Demokratie. Solange sie sich im Kampf befanden, hatte LeRois das Kommando.

Der Totentanz wurde lauter, nahm an Eindringlichkeit zu, als sie das havarierte Handelsschiff einholten. Die gesamte Mannschaft der *Vengeance* drängte sich auf der Backbordseite, schrie, klopfte, feuerte Pistolen, bereit, längsseits zu gehen und das Deck des Opfers zu überfluten.

LeRois fühlte, wie Spannung in ihm wuchs, bereit, aus ihm hervorzubrechen, ganz so, als wäre er bei einer Frau. Er öffnete den Mund und stimmte in das Gebrüll mit ein.

Sie würden diese Hundesöhne massakrieren, sie in Stücke reißen. Nicht nur hatten sie beim Anblick der *Vengeance* die Flagge nicht gestrichen, was ein ungeheurer Affront war, sondern sie hatten sie sogar beschossen, was nicht zu tolerieren war.

Es waren Frauen an Bord. LeRois hatte sie durch sein Fernrohr gesehen. Sie mochten seiner Mannschaft ein paar vergnügliche Tage bescheren.

»Hisst die *pavillon de pouppe*, die Schwarze Flagge, jetzt!«, rief er den Männern unter sich auf dem Achterdeck zu, die für die riesige Flagge am Heck sorgten. LeRois holte sie stets erst im allerletzten Augenblick hervor. Er wusste, dass das plötzliche Erscheinen dieser Flagge mit ihrem grinsenden Schädel, den beiden Säbeln und der Sanduhr den Feinden noch den letzten Rest an Tapferkeit rauben würde, jeden Hauch von Widerstand.

Die Männer auf dem Achterdeck zogen mit aller Kraft und die große Flagge hob sich und flatterte im Wind. Der Totenkopf schien zu lachen, als das Tuch in der Brise zuckte.

Das Gebrüll wuchs zu einem Crescendo an, wirbelte in LeRois' Kopf umher. Er machte den Mund auf und stimmte einmal mehr mit ein.

Eine halbe Kabellänge. Es waren nicht mehr als ein Dutzend Männer an Deck des Opfers. Diejenigen, die an den Masten gearbeitet hatten, waren heruntergekommen und feuerten, was ihm unfassbar schien, mit kleinen Waffen auf die *Vengeance*, als wollten sie die Bruderschaft nur noch mehr reizen, als wollten sie, dass ihr eigener Tod so grauenvoll wie möglich ausfiel.

Fünfzig Meter. LeRois fühlte die Aufregung wie heißen Wind, der übers Deck der *Vengeance* strich. Der Chor hatte seinen Höhepunkt nun überschritten und war nur noch wildes Geschrei, und dieses brandete dem Feind entgegen, während die Piraten schossen und sich für den Sprung auf das Schiff der Toten bereitmachten. Auf halbem Weg die Webeleine hinauf standen Männer, schwenkten Enterhaken, bereit, das andere Schiff mit tödlichem Griff zu packen.

Zwanzig Meter noch. LeRois blinzelte und blickte übers Achterdeck, suchte den Kapitän des Handelsschiffes, dem er höchstpersönlich ein Ende bereiten wollte. Dort war der Steuermann, dort der Quartermeister, und ...

Immer lauter wurde LeRois' Schrei, ein gequältes, markerschütterndes Geheul. »Sohn von Hure!«, schrie er. Er warf sein Schwert beiseite und riss eine der Pistolen hervor, die am Riemen um seinen Hals hingen, und feuerte blindlings auf das Achterdeck des Handelsschiffes. Denn dort stand ganz ohne jeden Zweifel Malachias Barrett, mit einem Schwert in der Hand, schritt auf und ab, gab seine Befehle mit Gesten, die LeRois so gut kannte.

Er ließ die Pistole fallen und riss die nächste hervor, und während er das tat, wartete er darauf, dass die Vision verblasste, denn nicht mehr als das war es, eine Vision, genau wie die anderen, die ihn zunehmend plagten.

Doch die Vision wollte nicht weichen. Sie blieb mit einer Beharrlichkeit, die den anderen abging. LeRois spürte, wie Panik in seiner Kehle aufstieg, fühlte, wie das ungeheure Selbstvertrauen, dessen er sich gerade noch erfreut hatte, verpuffte. Noch einmal schrie er und feuerte seine zweite Waffe ab, wollte, dass dieses Schreckgespenst verschwand.

Die Rauchwolke der Pistole versperrte ihm die Sicht aufs Achterdeck, auf seine böse Vision, und in diesem Augenblick wurde LeRois bewusst, dass der Ton im Gebrüll auf der *Vengeance* sich verändert hatte, dass der Totentanz nun etwas anderes war – Zorn, Furcht und Trotz.

Er sah auf das Mitteldeck des Opfers hinab, keine fünfzehn Meter entfernt. Die Stückpfosten standen offen, und große Kanonen rollten heraus, urplötzlich, von einer großen Zahl von Männern bewegt, die sich hinter dem Schanzkleid versteckt zu haben schienen.

»Merde ...«, sagte LeRois, und dann schien ihre Prise im Kanonenfeuer geradezu zu explodieren. Alle acht Kanonen feuerten gleichzeitig, schossen Flammensäulen übers Meer, sodass die Luft von einem unheimlichen Kreischen erfüllt war, dem nicht einmal die Piraten etwas entgegenzusetzen hatten.

Die Kanonen feuerten direkt in die dicht gedrängten Piraten entlang der Reling, in die Männer, die keine Deckung hatten und nirgendwohin entkommen konnten, und rissen sie in Stücke. LeRois sah, wie Leiber übers Deck geschleudert wurden und dann in der Takelage hingen, auf unbemannten Kanonen der *Vengeance* landeten.

»Zur Hölle sollst du fahren! Verflucht! Verflucht!«, schrie

LeRois außer sich. Etwas hatte seinen Ärmel aufgerissen, und Blut tropfte aus dem Riss, und mehr davon, große Mengen, rann in roten Rinnsalen an der Bordwand herab, doch das machte ihn nur noch wütender.

»In Stellung! Zurück in Stellung, Hundesöhne!«, schrie er seine Männer an, und die benommenen, sprachlosen Piraten, soweit sie sich noch bewegen konnten, erklommen die Reling ein weiteres Mal, bereit, auf das feindliche Schiff zu springen und dort an Deck Tod und Verderben zu verbreiten.

Die Rauchwolke rollte davon, enthüllte den unversehrten Feind, der nun noch näher war. Die Wucht der Breitseite hatte der *Vengeance* ihren Schwung genommen, doch baute er sich wieder auf, trieb das Piratenschiff seinem Opfer entgegen. LeRois konnte sehen, dass sie ihre Kanonen nachluden, sich in die Taljen der Kanonen stemmten, sie heraushievten. An der Reling nahmen noch mehr Männer – es schienen hunderte zu sein – die geschwungenen Holzgriffe der Falkonette auf und schwenkten diese, suchten die Männer der *Vengeance*, die sich aneinander drängten, und richteten ihr todbringendes Feuer auf sie.

Und Barrett war noch immer da.

»Nein, nein, nein! Sohn von Bastard, nein!«, schrie LeRois. Er fühlte, wie die Hände der Verzweiflung seine Kehle umschlossen, ihm die Worte nahmen. Er durfte nicht hier sein. Er musste weg. Diese Vision musste weg, musste sich wie all die anderen Male in Luft auflösen. Wieder schoss er darauf, doch schwebte sie noch immer vor ihm, fahl wie ein Gespenst, bewegte sich mit dieser animalischen Intensität, an die er sich erinnerte, die er nie vergessen hatte.

»Nein!«

Wieder feuerten die mächtigen Kanonen aus zehn Metern Entfernung, rissen große Stücke aus der Reling und der

Takelage, töteten noch mehr von seinen Männern, schlugen sie in die Flucht, sodass sie von der Reling in den Schutz des Schanzkleids sprangen. Keiner flüchtete sich unter Deck, denn jeden, der das tat, würden die anderen Piraten töten, doch sie wollten auch nicht an der Reling bleiben. Lieber Schulter an Schulter mit den Brüdern sterben, noch lieber aber gar nicht sterben.

Nicht mehr als fünf Meter lagen nun zwischen den beiden Schiffen. An Bord ihres Feindes standen die Männer an der Reling, schrien, schwenkten Entermesser und Säbel, bereit, die *Vengeance* zu entern, ganz wie die Piraten eben noch bereit gewesen waren, ihre Beute zu entern. Ein Haken schnellte durch die Luft und blieb in den Wanten über LeRois' Kopf hängen. LeRois riss seinen Dolch hervor, kappte die Leine.

»Abdrehen, abdrehen!«, schrie LeRois den Rudergänger an, der durch die Männer an der Reling vor den Schüssen sicher gewesen war, und ohne zu zögern ließ er das Ruder rotieren. Die *Vengeance* wandte sich von ihrem potenziellen Opfer ab und steuerte das offene Meer an.

LeRois sah auf das Mitteldeck seines Schiffes herab. Wohl hatte er schon Gemetzel gesehen, oft sogar, doch nie etwas Vergleichbares. Männer lagen in Haufen übereinander, Männer krochen ziellos übers Deck, Männer hielten sich die Bäuche, damit ihre Gedärme nicht hervorquollen. Der Totentanz, das Triumphgeschrei eines siegreichen Haufens, war dem Schluchzen und Wimmern, dem jämmerlichen Stöhnen Verwundeter und Sterbender gewichen.

LeRois warf einen Blick über seine Schulter. Der Feind setzte mehr Segel, doch das machte nichts. Die *Vengeance* hatte alle Segel gesetzt, und sie war ein schnelles Schiff. Diesmal mussten sie fliehen. Sie würden wiederkommen.

Eilig wandte er sich ab, betrachtete sein Schiff, vertrieb den

Gedanken an dieses Todesschiff. Er blickte in die Runde, um sicherzugehen, dass niemand ihn beobachtete, dann schloss er die Augen und betete zu Gott, er möge nie wieder diese Vision von Barrett erscheinen lassen.

»Sollen wir ihnen folgen, Captain Marlowe? Captain Marlowe?«

Als er seinen Namen zum zweiten Mal hörte, merkte Marlowe, dass man mit ihm sprach. Er wandte sich von dem fliehenden Piratenschiff ab, und sah dem Quartermeister in die Augen.

»Hm? Ich bitte um Verzeihung!«

»Sir, ich fragte: Sollen wir ihnen folgen?« Der Quartermeister nickte mit dem Kinn zum havarierten Feind hinüber.

»Oh…« Marlowe sah nach oben. Fock und Großsegel waren ausgeworfen, konnten gesetzt werden. Ein Trupp Männer machte das Vorbramsegel bereit, und ein anderer tat das Gleiche mit dem Bugspriet. Die *Plymouth Prize* hatte nur den Schaden genommen, den sie ihr selbst beigebracht hatten.

Wiederum sah er den Piraten nach. Die *Plymouth Prize* würde sie nicht einholen können. Außerdem konnten sie den Konvoi nicht allein lassen und den Bastard übers ganze Meer jagen. Nein, sie hatten eine Pflicht zu erfüllen.

»Sir, geht es Euch auch gut?«, fragte er Quartermeister mit aufrichtiger Sorge.

»Ja, ja, sicher, danke. Nein, wir müssen uns wieder dem Konvoi anschließen. Wir können ihn nicht den ganzen Weg zum Teufel jagen. Ich denke, wir haben es ihm gezeigt.«

»Aye, Sir«, sagte der Quartermeister, und aus seiner Stimme sprach leise Enttäuschung. Sie würden die ganze Beute, die der Pirat in seinem Laderaum haben mochte, außer Reichweite gelangen lassen.

Doch Marlowe wusste, was der Quartermeister nicht wusste, dass es nämlich die größte Belohnung von allen wäre, wenn dieses Schiff verschwinden und nie mehr wiederkehren würde.

»Marlowe, Marlowe, und wieder gratuliere ich zu einem großen Sieg!« Leichtfüßig sprang Bickerstaff die Leiter zum Achterdeck hinauf, mit ausgestreckten Händen. Unwillkürlich hielt Marlowe ihm die seinen hin, und Bickerstaff drückte sie vor Begeisterung.

»Es ist alles so gekommen, wie du vorausgesagt hast, Thomas. Ich schwöre, es war wie eine Inszenierung! Ein Mann wurde verletzt, als ihm eine Kanone über den Fuß gerollt ist, der Dummkopf hat den Rückschlag nicht bedacht, und ein anderer hatte Pech und bekam eine Pistolenkugel in die Schulter, aber darüber hinaus gab es keine Verluste und nicht den geringsten Schaden am Schiff. Ich möchte sagen, du hast die Hälfte der Räuberbande niedergemacht. Ich denke, die Schiffseigner werden dich für deine grandiosen Dienste großzügig belohnen.«

Im Siegestaumel war Bickerstaff weit geschwätziger als üblich, und Marlowe war froh und glücklich, dass er nicht antworten musste. Es schien, als hätte er seine Stimme verloren.

»Hast du gesehen, wie dieser Teufelskerl King James mit der *Northumberland* gekreist ist, bereit, die unbemannte Seite zu entern, falls wir ... sag mal, Marlowe, geht es dir gut?«

»Was? Oh, ja, ja, es geht. Ich glaube, die großen Kanonen haben mich etwas aus dem Gleichgewicht gebracht.«

»Aus dem Gleichgewicht? Du siehst aus, als hättest du ein Gespenst gesehen.«

Marlowe starrte über die Reling. Das Piratenschiff war bereits eine Viertelmeile entfernt, doch nach wie vor konnte er die schwarze Flagge sehen, dort am Flaggenmast, den schrecklichen Totenkopf mit den beiden Säbeln und der Sanduhr. Er hatte nicht damit gerechnet, dass er diese Flagge jemals wieder sehen würde.

»Ein Gespenst?« Marlowe wandte sich zu Bickerstaff um. »Nein, Francis, ich habe kein Gespenst gesehen. Gott steh uns bei, ich habe den Teufel selbst gesehen.«

21

Sie hatten sich die Katastrophe selbst zuzuschreiben. Nein, nicht *sie*. *Er*. Jacob Wilkenson. Er und sein geliebter Sohn Matthew. Diese beiden, die gedankenlosen, reaktionären Wilkensons, hatten sich die Pest ins Haus geholt.

George Wilkenson merkte, dass ihn diese Erkenntnis seltsam ruhig machte, selbst angesichts dessen, was für ihn den unvorstellbarsten aller Albträume darstellte: finanzieller Ruin, die Wahl zwischen Armut und ungeheuren Schulden.

Wie oft hatte ihn sein Vater in der Vergangenheit vor den Kopf gestoßen, seine Furchtsamkeit verflucht und ihm gezeigt, dass der dreiste Schachzug stets der richtige war? Und wie oft hatte sein Vater Recht behalten? Jedes Mal. Bis jetzt.

Jetzt hatte Marlowe den Wilkensons angetan, was die Wilkensons Marlowe hatten antun wollen, und nun waren scheinbar beide ruiniert. Wie zwei Männer, die einander gegenseitig im Duell erschießen.

»Ich habe einige Leute in Williamsburg und Jamestown ausgesandt, die nach Seeleuten suchen sollen, und den Gouverneur gebeten, dass er uns Leute gibt, da es der von ihm ernannte Kapitän war, der uns die unseren geraubt hat, nur fürchte ich, dass es uns doch nichts nützt«, sagte George.

Die beiden Männer saßen in der Bibliothek, demselben

Raum, den Jacob Wilkenson einen Monat zuvor in seinem Zorn verwüstet hatte. Jetzt saß der alte Mann in einem Lehnstuhl, starrte aus dem Fenster und lauschte seinem Sohn. Er schien vollkommen ruhig zu sein. Das fand George etwas beängstigend.

»Pah«, sagte Jacob Wilkenson und winkte ab. »Es hat keinen Sinn. Selbst wenn wir es schaffen würden, das Schiff nach London zu bringen, ohne von irgendeinem verfluchten Piraten gekapert zu werden, dürfte der Tabakmarkt inzwischen überschwemmt sein. Die ganze verdammte Flotte ist zwei Wochen vorher da, und wahrscheinlich können wir froh sein, wenn wir die Kosten für den Transport herausbekommen.«

George Wilkenson presste die Fingerspitzen aneinander. »Der Tabak wird nicht bis zum nächsten Konvoi halten. Willst du damit also sagen, wir geben uns geschlagen? Dass dieser Marlowe uns niedergerungen hat? Dass wir es geschafft haben, uns gegenseitig zu vernichten?«

»Marlowe uns niedergerungen? Wohl kaum. Mit diesem Marlowe haben wir noch gar nicht richtig angefangen. Wir werden ihn zermalmen. Daran hat sich nichts geändert.«

»Vielleicht nicht«, sagte George barsch. Sein Vater schien den Ernst der Lage nicht zu begreifen. »Aber sicherlich an unserer Lage. Die Tabakernte war unser Jahreseinkommen, fast jedenfalls. Ohne sie sind wir nicht in der Lage, das zu kaufen, was wir für die Ernte im nächsten Jahr benötigen. Wir können weder den Aufseher noch die Kapitäne der *Wilkenson Brothers* und der Schaluppen entlohnen. Einiges Werkzeug muss erneuert werden. Wir werden uns eine ungeheure Summe leihen oder Land und Sklaven verkaufen müssen, aber beides würde unseren Ruin bedeuten. Wenn du den Büchern auch nur die leiseste Aufmerksamkeit gewidmet hättest, wüsstest du das.« Es lag ein perverses Vergnügen darin, auf diese Weise mit dem alten Mann zu sprechen, obwohl es ebenso Georges Ruin war wie der seines Vaters.

Jacob stand von seinem Stuhl auf und lief herum. »Wir sind nicht ruiniert, ganz und gar nicht.«

»Du hast die Bücher nicht gesehen ...«

»Scheiß auf die verfluchten Bücher! Ich habe mehr Eisen im Feuer, als in den Büchern geschrieben steht. Ich bin momentan in einem Geschäft engagiert, das uns das Doppelte von dem einbringt, was wir mit Tabak verdienen könnten.«

»Was für ein ... Geschäft? Wieso hast du mir nichts davon erzählt?«

»Dafür hast du nicht die Nerven, Junge. Matthew hat es eingefädelt. Matthew und ich. Es ist nichts für jemanden, der sich um Bücher kümmert.«

George fühlte, wie sein Gesicht rot anlief, fühlte, wie seine Gelassenheit sich in Zorn verwandelte. Erniedrigt, wieder einmal. Wenn es irgendetwas gab, worauf er stolz war, dann auf seinen verantwortungsbewussten Umgang mit den Geschäftsangelegenheiten der Wilkensons. Nun teilte ihm sein Vater mit, es gäbe irgendein Geschäft, von dem er nicht mal etwas wusste, etwas noch Lukrativeres als die Plantage, als brächte alles, was er tat, ohnehin nur Nebenverdienste ein, als wäre es ein unbedeutendes Vergnügen. Noch vom Grab aus übertrumpfte Matthew ihn.

Schweigend saß George da, während die roten Wangen der Erniedrigung verblassten. Schließlich sagte er: »Dann willst du mir also sagen, wir hätten Geld genug?«

»Wir haben Geld genug, und es wird noch einiges mehr werden.«

»Würdest du mir sagen, woher dieses Geld kommt?«

»Nein, das werde ich nicht tun. Das ist kein Geschäft für dich.«

»Dann ist es vermutlich auch nicht legal?«

»Das geht dich nichts an. Ich werde dir mitteilen, wie viel Geld wir haben, und dann kannst du in deinen verdammten Büchern nachsehen und mir sagen, wie viel wir für die Plantage brauchen. Wird schon werden. Wir haben nur die eine Sorge, wie wir es diesem Marlowe zeigen. Wir können mit dem Verlust unserer Ernte leben, aber ich denke, ihm dürfte es schwer fallen. Wir müssen genau aufpassen, ob er sich Geld leiht oder ob er versucht, Tinling House zu veräußern.«

George Wilkenson ballte die Hand zur Faust und schlug sie rhythmisch in die Handfläche der anderen. Alles hatte sich verändert. Die Arroganz, der Triumph über die Niederlage seines Vaters, alles fort. Es schien, als hätte der alte Herr wieder einmal Recht behalten, als hätte er das Vermögen der Wilkensons tatsächlich gerettet und gleichzeitig Marlowe den Garaus gemacht.

»Also gut«, sagte George. Eilig stand er auf. »Lass es mich wissen, wenn ich dir beistehen soll.« Er konnte seinem Vater nicht in die Augen sehen. Er hustete, blickte auf, dann wandte er sich um und marschierte hinaus.

Sie alle schwammen in seinem Kopf herum – Marlowe, sein Vater, Matthew, Elizabeth Tinling –, als er die breite Eichentreppe erklomm, immer zwei Stufen gleichzeitig. Er wusste nicht, wohin er ging, was er tat. Sein Instinkt bewegte ihn. Fort von diesem alten Mann, fort von allem, was er dachte.

Am oberen Ende der Treppe blieb er stehen und sah den Flur hinab, der auf beiden Seiten von Schlafzimmertüren gesäumt war. Sein Zimmer lag am Ende, und daneben lag Matthews. Er lief den Flur entlang, ganz vorsichtig, ohne zu wissen, wieso eigentlich. Er nahm den Knauf, drehte ihn und trat ein.

Im Zimmer hatte sich seit Matthews Tod nichts verändert, und George bezweifelte, dass es je geschehen würde. Er wusste, dass sein Vater und seine Mutter manchmal hierher gingen und auf Matthews Bett saßen. Manchmal hörte er ein Schluchzen. Er fragte sich, ob sein eigener Tod solche Trauer hervorrufen würde, ob sein Zimmer eine Art Schrein bleiben würde, wenn er ums Leben käme.

»Das frage ich mich«, murmelte er leise. Er trat weiter in das Zimmer, strich mit seiner Hand über den Bettpfosten, das Beistelltischchen, den kleinen Sekretär. Er setzte sich auf den Stuhl vor dem Sekretär und begann, den Inhalt der zahlreichen Fächer im Schreibtisch zu durchwühlen. Notizen, Briefe, ein paar Bänder von jungen Mädchen, die begierig darauf waren, in den Wohlstand der Familie Wilkenson einzuheiraten.

Er schüttelte den Kopf, als er daran dachte. Welch ein miserabler Ehemann Matthew gewesen wäre, wie gedankenlos und grausam. Eine Ehe hätte seine Lust auf jedes Mädchen, das sich ihm hingeben wollte, keineswegs unterbunden. Und bei all den süßen Mädchen in der Kolonie, die für ihn schwärmten, hatte er doch nur Augen für Elizabeth Tinling gehabt. Er hätte einen noch schlechteren Ehemann abgegeben als Joseph Tinling, sofern das überhaupt möglich war.

Er zog die Schublade auf, hielt inne und dachte an Elizabeth Tinling.

Sein Hass auf sie war nicht verblasst, und auch nicht die Einsicht, dass sie der Schlüssel zu Marlowes Untergang sein würde. Sein Vater mochte eine Möglichkeit gefunden haben, Marlowe finanziell zu ruinieren, aber George wollte mehr. Er wollte, dass Marlowe erniedrigt wurde, geächtet, und ebensolches wünschte er der Hure, die zu ihm gehörte.

Das alles war ihre Schuld gewesen, von Anfang an. Wenn George sie zu Fall bringen konnte, dann würde Marlowe vielleicht eine Dummheit begehen. Zumindest wäre es ein weiterer Dolch, den man ihm in die Seite stieß.

Den Schuldschein einzufordern, wäre nicht von Nutzen, nachdem sie Marlowe nun so nah stand. Er konnte ihr einfach andernorts eine Wohnung einrichten, und dann wäre er nur noch umso mehr ihr Held. Sie wäre ihm verpflichtet.

Aber Matthew hatte etwas gegen sie in der Hand gehabt, einen Ansatzpunkt. George hatte vermutet, dass er es mit ins Grab genommen hatte, doch jetzt kam ihm in den Sinn, dass das doch nicht der Fall sein mochte.

Er blätterte den Inhalt der Schublade durch, warf Papiere zu Boden, doch da war nichts. Es schloss die Schublade und zog die nächste auf, und wieder fanden sich dort nur prosaische Beweise für das frühere Leben seines Bruders. Auch die dritte war nicht anders.

George stand auf und zog die oberste Schublade auf, warf deren Inhalt zu Boden und untersuchte sie danach, ob etwas festgeklebt oder versteckt war. Da war nichts, also warf er die Schublade beiseite und zog die zweite hervor, dann die dritte, warf deren Inhalt auf den Haufen am Boden, doch er fand nichts.

Zwar war es ihm eben erst in den Sinn gekommen, doch er war überzeugt davon, dass Matthew etwas hatte, einen greifbaren Beweis, der irgendwo in seinem Zimmer versteckt war. Er kippte den Sekretär, suchte nach einem Versteck, doch es war nichts Ungewöhnliches zu entdecken.

Er ließ den Schreibtisch und den Haufen mitten im Zimmer zurück und wandte sich der Truhe am Fuß des Bettes zu. Er kippte die Truhe und hob sie so weit an, dass die Decken, Kleider und alten Stiefel, die darin verstaut waren, ebenfalls zu Boden fielen. Er wühlte in dem Haufen herum, warf mit dem bunten Zeug um sich.

»Oh, verdammt noch eins, wo ist es?«, sagte George, legte seine ganze Verzweiflung in diese Worte. Er kippte den Nachtschrank und leerte dessen Schublade.

Sein Blick schweifte zu der Kommode an der einen Wand und dem kleinen Bücherregal an der anderen, und er machte sich an die Bücher. Er nahm das erste und blätterte darin herum, doch war nichts darin versteckt. Er nahm sich das zweite und das dritte und vierte, aber noch immer nichts, und in seinem Zorn fegte er die verbliebenen Bücher vom Regal, hoffte, dahinter wäre etwas verborgen, doch da war nur die Wand.

Er wandte sich der Kommode zu und stolperte über den Bücherstapel, als er das Zimmer durchqueren wollte. Er sah hinab. Dort lag ein großes, schwarzes Buch. Eine Bibel. Und drei Briefe waren halb herausgefallen.

George beugte sich vor und hob die Bibel vorsichtig auf, damit die Briefe nicht herausfielen. Er zog sie zwischen den Seiten hervor, langsam, wie kostbare Artefakte, und warf die Bibel beiseite.

»Aber, Matthew, was haben wir denn da?«, flüsterte er. Die Briefe waren an seinen verblichenen Bruder adressiert. Er entfaltete den obersten. Sein Blick wanderte zum Ende der Seite, um zu sehen, von wem der Brief stammte. In sauberer, vertrauter Handschrift stand dort geschrieben: »William Tinling, Esq.« Joseph Tinlings ältester Sohn. Elizabeths Stiefsohn. Matthews enger Freund. Die Adresse lautete auf London.

George richtete seinen Blick wieder auf den Anfang des Briefes, doch er konnte nicht lesen, weil seine Hände so sehr zitterten. Er trat ans Bett und setzte sich. Er schloss die Augen, holte tief Luft und las.

Mein lieber Matthew,
ich war glücklich, deinen Brief vom 23. zu lesen, und freue mich, dass in der Kolonie alles nach Wunsch geht. Wir waren hier drüben alle sehr traurig, als uns die

Nachricht vom Dahinscheiden meines Vaters ereilte, wie es sicher allen gegangen sein wird, die ihn kannten. Doch nachdem er aus dem Leben geschieden ist, denke ich, muss ich wohl einige Dinge klarstellen, und sei es nur, damit kein Missverständnis zwischen dir und mir entsteht, das unserer Freundschaft schaden könnte. Du magst erraten, dass ich von Elizabeth spreche, die sich gern als Elizabeth Tinling und meine Stiefmutter betrachtet, wenn auch mein Entsetzen ob des bloßen Gedankens daran groß ist ...

Eilig las George den Brief zu Ende, dann schloss er die Augen und zwang sich, mehrmals tief durchzuatmen. Dann las er ihn immer wieder.

»Oh, mein Gott«, flüsterte er. »Oh, mein Gott, mein Gott.« Es war nicht nur ein Brief, den er da in Händen hielt. Es war der erste Schritt zu Elizabeths Ruin. Und wenn er sie zu Fall brachte, würde auch Marlowe ihr bald folgen.

Er saß da und starrte den Bücherstapel am Boden an, überdachte seinen nächsten Schritt, plante ihn genau, prüfte sämtliche möglichen Ursachen und Wirkungen wie ein Schachspieler, der in sein Spiel vertieft ist.

Die Sonne war untergegangen, und Matthews Schlafzimmer lag im trüben Licht des frühen Abends, als George schließlich aufstand. Er ignorierte das Durcheinander, das er angerichtet hatte, als er durchs Zimmer ging und auf den Flur hinaustrat. Er hatte keine Zeit für das Zimmer eines Toten. Er hatte viel zu tun.

22

Die *Northumberland* passierte Cape Henry, kreuzte südwestwärts durch Hampton Roads und erreichte den James River mit der Flut. Sechs Tage lag der Kampf mit dem Piratenschiff zurück, und irgendwo draußen auf dem großen Meer würde Marlowe schon bald der Flotte Lebewohl sagen.

King James lachte laut auf, als er die einsame *Wilkenson Brothers* dort vor Anker liegen sah, so gut wie verlassen. Nachdem die Flotte fort war, gab es nun in Virginia und Maryland nicht mehr genügend Leute, um sie auf See zu bringen.

In den langen Schatten des Abends lenkte James die Schaluppe zu der Pier von Jamestown. Zwei Männer der *Northumberland* sprangen auf den hölzernen Anleger, und die beiden, die an Bord blieben, warfen ihnen die Leinen zu. Zwanzig Minuten später sah die Schaluppe aus, als wäre sie nie auf See gewesen.

»Also gut, Jungs, ich denke, ihr könnt euch einen Landgang gönnen«, sagte James, und in der aufkommenden Dunkelheit sah er vier nickende Köpfe. »Ich brauche euch morgen Mittag wieder hier, und keine Sekunde später«, fuhr James fort. Darauf wurden die eindringlichsten Versprechungen laut, und dann kletterte die Mannschaft der *Northumberland* über die Bordwand und war verschwunden.

Diesmal gab es keinen Gang zum geheimen Lagerhaus, keinen Laderaum voller Piratenbeute, die es zu verstecken galt. Die Beute war entkommen, was für die Männer der *Plymouth Prize* eine ebenso große Enttäuschung war wie für die auf der *Northumberland*. Nach dem großen Fang auf Smith Island gab sich keiner von Marlowes Männern mehr damit zufrieden, den Kampf überlebt zu haben.

Doch hatten die Kapitäne der Handelsschiffe Marlowe eine hübsche Belohnung für seine gute Arbeit ausgezahlt, und diese hatte Marlowe unter seinen Männern verteilt. Er hatte sie auf dem Fass ausgebreitet und die Männer nacheinander aufgerufen, jedem seinen Teil ausgehändigt, auch denen von der *Northumberland*, dazu je zwei Teile für die Verwundeten. Das hatte die Männer der *Plymouth Prize* unendlich für ihn eingenommen. Es gab nichts, was sie für Marlowe nicht getan hätten.

»Danke, James, für Eure gute Arbeit«, hatte Marlowe gesagt, als er seinem ehemaligen Sklaven dessen Gold aushändigte, zwei Teile, wie es einem Offizier gebührte.

»Danke, Captain Marlowe. Mir scheint, man kann sich an das Piratenleben wohl gewöhnen.«

King James ging hinunter in die große Kajüte. Zwei Stunden später, als die *Northumberland* von vorn bis hinten, vom Kiel zum Flaggenknopf in makellosem Zustand war, schlang er sich den Proviantsack um seine Schulter, warf einen letzten Blick auf sein Schiff, sprang auf den Anleger und machte sich auf den Weg die dunkle Straße hinauf.

Der staubige, hügelige Pfad war im Mondlicht von der Farbe trockener Knochen, und aus Wald und Sümpfen zu beiden Seiten drangen Laute von Fröschen und Grillen und einer ganzen Menge anderer Tiere. James atmete den schweren Duft ein, lächelte vor sich hin und beschleunigte seine Schritte.

Marlowe hatte die *Northumberland* der *Plymouth Prize* vorausgeschickt. Er war in Sorge, so zumindest sagte er, die Schaluppe könne sich allzu weit von der Küste entfernen. Es war eine ernst zu nehmende Sorge, doch James wusste längst nicht alles. Marlowe wollte außerdem sicherstellen, dass die Mär von seinem jüngsten Sieg in der Kolonie schon weit verbreitet war, wenn er heimkehrte. Und da die Männer der

Northumberland nun auf Williamsburg losgelassen wurden, mit Geld in den Taschen, war es sicher, dass ihre Geschichte die Runde machte, als hätte er Flugschriften gedruckt und alle Häuser an der Küste plakatiert.

Fast sechs Meilen waren es von Jamestown nach Williamsburg, doch King James war hoch motiviert, und er lief schnell. Kaum zwei Stunden brauchte er bis in die Außenbezirke der Hauptstadt, einem Zivilisationshaufen mitten in der Wildnis. Im einen Moment war er auf dem dunklen Lande, wo es fast keine Häuser oder Menschen gab, und im nächsten blickte er die Duke of Gloucester Street hinab, gesäumt von Schindelhäusern und Läden, und am anderen Ende sah er das Fundament des neuen Kapitols, fast verloren zwischen Baumaterialien und Schutt.

James trat in den Schatten der Gebäude, ging langsam, lautlos, lauschte den Geräuschen der Nacht, ganz wie man es ihn gelehrt hatte, als er ein kleiner Junge war, bis es ihm in Fleisch und Blut übergegangen war. Die meisten Leute in Williamsburg glaubten nicht an die Idee des freien schwarzen Mannes, egal was Marlowe sagte. Niemand in der ganzen Stadt glaubte daran, dass ein Schwarzer das Recht hatte, spätabends in der Stadt herumzulaufen, ganz sicher nicht mit einer Pistole im Gürtel, einem Säbel an der Seite, wie James sie bei sich trug. Wenn man ihn fasste, würde das genügen, ihn aufzuknüpfen.

Vorsichtig lief er die Straße entlang, hielt inne, um zu lauschen, dann lief er weiter. Einmal meinte er, einen Absatz auf Kies zu hören. Er erstarrte und kauerte bei einem Baum, versteckte sich in dessen Schatten, sah sich um, alle Sinne hellwach, doch da war nichts, und er lief weiter.

Schließlich kam er zu Elizabeth Tinlings Haus, das kleine, gemütliche Fachwerkhaus unweit des Kapitols. Er sah sich auf der Straße um, und dann, als er sicher sein konnte, dass er allein war, schlich er am Stall vorbei zur Rückseite des Hauses.

Lucys Zimmer lag im Erdgeschoss gleich neben der Küche. Es war ein winziges Zimmer, nicht größer als die meisten Schränke in Marlowes Haus, doch es war ihr eigenes Zimmer, und damit ging es ihr weit besser als den meisten Sklaven.

James schlich zum Fenster, blickte sich noch einmal um und klopfte dann leise an das Glas. Er schüttelte den Kopf und grinste über die seltsame Situation. Noch vor einem Monat hätte er so etwas nie getan, wie ein Verbrecher herumzuschleichen, nur um ein albernes Mädchen zu besuchen. Das wäre weit unter seiner Würde gewesen.

Doch nun, nach allem, was ihm geschehen war – das Kommando über die *Northumberland*, die Schlacht auf Smith Island, Lucys Liebeserklärung –, besaß er genügend Würde, um ein bisschen davon zu opfern. Und, so stellte er sich vor, es wäre das Opfer wert.

Wieder klopfte er, etwas fester diesmal, und Lucy erschien am Fenster, im Dunkel hinter der welligen Scheibe eine undeutliche Gestalt. Sie stieß das Fenster auf. Sie sah verwirrt aus, verschlafen, ein wenig ärgerlich, doch als sie James sah, lächelte sie breit. Die Müdigkeit in ihren Augen war verflogen.

Sie trug nur ein Leinenhemd, und der dünne Stoff umhüllte ihren Leib derart, dass er ihre Brüste und die Rundung ihrer Hüften noch hervorhob. Sie hätte nicht aufreizender wirken können, wenn sie gänzlich unbekleidet gewesen wäre. Ihr weiches braunes Haar fiel vorn über ihre Schultern und hing in großen Locken um ihren Hals.

»Was tust du? Was schleichst du hier herum und siehst aus wie ein Pirat?«, fragte sie.

»Was Piraten wollen, Ma'am, das will ich auch.« James grinste sie an.

»Du solltest besser hereinkommen, bevor man dich als Dieb hängt.« Lucy trat beiseite, und leise kletterte James durchs Fenster. Sie schloss es und drehte sich zu ihm um, und er legte seine Hände um ihre schmale Taille, zog sie an sich und küsste sie.

Lucy legte ihre kleinen Hände an seine Brust und erwiderte den Kuss, anfangs sittsam, dann mit wachsender Leidenschaft. Sie fuhr mit den Händen über seinen Rücken und sein Haar, und er genoss es, ihren schlanken, starken Leib zu fühlen, ihre weiche, makellose Haut unter dem Leinenhemd.

»Oh, James«, sagte sie leise. Dann schob sie ihn von sich, ganz leicht nur, sodass James sie noch immer in den Armen halten konnte. »Sag mir, dass du mich liebst, James. Du bist doch nicht zu stolz, es zu sagen, oder?«

James sah in ihre dunklen Augen. Vor nicht allzu langer Zeit wäre er zu stolz gewesen. Vor nicht allzu langer Zeit hätte er weder sie noch sonst jemanden lieben können. Doch es hatte sich viel verändert.

»Ich liebe dich von Herzen.«

»Wirst du mich heiraten, wenn meine Herrin es erlaubt?«

James spürte, wie ihn der Zorn bei dem Gedanken durchfuhr, dass Lucy die Erlaubnis ihrer Herrin, ihrer Besitzerin, brauchen würde, bevor sie heiraten durfte, als wäre sie nur Zuchtvieh. Und was würde die Heirat für sie bedeuten? Würden sie zusammenleben können, als Mann und Frau beisammen schlafen?

»James, es tut mir Leid«, sagte Lucy. »Sei mir nicht böse. Ich ... möchte nur deine Frau sein.«

James zog sie fest an sich und drückte sie an seine Brust. »Das ist es nicht. Natürlich will ich dich heiraten. Ich wäre stolz, dich zu heiraten«, sagte er. Und er meinte es aufrichtig.

»Du denkst, ich wäre nur ein dummes, kleines Mädchen, das weiß ich. Aber du wärst überrascht, wenn du alles über mich wüsstest, was ich alles getan und mir ausgedacht habe.«

Lucy sah zu ihm auf und küsste ihn erneut, diesmal sogar noch leidenschaftlicher, und er erwiderte den Kuss mit inniger Leidenschaft, küsste ihren Mund, ihre Wangen und den Hals.

Er hob sie hoch – es schien, als wöge sie rein gar nichts – und trug sie zu dem kleinen Bett in der Ecke hinüber. Er legte sie auf die harte Matratze, dann legte er sich zu ihr, wobei seine Füße aus dem Bett ragten. Sie fummelte an den Knöpfen seines Hemds herum, er fuhr mit seiner Hand über ihren Oberschenkel.

Sie liebten sich in aller Stille, versuchten sich so weit zurückzuhalten, dass sie nicht den ganzen Haushalt störten. Für James fühlte es sich an, als ließe er allen Hass nun endlich fahren, als verpuffe seine Wut, und er umarmte ein neues Leben, in dem er sein eigener Herr sein konnte. Ein Leben, in dem er Würde und Liebe neu erleben würde.

Ihr Flüstern war erstorben, und fast eine Stunde hatten sie in den Armen des anderen gelegen, als Lucy herumrollte und James mit dem Zeigefinger gegen die Brust tippte. »Du solltest lieber hier verschwinden, Mister. Wenn meine Herrin dich hier findet, macht sie uns die Hölle heiß.«

»Wenn du darauf bestehst«, sagte James, ließ sie widerwillig los und stand auf. Er sah aus dem Fenster, während er nach seinen Sachen suchte. Es war gegen drei Uhr morgens, schwarz und still die ganze Stadt.

Langsam zog er sich an, dann nahm er seinen Beutel. Lucy saß im Bett, hielt die Decke vor sich, lächelte scheu und bescheiden. James trat an sie heran und gab ihr einen letzten Kuss. »Ich liebe dich wirklich, Lucy. Sobald Marlowe wieder da ist, komme ich und besuche dich.«

»Beim nächsten Mal solltest du lieber Genaueres wissen,

was die Hochzeit angeht, Mister«, sagte sie. »Den Termin, zum Beispiel.«

»Nächstes Mal.« James lächelte, und dann öffnete er das Fenster und kletterte nach draußen. Er ging in die Hocke und blieb in dieser Haltung, lauschte gespannt. Irgendwo raschelte etwas, eine Bewegung, doch mochte es sonst etwas gewesen sein, der Wind oder ein Tier. Eine Minute verharrte er noch, doch war sonst nichts zu hören, zumindest nichts, was ihm ungewöhnlich vorgekommen wäre.

Er richtete sich auf und lief über den Rasen. Er achtete auf jeden seiner Schritte. Keinen Laut gab er von sich. Er überquerte den Rasen, im Schatten unsichtbar, schob sich durch den schmalen Gang zwischen dem Zaun und dem kleinen Stall. Eine vertraute Mischung von Gerüchen erfüllte die Luft: Pferde, Heu und Dünger und ein Hauch von ledernem Sattelzeug.

James schlich seitlich am Haus entlang und blieb stehen, bevor er aus dem Schatten auf die Straße trat. Kein Laut war zu hören, also tat er vorsichtig einen Schritt nach vorn.

Und dann war da noch ein anderer Geruch, nicht animalisch, sondern menschlich, unverkennbar für jemanden, der so viel Zeit in engen Unterkünften zugebracht hatte. James wirbelte herum, und seine Hand fuhr zur Pistole. Da hörte er, wie ein Steinschloss einrastete.

Er erstarrte wie eine Ebenholzfigur. Keine zehn Schritte entfernt standen zwei Männer. Beide hatten Musketen, und beide Musketen waren auf James' Brust gerichtet. Beide waren vereidigte Deputies von Sheriff Witsen.

Schließlich brach einer der Männer das Schweigen. »Was zum Teufel tust du da, Junge?«, fragte er. »Was schleichst du hier im Dunkeln herum?«

»Sag mal, das ist doch wohl keine Waffe, die du da in deinem Gürtel trägst, oder?«, fügte der andere hinzu.

Drei Tage lang war die *Vengeance* vor sich hin getrieben, die Segel gerefft, das Ruder festgezurrt, während die Mannschaft den Schaden reparierte, so gut es ging für die Verwundeten sorgte und die Toten über Bord warf.

Es gab kaum Medizin an Bord, vom Rum mal abgesehen, aber wenigstens davon gab es reichlich, und er wurde großzügig unter Verwundeten und Gesunden gleichermaßen verteilt. Jene mit schweren Verletzungen an Armen und Beinen wurden mit dem Trunk besinnungslos gemacht, während der Zimmermann das verletzte Körperteil mit demselben Werkzeug entfernte, mit dem er das geborstene Schanzkleid reparierte. Solche Gliedmaßen warf man über Bord, und in den meisten Fällen folgte der Rest des Menschen nur wenige Tage später.

Am vierten Tag hatten alle, die zweifelsohne sterben würden, selbiges getan, und jene, die überleben konnten, waren auf dem Weg der Besserung. Fast dreißig Mann waren tot oder verwundet, ein Viertel der Mannschaft auf der *Vengeance*, und das alles, ohne dass man dafür etwas vorzuweisen hätte. Doch selbst wenn diese Männer fehlten, waren doch noch neunzig Mann Besatzung da, und diese neunzig wollten Blut sehen.

LeRois stand auf dem Achterdeck und sah William Darnall zu, der an Deck herumlief, die Männer Aufstellung nehmen ließ und sie nach achtern schickte. Es war an der Zeit, zu entscheiden, was sie tun wollten, und dazu gehörte die Entscheidung darüber, ob LeRois das Kommando behalten sollte. Seine Beliebtheit durch den Reichtum, den sein Arrangement mit Ripley ihnen allen eingebracht hatte, war durch den katastrophalen Angriff auf die Tabakflotte beinahe gänzlich zunichte gemacht worden.

Der Franzose fuhr mit seiner schwitzenden Handfläche über das Walnussholz am Kolben seiner Pistole, die in seiner roten Schärpe steckte. Er trank einen großen Schluck aus seiner Rumflasche. Sollte jemand sein Kommando ernstlich in Frage stellen, würde er ihn erschießen. Und sollten die anderen über ihn herfallen und ihn dafür töten, dann sollte das sein Schicksal sein. Eher wollte er auf dem Achterdeck der *Vengeance* sterben, als das Kommando zu verlieren.

»Also, hört her«, rief Darnall. Die zahlreichen Gespräche erstarben, und alle sahen zum Quartermeister und LeRois auf. LeRois hatte beschlossen, auf dem Achterdeck zu bleiben, als hätte er noch immer das Kommando; er wollte sich nicht unter die anderen auf dem Mitteldeck mischen, wenn er auch die missbilligenden Blicke sah, die man ihm zuwarf.

»Man kann wohl sagen, dass ein paar große Worte gefallen sind, was diesen Kampf angeht und wie es mit uns weitergehen soll«, fuhr Darnall fort, »und ich denke, wir sind so weit, dass wir die Segel setzen können. Also sollten wir beschließen, wohin wir fahren.«

»Wir fahren wieder zu den Capes zurück«, verkündete LeRois und hoffte, es klänge endgültig.

»Wir nehmen keine Befehle mehr von dir entgegen, du verrückter, alter Mann«, rief der Bootsmann. Sein Gesicht war vor Wut verzerrt. Er hatte drei Finger seiner linken Hand im Kampf verloren.

»Das hast du nicht zu bestimmen.«

»Verdammter Hundsfott! Du hast uns direkt in eine Falle geführt!«

LeRois drehte sich halb um und spuckte aufs Deck. »Pah, Falle! Du wusstest nicht, dass es eine Falle war, *cochon*, keiner von euch wusste es!«

»Er ist nicht in der Lage, Kapitän zu sein, der verfluchte Irre! Dazu ist er nicht in der Lage, sage ich!«

LeRois zog langsam sein Schwert, starrte den Bootsmann an, und als er sprach, klang seine Stimme ruhig und schrecklich klar. »Das sagst du nicht zu mir, eh? Ihr wählt den Kapitän, aber du schimpfst mich nicht solche Sachen. Willst du gleich gegen mich antreten?«

Das ließ den Bootsmann mit offenem Mund innehalten, wie LeRois bereits vermutet hatte. LeRois mochte alt sein und er mochte irre sein, doch war er nach wie vor der gefährlichste Mann an Bord, ein geübter Kämpfer, absolut ohne Gnade und absolut ohne Furcht. Das war eine Tatsache, die niemand in Frage stellte. Nur einmal in seinem Leben war er besiegt worden, und das durch diesen Malachias Barrett, und sollte der ihm noch einmal über den Weg laufen, würde er auch ihn töten.

»Ich werde nicht mit halb abgehackter Hand gegen dich antreten!«, antwortete der Bootsmann und hielt seine bandagierte Linke hoch. Unseligerweise war der Mann Rechtshänder, was alle an Bord wussten, und mit seiner rechten Hand war alles in Ordnung, sodass er schließlich fluchend am Schanzkleid lehnte und seinen Protest aufgab.

»So werden wir es machen. Ich sage, dass wir es so machen, und ihr stimmt jetzt darüber ab«, sagte LeRois, nutzte die Situation für sich. »Wir fahren wieder zur Chesapeake Bay zurück. Dieses Schiff, gegen das wir gekämpft haben, ist mit dem Konvoi gefahren, und wenn es wiederkommt, wird es uns nicht noch einmal täuschen. Jetzt gibt es in der Bay kein Kriegsschiff, und dort ankert viel fette Beute. Es gibt manch feines *maison* am Ufer, nicht? Wir werden den verdammten *cochons* eine Lektion erteilen, auf die *Vengeance* zu schießen.«

Er blinzelte und sah in die Gesichter unten auf dem Mitteldeck. Köpfe nickten, Gemurmel erhob sich.

»Hat jemand einen anderen Vorschlag?«, fragte Darnall, und auf diese Frage folgte langes Schweigen. LeRois wusste, dass diese Bande murren würde, wie Seeleute es stets tun, doch es gab unter ihnen kaum jemanden, der wirklich die Verantwortung übernehmen wollte. Der Bootsmann vielleicht, aber den hatte LeRois eben erst kastriert.

»Ich würde sagen, uns gefällt, was LeRois sagt«, meldete sich einer der Männer zu Wort, woraufhin ein Chor der Zustimmung laut wurde.

»Irgendjemand was dagegen?«, fragte Darnall, doch niemand sagte etwas, nicht mal der Bootsmann, der nur finster zu Boden blickte.

»Dann ist es beschlossene Sache«, verkündete Darnall. »Chesapeake.«

»*Oui, oui, bien*«, knurrte LeRois, dann rief er aus: »Lasst uns die Segel setzen, ja? *Prez et plein.*«

Wind und Strömung hatten sie gen Norden getrieben, und sie brauchten fast zwei Tage für den Rückweg, zwei angespannte Tage, bis die Küste in Sicht kam und endlich Cape Charles und Smith Island am Steuerbordbug auftauchten.

An jenem Abend drehten sie bei, wollten sich die Passage zwischen den Middle Ground Shoals und Cape Charles bei Dunkelheit ersparen. Als die Sonne aufging, hoffte LeRois, er bekäme vielleicht ein ahnungsloses Handelsschiff zu sehen, das dort in der Bay vor Anker lag, doch es gab da nur Wasser und die fernen, flachen Capes, also befahl er, dass die Rahen gedreht wurden, und wendete den Bug der *Vengeance* gen Westen.

Sie umschifften Cape Charles am späten Morgen, segelten am Middle Ground entlang und steuerten Hampton Roads an, wo er sich reichlich Beute erhoffte. Die Pumpen waren jeweils eine Stunde pro Wache bemannt gewesen, doch nachdem der Wind nun über zehn Knoten ging und die müde, alte *Vengeance* mehr Fahrt machte, arbeiteten sie fast ohne Unterlass. Am schlimmsten war, dass die Männer sie selbst betätigen mussten, da sie weder Gefangene noch Sklaven an Bord hatten, die es ihnen abnehmen konnten.

Darüber hinaus klaffte ein Loch im Vormarssegel, und LeRois erwartete, dass es jeden Augenblick reißen würde. Wenn das Schiff krängte und das Leckwasser in der Bilge schwappte, stieg ein fauliger Geruch aus den Luken auf, der selbst für Piraten widerwärtig war. Niemals wäre die *Vengeance* in der Lage, es mit einem Kriegsschiff aufzunehmen. Sie war so gut wie am Ende.

Es waren keine Schiffe zu sehen, als sie die Mündung der Bay durchfuhren, keine nördlich auf dem York River oder in der Mocksack Bay und auch keine südwestlich bei Norfolk. So hatte sich LeRois das nicht vorgestellt, doch es gab noch Hampton Roads, das jenseits von Point Comfort augenblicklich nicht zu sehen war.

LeRois lief am Achterdeck auf und ab, und wenn ihn die Enttäuschung übermannte, zog er eine Pistole aus seiner Schärpe und schoss eine Möwe vom Himmel, sah sich an, wie sie in einer Wolke aus Blut und Federn explodierte, und dann lief er weiter auf und ab.

Eine Stunde später lag Point Comfort direkt am Steuerbordbug. »Da drinnen ist ein Schiff, drüben bei Hampton Roads!«, rief der Mann hoch oben. »Sieht aus wie ein Handelsschiff! Ein Riesending!«

LeRois sagte nichts. Er blieb stehen und wartete, bis die *Vengeance* querab vom Point lag, sodass er das breite Roads dahinter sehen konnte. Es war tatsächlich ein Schiff, ein großes, höchstwahrscheinlich ein Kaufmann, doch hatte er in letzter Zeit einiges dazugelernt, was das äußere Erscheinungsbild anging.

»Ladet die großen Kanonen und rollt sie aus!«, rief er. »Wir blasen den Schweinehund aus dem Wasser, wenn er auf uns schießt!«

Es gab keinerlei Widerrede aus der Mannschaft, was diese Vorsichtsmaßnahme anging, und schon bald machten sie sich daran, die Kanonen zu laden, nahmen die Taue, die leeren Fässer und persönlichen Gegenstände, die sich darauf stapelten, und warfen sie zu einem großen Haufen auf der Hauptluke. LeRois brachte den Bug herum, bis die *Vengeance* das verlassene Schiff ansteuerte. Er sah sich deren Deck durchs Fernglas an. Er war nah genug, dass er ein paar Gestalten erkennen konnte, doch das war alles. Es schien praktisch unmöglich, dass es sich dabei um eine Falle handelte, aber er war dennoch besorgt.

Merde, dachte er. Lass es eine Falle sein. Ich bin bereit.

Bis auf eine Kabellänge kamen sie heran, und noch immer sah er nur ein paar Mann an Deck. Er trank einen großen Schluck Rum, machte sich bereit und spürte, wie sich seine Muskeln anspannten, während er darauf wartete, dass das Abbild von Malachias Barrett in der Linse seines Fernrohrs erschien. Doch er konnte nur ein paar Seeleute an Bord erkennen, und einen stämmigen Kerl, der wie der Kapitän aussah, und keiner sah wie Barrett aus. Der stämmige Kerl deutete auf die *Vengeance*, drehte sich um und sagte ein paar Worte zu den anderen, die daraufhin verschwanden.

Einen Augenblick später tauchten sie wieder auf, diesmal in einem kleinen Boot, das das Ufer und den kleinen Ort Hampton ansteuerte. Alle Mann im Boot legten sich in die Riemen, einschließlich des Kapitäns, und eilig ließen sie das Schiff hinter sich zurück.

Sie ahnen, wer wir sind, dachte LeRois, und sie überlassen uns ihr Schiff.

Es war zu schön, um wahr zu sein.

Die *Vengeance* kam bis auf eine halbe Kabellänge heran, und dann gingen sie vorsichtig längsseits ihres Opfers. LeRois sah sich das Schiff genau an, wartete darauf, dass hunderte von Männern aufsprangen und ihre Kanonen herausrollten, doch es schien niemand mehr an Bord zu sein.

»Die Flagge, hisst die Flagge! Rollt die Kanonen aus!«, rief LeRois, und die Spannung entlud sich wie ein Gewitter, als die grässliche schwarze Flagge gehisst wurde, man die Kanonen herausrollte und die Piratenbande grölte und johlte wie die höllischen Heerscharen.

Und noch immer nichts vom Handelsschiff.

»Gebt ihnen eine Kanone, eine nur!«, befahl LeRois, und mittschiffs ging eine einzelne Kanone los. Bruchstücke von der Reling des Opfers flogen durch die Luft, doch entstand darüber hinaus nur geringer Schaden, da diese Kanone mit Kartätschengeschossen geladen war, die Menschen töten, nicht Schiffe versenken sollten.

Der Kanonendonner hallte übers Land, doch es kam noch immer keine Reaktion von Bord des anderen Schiffes in etwa hundert Meter Entfernung. »Großsegel straffen!«, rief LeRois, und die *Vengeance* war wieder auf der Hatz, nahm sich die Beute vor, hielt direkt darauf zu. Die Männer auf dem Mitteldeck erklommen zögerlich Reling und Wanten. Es gab keinen Totentanz. Solcherart Selbstvertrauen hatten sie verloren. Sie warteten gespannt.

»Beidrehen! Beidrehen!«, rief LeRois den Rudergängern zu. Sie wirbelten das Rad herum, und die *Vengeance* drehte in den Wind, kurz bevor sich ihr Topsegel am Bugspriet im Fockrigg des anderen Schiffes verfing. Die beiden Schiffe stießen zusammen, und da erst fingen die Piraten an zu grölen.

Sie brüllten mit aller aufgestauten Wut und Anspannung der letzten Stunde, der letzten Woche, als sie an Deck dieses höchst unglücklichen Schiffes gingen. Sie schwenkten Pistolen, Entermesser und Säbel, während sie herumliefen, und in ihrem blinden Zorn brauchten sie einige Augenblicke, bis sie merkten, dass außer ihnen selbst kein Mensch an Bord des Schiffes war.

Sie rissen alle Luken auf und stürmten unter Deck, traten Kajütentüren ein, durchsuchten die Zwischendecks und den Laderaum, aber es war niemand an Bord. Der Kapitän und die drei Mann waren die Letzten gewesen, und die waren schon nach Hampton unterwegs. Das Schiff gehörte ihnen, und das ohne den geringsten Widerstand.

Es schien LeRois, als wäre das Glück auf seiner Seite.

Er stieg auf das Achterdeck des Handelsschiffes, und von dort aus überschaute er, was es zu sehen gab. Es war ein großer Kahn, fünfhundert Tonnen etwa und schwer bewaffnet dazu. Zwanzig Kanonen befanden sich an Bord, und sie sahen wie Neunpfünder aus, außerdem Drehstützen und Waffentruhen an Deck, die erst noch geöffnet werden mussten. Ihre Takelung war frisch geschwärzt und in gutem Zustand, die Decks, das Schmuckwerk und Messing kündeten von einem Schiff, das gut gepflegt war. Er konnte nicht beurteilen, in welchem Zustand der Rumpf war, doch er wusste, dass ein Kapitän, der für die Details sorgte, kaum den Rumpf verrotten lassen würde.

»Captain!« Darnall kam die Leiter zum Achterdeck herauf. Er hielt zwei Flaschen in der Hand, die aussahen, als stammten sie aus der Kapitänskajüte. Eine davon reichte er LeRois.

»Keine noch so schwarze Menschenseele an Bord«, meldete der Quartermeister. »Sieht so aus, als wäre hauptsächlich Tabak an Bord, ein verdammter Riesenhaufen Tabak, ein Vermögen wert. Etwas Geld in der Kapitänskajüte. Ein mörderischer Fang.« Darnall nahm einen großen Schluck aus seiner Flasche.

»Mörderischer Fang«, gab LeRois ihm Recht.

»Ich habe mir das Logbuch angesehen. Es ist die *Wilkenson Brothers*.«

»Uuuh«, machte LeRois. Seine Hand zitterte vor Angst, dass er die Vision vielleicht gleich wieder sähe. Die Männer der *Vengeance* brüllten noch immer, er hörte sie, wenn er auch nicht sehen konnte, dass tatsächlich jemand den Mund bewegte.

Er nahm einen Schluck aus der Flasche, ließ sich das Nass über Wangen und Bart laufen, während er trank. Es war Rotwein, der nicht dieselbe umgehend betäubende Wirkung wie Rum oder Gin hatte, und so trank LeRois immer weiter, bis sich die Wärme in ihm ausbreitete. Er wischte sich den Mund mit seinem Ärmel ab.

»Ihr täuscht Euch, was den Namen angeht, Quartermeister«, sagte er zu Darnall. »Teufel auch, wie immer sie geheißen haben mag, jetzt ist sie die *Vengeance*.«

23

Sie hatten ihm ordentlich Prügel verabreicht. George Wilkenson lugte in die Zelle, in der King James lag, besinnungslos auf einem Haufen Heu, der einzigen Annehmlichkeit im kalten, feuchten Gemäuer des Gefängnisses von Williamsburg. Er war an Händen und Füßen gefesselt, obwohl man ihn in eine Zelle gesperrt hatte und er aussah, als könnte er sich ohnehin nicht rühren. Tatsächlich sah er nicht einmal so aus, als wäre er am Leben.

Beim Anblick der Striemen, der geschwollenen Augenlider, des getrockneten Blutes an seinem Kinn und auf dem Hemd schreckte Wilkenson zurück. Manchmal war es schwer zu sagen, ob diese schwarzen Burschen verletzt waren. Aber nicht in diesem Fall.

Die Deputies hatten die Gelegenheit genutzt, ihrem Ärger

über King James' Arroganz Luft zu machen und auf körperliche Weise auszudrücken, was sie von einem freien Schwarzen hielten. Natürlich hatte Witsen ihnen gesagt, dass sie es tun sollten, und Witsen tat, was George Wilkenson *ihm* gesagt hatte, wenn auch die Hilfssheriffs ein wenig über das hinausgegangen waren, was George im Sinn gehabt hatte.

Aber es würde seine Wirkung zeigen, vorausgesetzt, dass sie ihn nicht erschlagen hatten. Wilkenson starrte noch einen Augenblick hinein, bis er sicher war, dass der Schwarze atmete, dann wandte er sich ab.

Es war mitten am Nachmittag. Einen halben Tag schon lag King James in dieser Zelle. Das einzige Licht im trüben Raum kam von einem Fenster weit oben. Es hatte Gitterstäbe, obwohl nicht mal ein Kind sich durch die Öffnung hätte zwängen können. Eine steinerne Mauer mit eiserner Tür trennte die drei Zellen von der anderen Hälfte des Gebäudes, wo der Gefängniswärter wohnte. Wilkenson warf einen letzten Blick auf James, dann ging er durch die Tür und zog sie hinter sich ins Schloss.

Der Aufseher war nicht zu Hause. Wilkenson hatte ihn fortgeschickt. Er wollte das Gefängnis ganz für sich allein, ein Privatbüro für diesen Nachmittag. Er setzte sich auf den ramponierten Stuhl am einzigen Tisch im Raum. Angewidert betrachtete er die Krümel, das vertrocknete Essen und die schimmligen Reste; dann stand er auf und lief herum.

Er fragte sich, wo die Verzögerung wohl herrührte. Fragte sich, ob es ein Problem gab. Bei diesem Gedanken wollte sich ihm schier der Magen umdrehen. Er trat ans Fenster und spähte durch die schweren Vorhänge.

Jenseits des breiten Rasens, der das Gefängnis umgab, sah er, dass die Männer des Sheriffs kamen, und zwischen ihnen, fast im Laufschritt, ging Lucy. Es schien, als gäbe es doch kein Problem. Zumindest nicht für ihn.

Selbstverständlich war das, was er zu tun gedachte, nicht wirklich notwendig. William Tinlings Brief allein genügte, um Elizabeth zu erniedrigen und zu ächten, sie vielleicht sogar eines Verbrechens anklagen zu können. Aber er musste sicher sein. Schon einmal hatte man ihn genarrt. Er würde es nicht noch einmal zulassen. Er wollte Sicherheit, und keiner wusste mehr über Elizabeth Tinling als Lucy.

Die Tür ging auf, und die Männer des Sheriffs stießen das Mädchen herein, dass es fast stolperte. Lucy sah Wilkenson am anderen Ende des Zimmers stehen, und ihre Augen wurden schmal.

»Guten Tag, Lucy.«

Eine endlose Sekunde war sie ganz still, sah ihn mit Verachtung an, aber sie war eine Sklavin und klug genug, diese Empfindung für sich zu behalten. »Guten Tag, Mister Wilkenson.«

»Lucy, ich möchte, dass du dir etwas ansiehst.« George Wilkenson richtete sich auf und ging durchs Zimmer zu der Tür, die in den Zellenblock führte, stieß sie auf und winkte ihr, sie solle kommen. Sie zögerte, sah sich um, dann trat sie langsam durch die Tür. Wilkenson folgte ihr.

Einen Moment lang blieb sie stehen und sah sich im trüben Licht um, dann stöhnte sie auf und warf sich gegen das Gitter von James' Zelle.

»Ihr habt ihn getötet! Oh, lieber Herr Jesus! Ihr habt ihn getötet!«, weinte sie, streckte die Arme durch das Gitter, reckte die Hände dem bewusstlosen Mann entgegen, der drei Meter von ihr entfernt lag.

Wilkenson trat hinter sie. »Nein, er ist nicht tot. Noch nicht.« Er legte ihr eine Hand auf die Schulter und drehte sie halb zu sich herum. Tränen rannen über ihr Gesicht. Sie wich seinem Blick aus. Er hielt die Hand unter ihr Kinn, hob ihr Gesicht an seines, und sie sahen einander in die Augen.

»Die Männer des Sheriffs haben ihn erwischt, als er gestern Nacht in der Stadt herumgeschlichen ist. Und er hatte eine Waffe. Verstehst du, was das bedeutet, Lucy? Begreifst du, dass er dafür gehängt werden kann?«

Er sah in ihre dunklen Augen, die feucht von Tränen waren. Sie nickte leicht, zeigte, dass sie begriff.

»Gut. Komm mit hinaus, bitte.« Er führte sie wieder ins Quartier des Aufsehers. »Ich möchte mit dir sprechen.«

Er setzte sie an den kleinen Tisch und stellte sich ihr gegenüber, sah auf sie herab, wartete geduldig, während sie ein Taschentuch aus ihrem Ärmel zog und sich die Augen abtupfte.

»Ich habe so eine Ahnung, Lucy, dass du James sehr gern hast.«

Lucy nickte, und wieder kamen ihr die Tränen, und zwischen Schluchzern sagte sie: »Wir wollen heiraten.«

»Das ist nett, Lucy. Wirklich. Jetzt pass mal auf. Mir ist zu Ohren gekommen, dass einiges in der Beziehung zwischen deiner Herrin Elizabeth Tinling und ihrem verstorbenen Gatten nicht ganz ... nicht ganz gewöhnlich war. Du weißt, dass Joseph ein besonders enger Freund von mir war, und ich würde zu gern wissen, was da los gewesen ist.«

Lucy blickte zu ihm auf, und inmitten von Furcht und Trauer blitzte Widerwillen auf. »Wieso fragt Ihr mich das, ein Negermädchen wie mich? Gar nicht gut, wenn ich Euch etwas sage.«

»Oh, du wirst mir ja nichts sagen, was ich nicht schon wüsste. Ich weiß von allem, was vorgefallen ist, aus einer einwandfreien Quelle. Nur wäre es mir lieb, wenn du es mir bestätigen würdest. Ich möchte es von noch jemandem hören, und ich denke, es dürfte im Haus der Tinlings wohl kaum etwas geben, das dir entgangen wäre.«

Lucy biss sich auf die Unterlippe und sah sich um. Die

Männer des Sheriffs flankierten die Tür, mit verschränkten Armen und ausdruckslosen Mienen. Sie war wie ein Tier, das in der Falle saß, klein und verschreckt.

Wilkenson legte seine Hände flach auf den Tisch und beugte sich zu ihr vor, bis ihre Gesichter ganz nah beieinander waren. Lucy wich zurück und wandte sich halb ab, doch sie sah ihn dabei die ganze Zeit an. »Du wirst eine Entscheidung treffen müssen, Lucy«, sagte Wilkenson mit sanfter, leiser Stimme. »Ich kann King James freilassen, oder ich kann dafür sorgen, dass man ihn aufknüpft. Das kann ich. Du weißt, dass ich es kann, hab ich nicht Recht, Lucy?«

Sie nickte und starrte ihn an, wie das Kaninchen vor der Schlange. Inzwischen rannen die Tränen ohne Unterlass, und das trübe Licht, das hinter den Vorhängen hervorkam, schimmerte auf ihrer feuchten Haut. Sie unterdrückte ein Schluchzen, setzte sich aufrecht hin und sammelte ihre Kräfte.

»Wenn Ihr wisst, was passiert ist, dann wisst Ihr auch, dass sie nichts damit zu tun hatte, Mrs. Elizabeth. Sie wusste es nicht mal. Weiß es immer noch nicht. Die alte Frau war es, die immer gekocht hat, ihr Werk war es, und dieses Jahr ist sie gestorben. Deshalb kann man jetzt auch nichts mehr tun.«

Wilkenson legte seine Stirn in Falten und schüttelte den Kopf. »Ich verstehe nicht...«

»Mr. Tinling... er war ein Tier... ein Tier. Hat meine Herrin geschlagen, wie ich es noch nie gesehen habe. Schlimmer als einen Hund hat er sie geschlagen, schlimmer als einen Sklaven. Einmal hat er sie fast umgebracht – eine Woche war sie ans Bett gefesselt. Ich... ich... weiß nicht, wieso. Sie hat ihm nichts getan. Es gefiel ihm einfach, sie zu schlagen. Schließlich hat er gesagt, er wolle sie umbringen, und ich schwöre bei Gott, es war sein Ernst, er hätte es getan.«

Sie brach zusammen, schlug die Hände vors Gesicht und schluchzte.

»Weiter, Lucy, ist schon gut...«

Lucy riss sich zusammen und sah auf. »Die alte Frau konnte es nicht mehr ertragen. Sie hat Mrs. Elizabeth geliebt, wie wir alle. Die Alte kannte sich mit Giften und so was aus. Sie hat ihm etwas unters Essen gemischt, damit es so aussah, als hätte sein Herz ausgesetzt. Mitten in seinem Schlafzimmer ist er tot umgefallen, als er gerade versucht hat, sich an mir zu vergehen. Hat mir die Kleider zerrissen... und es war auch nicht das erste Mal... und er ist tot umgefallen. Wir alle dachten, sein Herz hätte ausgesetzt. Die alte Frau hat mir die Wahrheit erzählt. Kurz bevor sie zur ewigen Ruhe gebettet wurde, hat sie es mir erzählt.

Als der Sheriff das Schwein tot aufgefunden hat, mit der Hose in den Kniekehlen, wollte er nicht darüber reden, wollte nicht, dass jemand erfährt, wie der Mistkerl gestorben ist.«

Wieder sah sie sich um. Ihre Unterlippe zitterte, und sie schluchzte, doch strahlte sie auch einen gewissen Trotz aus. »Die alte Frau hat ihn wohl vergiftet, aber er hätte Mrs. Elizabeth tot geprügelt, wenn sie ihm nicht zuvorgekommen wäre. Er hat es gesagt, ich habe es gehört, und es war sein Ernst. Er war verrückt, er war der niederträchtigste Schweinehund, dem ich je begegnet bin. Ich bin froh, dass sie es getan hat.«

Es herrschte Schweigen in dem kleinen Raum. Wilkenson warf einen Blick auf die Männer des Sheriffs, bemerkte ihre Überraschung, ihre großen Augen und stellte sich vor, dass sein Gesicht einen ähnlichen Ausdruck zeigte. Er hatte nur gehofft, William Tinlings Brief bestätigt zu bekommen, den Funken eines Gerüchts zu verteilen, damit die Leute redeten. Das nun jedoch war etwas anderes, eine Sache der Gerichte, des Gesetzes. Eidesstattliche Aussage.

»So... war es das, was Ihr hören wolltet?«

»Ja... ja«, sagte Wilkenson, doch es entsprach nicht der Wahrheit. Es war nicht das, was er hatte hören wollen. Es war weit, weit mehr.

Die *Plymouth Prize* setzte ihren Anker in Hampton Roads, um auf die Flut zu warten, bevor sie den James River bis hinauf nach Jamestown fahren wollten. Es würde die Fahrt um so vieles leichter machen, und zwölf Stunden am Haken ließen der Nachricht von Marlowes zweiter, triumphaler Heimkehr etwas mehr Zeit, sich übers ganze Land auszubreiten.

Der Ankerplatz bei Hampton Roads war leer. Selbst die *Wilkenson Brothers* war fort. Marlowe fragte sich, wo sie wohl genügend Leute aufgetrieben hatten, sie wieder an ihren Liegeplatz zu bringen. Er stellte sich vor, wie sich George Wilkenson hoch oben in der Takelage festklammerte, versuchte, die Segel zu setzen, und dabei zitterte wie Espenlaub, während der Alte am Ruder stand und Befehle bellte, und der Gedanke brachte ihn zum Grinsen.

Marlowe war ganz allein auf dem Achterdeck, stand an die Heckreling gelehnt und erfreute sich der Abendstille so gut es ging. Das Bild dieser schwarzen Flagge mit Schädel und gekreuzten Säbeln drehte sich nach wie vor in seinem Kopf.

Er war wieder da. LeRois war zurück. Sein Anblick war genauso Furcht einflößend wie beim allerersten Mal vor so langer Zeit, als Marlowe nur ein kleiner Bootsmann an Bord eines Handelsschiffes gewesen war. Als er ein gänzlich anderer Mensch gewesen war.

Nein, das stimmte nicht. Jetzt war er Furcht einflößender. Jetzt wusste Marlowe, wozu LeRois in der Lage war, wusste, welchen Zorn LeRois ihn würde spüren lassen, sollte er Gelegenheit dazu bekommen. Gebe Gott, dass er diese Gelegenheit nie bekommen würde.

Bickerstaff trat auf das Mitteldeck. Marlowe hoffte, er würde nach achtern kommen, ihn von seinen Gedanken ablenken, ihm einen Rat geben. Sein alter Freund hielt inne und blickte von backbord nach steuerbord, sah sich die liebliche Chesapeake Bay an, dann kletterte er die Leiter hinauf und schlenderte nach achtern. Er hatte eine so präzise, fast zarte Art, sich zu bewegen, als würde er tanzen oder fechten.

»Guten Abend, Thomas«, sagte er.

»Guten Abend.«

»Es scheint einem so vollkommen wie der Garten im Paradies, dieses Virginia.«

»So scheint es einem, wenn ich mich auch zu erinnern glaube, dass es dort Schlangen gab.«

»Ich vermutete, dass du mit dieser unbeholfenen und insgesamt untypischen Anspielung *Monsieur* LeRois meinst?«

»Allerdings.«

»Glaubst du, er ist hier? In der Bay?«

»Ich weiß es nicht. Es könnte sein. Er könnte sonst wo sein.«

Einen Moment lang schwiegen beide Männer, betrachteten ein Spatzenpärchen, das über ihnen flatterte. Im roten, blassen Licht der Abendsonne sahen sie fast schwarz aus.

»Du hast ihn den Teufel persönlich genannt«, sagte Bickerstaff schließlich.

»Eine Übertreibung vielleicht. Aber nicht sehr.«

»Ich habe ihn nur bei dieser einen Gelegenheit gesehen. Ist er sehr viel schlimmer als die anderen?«

»Die meisten Piraten leben gar nicht so lange. Ein paar Jahre, dann hat man sie gefangen und aufgeknüpft, oder sie sterben an irgendeiner Krankheit, oder sie werden von ihren eigenen Leuten niedergestochen. Aber LeRois hat es geschafft, zu überleben, als wäre er vom Satan gesegnet worden. Weißt du, er war gar nicht so schlimm, als man mich in seine Dienste gezwungen hat. Aber als ich dann... als wir unseren Abschied genommen haben, hatte er wohl den Verstand verloren. Unmenschlich grausam. Die ewige Trunkenheit, so glaube ich, hat ihm das Gehirn aufgeweicht, der Suff, die Syphilis und das harte Leben. Aber das alles wäre nicht so schlimm, wenn er nicht gleichzeitig so verschlagen wäre, und so geschickt mit seinem Schwert. Zumindest damals war er das, und ich vermute, dass er es wohl noch heute ist.«

»Du hast ihn in diesem letzten Kampf besiegt«, erklärte Bickerstaff.

»Ich habe ihn vertrieben, nicht besiegt«, korrigierte Marlowe. »Und es dürfte ihn wohl nur noch gefährlicher gemacht haben, weil er darüber wütend ist, und diesmal wird er vorsichtiger sein.«

»Einmal hast du ihn schon niedergerungen.«

»Einmal. Ich möchte es nur ungern erneut versuchen.«

Im ersten Licht des frühen Morgens, als die Sonne über Point Comfort aufging, lichteten sie den Anker und machten sich allein mit Hilfe der Topsegel auf den Weg flussaufwärts. Marlowe hatte erwartet, dass sich die Nachricht ihrer Heimkehr verbreiten würde. Er hatte erwartet, dass Boote ihn begrüßten, Menschen am Ufer dem mächtigen Wachschiff mit seinen bunten Fahnen und den Wimpeln, die in der warmen Brise flatterten, zuwinkten. Doch schien es, als würde niemand sie bemerken, als sei die gesamte Kolonie verwaist.

Am Nachmittag hatten sie Jamestown erreicht. Die *Northumberland* war da, lag am Pier, vertäut und verlassen wie der Anleger selbst, von einem Schwarzen abgesehen, der auf und ab lief und dabei in die Hände klatschte. Marlowe hielt sein Fernglas an die Augen. Es war Caesar, und er sah aus, als könnte er es kaum erwarten, dass Marlowe endlich ans Ufer trat. Aufregung war in Caesars Persönlichkeit nicht vorgesehen. Es beunruhigte Marlowe. Irgendetwas stimmte nicht.

Sie setzten den Anker und zogen das Beiboot längsseits, bereit, die Leinen über die Poller zu werfen und die *Prize* an die Pier zu ziehen. Marlowe nahm seinen Platz in der Achterspitze ein, Bickerstaff an seiner Seite, und er wies den Bootsmann an, sie an Land zu bringen. Marlowe kletterte zum Anleger hinauf, mit Bickerstaff im Schlepptau.

»Caesar, was zum Teufel ist hier los?«, fragte er. »Weiß denn niemand von unserer Rückkehr? Wo sind alle? Wo ist King James?« Und wo waren der Gouverneur und die Abgeordneten und die jubelnde Menge, die er erwartet hatte?

»Ich habe King James nicht gesehen, Mr. Marlowe, nicht mehr, seit er mit Euch gefahren ist. Und ich denke, die anderen wollen Euch aus dem Weg gehen.«

»Wozu, um alles in der Welt?«

»Ich glaube, die Leute fürchten sich vor Euch, wissen nicht, was Ihr tun werdet. Manche fürchten sich, mit Euch gesehen zu werden. Es ist wegen Mrs. Tinling, Sir. Mrs. Tinling sitzt im Gefängnis. Man hat sie verhaftet, weil sie etwas mit dem Tod ihres verstorbenen Mannes zu schaffen haben soll, dem Schweinehund, Gott sei seiner Seele gnädig.«

24

»Das alles ist Wilkensons Werk. Ihr wisst es doch, oder nicht? Gibt es daran Zweifel?« Marlowe marschierte auf und ab, vorgebeugt, um sich an den Deckenbalken in der großen Kajüte der *Plymouth Prize* nicht den Kopf zu stoßen. Drei Laternen beleuchteten den Raum, ließen nur die Ecken im Dunkeln. Ein Schwarm von Insekten, der durchs offene Heckfenster gekommen war, umschwirrte die Lichter. Trotz der leichten Brise war es heiß.

»Ich zweifle nicht daran, dass er seine Hände im Spiel hatte«, sagte Bickerstaff. Nur er, Rakestraw und Lieutenant Middleton waren mit Marlowe in der Kajüte. Sie alle saßen und beobachten ihren Kapitän, der auf und ab marschierte, beobachteten, wie sich sein Zorn zu einem tropischen Sturm aufpeitschte. »Wir müssen mehr Fakten herausfinden. Wir wissen nur sehr wenig, was den Fall angeht, und das aus dritter Hand.«

»Zum Teufel mit den Fakten!« Marlowe war von seinem eigenen Zorn überrascht, fürchtete ihn ein wenig. Seit Jahren hatte er solcherart Intensität nicht mehr empfunden. »Die gottverdammten Wilkensons erfinden Fakten, wie es ihnen beliebt, und alle anderen nicken nur und sagen: ›Ja, Sir, ganz wie Ihr meint.‹ Ich werde mir die Lügen nicht länger anhören.«

»Wir gehen morgen früh zum Sheriff und sprechen mit ihm und dem Gouverneur«, sagte Bickerstaff. Seine Stimme klang ganz ruhig, sein Vorschlag vernünftig, doch Marlowe war nicht in der Stimmung für Vernunft.

»Ja, der Sheriff und der Gouverneur. Unbeteiligte Beobachter, keine Frage. Von denen werden wir Gerechtigkeit erfahren, genau wie damals, als sie unseren Tabak verbrannt haben.«

»Der Sheriff ist ein Schurke auf der Lohnliste der Wilkensons, das will ich einräumen, aber der Gouverneur war immer fair…«

Marlowe blieb stehen und wandte sich Bickerstaff und den anderen zu. »Ich werde nicht bis morgen warten.«

»Was habt Ihr vor, Sir?«, fragte Rakestraw eifrig. Der Erste Offizier hatte sich – vielleicht mehr noch als alle anderen an Bord des Wachschiffs – die Methoden seines neuen Kapitäns zu Eigen gemacht. Er verehrte Marlowe, das war eindeutig.

»Ich will, dass Elizabeth Tinling aus dem Gefängnis freikommt, und daher schlage ich vor, wir gehen und holen sie heraus. Seid so gut und versammelt die Männer. Säbel, Spieße und Pistolen«, sagte er zu Middleton.

Ein Grinsen und ein Nicken, und der Zweite Offizier verschwand.

»Thomas, du schlägst doch nicht ernsthaft vor, dass wir Elizabeth mit Gewalt aus dem Gefängnis befreien, oder?«

»Genau das tue ich. Wer will sich uns entgegenstellen? Die Miliz? In der ganzen Kolonie gibt es keine Truppe, die es mit den Männern der *Plymouth Prize* aufnehmen könnte.«

»Das ist nicht der Punkt, ganz und gar nicht. Du bist jetzt ein Offizier des Königs. Was du vorschlägst, verstößt gegen das Gesetz.«

»Gegen das Gesetz? Ich *bin* das Gesetz!«

»Du bist *nicht* das Gesetz!«, rief Bickerstaff und schlug mit der Faust so heftig auf den Tisch, dass Rakestraw zurückschreckte. »Es ist deine Pflicht, nach dem Gesetz zu handeln, nicht... nicht, es beiseite zu schieben, nur weil es in deiner Macht liegt, es zu tun.«

»*Merde!* Dieses Geschwätz um das Gesetz. Welches Gesetz? Wilkensons Gesetz? Wenn sie das Recht haben, sich Gesetze auszudenken, wie es ihnen gerade passt, dann habe ich das auch!«

»Oh, es ist sehr hübsch, so zu denken, was? Thomas, es ist eine Verletzung von allem, was Recht und Ehre bedeuten...«

»Hör auf, mich zu belehren, Lehrer. Ich habe genug davon.«

Die beiden Männer starrten einander an. Durch die Fenster hörten sie den Lärm der Männer, die draußen Aufstellung nahmen, das Klappern und Klirren der Waffen, die ausgegeben wurden, das aufgeregte Murmeln und Tuscheln.

»Deine Armee erwartet dich«, sagte Bickerstaff schließlich.

»Da hast du verdammt Recht. Du kannst mitkommen oder hier bleiben, ganz wie du willst. Ich werde nichts Schlechtes von dir denken, wenn dein fehlgeleitetes Gewissen es dir verbietet, dich uns anzuschließen.«

»Ich werde mir dir kommen, wie ich es früher schon getan habe, nachdem du LeRois besiegt hattest. Nur werde ich mich nicht an dem beteiligen, was du zu tun beabsichtigst. Wie während unserer Jahre auf See. Ich will nur hoffen, dass ich dich von diesem Kurs abbringen kann.«

»Da kannst du hoffen, wie du willst, und beten, wenn dir danach ist, nur wird es dir nichts nützen.« Marlowe legte seinen Mantel ab, hob den Schultergurt mit dem Schwert über seinen Kopf, dann zog er seinen Mantel wieder über. Er schwieg, während er ein Paar Pistolen lud und sie an dem Lederriemen befestigte. »Sie treiben mich dazu«, sagte er schließlich. »Ich gehe nicht gern.« Er nahm seinen Hut, trat aus der großen Kajüte und ließ Bickerstaff allein zurück.

Er machte sich auf den Weg zum Achterdeck und stand ganz oben auf der Leiter, blickte auf das Mitteldeck hinab. Dort hatten sich die Männer der *Plymouth Prize* versammelt. Manche hatten Pistolen in ihre Gürtel und Schärpen gesteckt, andere ihre Enterhaken. Wieder andere stützten sich auf lange Spieße, deren Klingen im Licht der Laternen blitzten, hoch über den Köpfen der Männer. Sie alle trugen Säbel. Die meisten hatten sich bunte Tücher um die Köpfe und Bänder um Arme und Beine gebunden. Diverser Goldschmuck schimmerte im trüben Licht. Sie grinsten und machten Witze. Sie waren abmarschbereit.

»Hört mich an, Männer«, rief Marlowe. Die vielen Stimmen an Bord erstarben, und alle Köpfe drehten sich nach achtern. »Ich denke, ihr wisst alle, was anliegt. Manch einer mag der Ansicht sein, dass das, was ich beabsichtige, nicht rechtens ist, und ich bin mir nicht mal sicher, ob sie in diesem Punkt so Unrecht haben, also sollten diejenigen, die heute Nacht nicht mitkommen wollen, hier bleiben, und ich werde kein Wort darüber verlieren.«

Er sah sich unter den Anwesenden um, die zu ihm aufblickten, doch keiner rührte sich. Und dann schrie irgendwo jemand: »Lasst uns dieser Bande von Wilkensons einen kleinen Besuch abstatten!«, und die Männer brachen in spontanen Jubel aus, hoben ihre Waffen, schossen mit Pistolen in die Luft.

Eine Laterne wurde geöffnet und eine Fackel hineingehalten. Das tuchumwickelte Ende fing Feuer, warf grelles und flackerndes Licht über die jubelnden Männer, dann wurde eine nach der anderen entzündet, bis die Menge auf dem Mitteldeck wie eine wilde, urzeitliche Jagdgesellschaft aussah.

»Dann lasst uns gehen!«, rief Marlowe, zückte sein Schwert und sprang aufs Mitteldeck hinab. Die Männer traten beiseite, als er über die Reling auf den Anleger stieg, und dann folgten sie ihm – noch immer jubelnd und johlend – an Land.

Es war eine aufrührerische Armee, die da die hügelige Straße nach Williamsburg entlang marschierte. Der Jubel ließ nach, als sie ihren Rhythmus fanden, sodass allein das stete Tappen nackter Füße auf der Straße und das leise Klappern der Waffen an ihren Seiten zu hören waren.

Wie die meisten Seeleute waren auch die der *Plymouth Prize* kräftige Burschen, doch waren sie nicht daran gewöhnt, lange Strecken zu laufen. Bald schnauften sie wie eine Herde Vieh, während sie die harte, staubige Straße entlang gingen, von den Fackeln beleuchtet, die sie über ihren Köpfen hielten.

Nach etwa einer Stunde hörte Marlowe Hufgetrappel.

»Halt!«, rief er. Er hob die Hand, und die Männer hinter ihm verharrten. »Macht euch bereit!« Er hörte, wie Macheten aus ihren Säbeltaschen gezogen und Pistolen gespannt wurden.

Das Geräusch der Hufe kam immer näher, und dann gelangten Pferd und Reiter in den Lichtkreis. Der Mann brachte sein Pferd zum Stehen und sah auf die Räuberbande unter sich herab. Marlowe kannte den Reiter nicht. Er war nur irgendein Reisender, und der Mann machte sich nicht die Mühe, sich vorzustellen. Seine Augen weiteten sich, und er sagte: »Großer Gott!« Dann wendete er das Pferd und galoppierte in entgegengesetzter Richtung davon, trieb das Pferd energisch an, als fürchtete er, dass man ihm in den Rücken schießen würde.

Die ganze Begegnung dauerte nicht mehr als eine halbe Minute, dann waren Pferd und Reiter verschwunden. Marlowe betrachtete seine Männer. Er begriff, wieso der Reisende derart verschreckt war. Die Männer von der *Plymouth Prize* mussten ihm so Furcht einflößend vorgekommen sein wie die Armee des Pharaos den Kindern Israels. Und Marlowe wusste, dass sie sehr wohl in der Lage waren, so bösartig zu handeln, wie sie aussahen.

Er trat beiseite, bis er das Ende der Reihe sehen konnte. Am Rande des Fackelscheins stand Bickerstaff, und seine Hand ruhte auf dem Heft seines Schwertes. Er wünschte, der Lehrer würde nach vorn kommen und neben ihm marschieren, doch Marlowe wusste, dass er es nicht tun würde. Bickerstaff war anwesend, doch er würde nicht teilnehmen.

Versuch das dem Richter zu erklären, wenn sie uns aufknüpfen wollen, dachte Marlowe, dann winkte er die Männer weiter.

Sie brauchten noch etwa anderthalb Stunden bis Williamsburg, und mittlerweile wurden die Männer müde.

Zehn Minuten vor Mitternacht ließen sie die dunklen Felder mit den noch dunkleren Bäumen hinter sich und gelangten schließlich zu jenem großen Bau aus Mauersteinen, in dem das »College of William and Mary« untergebracht war, dem westlichen Ende der Hauptstadt.

Ihre Ankunft in Williamsburg schien die Männer der *Prize* neu zu beleben. Ihre Schritte wurden energischer, und das Licht fiel in einem größeren Kreis, da sie die Fackeln höher hielten.

Aus eigenem Antrieb bildeten die Männer mit den langen Enterspießen zwei ziemlich gerade Kolonnen und marschierten im Gleichschritt vor dem Rest der Bande.

Marlowe hörte, wie auf beiden Seiten der Straße Fensterläden und Türen geöffnet und dann wieder zugeknallt wurden, sah hin und wieder ein Gesicht, das den nächtlichen Besuch betrachtete. Ein Windhauch wehte die Worte: »...aber wo ist die verdammte Munition?«, zu ihm heran, und er lächelte. Nicht alle Menschen dieser Stadt hatten etwas zu befürchten. Manche, aber nicht alle.

Marlowes Männer marschierten mitten auf der Straße, bis endlich das Gefängnis in Sicht kam. In den Fenstern brannte Licht, und es fiel auch durch die Tür, in der drei Männer standen und sie beobachteten. Marlowe zog sein Schwert und scherte von der Straße aus, und seine Männer folgten ihm wie ein Drachenschwanz. Sie überquerten den Rasen und blieben vor dem kleinen Steinhaus stehen.

Sheriff Witsen stand in der offenen Tür, zwei seiner Männer hinter ihm. Drinnen konnte Marlowe den Gefängnisaufseher erkennen, einen fetten, schmierigen Mann in Nachthemd und Hosen, der offenbar versuchte, sich aus drohendem Ärger herauszuhalten.

Der Sheriff und seine Männer hatten Musketen – drei Waffen gegen die hundert Waffen der Männer von der *Prize*.

»Guten Abend, Marlowe«, sagte Witsen, als wären sie einander eben auf einer Landstraße begegnet. »Von einem bemitleidenswert verängstigten Mann habe ich die Nachricht erhalten, dass sich Räuber auf der Straße herumtreiben, aber nachdem Gerüchte umgehen, es gäbe einen Piraten in der Bay, sind natürlich alle darauf vorbereitet. Aber heute Abend gibt es hier keine solche Schurken, hab ich Recht?«

Einen Moment lang hielt Marlowe seinem Blick stand. Witsen schien keine Angst zu haben, was außergewöhnlich war. Selbiges ließ sich über seine Männer nicht gerade sagen, die unruhig mit ihren Waffen herumfuchtelten, und auch nicht über den Schließer, der mächtig schwitzte und sich am liebsten aus dem Staub gemacht hätte.

»Ich habe heute Abend keine Schurken gesehen, Sir«, sagte Marlowe.

»Ich dachte, das sei vielleicht der Grund, weshalb Ihr ausgerückt seid.«

»Ich glaube, Ihr wisst sehr wohl, weshalb wir ausgerückt sind. Ich wäre Euch dankbar, wenn Ihr beiseite treten würdet.«

»Das kann ich nicht tun.«

Dann war Bickerstaff plötzlich an Marlowes Seite. »Sheriff, Ihr und Marlowe seid beide Männer des Gesetzes. Ich sehe nicht, weshalb es schaden sollte, die Gefangene in Marlowes Obhut zu geben, bis hier alles geklärt ist. Sie wäre nach wie vor in Gewahrsam, ob nun in Eurem oder demjenigen der Admiralität. Und es wäre dazu angetan, Unstimmigkeiten zu vermeiden.«

»Vielleicht ist das, was Ihr sagt, nur fair, Mr. Bickerstaff. Ich bin kein Richter und kann es daher nicht wissen. Aber ich kann es nicht tun, solange ich keine entsprechenden Befehle habe.«

»Befehle von wem?«, herrschte Marlowe ihn an. »Vom

Gouverneur oder von den Wilkensons? Oder macht das keinen Unterschied? Oder gibt es vielleicht noch andere, denen ein Teil Eurer Seele gehört?«

Er sah, dass die Worte ihre Wirkung taten, und in Witsens Gesicht sah er, wie sehr sie der Wahrheit entsprachen, doch noch immer rührte sich der Sheriff nicht.

Der Gefängnisaufseher trat vor. »Vielleicht sollte der Kapitän das hier lesen«, sagte er. Er hielt ein Blatt Papier in die Höhe und ließ es flattern wie ein Segel. »Das, äh, Geständnis. Von dem Sklavenmädchen.«

Marlowe riss das Blatt an sich und las, dann las er es noch einmal. Die Abschrift einer Erklärung der alten Köchin, die Tinling ermordet hatte. Darunter ein zittriges X, die Worte »Lucy, ihr Zeichen«. Er sah zum Sheriff auf. »Hier steht nichts davon, dass Elizabeth Tinling darin verwickelt wäre. Ganz im Gegenteil: Das Mädchen sagt, sie hätte von der ganzen Sache nichts gewusst.«

»Und Mr. Wilkenson sagt, es stimmt nicht. Er sagt, es sei ein Mord geschehen, und das Negermädchen deckt ihre Herrin.«

»Das ist gänzlich inakzeptabel. Augenblicklich werdet Ihr Elizabeth Tinling freigeben!«

»Das werde ich nicht tun. Das alles ist nicht Eure Sache. Ich gebe Euch den Befehl, diesen Ort zu verlassen, Marlowe. Ich bin bereit, jeden zu töten, der tun will, wozu Ihr hergekommen seid.«

»Uns töten wollt Ihr?«, sagte Marlowe und wandte sich zu seinen Männern um. »Entwaffnet sie.«

Die Männer der *Plymouth Prize* schwärmten aus, bewegten sich mit der Gewandtheit von Männern, die daran gewöhnt waren, in luftiger Höhe zu arbeiten, wo die Gewandtheit über Leben und Tod entschied. Sie packten die Männer des Sheriffs, rissen ihnen die Waffen aus den Händen, stießen kaum auf Widerstand. Sechs Hände entrissen Witsen die Muskete, als der Sheriff die Waffe auf Marlowe richten wollte. Unbewaffnet und erniedrigt erwarteten die Männer des Gouverneurs ihr Schicksal, welches nun ganz und gar in Marlowes Händen lag.

»Bringt sie hinein!«, befahl Marlowe, und die Seeleute stießen die drei Männer grob in das Gefängnis. Sie trieben sie und den Schließer in eine Ecke und hielten sie dort mit ihren langen Spießen in Schach. Witsen protestierte nicht gegen diese Behandlung.

Der schmutzige, kleine Raum, in dem der Gefängnisaufseher wohnte, wurde von einigen Laternen beleuchtet, die von Haken an der Wand hingen. Marlowe ließ seinen Blick über die fleckigen Laken auf dem Bett schweifen, den Haufen Hühnerknochen auf dem Tisch, dann sah er, was er suchte. Ein Schlüsselring hing neben der Tür zu den Zellen.

Er wandte sich Rakestraw zu, der neben Bickerstaff hinter ihm stand. »Achtet darauf, dass diese Männer bleiben, wo sie sind«, er deutete auf den Sheriff und dessen Kumpane, »und postiert ein paar Männer um das Gefängnis. Haltet die Augen offen. Es könnte sein, dass sie die Miliz ausrücken lassen.« Er nahm die Schlüssel vom Haken, schnappte sich eine Laterne. »Ich bin gleich wieder da.«

Marlowe stieß die Tür zu den Zellen in der anderen Hälfte des kleinen Gebäudes auf. Er wollte niemanden bei sich haben. Er wusste nicht, was er vorfinden würde, was sie Elizabeth angetan haben mochten. Dieser Gedanke war ihm auf dem Marsch nach Williamsburg mehrmals durch den Kopf gegangen, und jedes Mal hatte er ihn verdrängt, um nicht zu verzweifeln.

Doch er hatte genug darüber nachgedacht, um zu einer Entscheidung zu kommen. Hatten sie ihr etwas zugefügt, würden sie dafür bezahlen. Sollten sie… ein kalter Schauer lief ihm bei dem Gedanken über den Rücken... sollten sie Elizabeth geschändet haben, dann würden alle sterben.

Er trat durch die Tür. Das Licht der Laterne beleuchtete den Raum, und die Gitterstäbe der Zellen warfen ihre Schatten auf die gegenüberliegende Wand. Er sah in die erste Zelle. Dort kauerte ein schwarzer Mann in Ketten, wandte Marlowe den Rücken zu. Er ging weiter. Die nächste Zelle war leer. Er lief zur letzten in der Reihe.

Darin war Elizabeth, schützte ihre Augen vor dem Licht. Verängstigt sah sie aus, schien an die Wand zurückzuweichen, doch war nach wie vor ein gewisser Stolz in ihrem Blick, ein Trotz, als würde sie eher töten und sterben, als weitere Erniedrigung hinzunehmen. Marlowe spürte, wie seine Liebe zu ihr erwachte und den Zorn vertrieb. Er wollte sie berühren, sie liebkosen und für alle Zeit beschützen.

»Was willst du?«, fragte sie mit einer Hand vor dem Gesicht. Marlowe spürte, wie Furcht an die Stelle der Liebe trat. Hasste sie ihn jetzt für seine Rolle, die er bei alldem gespielt hatte?

»Elizabeth... ich komme, um dich zu holen...«, sagte er.

Sie richtete sich auf und versuchte, ins Licht zu sehen. »Thomas? Thomas, bist du das?«, fragte sie. Wenn die Laterne so tief hing, konnte sie sein Gesicht nicht sehen.

»Ja, ja, Liebste, ich bin es«, sagte Marlowe und hielt die Laterne hoch, damit das Licht auf sein Gesicht fiel. Er sah, wie sich Elizabeth entspannte und ihre grimmige Miene zu einem Lächeln wurde. Sie lief durch die kleine Zelle, hielt sich an den Gitterstäben fest, drängte ihm entgegen.

»Oh, Thomas, du kommst, um mich zu holen!«, sagte sie.

Marlowe stellte die Laterne auf den Boden. Die tropfende Kerze spendete gerade genug Licht, dass er die Schlüssel in seiner Hand erkennen und das Schlüsselloch in der Eisentür finden konnte.

»Geht es dir gut?«, fragte er, während er mit dem Schlüssel hantierte. »Haben sie... haben sie dir etwas getan?«

»Nein, sie haben mich erniedrigt. Mehr nicht.«

Er schob den Schlüssel ins Schloss – mit zitternden Händen – und drehte ihn, bis das Schloss knirschte. Er warf die Tür weit auf, trat ein und schloss Elizabeth in die Arme.

»Oh, mein Liebster, mein Liebster«, flüsterte Elizabeth, umarmte und küsste ihn. Sehnsüchtig erwiderte er ihren Kuss, hielt sie ganz fest, wollte sie nie mehr aus den Augen lassen.

Schließlich machte sie sich von ihm los, aber er umschlang sie erneut mit seinen Armen. »Hast du mit dem Gouverneur gesprochen?«, fragte sie. »Wie hast du es nur geschafft?«

»Mit dem Gouverneur? Nein. Ich bin einfach hergekommen, um dich herauszuholen.«

»Aber... willst du damit sagen, dass du mich einfach mitnehmen willst? Ohne Befugnis?«

»Ich bin Kapitän des Wachschiffs, und das gibt mir Befugnis. Die sechzig bewaffneten Männer, die ich dabeihabe, geben mir Befugnis.«

Sie wich zurück, löste sich aus seinen Armen und strich das Haar aus ihrer Stirn. »Thomas, das ist... Gott im Himmel, darfst du das? Was werden wir jetzt für Schwierigkeiten bekommen?« Sie wandte sich von ihm ab, als suchte sie die Antwort in der dunklen Ecke der Zelle. »Was wird nun sein?«, fragte sie und drehte sich wieder zu ihm um. »Ich... ich bin nicht sicher, was ich denken soll. Ich verliere den Verstand, wenn ich noch eine Minute länger hier drinnen bleiben muss, aber... nach dem Gesetz...«

»Meinetwegen können sie sich ihre Gesetze sonst wohin stecken«, sagte Marlowe entschlossen. »Es gibt in dieser Kolonie keine Gesetze, abgesehen von denen, die die Reichen zu ihrem eigenen Vorteil ersinnen. Nun, auch ich bin reich, und ich habe meine Leute und werde tun, was ich für richtig halte. Man darf dich hier nicht festhalten, weil die Wilkensons sich irgendeinen Unsinn ausgedacht haben.«

Wieder sah sie ihm in die Augen, und wieder war da dieser Trotz, die Kraft, die eine starke Frau aufbrachte, die man geschlagen, jedoch nicht tot geprügelt hatte. »Weißt du, was man mir vorwirft? Kennst du die Anklage, von der du vermutest, dass die Wilkensons sie ersonnen haben?«

»Ja. Sie sagen, du hättest etwas mit dem Mord an deinem Mann zu tun.«

»Er war nicht mein Mann!«, sagte Elizabeth leise, zwischen zusammengebissenen Zähnen hindurch. »Ich war nicht seine Frau, ich war seine Hure! Vielleicht solltest du besser die Wahrheit erfahren, Thomas, damit du dir überlegen kannst, ob du es wirklich tun willst.«

Sie sah zur Decke auf und fuhr mit den Fingern durch ihr Haar. »Oh, großer Gott«, stöhnte sie, dann sah sie Marlowe wieder an. »Seine richtige Frau lebt drüben in England. Ich denke, sie hatte genug davon, sich von ihm prügeln zu lassen.«

Marlowe starrte sie an, überrascht, doch nicht schockiert. Es gab nur wenig, womit man ihn schockieren konnte, nach allem, was er schon gesehen hatte.

Elizabeth verschränkte die Arme vor der Brust. Sie blieb ganz ruhig, als fordere sie Marlowe heraus, sie von sich zu stoßen, sie eine Dirne zu schimpfen und wieder einzusperren. »Er hat mich in einem Bordell in London gefunden«, fuhr sie fort. »Oh, keines dieser billigen Nonnenklöster, in denen die Lämmchen für einen Penny pro Nummer verschachert werden. Nein, es war ein guter Laden, den der Adel frequentierte, aber eine Hure ist eine Hure, egal wie hoch ihr Preis ist, oder nicht? Joseph Tinling hat mich von dort mitgenommen, damit ich seine Geliebte werde, hat mir einen

Neuanfang versprochen, dass ich in der Neuen Welt seine Frau spielen darf, und dämliches Huhn, das ich war, habe ich ihm geglaubt. Du siehst, was daraus geworden ist.«

»Und davon wusste Matthew Wilkenson...«

»Matthew und jetzt sein Bruder, und bald wahrscheinlich schon die ganze gottverfluchte Kolonie.«

Schweigend standen sie da, sahen einander durch die Zelle an, Marlowe etwas aus dem Gleichgewicht, Elizabeth ungerührt wie eine Eiche, die Arme nach wie vor verschränkt.

»Aber...«, begann Marlowe, »sie haben keinen Beweis für das Verbrechen, dessen man dich beschuldigt.«

Sie rührte sich nicht, hielt nur starr seinem Blick stand. »Die Wilkensons brauchen keinen Beweis. Hier geht es nicht um den Tod von Joseph Tinling, verstehst du nicht? Sie bauen nicht darauf, dass ich dafür verurteilt werde. Sie wollen nur, dass ich vor einem Richter aussagen muss, dass ich öffentlich zugebe, eine Hure zu sein. Das müsste genügen, um mich zu ruinieren... und jeden, der so dumm ist, mir zur Seite zu stehen.«

Marlowe nickte. Er wusste alles, was Verzweiflung anging, und das hier war der letzte Akt. Elizabeths Untergang für ihre Sünden und dazu sein Ruin, weil er sie liebte. Es blieb nur das, oder er musste seine Männlichkeit opfern, indem er sich von ihr abwandte. Schlichte, elegante Rache.

Er ging durch die Zelle und zog sie wieder an sich. Anfangs wehrte sie sich, stieß ihn von sich, doch er zog sie mit kräftigen Armen an sich, und sie fügte sich ihm, schlang ihre Arme um seine Schultern. So standen sie lange da, schweigend, leicht schwankend, hielten einander fest.

Da sind wir nun, dachte Marlowe. Zwei Ehrlose, die vorgeben, etwas zu sein, was sie nicht sind, und hoffen, dass niemand in der Neuen Welt sie danach fragt.

Da sind wir nun, beide geächtet.

25

LeRois drückte das Teleskop an sein Auge, beobachtete die Schaluppe so lange er konnte. Das Bild begann als Ganzes, ein einzelnes, kleines Schiff, dann fing es an zu zittern und sich zu teilen, bis zwei einander überlappende Schiffe zu erkennen waren, denen es beiden deutlich an Substanz mangelte. Er ließ das Fernglas sinken und schüttelte den Kopf, und glücklicherweise war dann wieder nur die eine Schaluppe da.

Über sich hörte er ein grelles Klagen, wie Sturmwind, der durch stramme Takelage geht. Überrascht sah er nach oben. Bis eben war der Tag noch ruhig gewesen. Die Flaggen an den beiden Schiffen, der *Vengeance* und dem Wrack, welches bisher die *Vengeance* gewesen war, hingen schlaff herab, rührten sich kaum in der Brise. Er wusste nicht, woher dieses Klagen kam.

Die beiden Schiffe waren miteinander vertäut, lagen in einer schmalen Bucht abseits des Elizabeth River vor Anker, nördlich von Norfolk. Ein menschenleerer Ort, eine Gegend, in der die Menschen für gewöhnlich ignorierten, was andere taten, sodass diese Schaluppe, die sich ihnen näherte, Anlass zur Vorsicht gab. LeRois wollte sich nie wieder mit der Hose in den Kniekehlen erwischen lassen. Es wäre das Ende seines Kommandos.

»Mmmh«, knurrte er und setzte das Fernglas wieder an die Augen. Er leckte seine trockenen Lippen und spürte den Schweiß von seinen Händen am Leder, mit dem das Fernrohr eingefasst war. Er fürchtete, wen er auf dem Boot zu sehen bekäme. Diese Bilder von Malachias Barrett wurden immer beängstigender, realer, und sie zerstreuten sich auch nicht mehr so schnell.

Als sich die Schaluppe eben wieder zweiteilen wollte, erkannte er Ripley, der am Ruder stand und das Boot auf Kurs hielt, um es längsseits der neuen *Vengeance* zu bringen.

»*C'est bien, c'est bien*, ist schon gut. Tretet zurück«, rief er den Männern zu, die sich um die großen Kanonen drängten und hinter dem Schanzkleid versteckten, mit Waffen in den Händen. Die Stille, die auf dem Deck geherrscht hatte, machte zahlreichen Gesprächen Platz, während die Männer weitertranken, weiterspielten, weiter die nahende Schaluppe anstarrten, und – manche zumindest – weiterarbeiteten.

Die neue *Vengeance* war in ausgezeichnetem Zustand, da sie erst kürzlich auf eine Reise über den Atlantik vorbereitet worden war, und daher gab es nicht viel zu tun. Sie war mit Lebensmitteln und Trinkwasser ausgestattet, mit Tabak und allerlei anderen Dingen beladen, darunter einigem Hartgeld. Ihr Rumpf war sauber, ihre Takelage in ordentlichem Zustand, ihre Segel waren neu. Sie stank nicht unter Deck. Es gab erheblich weniger Ungeziefer an Bord. Es war nur ein wenig Feinarbeit vonnöten, um aus ihr eine perfekte Angriffsmaschine zu machen.

Nachdem die Krise bewältigt war, hatten der Zimmermann und seine Kameraden ihren Teil der Feinarbeit wieder aufgenommen. Mit Äxten entfernten sie das hohe Vorderdeck, um mehr freie Fläche zu bekommen, damit die Kanonen nach vorn und achtern mehr Bewegungsfreiheit hatten. Wenn es zu Schlacht und Blutvergießen kam, brauchten sie keine Schotten und dergleichen, die sie nur hemmten.

Entsprechend arbeiteten der Bootsmann und seine Leute hoch oben, verwandelten ihr neues Schiff in ein manövrierbareres Gefährt. Es war ein großes Schiff, und obwohl die etwa hundert Mann aus LeRois' Bande es ohne weiteres im Griff hatten, wollten sie doch nicht mehr Energie als nötig einsetzen. Daher landeten die Rahen des Kreuzmarssegels samt der dazugehörigen Takelung an Deck.

Ein anderer Trupp hing draußen und strich den geölten Rumpf schwarz. Andere wiederum hingen über dem Heckwerk, hackten das hübsche Stück mit dem ehemaligen Namen des Schiffes ab und schnitzten ihren neuen, richtigen Namen ein.

Die Schaluppe ging längsseits, und ihr Schwung trieb sie zur neuen *Vengeance*. Rumpelnd kam sie zum Halten, und ihre kleine Mannschaft warf die Leinen an Bord des größeren Schiffes, wo diese aufgefangen und befestigt wurden.

Ripley stampfte über das Deck der Schaluppe und kletterte an der Bordwand des Schiffes hinauf, das bis vor zwei Tagen noch die *Wilkenson Brothers* gewesen war.

LeRois trank einen Schluck Rum, wischte seinen Mund ab und musterte den drahtigen Mann, der sich ihm näherte. Ripley schien wegen irgendetwas aufgebracht zu sein, nur konnte sich LeRois weder vorstellen, was es sein mochte, noch interessierte es ihn in irgendeiner Form. Sie hatten ein großes Schiff mit wertvoller Ladung gekapert, und das ohne auch nur einen Tropfen Blut zu vergießen. Ripleys Auftraggeber sollte hocherfreut sein.

»LeRois, du dämlicher, versoffener Bastard, verflucht sollst du sein, was glaubst du eigentlich?«, brüllte Ripley, während er dem Achterdeck entgegenstampfte.

LeRois blinzelte ihn an und kaute etwas, das sich eben zwischen seinen Zähnen gelöst hatte. Unmöglich hatte Ripley eben gesagt, was er, LeRois, zu hören glaubte. Das Kreischen in der Takelage wurde lauter. LeRois tat es als irgendein Geräusch ab, nur ein Geräusch.

»Quartermeister, eh, *qu'est-ce que c'est?*« LeRois breitete theatralisch die Arme aus und sah hinauf. »Die neue *Vengeance*, was sagst du dazu?«

Ripley kam bis auf ein paar Schritte heran, dann blieb er stehen und spuckte aus. »Ich sage: Was zum Teufel soll das?«

»*Quoi?*«

»Was hast du hier in der Bay zu suchen, versoffener Hundsfott?«

LeRois kniff die Augen zusammen, blinzelte ihn an. Diesmal hatte er es gehört. Ripley hatte ihn tatsächlich beleidigt. Er sagte nichts.

»Habe ich nicht gesagt, ihr sollt keine Tabakschiffe kapern? Wir haben mehr Tabak, als wir brauchen! Wir wollen Handelsware, Importe aus Spanien, solche Sachen! Bist du zu blöd, um dir das zu merken?«

Unbehaglich trat LeRois von einem Bein aufs andere. Sollte Ripley so weitermachen, würde er etwas unternehmen müssen. Offenbar hatte der Quartermeister vergessen, was mit denen passierte, die LeRois wütend machten, wie etwa der alte Wachschiffkapitän in der Taverne. »Dieses Schiff ist wirklich gut. Ich kann uns damit noch viel reicher machen.«

»Das ist nicht der Punkt, du elendes, schwachsinniges Waschweib von einem…«

Das war es dann. LeRois' Hand schoss vor, und er packte den ehemaligen Quartermeister an der Kehle, drückte mit der malmenden Kraft eines Haifischmauls zu.

Ripleys Augen wurden groß, und er schlug um sich, versuchte, LeRois' Hand wegzuschlagen, doch er wurde mit jeder Sekunde schwächer, während LeRois weiter zudrückte. Nach einer Minute etwa begann Ripley, kraftlos auf LeRois' Arm einzuschlagen. Genauso gut hätte er den Großmast prügeln können.

Nach anderthalb Minuten sah LeRois die Panik in Ripleys Augen, das Entsetzen vor dem nahen Tod, und genau das hatte er gesucht. Er ließ los und stieß Ripley aufs Deck, stellte sich über ihn, während dieser hustete und sich erbrach, über seine schmerzende Kehle rieb.

»Red nicht so mit mir, hörst du?«, sagte LeRois, doch Ripley war weit davon entfernt, sprechen zu können, also leerte LeRois seine Flasche, warf sie über Bord und machte sich auf die Suche nach der nächsten.

Als er wieder aufs Achterdeck zurückkam, lehnte Ripley an der Reling. Noch immer keuchte und hustete er auf jämmerlichste Art und Weise.

Er sah zu LeRois auf, und der Franzose erkannte Furcht in seinen Augen, was genau richtig war. LeRois trank einen Schluck Rum und bot Ripley die Flasche an. Ripley nahm sie und trank, würgte und hustete und brachte den Rum schließlich herunter. Er nahm noch einen Schluck und gab die Flasche dann zurück.

»Hört gut zu, Quartermeister«, sagte LeRois. Ihm war einiges in den Sinn gekommen, während er auf Ripley hatte warten müssen.

Mit wässrigem Blick sah Ripley zu ihm auf und nickte.

»Wir können mit der alten *Vengeance* nicht weitermachen. Sie ist zu angeschlagen. Mit diesem Kahn hier blasen wir das Wachschiff zum Teufel.«

Die Erwähnung des Wachschiffes ließ den Quartermeister aufmerken.

»Ja...«, krächzte Ripley und bekam einen Hustenanfall. »Ja«, sagte er erneut, als er fertig war, »damit könnt ihr das verdammte Wachschiff zum Teufel blasen! Das ist doch eine grandiose Idee.«

»*Bien, bien*«, sagte LeRois, legte Ripley brüderlich einen Arm um die Schulter und führte ihn zum Mitteldeck hinab. »Geh zu deinen Freunden an Land und sag ihnen, dass wir mit diesem Schiff mehr gottverdammtes Geld machen werden, als sie sich je erträumt haben, eh?«

»Ich werde es ihnen sagen, *Capitain*, ich werde es ihm sagen«, erwiderte Ripley mit heiserer Stimme. »Aber Ihr werdet Euch das Wachschiff vornehmen, ja? Ganz so, wie Ihr es gesagt habt?«

»*Oui*, wir nehmen uns das Wachschiff vor«, versicherte ihm LeRois. Und es war sein Ernst. Die Kränkung, die er durch das Wachschiff erlitten hatte, war unerträglich.

Er erzählte Ripley nichts von der Falle, in welche die alte *Vengeance* gegangen war, das Gemetzel, welches das Wachschiff verursacht hatte. Vielleicht würde er es später tun, wenn sie jeden einzelnen der dreckigen Schweinehunde erschlagen hatten, wenn er Marlowe im großen Stil ein Ende bereitet hatte, doch nicht jetzt. Er konnte den Gedanken daran nicht ertragen. Nicht jetzt.

Man hatte die *Plymouth Prize* wieder auf den Fluss hinausbugsiert, wo sie vor Anker lag. Man hatte eine Spring von der Ankerleine bis zur Winde gelegt, sodass sich das Schiff in jede beliebige Richtung drehen ließ. Die großen Kanonen waren geladen und standen bereit. Marlowe wusste nicht, was er zu erwarten hatte, aber in jedem Fall wollte er bereit sein.

Es war eine lange Nacht gewesen. Als die Männer der *Prize* festgestellt hatten, dass es sich bei dem Mann in der ersten Zelle tatsächlich um King James handelte, waren sie darüber sehr erbost gewesen, denn sie respektierten James und betrachteten ihn als einen der ihren.

James wollte nicht sagen, wer ihm das angetan hatte, doch hatten die Männer so eine Ahnung und wussten, dass der Sheriff und seine Leute irgendwie daran beteiligt sein mussten.

Sie hätten die Männer wohl getötet, und den Aufseher dazu, wenn Marlowe sie nicht daran gehindert hätte.

Jedenfalls waren die Männer in erheblich schlechterem

Zustand, als Marlowe sie schließlich in die Zelle stieß, in der James gelegen hatte, und er ließ seine Leute draußen auf dem Rasen Aufstellung nehmen. Für James wurde eine Trage gebaut. Man wollte einen Stuhl für Elizabeth beschaffen, doch versicherte sie ihnen, sie könne laufen.

Ein kleines Kommando wurde zu Elizabeths Haus entsandt, wo man Lucy weckte und ihr sagte, sie solle sich anziehen und ihre Sachen packen und auch ein paar Kleider für Elizabeth. Sie konnten nicht in Williamsburg bleiben, wo der Arm des Gesetzes sie erreichen würde. In dieser Kolonie waren sie nirgends mehr sicher, außer unter den Männern der *Plymouth Prize*.

Lucy fürchtete sich, war unruhig wie ein Reh. Selbst die Beteuerung, sie würde King James wieder sehen, schien sie nicht trösten zu können.

Schließlich ließ Rakestraw die Männer in zwei Reihen Aufstellung nehmen, um aus der Stadt zu marschieren, mit Elizabeth, Lucy und James auf seiner Trage dazwischen, und am Ende trugen sechs Mann die drei großen Truhen, die Lucy gepackt hatte.

Die Gefahr, dass jemand Alarm schlagen würde, war gering, nachdem der Sheriff und der Aufseher eingesperrt waren, ebenso gering wie die Gefahr, dass die Miliz die Gelegenheit willkommen heißen würde, dieser unbekannten Bande auf der dunklen Straße zu begegnen. Der Rückmarsch nach Jamestown verlief ereignislos.

Erschöpft kamen sie in den frühen Morgenstunden an, marschierten nacheinander zurück an Bord. Sie bugsierten das Schiff vom Anleger, warfen den Anker, bereiteten alles für einen Einsatz vor und sanken an Deck in sich zusammen.

Vorsichtig bettete man King James auf die gepolsterte Sitzbank der großen Kajüte, und dort schlief er ein. Lucy rollte sich neben ihm zusammen und schlief ebenfalls sofort.

Ohne ein Wort folgte Elizabeth Marlowe in seine kleine Kajüte. Sie sah ihm in die Augen, während sie Hut und Halstuch ablegte, dann löste sie die Bänder ihres Mieders und zog es aus.

Kleid und Unterröcke waren durch die grobe Behandlung, die sie erlitten hatte, zerrissen und beschmutzt. Sie löste den Knoten am Kragen ihres Hemdes, wie sie es schon einmal getan hatte, und ließ es auf die anderen Kleider fallen. Dann stieg sie in Marlowes Koje.

Marlowe folgte ihr mit seinem Blick, dann zog er eilig seine Sachen aus, hielt nur inne, um sein Schwert an den Haken zu hängen und seine beiden Pistolen wegzulegen.

Er schob sich an ihre Seite, schlang seine Arme um sie, spürte ihre weiche Haut auf seiner, ihre kleinen Schultern unter seinen großen, schwieligen Händen. Sie murmelte etwas, das er nicht verstehen konnte. Er drückte sie fester an sich. Fünf Minuten später waren beide eingeschlafen.

Das erste Licht des frühen Morgens trieb Marlowe aus dem Bett, obwohl er selig noch zehn Stunden hätte schlafen können, um dann vielleicht aufzuwachen und diese makellose Schönheit an seiner Seite zu lieben und schließlich wieder einzuschlafen.

Doch es gab noch anderes zu bedenken, wie zum Beispiel, was der Tag wohl bringen würde, und so machte er sich aus ihren Armen frei, achtete darauf, sie nicht zu wecken, zog sich schnell an und ging an Deck. Bickerstaff war dort, Frühaufsteher, der er war, und nickte ihm zu.

»Guten Morgen, Francis«, sagte Marlowe. Bickerstaff würde ihm keinen Vortrag über die Moral dessen mehr halten, was in der Nacht zuvor geschehen war. Es war geschehen. Mehr gab es nicht zu sagen.

Stattdessen sagte Bickerstaff: »Ich bin höchst erleichtert, dass Mrs. Tinling nichts weiter passiert ist. Ich mag sie wirklich sehr. Ich denke, sie könnte genau die Richtige sein, aus dir einen Gentleman zu machen, woran ich bisher gescheitert bin.«

»Ich danke dir, Francis«, sagte Marlowe, und er lächelte. »Wenn ich du wäre, würde ich mich allerdings noch nicht aufgeben.«

»Wir werden sehen.«

»Wie geht es King James?« Bickerstaff kam dem, was ein Arzt sein mochte, auf der *Plymouth Prize* sicher am nächsten.

»Er wurde schwer geprügelt. Ein schwächerer Mensch wäre seinen Verletzungen vielleicht inzwischen schon erlegen, aber ich bin guter Hoffnung, dass James genesen wird. Ich werde ihm heute Morgen ein Brechmittel verabreichen, was ihm sicher gut tun dürfte.«

Zwei Stunden später ließen sich Marlowe und Bickerstaff mit Elizabeth und Rakestraw zum Frühstück in der großen Kajüte nieder. Es gab eine feine Mahlzeit aus Eiern, haschiertem Fleisch, kalter Taube und Beignets, denn frische Lebensmittel waren einer der Vorteile des Segelns in der Bay.

Auf der anderen Seite der Kajüte lag King James, und Lucy versuchte, ihn mit Hühnerbrühe und Milch zu füttern.

Eben genossen sie ihre Schokolade, als Lieutenant Middleton an die große Kajütentür klopfte.

»Sir, eine Schaluppe hält auf uns zu, etwa eine Meile entfernt.«

»Gut. Grüßt sie, lasst sie festmachen und sagt ihrem Kapitän, er soll an Bord kommen. Ich möchte mit ihm sprechen.«

»Marlowe«, sagte Bickerstaff, nachdem Middleton gegangen war, »ich kann dich nur ermahnen, nichts weiter zu unternehmen, was diese Situation noch weiter anheizt.«

»Nie im Leben. Noch mehr Schokolade?«

Zwanzig Minuten später hörten sie, wie Middletons

Stimme die Schaluppe durch das Sprachrohr grüßte, und dann ging eine große Kanone los, da offenbar weniger subtile Überredungsmittel vonnöten waren, um den Schaluppenkapitän dazu zu bewegen, dass er beidrehte und sich an Bord des Wachschiffes begab.

Sie lauschten dem Treiben an Deck, und schließlich klopfte Middleton erneut und sagte: »Schaluppenkapitän auf dem Achterdeck, wenn es Euch beliebt, Sir.«

»Ich bin gleich da«, sagte Marlowe und fügte dann an seine Tischgenossen gewandt hinzu: »Entschuldigt mich bitte. Es wird nicht lange dauern.«

Er stieg durch die Luke und dann zum Achterdeck hinauf. Der Schaluppenkapitän hatte Marlowe den Rücken zugewandt, und blickte flussaufwärts zu seinem eigenen Schiff hinüber. Er war ein dürrer, knochiger Mann. Schmutzige Kleider, abgetragene Schuhe. Der Zopf, der unter seinem schiefen Hut herausfiel, sah eher aus wie gesponnenes Garn, nicht wie Haar.

Und er hatte irgendetwas Vertrautes an sich, selbst von hinten. Marlowe empfand ein seltsames Gefühl von Sorge in der Magengrube, als gehörte dieser Mann nicht in die Gegenwart und nicht hierher.

»He, Ihr da«, sagte der Seemann, der bei dem Schaluppenkapitän Wache schob, »da kommt der Kapitän. Zollt ihm Respekt.«

Der Schaluppenkapitän drehte sich um und sah Marlowe an. Ihre Blicke trafen sich, und ihre Augen wurden immer größer, je weiter sich das Erkennen auf ihren Gesichtern ausbreitete.

»Großer Gott ... Ripley«, flüsterte Marlowe.

»Barrett ... du bist es, elender Hundsfott ...«

Es dauerte keine Sekunde, bis beiden Männern klar war, was diese Begegnung bedeutete. Ripley fuhr herum und sprang auf die Reling des Achterdecks, balancierte mit rudernden Armen. »Packt ihn! Packt ihn!«, rief Marlowe, doch die verdutzte Wache sah nur zu, wie Ripley über Bord sprang.

»Erschießt den Schweinehund! Erschießt ihn, wenn er hochkommt!«, schrie Marlowe dann, rannte zur Reling, doch wieder war der Wachmann so erschrocken, dass er nicht reagierte.

»Gib her, du Idiot!« Marlowe riss ihm die Muskete aus der Hand, zog den Verschluss zurück, während er den Lauf über die Reling hielt. Ripleys Kopf tauchte im braunen, schlammigen Wasser auf. Er fuhr herum und sah mit großen Augen herauf, dann tauchte er, als Marlowe abdrückte.

Eine kleine Fontäne spritzte an der Stelle auf, wo Ripleys Kopf gewesen war, und verzweifelt erinnerte sich Marlowe daran, dass Ripley eine dieser Ausnahmen war, ein Seemann, der schwimmen konnte, und zwar gut.

»Hol eine andere Waffe, verdammt noch mal!«, brüllte Marlowe. Er sah einen anderen Seemann zum Achterdeck laufen, von den Schüssen angelockt, mit einer Muskete in den Händen. Marlowe lief ihm entgegen, entriss ihm die Waffe und rannte wieder an die Reling.

Ripley war fünfzig Fuß entfernt, zog sich an der Bordwand der Schaluppe hoch. Marlowe zielte und schoss. Die Kugel schlug ein kleines Loch ins Schanzkleid neben Ripley, was ihn keine Sekunde aufhielt.

Ripley taumelte über die Reling der Schaluppe, hetzte nach achtern, rief seinen Männern zu, die Leine zu kappen und Segel zu setzen. Marlowe sah nach vorn. »Ein paar Männer ans Spill!«, schrie er. »Richtet die Kanonen direkt auf die Schaluppe! Ich will, dass er zur Hölle fährt, verdammt noch eins! Sprengt ihn einfach in die Luft!«

Die Männer der *Prize* beeilten sich, denn noch nie hatten

sie ihren Kapitän so gehört. Sie nahmen die Handspaken, stießen diese in die Ankerwinde, drehten sie. Die Spring tauchte aus dem Fluss auf und spannte sich, und die *Plymouth Prize* begann, auf dem Fleck zu wenden, drehte sich herum.

Die Schaluppe hatte ihre Klüver stramm im Wind und das Großsegel halb gehisst, als Ripley höchstpersönlich mit einer Axt auf das Ankertau einschlug und es in zwei Teile kappte. Die Schaluppe war frei, trieb mit dem Wind der *Plymouth Prize* entgegen, bis sich ihre Segel blähten und sie Schwung bekam.

»So ist es gut!«, rief Marlowe. Er durfte nicht zulassen, dass die Schaluppe sich zu weit entfernte. Er sah, wie Bickerstaff und Elizabeth aufs Mitteldeck heraustraten, sich umsahen, dann wieder nach unten verschwanden, als sie ganz richtig bemerkten, dass sie am besten aus dem Weg gingen.

»An die Geschütze! Feuer frei!«, rief Marlowe. Die Männer drehten die Kanonen bereits, um sie auf die Schaluppe zu richten. Eine Kanone nach der anderen fand ihr Ziel, und die Stückmeister hielten ihre Streichhölzer ans Pulver, sodass die großen Kanonen losgingen. Das Wasser um die Schaluppe spritzte auf, und das Großsegel riss, das niedrige Schanzkleid brach an mehreren Stellen, doch wurde die Schaluppe weder langsamer, noch hielt sie an.

Die Männer auf der *Prize* machten sich ans Nachladen, arbeiteten wie die Teufel, um noch einen Schuss abzufeuern, bevor die Schaluppe um die Biegung des Flusses verschwand. Panisch waren sie darauf bedacht, das kleine Schiff aufzuhalten, weil sie sahen, wie panisch Marlowe selbst darauf bedacht war.

Marlowe sah der Schaluppe nach, wie sie entschwand. Einen Moment glaubte er, sie würde vielleicht auf Grund laufen, doch Ripley lavierte sie auf eine Art und Weise, die sie flussaufwärts um die Biegung bringen würde, wo sie für die Kanonen der *Plymouth Prize* nicht mehr zu erreichen wäre.

Es hatte keinen Sinn, sie zu verfolgen. Der Wind kam direkt von vorn, und das große Schiff konnte auf dem Fluss kaum manövrieren, geschweige denn eine wendige Schaluppe fangen.

»Kanonen sichern!«, rief er. Er hoffte, dass seine Stimme die Verzweiflung nicht verriet. Der flache Rumpf der Schaluppe verschwand hinter der Sandspitze, und kurz darauf war auch der Mast verschwunden.

»Marlowe, was zum Teufel hatte das zu bedeuten?«

Bickerstaff trat auf das Achterdeck, mit Elizabeth im Schlepptau.

»Eben, mein Freund, habt Ihr gehört, wie mich meine eigene, dunkle Vergangenheit einholt.« Marlowe lächelte gequält. »Ich bin erledigt, endgültig erledigt.«

Dann blickte er Elizabeth an, sah die Sorge auf ihrem Gesicht. »Es scheint, als hätten Gespenster momentan Saison.«

26

Neugier. Sie nagte an Elizabeth, wie Geier, wie Wölfe. Bickerstaff konnte es sehen, sah es in ihren Augen, in der Art und Weise, wie sie Marlowe ansah. Neugier, mit dem weiblichen Wesen so verbunden wie die Schwermut.

Gleichzeitig sah er, dass sich Marlowe in einer Gemütsverfassung befand, die Erkundigungen nicht einmal zu seinen aktuellen Sorgen zuließ, ganz zu schweigen von Fragen zu seiner Vergangenheit, die ihn derart beunruhigte. Elizabeth war feinfühlig genug, es selbst zu merken.

Und daher wusste Bickerstaff, dass sie zu ihm kommen würde.

Er trat aufs Deck hinaus und schlenderte herum, mied das Achterdeck, das von der großen Kajüte so einfach zu erreichen war. Es war dunkel, fast elf Uhr, doch die unzähligen Sterne leuchteten hell genug, dass er sehen konnte, was er sehen musste.

Er wollte ihr Gelegenheit geben, an ihn heranzutreten. Wollte nicht, dass ihre Neugier sie in den Wahnsinn trieb.

Er stand an die Reling gelehnt und sah zu den Sternen auf. Es dauerte höchstens zehn Minuten, bis sie aus der Luke trat. Er sah, wie sie die Leiter zum Achterdeck erklomm, sich umdrehte und dann übers Mitteldeck nach vorn kam.

»Guten Abend, Mrs. Tinling«, sagte er und sah, wie sie zusammenzuckte.

»Ach herrje«, sagte sie, als sie sich wieder fing.

»Verzeiht mir«, sagte Bickerstaff, »ich wollte Euch nicht erschrecken.«

»Schon gut. Ich glaube, ich bin tatsächlich etwas schreckhaft. Und ich denke, es wäre an der Zeit, auf den Unsinn mit ›Mrs. Tinling‹ zu verzichten. Seid so gut, nennt mich Elizabeth.«

»Sehr gern, wenn Ihr mir die Freude machen wollt, mich Francis zu nennen.«

»Die Freude ist ganz meinerseits, Sir.«

Schweigend standen sie einen Moment lang da, blickten zu den Sternen auf, in Gedanken andernorts.

»Wie geht es King James?« Elizabeth brach das Schweigen.

»Sehr gut. Das Brechmittel hat wunderbar geholfen. Ich hatte ihn zur Ader lassen wollen, aber ich denke, es wird nicht nötig sein. Etwaige Unausgeglichenheiten der Körpersäfte scheinen sich selbst bereinigt zu haben, was, wie ich feststelle, meist der Fall ist.«

»Sir, seid Ihr Arzt? Ich merke, dass ich nur sehr wenig von Euch weiß.«

Und auch über Marlowe, was zweifelsohne Euer Hauptanliegen ist und auch sein sollte, dachte Bickerstaff.

»Nein, bin ich nicht. Ich bin… ich war Lehrer.« Er wandte sich um und sah ihr in die Augen. Sie war so liebreizend, und das schlichte Kleid mit der Morgenhaube, unter der ihr goldenes Haar herausfiel, hob ihre natürliche Schönheit nur noch hervor. Konnte es verwundern, dass sie sich mitten in diesem Sturm befand? Solch ein Gesicht hatte schon Troja in Schutt und Asche gelegt.

Er lachte über die unfreiwillige Komik dieses Gedankens!

Kaum zwei Jahre war es her, dass Malachias Barrett ihn um Hilfe bei der Wahl eines neuen Namens gebeten hatte. Eines neuen Namens für ein neues Leben.

»Wie klingt Marlowe?«, hatte Bickerstaff gefragt.

»›Marlowe‹?«

»Es ist der Name eines Mannes, der ein Stück geschrieben hat, in dem es um einen Burschen geht, der seine Seele dem Teufel für weltliche Güter überlassen hat.«

Der ehemalige Korsar lächelte. »Das passt gut zu mir«, sagte er, und in diesem Augenblick starb Malachias Barrett, und Thomas Marlowe war geboren.

»Heute Morgen, nachdem die Kanonen losgegangen waren«, sagte Elizabeth, »äußerte Thomas… etwas über seine Vergangenheit, seine eigene, dunkle Vergangenheit, wie er es genannt hat. Er sagte, er sei erledigt…«

»Das stimmt.«

»Oh, Francis, ich mache mir solche Sorgen. Er ist so… unglücklich. Was…« Ihre Stimme erstarb. Sie wusste nicht, wie sie eine solche Frage stellen sollte.

»Ihr wollt gern wissen, was es mit seiner Vergangenheit auf sich hat? Was ihn derart quält?«

»Ja.« Sie sah zu ihm auf, und ihr Blick war flehentlich. »Ja, wollt Ihr es mir sagen?«

»Es ist an Thomas, Euch seine Geschichte zu erzählen, nicht an mir. Aber vielleicht, wenn ich Euch die meine erzähle, soweit sie mit ihm zu tun hat, könntet ihr eine Ahnung davon bekommen, was er war. Ich denke, ich habe ein moralisches Recht dazu.«

»Bitte, Sir, ich bitte Euch darum.«

Wieder sah Bickerstaff in ihre Augen, die im schwachen Licht ganz dunkel waren, obwohl er wusste, dass sie blaue Augen hatte wie er, nur dunkler, nicht das helle Blau eines diesigen Sommerhimmels, sondern das dunkle Blau der Bay. Er blickte aufs schwarze Wasser hinaus.

»Ich war den Großteil meines Lebens Lehrer, in unterschiedlichen Situationen. Griechisch, Latein, Wissenschaft, Philosophie. Fechten, je nachdem. 1695 war ich bei einem wohlhabenden Herrn angestellt, der mit seiner Familie nach Boston zog. Ich hatte die Wahl, mitzugehen oder mir eine andere Anstellung zu suchen.

Ich hatte so viel von Amerika gehört. Aber natürlich habt Ihr in England gelebt und wisst, was man sich erzählt. Ich dachte, es wäre genau das Richtige. Ein neues Land.

Jedenfalls waren wir fünf Wochen auf See, als ein anderes Schiff auftauchte, ein Piratenschiff, wie sich herausstellte. Wir setzten alle Segel, die wir hatten und flohen wie die Hasen, aber diese Brüder sind schnell, müsst Ihr wissen, und man kann ihnen kaum entkommen.

Sie brauchten gut einen halben Tag, aber schließlich hatten sie uns eingeholt. Ich weiß noch, dass sie an der Reling standen, grölten und johlten, Trommeln schlugen. Sie nennen es Totentanz.«

Bickerstaff schloss die Augen. Er hatte schon einige Zeit nicht mehr daran gedacht.

»Wir entschlossen uns zu kämpfen. Das ist keine leichte Entscheidung, denn es ist ein Todesurteil, diese Piraten zu bekämpfen, wenn man verliert. Es gibt keine Gnade für jene, die sich nicht ergeben, aber wir waren ein Schiff voller Gentlemen, und, oh, sie waren so tapfer angesichts der Lage...«

Die Bilder vor seinen Augen verschwammen, und er durchlebte es erneut, während er sprach. Die drückende Furcht in seiner Magengrube, als das Piratenschiff längsseits ging und die große, schwarze Flagge mit dem grinsenden Totenkopf und den beiden Säbeln im Wind flatterte. Nie im Leben hatte er sich so gefürchtet, weder vorher noch nachher.

Es waren hunderte, wie es schien, dreckige, gnadenlose Männer, die sich an die Wanten und Rahen klammerten und ein Geheul ausstießen, wie man es diesseits der Hölle nicht erwartete.

Die Verdammten, die Mannschaft des Handelsschiffes, feuerten ein paar klägliche Kanonenschüsse ab, doch es waren nicht genügend Männer an Bord, um eine echte Breitseite abgeben zu können, und jene, die diese Kanonen bedienten, verstanden davon herzlich wenig. Bickerstaff sah, wie Zorn in den Piraten aufflammte.

Und dann fielen sie über sie her. Bickerstaff wischte seine verschwitzten Hände am Rock ab, packte das Schwert mit seiner Rechten, den langen Dolch mit seiner Linken. Mit einem grässlichen Krachen rammten die Piraten das Schiff, und die Räuber strömten an Deck wie das Meer, wenn es das Deck vorn und achtern überspült.

Sämtliche Pläne der edlen Herren, alle großen Worte, die Piraten abzuwehren, deren Attacke mit energischem Widerstand zu begegnen, sie abzudrängen, waren bei dieser Übermacht vergessen. Bickerstaff sah, wie seine Gefährten niedergemacht wurden. Er sah, wie sein Brotherr, der sie allesamt bedrängt hatte, sich zu wehren, fluchtartig in einer Luke verschwand, nachdem er Pistole und Schwert weggeworfen hatte.

Und dann fielen sie über ihn her, und er dachte an nichts anderes als an die blitzenden Klingen, von denen er umgeben war. Er merkte, wie eine Kugel an seinem Ärmel riss, spürte, wie eine andere ihn in der Seite traf, doch er konnte dagegen nichts unternehmen. Er konnte sich nur der Säbel erwehren.

Und das, wie sich herausstellte, konnte er außergewöhnlich gut.

Er schlug eine Klinge beiseite, als diese auf ihn niederfuhr, durchbohrte den Angreifer, riss sein Schwert wieder heraus, als der Mann fiel, und stellte sich dem nächsten, während er noch dachte: So also ist es, jemanden zu töten.

Die Piraten waren keine Schwertkämpfer. Sie waren Barbaren, die nur das Hauen und Stechen beherrschten. Und sie waren betrunken. Sie konnten ihn nicht bezwingen, solange er sich nur zweien oder dreien von ihnen gleichzeitig stellen musste.

Bickerstaff sprang zurück, als ein Säbel wie eine Axt auf ihn herniederrauschte, und der Pirat verfehlte ihn, bohrte seine Waffe ins Deck. Bickerstaff trat auf die Klinge, hielt sie fest und stach dem Mann mit seinem Dolch in die Brust, während er sich schon wieder einen anderen vom Leib hielt.

Er hörte Flüche, Heulen, Schmerzensschreie, Widerstand und Irrsinn überall. Es war auf diesem Deck des Handelsschiffes wie im Innersten der Hölle, und er war eine arme, verdammte Seele, die hier und jetzt sterben würde. Er konnte nichts weiter tun, als dieses Schicksal einige Minuten hinauszuzögern – das wusste er – und ein paar dieser Hundesöhne mit in die Verdammnis zu reißen.

Dann machte sich eine seltsame Stille an Bord des Schiffes breit, und Bickerstaff wurde klar, dass es gekapert war, dass seine Gefährten allesamt gefallen waren oder – wie er selbst – bald schon hoffen würden, sie wären es. Es wurde ihm bewusst, während er den Säbel des letzten Angreifers abwehrte und dem Piraten den Dolch in die Eingeweide rammte. Er sah den blutenden Mann zu Boden gehen. Er stand da, zu erschöpft, als dass er klar hätte denken können.

Dann plötzlich wurde ihm sein Schwert aus der Hand geschlagen, als eine andere Klinge herabsauste und seine Waffe gleich neben dem Heft traf. Klappernd fiel sie zu seinen Füßen auf das Deck.

Er fuhr herum, mit dem Dolch in seiner rechten Hand, und sank schwer atmend ans Schanzkleid. Die Piraten um ihn traten beiseite. Drei Schritte vor ihm stand der Mann, der ihm das Schwert aus der Hand geschlagen hatte.

»Gebt nie Eure Deckung auf, um Euer Werk zu bewundern«, sagte der Pirat.

Bickerstaff betrachtete ihn wie der Fuchs – müde von der Hatz – die nahenden Jäger betrachtet. Jung, Ende zwanzig vielleicht, groß und schlank. Er hielt ein mächtiges, blutiges Schwert in der Rechten. Zwei Pistolen hingen an langem Riemen um seinen Hals. Er trug einen abgewetzten blauen Wollrock und ein wollenes Hemd, leinene Pluderhosen, abgenutzte Schuhe.

Er schien Bickerstaff mit einiger Neugier zu mustern, dann sah er die fünf Männer an, die tot oder sterbend zu Bickerstaffs Füßen lagen.

»Wart Ihr das?«, fragte er und deutete mit dem Schwert auf die Toten. Das Schicksal seiner Kameraden, die dort an Deck verbluteten, schien ihn nicht zu interessieren.

»Allerdings. Ich sah keine andere Möglichkeit.«

»Ihr habt ein gutes Händchen mit dem Schwert, was?«

»Fechten ist die Kunst der Gentlemen.«

Da lächelte der Pirat und sah Bickerstaff offen mit seinen

wachen, nachdenklichen, braunen Augen an. »Und Ihr haltet Euch für einen Gentleman?«

»Ich unterrichte Gentlemen.«

»Und was zum Henker soll das heißen?«

»Ich bin Lehrer. Ich habe mich auf diese Überfahrt in die Kolonien begeben, um die Kinder des Mannes zu unterrichten, der mit seiner Familie an Bord dieses Schiffes segelt.«

»Segelte«, verbesserte ihn der Pirat. »Er ist tot. Durchbohrt, als er sich wie der Mistkäfer versteckt hat, der er war. Wie alle diese Gentlemen. Feige Hunde. Ihr allein habt so gekämpft, dass man es Kämpfen nennen konnte. Acht Männer haben wir verloren, und fünf davon habt Ihr erschlagen.«

»Ihr scheint nicht sonderlich betrübt zu sein, was den Tod Eurer Kameraden angeht«, sagte Bickerstaff. Es war unwirklich, wie ein Albtraum, dort zu stehen, von Tod umgeben, den Tod vor Augen, und sich mit einem blutrünstigen Seeräuber zu unterhalten.

Der Mann zuckte mit den Schultern. »Ein kurzes Leben, aber heiter. Nun kommt, Lehrer, kreuzt mit mir die Klinge.« Mit seiner Schwertspitze bedeutete er Bickerstaff, seine Waffe vom Deck aufzuheben. »Ich will wissen, wer der Bessere ist.«

Bickerstaff beugte sich vor und nahm sein Schwert, sah den Piraten dabei an. Dann winkte dieser Bickerstaff, er solle ihm zu einer freien Stelle an Deck folgen.

»Ihr wollt mit mir fechten?«

»Nein, ich will mit Euch kämpfen. Also, kämpfen wir!«

»Ihr seid der Kapitän dieser Schurkenbande?«

»Nein, ich bin der Quartermeister. Nun kommt.«

»Ich kämpfe gegen Euch unter der Voraussetzung, dass den Kindern an Bord dieses Schiffes nichts geschieht.«

Da lachte der Mann laut auf. »Ihr werdet keine Forderungen stellen, Lehrer. Wenn Ihr kämpft und verliert, bekommt Ihr einen besseren Tod als die anderen.«

»Und wenn ich gewinne?«

»Dann seid Ihr nicht schlechter dran, als Ihr es jetzt seid, und Ihr werdet das Vergnügen haben, noch einen von uns mit in die Hölle zu nehmen.« Daraufhin hob er sein Schwert und schlug auf Bickerstaff ein, so schnell, dass diesem nur Zeit blieb, das Schwert abzuwehren. Er stieß zu, und der Quartermeister sprang zurück, nur ein winziges Stück von Bickerstaffs Klinge entfernt.

Sie starrten einander in die Augen, wobei Bickerstaff sein Schwert vorschriftsmäßig hielt, wie ein Gentleman im Duell, während der Pirat sein großes Schwert mit beiden Händen packte, rechts schlug, dann links, und Bickerstaff mit der Wucht seines Angriffs zurücktrieb. Bickerstaff brauchte Schwert und Dolch, um ihn abzuwehren.

Er hatte keine Eleganz, keinen Stil, doch war er unglaublich stark. Das gab ihm Geschwindigkeit, und seine Reflexe waren tadellos. Nie zuvor hatte Bickerstaff einen derart geborenen Schwertkämpfer gesehen. Nie hätte er geglaubt, dass ein so schlecht ausgebildeter Mann wie dieser gleichzeitig seinen, Bickerstaffs, Angriff abwehren und einen eigenen, brauchbaren Angriff durchführen könnte. Es war reines Naturtalent, das dem Piraten das Leben rettete, ihn vor Bickerstaffs zielsicheren, wohlgeübten Attacken rettete, während es hin und her ging und die beiden Männer das ganze klebrige Deck brauchten.

Schließlich trat der Pirat zurück, hielt sein Schwert an der Seite. Bickerstaff wollte sich auf ihn stürzen, doch er sah, dass der Mann sich nicht verteidigte, und so hielt auch er inne.

»Ihr hättet mich töten sollen, Lehrer«, sagte der Mann grinsend. »Ihr seid ein gottverdammt guter Schwertkämpfer mit Euren hübschen Ausfallschrittchen, aber vom Töten versteht Ihr nichts.«

»Ich verstehe etwas von der Ehre.«

»Das will ich gern glauben«, sagte der Mann. »Das will ich gern glauben.« Er nahm seinen Hut vom Kopf und verneigte sich tief und mit spöttischer Geste. »Mein Name ist Malachias Barrett, und es könnte sein, dass ich für Euch Verwendung habe. Kommt mit.«

Barrett führte Bickerstaff hinüber aufs Piratenschiff. Keiner von Barretts Kameraden sagte etwas dazu, und keiner bemerkte es auch nur, denn sie hatten damit begonnen, das Handelsschiff auseinander zu nehmen, und sich mit den Leuten dort ihren Spaß zu machen. Sie waren wie die Vandalen in Rom, dachten einzig und allein an ihr niederträchtiges Vergnügen. Bickerstaff folgte – nach wie vor in diesem unwirklichen Zustand – und fragte nicht, wohin sie gingen.

Barrett führte ihn auf das Zwischendeck des Piratenschiffes und dann in den Laderaum hinab. Die Bedingungen auf dem Handelsschiff waren Bickerstaff widerlich gewesen, doch jenes Schiff war ein Palast, verglichen mit dem dunklen, stinkenden Piratenschiff. Überall lagen Gerätschaften und persönliche Habseligkeiten herum, leere Flaschen und Halbgegessenes in allen Ecken, sodass die Ratten offen an Deck herumliefen, sich nicht mal die Mühe machten, im Dunkeln zu bleiben.

»Hübsch, nicht? Wie die scheißverdammte Königliche Jacht«, sagte Barrett. »Ich möchte sie zurücklassen.«

Er öffnete die Tür zu einem kleinen, dunklen Raum, dann sah er auf Schwert und Dolch herab, die Bickerstaff nach wie vor in Händen hielt. »Ich denke, die sollte ich besser an mich nehmen.«

Francis nickte stumm. Das Blut an den Griffen war getrocknet, und er musste die Waffen regelrecht von seinen

Händen schälen, bevor er sie aushändigen konnte. Sanft schob Barrett ihn in den dunklen Raum und schloss die Tür. Er hörte, dass ein Schloss klickte, dann gab es nur noch Dunkelheit und ferne, dumpfe Schreie.

Bickerstaff schlug die Augen auf. Die Sterne waren noch immer da und blinkten.

»Er hat mir das Leben gerettet, als er mich in diesem Proviantraum eingesperrt hat«, erklärte er Elizabeth. »Die Piraten haben alle umgebracht. Auf grausamste Weise. Alle, nur mich und die Kinder nicht, die Marlowe ebenfalls versteckt hatte.«

»Warum Euch? Warum die Kinder?«

»Was die Kinder angeht, so weiß ich es nicht. Er hatte keine Verwendung für sie. Vielleicht wollte er meine Bereitschaft, gegen ihn zu kämpfen, belohnen. Ich möchte gern glauben, dass es ein Funke von Menschlichkeit war, den die Piraten bei ihm nicht hatten ersticken können.

Und was meine Rettung anging, so gab es dafür einen guten Grund. Er hatte die Absicht, dieses Leben hinter sich zu lassen. Er dachte schon eine ganze Weile daran.

Diese Bruderschaft der Küste, wie sie sich nennen, macht manchmal eine ganze Menge Geld, aber normalerweise verspielen sie es oder versaufen es oder verlieren es auf irgendeine Art und Weise. Nur Marlowe – oder sollte ich sagen Barrett – war klüger. Seit einer ganzen Weile hatte er es schon gehortet, seit Jahren wohl.

Er hatte vor, sich irgendwo als feiner Herr niederzulassen. Eins kann ich Euch sagen: Das Leben an Bord eines dieser Piratenschiffe ist nicht besser als ein Gefängnis, soweit es das Essen und die Lebensbedingungen angeht. Marlowe wusste, dass er es besser haben konnte.«

Schließlich meldete sich Elizabeth zu Wort. »Aber wie war er zu diesen Männern gekommen?«

»Das ist seine Geschichte, nicht meine, aber ich will Euch erzählen, was ich weiß. Anscheinend ist er zur See gefahren, als Bootsmann auf einem Handelsschiff. Sie waren von diesem Piraten gekapert worden, diesem Jean-Pierre LeRois, Jahre zuvor, und man hatte Marlowe in dessen Dienst gezwungen. Es ist ganz und gar nicht ungewöhnlich, dass jene, die auf eigene Rechnung fahren, andere zwingen, sich ihnen anzuschließen, besonders wenn sie ein spezielles Talent besitzen. Ich glaube, Marlowe hat sich dieses Leben letztendlich zu Eigen gemacht. Hat es angenommen.

Jedenfalls hatte er die Absicht, LeRois zu verlassen, wie eine ganze Reihe anderer auch. Dieser LeRois schien den Verstand verloren zu haben, und sie hatten allesamt genug von ihm. Nachdem sie also das Schiff, auf dem ich mich befand, geplündert und ihren blutigen Spaß gehabt hatten, verkündete Marlowe diesem LeRois, er würde unser Schiff zu seinem Eigentum machen und nähme einen Teil der Mannschaft mit.

LeRois war, wie Ihr Euch vorstellen könnt, darüber einigermaßen verstimmt. Sie stritten, schimpften, verfluchten einander. Anscheinend hatte LeRois Marlowe unter seine Fittiche genommen, ihn zum Quartermeister gemacht, was unter diesen Leuten ein hoher Rang ist. Schließlich zückten sie die Schwerter. LeRois war bemerkenswert gut, wie ich Euch versichern kann, und ich habe Euch bereits erzählt, wie gut Marlowe ist. Sie kämpften eine Weile, während die ganze Bande zusah. Kämpften, bis beide ziemlich erschöpft waren.

Am Ende bezwang Marlowe LeRois, hauptsächlich weil LeRois über einen Ringbolzen an Deck gestolpert war. Marlowe hat ihn schwer verletzt. Glaubte, er hätte ihm den Rest gegeben. Ließ ihn blutend an Deck liegen und nahm das Handelsschiff und mich dazu.«

»Aber ich verstehe es noch immer nicht. Warum hat er Euch gerettet?«

»Marlowe hatte das Geld, um sich als Gentleman niederzulassen, doch er hatte keinerlei Erziehung genossen, und er wusste, dass er nicht als vornehm durchgehen würde. Er glaubte, ich könnte ihn unterrichten. Ich habe ihm erklärt, dass er in England niemanden würde täuschen können, es in den Kolonien jedoch möglich wäre.

Vier Jahre bin ich mit ihm gesegelt, und in dieser Zeit bin ich vom Gefangenen zu seinem Lehrer geworden, dann zu seinem Freund. Nie habe ich an ihren Überfällen teilgenommen, und er bestand auch nicht darauf, doch ich kann Euch versichern, dass er nie ein mörderischer Schurke wie LeRois war. Er hatte eine gewisse Menschlichkeit an sich. Nie habe ich gesehen, dass er jemanden ermordet hätte, und er wäre auch nicht mein Freund geworden, wenn er es getan hätte.

Schließlich hatte er genug. Und er hatte auch genügend Reichtum angesammelt, um sich niederlassen zu können. Also trennten wir uns von den anderen und kamen nach Virginia. Den Rest, so glaube ich, kennt Ihr.«

»Das habe ich gedacht«, sagte Elizabeth. »Aber da gibt es noch so vieles, was ihn betrifft... warum um alles in der Welt hat er seine Sklaven befreit? Ist er so sehr ein Mann Gottes, dass er es nicht ertragen konnte, Neger zu besitzen?«

Bickerstaff lächelte. »Nein. Ich wünschte, ich könnte Euch sagen, er hätte ihnen die Freiheit aus reiner Menschlichkeit geschenkt. Ich hätte es getan, wenn sie mein Eigentum gewesen wären. Aber bei Marlowe war es der reine Selbsterhaltungstrieb.

Unter den Piraten gab es eine ganze Reihe von Afrikanern, entlaufene Sklaven, die sich der Piraterie zugewandt hatten. Sie konnten die Schlimmsten von allen sein, denn auf sie wartete nur der Tod, falls sie gefasst wurden. Und Marlowe hatte

Seite an Seite mit ihnen gefochten. Ich denke, er dürfte der Einzige aus der feinen Gesellschaft dieser Küste sein, der je einen Schwarzen als ebenbürtig betrachtet hat. Er hat den glühenden Hass von Männern in Ketten gesehen, und er weiß, wie gefährlich sie sein können. Mit dieser Sorge wollte er nicht leben.«

»Ich verstehe.«

Lange schwiegen sie. Schließlich meldete sich Elizabeth zaghaft zu Wort. »Und heute…?«

»Ich schätze, dieser Mensch auf der Schaluppe war jemand, der Marlowe aus seiner Piratenzeit kannte. Schon lange lebt er in der Angst, er könne einen seiner alten Kameraden treffen.«

»Und was wird nun passieren?«

»Ich weiß es nicht. Aber ich fürchte sehr, dass wir unseren Marlowe verlieren. Er wird wohl wieder zu Malachias Barrett werden.«

27

Vom Achterdeck der *Plymouth Prize* aus konnten sie alles deutlich erkennen, die prächtige Kutsche mit vier Pferden, die livrierten Lakaien, die Würdenträger in ihren feinen Kleidern, die uniforme Bootsmannschaft auf den Duchten der Barkasse. Sie machten am Fuß der Leiter unterhalb des Decks fest.

»Nun«, sagte Marlowe in die Runde, bestehend aus Elizabeth, Bickerstaff und Lieutenant Rakestraw, »das kommt nicht gänzlich unerwartet.«

»Ein Schuss vor den Bug würde sie fern halten, Sir«, schlug Rakestraw vor. »Die Kanonen sind geladen und bereit.«

Marlowe wandte sich um und sah seinen Ersten Offizier an. Fragte sich, wie es so weit hatte kommen können, dass ein Marineoffizier einen solchen Vorschlag auch nur in Erwägung ziehen konnte.

»Mein Gott, das ist der Gouverneur«, sagte Marlowe. »Ich denke, den sollten wir wohl besser nicht beschießen.«

»Bitte um Verzeihung, Sir«, murmelte Rakestraw, als ihm dämmerte, wie ungeheuerlich dieser Vorschlag offensichtlich war.

Nun mochte Marlowe sich zwar weigern, auf den Gouverneur zu schießen, doch er freute sich auch nicht eben auf das bevorstehende Gespräch. Er wusste nicht, was ihn erwartete, doch ging er davon aus, dass es nicht angenehm werden würde.

Er war sich seines Status nicht mehr sicher, seiner Nähe zum Gouverneur. Möglicherweise kam Nicholson, um ihm das Kommando über das Wachschiff zu entziehen. Und falls er es täte, würde Marlowe es ihm verweigern müssen. Das Wachschiff war seine Zuflucht – oder besser: Elizabeths Zuflucht –, und die Männer der *Plymouth Prize* würden ihm zur Seite stehen. Aber dann wäre er erneut nicht mehr als ein Pirat, dazu mit einem gestohlenen Schiff der Regierung.

Sie beobachteten, wie der Gouverneur und seine Begleiter, insgesamt drei Mann, die Leiter hinunterstiegen und sich in der Achterspitze der Barkasse niederließen. Bei einem der Männer handelte es sich um den Sekretär des Gouverneurs. Der andere, da war Marlowe ganz sicher, selbst auf die Distanz, war John Finch, Präsident des Königlichen Gerichtshofes, ein mächtiger Mann in der Kolonialregierung und ein enger Freund der Wilkensons. Nein, es würde ganz und gar nicht angenehm werden.

»Mr. Rakestraw, bitte sorgt für ein Spalier. Ich wünsche, dass die Herren mit allem gebührenden Respekt an Bord begrüßt werden.«

»Aye, Sir«, sagte Rakestraw, der nach seinem Vorschlag noch immer errötet war, und kümmerte sich eilig darum.

»Thomas, ich lasse nicht zu, dass du deine Stellung für mich gefährdest«, sagte Elizabeth.

»Und ich will nicht, dass man dich noch länger als Faustpfand benutzt«, sagte Marlowe mit einer Stimme, die keinen Einwand duldete.

»Soll ich… vielleicht wäre es besser, wenn ich mich nicht blicken ließe«, schlug Elizabeth vor.

Marlowe sah sie an und ergriff ihre Hand. »Ich hege keinerlei Zweifel daran, dass es richtig war, dich aus dem Gefängnis zu befreien. Ich werde nicht zulassen, dass du dich wie eine Verbrecherin versteckst. Das Verbrechen war, dich einzusperren. Man hat dich schrecklich missbraucht, und nun wird es Zeit, dass dir Gerechtigkeit widerfährt, und wenn sie nicht bereit sind, sie dir angedeihen zu lassen, dann werden sie sich vor mir rechtfertigen müssen.«

Er hielt ihre Hand, bis er den Steuermann rufen hörte: »Riemen hoch!« Schon lag die Barkasse längsseits.

»Komm mit«, sagte er. »Wir müssen unsere Gäste begrüßen.« Er führte sie die Leiter am Achterdeck hinab, übers Mitteldeck, wo Männer der *Plymouth Prize* zu beiden Seiten der Gangway Aufstellung nahmen, die Enterspieße aufrecht, um einen in gewisser Weise einschüchternden Korridor für jene zu schaffen, die an Bord kamen.

Marlowe nahm seinen Platz neben Rakestraw ein, als der Kopf des Gouverneurs auftauchte. Nicholson warf misstrauisch einen Blick in die Runde, als er schließlich an Deck stand. Marlowe merkte, dass er, der Gouverneur, sich seiner Stellung Marlowe gegenüber ebenso unsicher war, wie es Marlowe umgekehrt mit dem Gouverneur erging.

Großartig, dachte er, wir werden wie zwei betrunkene Blinde sein, die aufeinander einprügeln.

Zügig schritt Nicholson die Reihen der Männer ab, und Marlowe trat vor, um ihn zu begrüßen, mit ausgestreckter Hand. »Gouverneur, wie schön, Euch hier zu sehen«, sagte Marlowe.

Nicholson nahm seine Hand und schüttelte sie. »Gleichfalls, Marlowe«, sagte er. Sein Blick zuckte an Marlowe vorbei. »Mrs. Tinling. Ich hoffe, es geht Euch gut.«

»Sehr gut, vielen Dank, Gouverneur«, sagte Elizabeth mit einem kleinen Knicks. Nur wenige Menschen waren kultivierter und diplomatischer als Nicholson. Deshalb war er für diese Aufgabe wie geschaffen.

Selbiges traf nicht gerade auf den Präsidenten Finch zu, der hinter Nicholson trat, Elizabeth einen unangenehmen Blick zuwarf und sagte: »Marlowe, wir haben einiges zu besprechen.«

»Das denke ich, Mr. President«, sagte Marlowe. Nicholson hatte für Finch nicht sonderlich viel übrig, und Marlowe dachte sich, dass die Abgeordneten ihm den Mann auf den Hals gehetzt hatten, da sie fürchteten, Nicholson allein sei seinem aufrührerischen Wachschiffkapitän gegenüber allzu nachgiebig.

Er deutete auf die Luke zu den Kajüten. »Bitte, meine Herren, wollt Ihr mir in meine Kajüte folgen, damit wir uns bei einem Gläschen unterhalten können?«

Fünf Minuten später saßen die vier Männer – Marlowe, Nicholson, Finch und der Sekretär – um den Tisch in der großen Kajüte, mit vollen Weingläsern vor sich.

»Nun, Marlowe, wie es scheint, haben wir da einige Probleme, die es zu behandeln gilt, was?«, sagte Nicholson. »Nun, ich bin mir Eures Verhältnisses zu Mrs. Tinling wohl bewusst, aber Ihr solltet Euch vor Augen führen, dass sie eines Kapitalverbrechens beschuldigt wird…«

»Man hat sie schrecklich missbraucht, und das über

Jahre... erst dieses Schwein von einem Ehemann, dann die ganze stinkende Brut der Wilkensons, und ich werde nicht zulassen, dass sie noch weiter leiden muss.«

»Aber Sir«, unterbrach Finch, bevor Nicholson etwas sagen konnte. »Was ihren Ehestand angeht, so kennen wir sicher alle die Wahrheit.« Trotz der bösen Blicke des Gouverneurs fuhr er fort. »Das allerdings ist die geringste Sorge. Entscheidender ist diese Mordanklage, die gegen sie erhoben wurde...«

»Es liegt keine Mordanklage vor, Sir. Der Vorwurf lautet auf Komplizenschaft, und dafür gibt es keinerlei Beweise. Ich habe Lucys Aussage gelesen. Sie belastet Elizabeth in keiner Weise. Ganz im Gegenteil. Das Ganze ist die reinste Heuchelei, betrieben von den niederträchtigen Wilkensons, und das alles nur aus Rache, mehr nicht.«

»So werdet Ihr *nicht* über die führende Familie in dieser Kolonie sprechen«, sagte Finch.

»Aber meine Herren.« Nicholson hob beide Hände, und Marlowe und Finch schwiegen. »Bitte, Captain Marlowe. Jacob Wilkenson ist Mitglied des Abgeordnetenhauses, und er hat Beschuldigungen vorgebracht, die allein von einem Gericht zu klären sind. Bitte seht ein, dass Mrs. Tinling bis zu ihrem Prozess inhaftiert bleiben muss.«

»Das sehe ich ein.«

»Dann erlaubt Ihr uns, sie wieder in Gewahrsam zu nehmen?«

»Nein.«

»Dann, Sir«, sagte Finch laut, »werden wir sie dennoch festnehmen. Verdammt sollen Eure niederen Beweggründe sein.«

»Und wie, Sir«, fragte Marlowe, »wollt Ihr das wohl zu Wege bringen?«

»Aber Marlowe«, versuchte Nicholson erneut beruhigend

einzuwirken, »Ihr bietet einer Flüchtigen auf diese Weise Zuflucht, und das geht doch nicht.«

»Das weiß ich sehr wohl, Gouverneur.«

»Ihr solltet wissen«, ging Finch dazwischen, »dass Eure eigene Stellung in Frage steht, und zwar erheblich. Es besteht Grund zu der Annahme, Sir, dass Ihr nicht seid, wer Ihr zu sein vorgebt, und es mag sein, dass Ihr Euch vor Gericht werdet verantworten müssen, Seite an Seite mit dieser kleinen Hure.«

Marlowe sah Finch an, und sein kalter Blick ließ den Präsidenten mitten in der Bewegung innehalten. Er sank auf seinem Stuhl zurück und räusperte sich.

»Es sind schon Männer aus geringerem Anlass gestorben, Sir«, sagte Marlowe. »Durch meine Hand.«

»Wollt Ihr mir drohen, Sir?«

»Ja.«

Finch fehlten die Worte. Er schreckte vor der unverblümten Antwort zurück, und Nicholson sprang in die Bresche.

»Nun, meine Herren, ich denke, das wird nicht nötig sein. Wir stehen doch alle auf derselben Seite, oder nicht? Lasst uns nicht zanken wie ein Haufen Holländer. Aber Ihr müsst einsehen, Marlowe, dass einige Fragen laut geworden sind. Ich möchte Euch wirklich nur sehr ungern Euer Kommando nehmen.«

»Ich möchte Euch wirklich nur sehr ungern dazu raten, es zu versuchen.«

»Sei es, wie es sei…« Nicholson war ein viel zu alter Fuchs, als dass er sich von einer unterschwelligen Drohung einschüchtern ließ. »Ich gebe zu, dass es keine Beweise gegen Mrs. Tinling gibt, dass ihre Inhaftierung allein Wilkensons Werk war. Ich glaube, ich könnte das alles vielleicht vergessen, die Anklage und alles, angesichts der guten Arbeit, die

Ihr geleistet habt, und der Dienste, die Ihr hoffentlich auch in Zukunft leisten werdet.«

»Moment mal, Gouverneur«, Finch fand seine Sprache wieder, »macht keine Versprechungen, die Ihr nicht halten könnt. Wir haben gesagt, wir könnten möglicherweise *überlegen*, ob wir über einiges davon hinwegsehen. Doch die Haltung dieses Mannes ist schlicht unerträglich, und die Zuflucht, die er dieser...«

»Welche Dienste erhofft Ihr Euch auch weiterhin von mir?« Marlowe lehnte sich auf seinem Stuhl zurück. Nicholson hätte es nicht gesagt, wenn er nicht etwas ganz Bestimmtes im Auge hatte. Nie wäre er mit seiner Versöhnlichkeit so freigiebig, wenn er Marlowe nicht noch bräuchte.

»Na ja.« Nicholson räusperte sich, und zum ersten Mal sah er aus, als fühle er sich unwohl. »Es gibt Berichte über ein Piratenschiff, das sich in der Bay herumtreibt. Ich habe Nachricht aus der Gegend um Norfolk bekommen. Die sind dort ziemlich aufgebracht, einer Panik nah. Hampton Roads fürchtet, die Piraten könnten alle Landhäuser plündern, wie es diese Schurken damals 1682 in Tindall's Point gemacht haben. Es heißt sogar, sie hätten möglicherweise die *Wilkenson Brothers* an sich genommen...«

»Die, wie ich hinzufügen möchte«, unterbrach Finch, »bei der Flotte in Sicherheit wäre, wenn Ihr nicht gewesen wärt.«

»Die Flotte wäre nicht in Sicherheit, Sir, wenn ich nicht gewesen wäre. Jacob Wilkenson hätte sich an die Gesetze halten sollen.«

»Jacob Wilkenson, von dem Ihr gern so schlecht sprecht, sorgt zumindest für einigen Schutz gegen diese Schurken. Er hat eine gewaltige Menge an militärischem Gerät von der Miliz requiriert. Er sammelt Schießpulver, Schrot, Waffen und beabsichtigt, seine Nachbarn zu organisieren. Ich hoffe, Sir, Ihr werdet Euch als gleichermaßen hilfreich erweisen.«

»Ja, ja«, sagte Nicholson, »hört mal, Marlowe, kann ich auf Euch zählen, was diesen Piraten angeht? Es würde Euren Ruf unter den Abgeordneten erheblich verbessern, der – wie ich sagen muss – einige Verbesserung vertragen könnte.«

Marlowe sah Finchs rotes, zorniges Gesicht und die ausdruckslose Miene des Gouverneurs, die Miene eines geborenen Unterhändlers.

Das also waren seine Möglichkeiten. Sie standen vor ihm aufgereiht wie Speisen eines kalten Buffets. Er konnte von seinem Amt als Kapitän zurücktreten, das Schiff an Rakestraw übergeben, Elizabeth dem Sheriff ausliefern – und sich selbst die Kugel geben. Ihm bliebe keine andere Wahl.

Oder er konnte weiter den Weg beschreiten, den er gekommen war, die *Plymouth Prize* in die Karibik segeln, auf eigene Rechnung fahren. Thomas Marlowe und allem, was er geworden war, Lebewohl sagen. Es war der unehrenhafte Weg, aber zumindest würde er mit dem Leben davonkommen.

Oder er konnte gegen Jean-Pierre LeRois antreten, denn er war sicher, dass es sich bei dem Piraten, der Angst und Schrecken in der unteren Bay verbreitete, um LeRois handelte. Ein böser, brutaler Mensch, dessen Mannschaft vermutlich doppelt so groß war wie die an Bord der *Plymouth Prize*.

LeRois würde sich an dem Wachschiff rächen wollen, das ihn genarrt und seine Männer getötet hatte. Er wollte lieber gar nicht daran denken, was geschehen würde, wenn LeRois erst herausfand, wer das Kommando über dieses Schiff hatte. Und er glaubte nicht daran, dass seine Leute LeRois besiegen konnten. Doch das war der ehrenhafte Weg, der Weg in den grausamen, aber ehrenhaften Tod.

Tod oder Schande. Er hatte die Wahl.

»Wenn ich es richtig sehe, bin ich nach wie vor Kapitän des

Wachschiffs«, sagte er schließlich, »und somit habe ich noch immer meine Pflichten zu erfüllen.«

28

Zwei Schiffe fochten es aus, irgendwo flussabwärts von Jamestown. Marlowe musste den Kampf nicht sehen, um zu wissen, dass er stattfand. Die Geräusche sagten es ihm. Der Kanonendonner hallte von den Ufern des James River wider. Eine Wolke von grauem Qualm stieg wie ein kleiner Amboss über der anderen Seite der langen, flachen Halbinsel auf.

Sie kämpften irgendwo jenseits der Stelle, wo Hog Island endete, vielleicht schon in der Warixquake Bay, höchstwahrscheinlich aber doch näher.

Der Donner sagte ihm außerdem etwas darüber, wie die Schlacht verlief. Die beiden Schiffe waren in ihren Kampf verstrickt, und das schon seit fast einer Stunde. Eines feuerte stets drei Kanonen ab, während das andere nur eine schaffte. Eines hatte größere Kanonen als das andere. Es klang anders, weshalb man sie überhaupt unterscheiden konnte.

Das Schiff mit den größeren Kanonen schoss langsamer. Vielleicht war es seine Überlegenheit hinsichtlich der Schwere des Eisens, was es möglich machte, dass sie so lange durchhielten, denn der langsame Rhythmus der Schüsse wies auf eine kleine, schlecht ausgebildete Mannschaft hin. Und das wiederum bedeutete wahrscheinlich, dass es sich dabei um ein Handelsschiff handelte, welches ums Überleben kämpfte. Und falls das der Fall sein sollte, konnte er sich sehr gut vorstellen, wer das andere Schiff befehligte.

Er sah nach oben. An Fock- und Großmast machten sich die Männer in den obersten Rahen zu schaffen, setzten Bramsegel, die vom Deck hinaufgereicht worden waren. Diese stellten das letzte Tuch der *Plymouth Prize* dar, das Marlowe hissen lassen konnte, während er sie hart antrieb, in den Kampf einzugreifen.

Er wollte den Mord an Unschuldigen verhindern, er wollte LeRois vernichten. Er war bereit für seinen letzten Versuch, wieder in die Gesellschaft Virginias aufgenommen zu werden. Bereit, die dünne abgewetzte Fassade der Ehrbarkeit aufrechtzuerhalten, die ihn und Elizabeth schützte.

Es war ein schöner Tag mit sanfter Brise von Südwest, die sie vorantrieb. Das alles schien ihm unvereinbar, die grauen Segel scharf vor dem blauen, wolkenlosen Himmel, die grünen Felder, die bis zum breiten Fluss hinunterreichten, das sanfte Plätschern des Wassers am Rumpf des Schiffes, Kanonendonner aus der Ferne, der gelegentliche Hauch von abgebranntem Pulver.

Elizabeth stand an seiner Seite, mit einem Sonnenschirm über dem Kopf, der ihre feine Haut vor der Sonne schützen sollte. Sie sahen aus, als würden sie einen Segelausflug an Bord der *Northumberland* unternehmen.

Doch das taten sie natürlich nicht, und sie befand sich in ebenso großer Gefahr wie alle anderen. In größerer eigentlich, denn sie würde nicht am Kampf teilnehmen und konnte somit nicht auf einen schnellen Tod hoffen, wie eine Kugel oder Kartätschengeschosse ihn mit sich brachten. Nur höchst ungern gefährdete Marlowe ihre Sicherheit, doch es blieb ihm keine Wahl. Wenn er sie an Land zurückließe, wäre die Rache der Wilkensons für sie eine ernstliche Gefahr.

Am liebsten hätte er sie in die Arme geschlossen, sie geküsst, ihr gesagt, dass er sie liebe. Es schien einfach nicht richtig zu sein, dass sie in einer halben Stunde in die Schlacht gegen den gefährlichsten Mann ziehen sollten, dem Marlowe je begegnet war.

Es schien nicht richtig zu sein, dass sie sich an einem derart wundervollen Tag so sehr fürchten sollten.

»Rudergänger, mach einen großen Bogen um das Südufer drüben bei Hog Island«, sagte er, und der Rudergänger wiederholte den Befehl und drückte die Pinne nach steuerbord. Die schlammigen Untiefen reichten, wie Marlowe wusste, viele Meter weit, und der Gedanke, die *Plymouth Prize* hart auf Grund zu setzen, wo er dann nur noch darauf würde warten können, dass man sie in Stücke schlug, behagte ihm überhaupt nicht.

»Sir«, Lieutenant Rakestraw erschien auf dem Achterdeck, »das Unterwassersegel liegt achtern zum Auswerfen bereit, Sir.«

»Gut.« Das Unterwassersegel war eine Art Leinenkegel von etwa zwei Faden Länge, der die *Plymouth Prize* erheblich verlangsamte, wenn man ihn hinter sich her zog.

»Sir, wenn ich mir die Kühnheit erlauben dürfte...«

»Wozu ich Euch das Unterwassersegel habe einrichten lassen?«

»Ja, Sir.«

»Bei solchen Gelegenheiten ist es stets nett, die eine oder andere Überraschung bereit zu haben. Falls es sich bei diesem Burschen um denselben handelt, dem wir schon begegnet sind, dann wird er uns sicher erkennen, und er wird wissen, wie viele Männer wir haben, wie viele Kanonen und das alles. Wenigstens können wir so etwas Geschwindigkeit in Reserve haben.«

»Ja, Sir«, sagte Rakestraw.

Es dauerte weitere zwanzig Minuten, Hog Island zu umrunden, und in diesen zwanzig Minuten ließen die Schüsse jenseits der Spitze niemals nach. Der arme Kerl, der dort angegriffen wurde, wehrte sich offenbar nach Kräften. Wenn er nur noch zwanzig Minuten weiterlebte, wäre die *Plymouth*

Prize dort, um die Piraten zu töten oder an seiner Stelle zu sterben.

Das Land schien zurückzuweichen, als sie sich weiter südwärts orientierten, und dabei gab es zwei Schiffe in der Ferne preis, wie eine Tür, die langsam aufschwang und einen Blick auf das dahinterliegende Zimmer erlaubte. Sie waren nicht sonderlich weit weg, eine Meile wohl, vielleicht auch weniger, und es herrschte genügend Wind, dass der Rauch sie nicht gänzlich verbarg.

Marlowe setzte sein Fernglas ans Auge. Das Handelsschiff war ihm am nächsten, und es fuhr dem Angreifer davon. Es war ein großes Schiff, und die Kaufmannsflagge wehte trotzig vom Großmast. Einen Moment lang dachte Marlowe, es sei die *Wilkenson Brothers*, doch es war schwarz, nicht geölt und wie eine Barke aufgetakelt, nicht wie ein Schiff. Vorderdeck und Achterdeck waren nicht so lang wie bei der *Brothers*.

Es schien ihm in erstaunlich gutem Zustand für ein Schiff, das derart beschossen worden war. Alle Hölzer waren noch intakt, und an den Segeln sah er kaum Schäden. Natürlich konnte er die Seite, die beschossen wurde, gar nicht sehen, und die Piraten waren sicher darauf bedacht, die Männer zu töten, nicht die Beute zu ruinieren.

Er ließ das Fernglas weiter nach rechts wandern. Das angreifende Schiff war stärker von Rauch umhüllt, da es windwärts lag und so viel mehr Kanonen als das andere abfeuerte. Doch er musste keinen freien Blick auf dieses andere Schiff bekommen, um es zu erkennen. Er hatte es vor gar nicht allzu langer Zeit gesehen, als die *Plymouth Prize* – als Handelsschiff getarnt – von diesem Schiff angegriffen wurde.

Er ließ sein Fernrohr zur Mastspitze des Piratenschiffes wandern. Dort am Großmast flatterte die schwarze Flagge mit dem Totenkopf, zwei gekreuzten Säbeln und einer Sanduhr darunter. Es war LeRois' Schiff. Sicher hieß es *Ven-*

geance, denn alle Schiffe unter LeRois' Kommando hießen *Vengeance*.

Und wenn LeRois erraten hatte, dass er, Thomas Marlowe – Malachias Barrett –, das Kommando auf der *Prize* innehatte, dann würde es für ihn auf der ganzen Welt keinen anderen Feind mehr geben.

Marlowe ließ das Fernrohr sinken und begann, auf und ab zu laufen, hin und her, ignorierte Rakestraw, Elizabeth und Bickerstaff, die gemeinsam auf der Leeseite standen. Er wollte es hinter sich bringen. Er wollte, dass es vorbei war, so oder so.

Und dann ließ der Donner der Kanonen, der sie nun seit einer Stunde begleitet hatte, nach. Marlowe sah zu den Schiffen, die etwa eine Meile entfernt waren, und als er das eben tat, rief der Ausguck der *Plymouth Prize*: »Deck! Schiff dreht bei! Es wendet!«

Marlowe konnte es vom Deck aus deutlich sehen. Das Piratenschiff, die *Vengeance*, hatte sein Vorhaben aufgegeben und wendete sich nun von ihnen ab. Die Schurken schienen gesehen zu haben, dass die *Plymouth Prize* kam.

Eine Sekunde gab er sich der Hoffnung hin, dass sie wenden und fliehen würden, doch es war dumm, sich so etwas zu wünschen, zum Teil weil es nicht geschehen würde. LeRois war schon einmal vor dem Wachschiff geflohen. Wenn er nicht das Gesicht vor seinen Männern verlieren wollte, konnte er es nicht noch einmal tun. Außerdem konnte seine Flucht die Männer auf der *Plymouth Prize* nicht retten. Früher oder später würden sie ihn jagen und bekämpfen müssen. Da konnten sie es auch gleich jetzt tun.

Und natürlich war LeRois nicht auf der Flucht. Die *Vengeance* wandte der *Plymouth Prize* das Heck zu und wendete noch weiter, kreuzte, damit sie Abstand von dem Handelsschiff bekam und Raum zum Manövrieren hatte.

»Mr. Rakestraw, ich wäre Euch dankbar, wenn Ihr das Unterwassersegel zu Wasser lassen würdet«, rief Marlowe.

Das Handelsschiff fuhr davon, flussaufwärts, versuchte, die *Plymouth Prize* zwischen sich und das Piratenschiff zu bringen. Marlowe sah, dass ein paar Gestalten auf dem Achterdeck dankend und erleichtert zum Wachschiff herüberwinkten. Nach allem, was Marlowe erkennen konnte, war es ein heruntergekommener Kahn, doch er konnte keinen Gedanken mehr daran verschwenden. Sollten Sie entkommen. Er musste über eine Schlacht nachdenken.

Er spürte einen kleinen Ruck, als sich das Unterwassersegel mit Wasser füllte und achtern zog, sodass sich ihre Geschwindigkeit beinahe halbierte.

Aus einer halben Meile Entfernung fing die *Vengeance* an zu feuern, sodass der Schrot rings um die *Plymouth Prize* herniederprasselte. Gelegentlich landeten sie einen Treffer, schossen eine Kugel in die Bordwand oder ein Loch ins Segel, doch größeren Schaden konnten sie nicht anrichten.

»Mr. Middleton«, rief Marlowe zum Mitteldeck hinab, »warten wir, bis wir breitseits und etwas näher sind. Dann sollten wir den ganzen Zorn der Hölle auf sie herabregnen lassen.«

»Den Zorn der Hölle. Aye, Sir!«, rief Middleton zurück. Er grinste, wie so mancher Seemann auf der *Prize*.

Großer Gott, sie freuen sich darauf, dachte Marlowe.

Er wandte sich zu Bickerstaff um und stellte überrascht fest, dass Elizabeth noch da war.

»Elizabeth, ich flehe dich an, komm mit. Ich zeige dir, wo die beste Stelle ist, wenn es heiß wird.«

Er ging voraus, stieg die Leiter vom Achterdeck hinunter durch die Luke, dann nach achtern in die große Kajüte, wo Lucy in einer Ecke kauerte, zu Tode erschrocken, wie ein Eichhörnchen in der Falle. Marlowe sah sie an und versuchte sich ein paar Worte einfallen zu lassen, die sie aufheitern würden, aber er konnte nicht.

Stattdessen nahm er zwei Pistolen aus einem Kasten aus der Anrichte und prüfte den Zündbolzen.

»Elizabeth«, sagte er, als er ihr die Waffen reichte. »Ich möchte, dass du Lucy mitnimmst und dich im Kabelgatt versteckst. Nimm die Waffen mit. Ich lasse euch holen, wenn alles vorbei ist. Aber ich muss ehrlich zu dir sein. Es könnte sein, dass wir nicht obsiegen, und sollte das der Fall sein, so wollt ihr sicher nicht entdeckt werden.«

Er fühlte, dass seine Stimme bebte, und er hielt inne und schluckte, dann schaffte er es mühsam, mit fast normaler Stimme fortzufahren. »Sollte man uns besiegen, solltet ihr sicher sein, dass wir besiegt wurden, vergeudet keine Kugeln mit dem Versuch, euch zu verteidigen.«

Elizabeth nahm die Waffen und drückte sie an ihre Brust.

»Ich verstehe, Thomas. Viel Glück.«

»Viel Glück, Elizabeth. Ich liebe dich sehr.« Damit wandte er sich um und verließ die große Kajüte, bevor er sich noch weiter in Verlegenheit brachte.

Sie hatten die Entfernung zur *Vengeance* halbiert, als Marlowe wieder auf dem Achterdeck stand. Die beiden Schiffe kamen einander zügig näher, wenn auch nicht so zügig, wie es der Fall gewesen wäre, wenn die *Plymouth Prize* nicht dieses Unterwassersegel hinter sich her gezogen hätte. Alle Segel auf dem Wachschiff waren prall vom Wind, und dennoch spürte Marlowe die Schwere unter seinen Füßen, weil das Schiff den Leinenkegel durch das Wasser zog.

Und das war gut so. Er hatte es nicht eilig, in diese Schlacht zu ziehen, und die zusätzliche Zeit gab dem Handelsschiff Gelegenheit zu entkommen.

»Macht Euch an steuerbord bereit für eine Breitseite«, rief Marlowe zum Mitteldeck hinab.

Die Männer der *Plymouth Prize* standen über ihre Kanonen gebeugt, sahen ihr Ziel näher kommen. Heute Morgen würde es einen Kampf mit großen Kanonen geben, beschloss Marlowe. Er durfte die Piraten nicht an Bord lassen. Sie würden seine Leute sofort übernehmen. Es waren fast doppelt so viele Männer wie auf dem Wachschiff.

Doch würde es den Piraten an der Disziplin mangeln, die Kanonen zu laden und auszurollen, zu laden und wieder auszurollen und damit ein Sperrfeuer aufrechtzuerhalten wie seine eigenen, besser ausgebildeten Männer. Darüber hinaus sah die *Vengeance* wie ein müdes Schiff aus, abgenutzt und schwer gebeutelt und solcherart Behandlung nicht mehr gewachsen. Wenn die *Plymouth Prize* in der Lage wäre, Abstand zu halten und sich auf die *Vengeance* einzuschießen, konnten sie gewinnen und der Verlust an Menschenleben bliebe minimal.

Zumindest der Verlust an Menschenleben auf der *Plymouth Prize*. Die Männer auf der *Vengeance* würden sterben. Sie waren Marlowes Vergangenheit, und die musste ausgemerzt werden.

King James erklomm die Leiter zum Achterdeck und nahm seinen Platz hinter Marlowe ein. Er sah schrecklich aus. Er humpelte unter Schmerzen, doch Marlowe war klug genug, ihn nicht unter Deck zu schicken. Er nickte ihm zu, und James nickte zurück, dann wandte Marlowe seine Aufmerksamkeit wieder der *Vengeance* zu.

Sie feuerte noch immer, landete mehr Treffer, je näher sich die beiden Schiffe kamen, doch Marlowe hielt sich nach wie vor zurück. Sie waren nicht weiter als eine Kabellänge auseinander. In weniger als einer Minute wäre es an der Zeit, sie in Grund und Boden zu schießen.

Er fuhr mit dem Fernglas über den dunklen Rumpf. Die *Vengeance* war keineswegs so ramponiert, wie er erwartet hatte, nachdem sie über eine Stunde von dem Handelsschiff beschossen worden war. Selbstverständlich konnte man von der Mannschaft des Handelsschiffes keine Treffsicherheit erwarten, doch waren sie einander so nah gewesen, dass sie kaum daneben schießen konnten. Und dennoch sah es nicht so aus, als wäre die *Vengeance* überhaupt in eine Schlacht verwickelt gewesen.

Marlowe merkte, wie dieser erste Funke von Misstrauen in seinen Gedanken aufblitzte, als der Mann im Ausguck sich wieder meldete.

»Deck! Der Kaufmann ändert seinen Kurs!«

»Was, zum Teufel, hat er vor?«, fragte Rakestraw verwirrt.

Das große, schwarze Handelsschiff, welches bis zu diesem Augenblick beinahe vergessen war, hatte seine Wende bereits vollbracht und hielt ebenso schnell auf sie zu, wie sie eben noch geflohen war.

»Kommt es uns zur Hilfe?«, fragte Rakestraw.

Unwillkürlich musste Marlowe lachen.

»Nicht *uns* zu Hilfe, Lieutenant«, meinte Bickerstaff. Ich glaube, man hat die Absicht, den Piraten beizustehen, nicht uns.«

»Sir, ich verstehe nicht…«

»Sie haben uns zum Narren gehalten«, sagte Marlowe bitter. »Wie die Fische haben sie uns angelockt. Die Schlacht war gespielt, die Piraten haben beide Schiffe, und jetzt sitzen wir dazwischen in der Falle. Gottverdammt, was bin ich für ein Idiot!«

Rakestraws Augen wurden merklich größer, als ihm die Lage bewusst wurde. »Was sollen wir tun, Sir?«

»Sterben würde ich sagen. Verdammt noch eins, es ist fast genau dasselbe, was ich mit ihm gemacht habe! Wie konnte ich nur so dämlich sein! Mr. Middleton?«

Der Zweite Offizier sah auf und winkte.

»Ihr werdet noch Zeit für etwa zwei Breitseiten haben. Sorgt dafür, dass sie ins Gewicht fallen. Feuert wenn Ihr bereit seid, aber bald, wenn Ihr so freundlich wärt.«

»Aye, Sir! Feuer!« Middleton reihte die Worte aneinander, und die Kanonentrupps, die schon seit zehn Minuten bereitstanden, zündeten ihre großen Kanonen. Mit einiger Zufriedenheit wurde Marlowe Zeuge der Vernichtung, welche die *Vengeance* heimsuchte, die alte *Vengeance*, denn er hegte keinerlei Zweifel daran, dass das große Handelsschiff achtern neuerdings diesen verhassten Namen trug. Ein Stück vom Schanzkleid war herausgerissen. Er sah mindestens eine umgekippte Kanone, hörte das hohe Kreischen eines Mannes, der unter einer halben Tonne heißen Metalls begraben lag.

Die Männer der *Prize* luden unter dem Drängen von Lieutenant Middleton nach oder suchten über ihre Falkonette hinweg nach Opfern, beschossen die Piraten mit Vorderladern voll Glas und kleinen Eisennägeln. Nur gab es dort nicht viele Ziele, denn die alte *Vengeance* schien nur leicht bemannt zu sein.

Gerade genug Leute an Bord, um eine große Schau mit ungeladenen Kanonen abzuziehen, dachte Marlowe. Er spürte seinen Zorn. Wie hatte er so dumm sein können? Würden sie nun alle sterben, weil er ein solcher Idiot war? Würde Elizabeth den Mut aufbringen, sich eine Kugel in den Kopf zu schießen, oder würden die Piraten sie doch finden, wie sie sich in eine dunkle Ecke drückte, und…

Er schüttelte den Kopf, schüttelte ihn hin und her, vertrieb diese Gedanken. Unten auf dem Mitteldeck rollten die Männer der *Prize* wieder die Kanonen heraus, feuerten erneut. Er sah, wie die Takelung an Bord ihres Opfers wie Spinnweben zerrissen, sah die Rahen in sich zusammenbrechen. Doch das genügte. Er wollte nicht diesen alten, abgetakelten Kahn bekämpfen, denn genau dazu wollte LeRois ihn bringen.

»An die Brassen! Ruder steuerbord!«, rief Marlowe. Die *Plymouth Prize* wendete nordwärts, wandte sich vom alten, havarierten Piratenschiff ab.

Der schwarze Kaufmann kam nun immer näher, war keine zwei Kabellängen mehr entfernt. Die Seeräuber drängten sich am Bug, machten sich zum Entern bereit. Es waren dort erheblich mehr Männer an Bord als auf dem anderen Schiff. Marlowe konnte sich vorstellen, wie die Schurken hinter dem Schanzkleid kauerten und über die List lachten, die sie anwendeten, indem sie das Schiff narrten, welches sie so sehr genarrt hatte.

»Verflucht noch mal, verdammt und verflucht«, murmelte Marlowe; dann rief er Middleton hinunter: »Bemannt die Backbordbatterie. Trefft sie so hart Ihr könnt!«

Schon hatte Middleton seine Männer übers Deck geschickt, und auf Marlowes Wort hin rief er: »Feuer!«, und die Backbordkanonen gingen los.

Der Kaufmann kam direkt auf sie zu, und die Kanonen der *Plymouth Prize* schossen übers ganze Deck. Marlowe sah einigen Schaden, den das Feuer anrichtete – ein gesprengter Ankerbalken, der Topmast am Bugspriet in Stücke geschossen, vielleicht ein halbes Dutzend Feinde aufs Deck geworfen –, doch darüber hinaus konnte er nichts erkennen. Er hatte ein Kanonenduell erwartet, also luden sie Kanonenkugeln, nicht Kartätschengeschosse. Sie mochten den einen oder anderen Piraten getötet haben, und das wäre auch gut so, aber sicher waren da genügend, die an ihre Stelle treten konnten.

Und dann hörte er sie. Die einsame Stimme, die tief und langsam rief: »Tod, Tod, Tod...«

Köpfe auf der *Plymouth Prize* blickten auf, starrten über die Reling und durch Kanonenluken. Das schwarze Handelsschiff war zweihundert Meter entfernt, eine einzige Kabellänge, und hielt direkt auf die Seite des Wachschiffs zu.

»Tod, Tod, Tod...« Der Stimme schloss sich die nächste an, dann noch eine und noch eine, und dann begann das fürchterliche Trommeln, das Klappern der Knochen. Die meisten Piraten waren an Deck des Handelsschiffes, vom Schanzkleid vor den großen Kanonen der *Prize* geschützt. Die Männer der *Plymouth Prize* hörten den fürchterlichen Totentanz, doch konnten sie nur einen Teil der Feinde sehen, und das machte es umso fürchterlicher.

»Feuer! Verdammt noch mal! Feuert, was das Zeug hält!«, rief Middleton.

Die Männer feuerten erneut, und die Falkonette krachten, doch als der Lärm verhallt war und der Rauch verflogen, war es noch immer da, das schwarze Schiff, der grauenvolle Lärm: »Tod, Tod, Tod...«

»Sir, soll ich die Männer Aufstellung nehmen lassen, damit sie Enterer abwehren?«, fragte Rakestraw.

»Was?« Marlowe wurde aus seinem grässlichen Traumbild gerissen. »Oh, ja, seid so gut.« Noch immer hatte er nicht die Absicht, Enterer an Bord zu lassen, doch ihm waren an diesem Tag schon mehrere furchtbare Fehler unterlaufen, und es mochten nicht die letzten gewesen sein.

Das Piratenschiff, die neue *Vengeance*, war einhundert Meter vom Wachschiff entfernt, ihr Bugspriet deutete direkt auf das Mitteldeck der *Prize*. Marlowe sah schon, wie die Woge der Piraten über die Reling schlug, wie sie an Deck strömten und alles mit sich rissen.

Rakestraw trieb die Männer zu den Seiten, andere als Reserve weit zurück, befahl ihnen, ihre Waffen zu nehmen, und sagte, sie sollten nicht weichen. Doch es ihnen zu sagen, würde nicht genügen. Hier ging es nicht um den betrunkenen Haufen von Smith Island. Es war die Mannschaft der *Vengeance*. Es war LeRois.

Fünfzig Meter trennten die Schiffe, als die Flagge am

Großmast gehisst wurde, der grinsende Schädel, die Säbel, die Sanduhr auf schwarzem Untergrund, und der rhythmische Totentanz wurde zu willkürlichem Geschrei.

Marlowe spürte, wie ihm flau im Magen wurde.

LeRois ist nur ein Mensch, dachte er bei sich, doch er glaubte nicht daran, dass das in irgendeiner Weise einen Unterschied machte. Er hatte gesehen, wie LeRois trotz unmenschlicher Wunden überlebte, war Zeuge gewesen, als er Gefangene auf eine Art und Weise folterte, die kein Wesen, das eine Seele besaß, zu ersinnen in der Lage war. Nach Jahren als Pirat blieb Jean-Pierre LeRois der einzige Mensch, vor dem sich Marlowe fürchtete.

Er biss die Zähne zusammen, ballte die Hände zu Fäusten.

In Gedanken war er dort, an Deck einer anderen *Vengeance*, wohl wissend, dass er LeRois besiegen oder jenen langsamen Tod erleiden musste, den nur LeRois ersinnen konnte. Da war er, Auge in Auge mit diesem Wahnsinnigen, Schwert gegen Schwert.

»Oh, zum Teufel mit mir«, sagte er. Dreißig Meter waren sie noch auseinander, und die *Vengeance* ließ nicht von ihrem Kurs ab. Marlowe wurde klar, dass er ihr noch entkommen konnte, bevor es zu spät war.

»Rakestraw! Rakestraw!« Der erste Offizier sah auf. »Löst das verdammte Unterwassersegel! Schlagt das Tau durch!«

Eine Sekunde war Verwirrung auf dem Gesicht des Mannes zu erkennen, doch dann begriff er und rannte, so schnell Marlowe es sich wünschen konnte, nach achtern.

Die *Vengeance* war zwanzig Meter entfernt, den Wind im Rücken, drehte sich ganz leicht, damit ihr Bug auf die Seite der *Plymouth Prize* gerichtet blieb.

Und dann, durch die Schreie und Schüsse seiner eigenen Männer, hörte Marlowe deutlich den dumpfen Schlag, als Rakestraws Axt auf das Tau niederging, welches das Unterwassersegel hielt. Noch einmal hörte er das gleiche Geräusch, dann schien die *Plymouth Prize* unter seinen Füßen einen Vorwärtsruck zu tun, machte einen Satz wie ein wildes Tier, das man von der Leine ließ.

Die *Vengeance,* die querab gewesen war, lag nun achtern. Sie wendete scharf, versuchte, auf Kollisionskurs zu bleiben, aber die Piraten hatten sich am Bug versammelt, bereit an Bord zu gehen, standen nicht an den Brassen, und die Segel, die für eine Fahrt mit dem Wind gerichtet waren, flatterten und fielen in sich zusammen, als der Bug herumkam.

Marlowe hörte, wie der Totentanz erstarb, konnte eine Stimme hören, eine Stimme, die er kannte – schwer, undeutlich, mit unverkennbarem Akzent – und die den Männern sagte, sie sollten die Segeln trimmen.

»Komm! Komm!«, rief Marlowe den Rudergängern zu. Sie drückten die Pinne herum, und die *Prize* drehte sich weiter in den Wind, sodass ihr Bug flussaufwärts in die Richtung deutete, aus welcher sie gekommen waren. »Gut, ganz ruhig! Nimm Kurs an Hog Island vorbei!« Er wusste nicht, wohin er wollte, er wusste nur, dass er weg musste, weg von diesem Schiff.

»Erlaubnis zu feuern, Sir?«, rief Middleton vom Mitteldeck herauf.

Marlowe sah zur *Vengeance* hinüber. Fast lag sie querab vor ihnen, und sie passierten einander in unterschiedlichen Fahrwassern. »Ja, ja, Feuer!«

Die Kanonen gingen nicht gemeinsam los, und jeder Schuss traf den Piraten hundertzwanzig Fuß querab. Die *Vengeance* wendete hart, und ihre Rahen schwankten, als die Brassen schließlich bemannt waren, doch hatte sie einiges an Abstand eingebüßt. Nun war sie im Fahrwasser der *Plymouth Prize*, und das Wachschiff einzuholen wäre keine große Tat.

Marlowe nahm sein Fernrohr vom Kompasskasten und hielt es an sein Auge. Er spürte gleichzeitig Entsetzen und Faszination in sich aufsteigen, als betrachte er ein Rudel Wölfe aus scheinbar sicherer Distanz.

Es befanden sich unzählige Seeräuber auf dem Achterdeck der *Vengeance*, da es an Bord eines Piratenschiffes keine Rangunterschiede wie an Bord eines Kriegsschiffes oder sonstiger Schiffe gab. Manche waren barbrüstig oder trugen nur Westen. Andere trugen Sachen, die einst feine Kleider gewesen sein mochten. Sie alle waren gut bewaffnet, doch das konnte wohl nicht überraschen.

Und dann sah er ihn, einen Kopf größer als der Rest. LeRois' Gesicht war rot und wutverzerrt. Er stampfte herum, schlug mit dem Schwert in seiner Hand auf die Reling ein, gestikulierte wild.

Der Franzose war so wütend wegen des Unterwassersegels, wie Marlowe es wegen der vorgetäuschten Schlacht war. Beide waren sie Piraten und Halunken, und keiner von beiden wollte sich gern zum Narren machen.

Marlowe sah, wie LeRois in seiner Tirade innehielt und zum Wachschiff herübersah. Es schien, als blicke er direkt ins Rohr von Marlowes Fernglas. Dann hob der Pirat sein eigenes Glas und während ihre Schiffe auseinander strebten, starrten die beiden Männer einander übers Wasser an.

Marlowe sah, dass LeRois sein Fernglas sinken ließ. Ängstlich und verwirrt sah er aus, ganz im Gegensatz zu dem LeRois vor einigen Sekunden. Wieder hob der Pirat das Fernrohr an sein Auge, ließ es sinken, hob es wieder an, ließ es sinken, auf und ab, dreimal.

Und dann taumelte LeRois rückwärts, hob das Fernrohr immer weiter, bis es Marlowe schien, als müsste er direkt in die Sonne blicken. Und dann, eine Sekunde später, schien etwas im Inneren des Piraten zu explodieren.

Er warf das Fernrohr über Bord und zog eine Pistole aus seinem Gürtel, spannte sie und schoss direkt auf Marlowe.

Überrascht zuckte Marlowe zusammen – es war erschreckend, wie das Fernrohr alles vergrößerte –, doch er war außerhalb der Reichweite seiner Pistole. LeRois warf die Waffe weg, nahm eine andere und feuerte auch die ab. Er ruderte mit den Armen, schrie die Männer um sich herum an, deutete auf das Wachschiff.

Er hat mich gesehen, dachte Marlowe. Er hat mich gesehen und erkannt, und jetzt weiß er, dass er nicht nur ein Schiff des Königs jagte, sondern Malachias Barrett.

Gott steh mir bei, Gott steh uns allen bei, wenn er uns einholt.

29

Sie fuhren nordwärts, mit dem Wind querab, bei einsetzender Ebbe. Nach wie vor schossen die Männer der *Vengeance* mit ihren Buggeschützen, obwohl sie keine Hoffnung hatten, das Wachschiff zu treffen, da die Kanonen nicht gänzlich geradeaus gerichtet waren. Die Piraten schossen einfach gern damit. Marlowe konnte das verstehen.

Er sah über die Heckreling zu dem großen Schiff in ihrem Fahrwasser hinüber. Es war tatsächlich die *Wilkenson Brothers*. Er dachte an Finchs Worte, was diese Geschichte anging, das Schiff sei gekapert worden. Das große, mächtige Handelsschiff. Größer, mächtiger noch als die *Plymouth Prize*.

Er dachte an Finchs Worte, das Schiff hätte vor den Piraten sicher sein können, wenn er, Marlowe, nicht gewesen wäre, der an den Wilkensons Rache nehmen wollte. Nun, das war wohl Ironie des Schicksals.

Und nicht nur war die *Vengeance*, die ehemalige *Wilkenson Brothers*, stärker als die *Plymouth Prize*, sie war auch schneller, da es sich um ein größeres Schiff mit längerer Wasserlinie handelte. Es hätte ihm Sorge bereiten müssen, wenn sie besser gesegelt würde, aber weder waren die Segel so gut getrimmt, wie es hätte sein können, noch hatten die neuen Besitzer alles Tuch gesetzt.

Marlowe dachte sich, es läge wohl zum Teil daran, dass sie mit dem Schiff nicht recht vertraut waren, denn LeRois konnte es noch nicht länger als eine Woche in seinem Besitz haben. Außerdem lag es wohl daran, dass höchstwahrscheinlich alle an Bord betrunken und allzu mitgerissen von der Aufregung waren, als dass sie sich die Mühe machten, ihr noch ein oder zwei Knoten mehr zu entlocken.

Und die Männer der *Vengeance* würden merken, dass es keinen Sinn machte, die *Plymouth Prize* einzuholen. Sie fuhren flussaufwärts, und früher oder später würde ihnen das tiefe Wasser ausgehen. Dann waren sie leichte Beute. Es wurde Marlowe deutlich bewusst, und nach den Mienen zu urteilen, die er um sich sah, vermutete er, dass die anderen ebenso dachten. Auch die alte *Vengeance* war unterwegs, schleppte sich flussaufwärts, folgte den beiden Kampfhähnen. Zwei Schiffe gegen eins, mit doppelt so vielen Männern wie er hatte. Er wusste einfach nicht, wie er dieses Dilemma lösen sollte.

Er würde die *Plymouth Prize* verlieren, so oder so. Für seine momentane Feigheit, mit eingekniffenem Schwanz flussaufwärts zu fliehen, würde ihm der Gouverneur das Wachschiff wegnehmen, falls LeRois es nicht tat. Oder er würde es versuchen, und Marlowe würde sich weigern, es aufzugeben, und dann wäre er ein Verbrecher, ganz wie LeRois, und alle Hoffnungen auf ein Leben nach Recht und Gesetz wären verloren.

»Oh, verdammt und zugenäht«, sagte er laut. In seinem Kopf drehten sich die Argumente und Gegenargumente, die Pläne und Eventualitäten. Er würde das Wachschiff einfach in die Pier von Jamestown krachen lassen, sodass sich seine Männer in alle Winde verstreuen konnten und sich der Gouverneur des Problems annehmen musste. Falls sie es bis zum Anleger schafften.

Hog Island lag jetzt querab. Sie würden an der Landzunge vorbeisegeln müssen, kreuzen und hoffen, dass sie die Biegung schafften, wenn der Wind derart von achtern kam.

»Beidrehen, Rudergänger! Beidrehen, verdammt noch mal!«, rief Marlowe plötzlich, und Panik schnürte ihm die Kehle zu! Sie kamen der Landzunge zu nah. Er konnte sehen, wie die schlammigen Untiefen nach ihnen griffen, wie das schmutzige Wasser aufwirbelte, wo sie den Grund aufgewühlt hatten. Sollten sie auf Grund laufen, wären sie tot.

Die Rudergänger drückten die Pinne hinüber, und der Bug der *Plymouth Prize* schwang herum. Es war knapp, und es war Marlowes Schuld. Er hatte nicht aufgepasst. Er verfluchte sich selbst, dachte daran, sich bei den Rudergängern zu entschuldigen, weil er sie beschimpft hatte, blieb jedoch still.

Sie hielten Kurs, wobei das Norddufer stetig näher rückte. »Männer, bereit zum Beidrehen!«, rief Marlowe, und die Männer rannten auf ihre Posten und standen da, mit grimmigen Mienen, blickten nach achtern, warteten auf weitere Befehle. Jedermann an Bord wusste, was es bedeutete. Wenn sie den richtigen Moment verpassten, was auf dem offenen Meer sehr leicht passierte, ganz zu schweigen von einem Fluss mit Strömungen und Tidenhub, dann hätte die *Vengeance* sie beim Kragen. Die Männer der *Prize* hatten sich ausgemalt, was Marlowe bereits wusste. Diese Piraten würden nicht so einfach sterben wie jene auf Smith Island, und dieser Tag mochte sehr wohl ein gänzlich anderes Ende nehmen.

»Fertig... Ruder auf Lee!«, rief Marlowe, und der Bug des Wachschiffes begann sich herumzudrehen. Am Nordufer stand ein hübsches Plantagenhaus, ein großer weißer Bau mit Sklavenunterkünften unten am Wasser und Feldern mit jungen Tabakpflanzen. Es schien vorüberzuschweben, als das Wachschiff wendete.

»Warte... warte...«, murmelte Marlowe vor sich hin, mit starrem Blick auf die Lieken der quadratischen Segel. Sie blieben stumm, unbeweglich, und dann im nächsten Augenblick fingen sie zu flattern an, als der Wind sie nun von der Seite traf.

»Großsegel anholen!«, rief Marlowe, und die Großrahen wurden herumgedreht, während die Segel am Fockmast in sich zusammensanken.

»Wende, wende, wende, Hurensohn...«, hörte er Rakestraw an seiner Seite murmeln.

Und die *Plymouth Prize* wendete tatsächlich, drehte sich durch den Wind, wobei die Focksegel gegen den Mast gedrückt wurden. Und dann waren sie durch, und Marlowe rief: »Lass gehen!« Die Fockrahen kamen herum, und das Wachschiff war auf neuem Kurs zur anderen Seite der Landzunge hin. Er spürte, wie die Spannung vorn und achtern nachließ, als hätte das Schiff selbst den Atem angehalten.

Er drehte sich um, wollte sehen, ob das Piratenschiff in der Lage wäre, dieses Manöver nachzumachen oder ob die Jagd hier und jetzt ihr Ende fand.

Er starrte das schwarze Schiff an. Irgendetwas fehlte dort, aber er konnte es nicht in Worte fassen.

Und dann lächelte er, und dann lachte er laut auf und sagte: »Danke, lieber Gott! Herr im Himmel, ich danke dir!«, denn die *Vengeance* war auf Grund gelaufen.

LeRois sah das Unterwassersegel eine halbe Sekunde, bevor das Tau gekappt wurde. Er stand auf dem Achterdeck der neuen *Vengeance* und sah erfreut und mit einiger Zufriedenheit, wie sich seine Falle um den Schweinehund schloss, der ihn genarrt hatte, als er merkte, dass etwas nicht ganz stimmte.

Der Wind stand gut, und das Wachschiff hatte alle Segel gesetzt, aber dennoch schien es sich voranzuschleppen, plump und träge, obwohl es aussah, als könnte es schnell und wendig sein.

Er hob sein Fernrohr ans Auge und suchte den hinteren Teil des Schiffes ab, wobei er sich alle Mühe gab, das Achterdeck außer Acht zu lassen, da er fürchtete, diese Vision von Barrett könnte erneut erscheinen.

Anfangs sah er nichts. Und dann fiel ihm das leichte Tau auf, das aus dem Fenster der großen Kajüte kam und im spitzen Winkel im Wasser verschwand. Es musste ein Unterwassersegel sein. So etwas hatte er selbst schon benutzt, mehrmals.

»*Merde alors!* Komm schon! Komm schon!«, rief er Darnall zu. »Der Hundesohn…«

Weiter kam er nicht. Das Tau peitschte aus dem Fenster der großen Kajüte, da es drinnen gekappt wurde, und urplötzlich machte das dümplende Schiff, das eben noch direkt vor ihrem Bug gewesen war, einen Satz nach vorn, sodass die *Vengeance* aufs offene Meer zielte.

»*Merde!* Sohn von Hündin! Komm, Komm!«, rief LeRois erneut, doch nun drückte der Rudergänger bereits die Pinne herum, damit der Bug auf das verletzliche Mitteldeck des Wachschiffes gerichtet blieb.

Der Totentanz verstummte, und an dessen Stelle trat das Flattern von Leinwand.

»*Allez haut le bras! Allez haut le bras, vite, vite!*«, schrie er, dann schrie er es erneut, bis er merkte, dass er Französisch sprach und ihm die englischen Worte nicht einfallen wollten. »Himmelarsch... zu den verdammten Brassen! Schnell!«, brach es aus ihm hervor, und die Männer auf der *Vengeance* hasteten nach achtern, lösten die Brassen, um die Segel dem Wind anzupassen.

LeRois sah über Bord. Das Wachschiff lag längsseits, fuhr flussaufwärts, während die *Vengeance* abwärts fuhr. Die *Vengeance* wendete in ihrem Fahrwasser, wendete unter einem Hagel von Schüssen, doch das Kreischen der Geschosse störte LeRois nicht mehr als ein Mückenschwarm. Verglichen mit dem Unterwassersegel war es ein geringfügiges Ärgernis, verglichen mit dem, was aus seiner großartigen Falle geworden war.

Er merkte, dass er sein Schwert in der Hand hielt, und während er Befehle brüllte, hackte er auf die Reling ein, als wäre diese der Schädel des erbärmlichen Hundesohns, der das Kommando auf dem Wachschiff hatte.

Er musste den Hundesohn sehen, der dieses Unterwassersegel gegen ihn einsetzte, damit er sich dessen blutigen Tod besser vorstellen konnte.

Er blinzelte und spähte übers Wasser. Auf dem Achterdeck des königlichen Schiffes drängten sich keine Männer wie auf seinem eigenen, und es war leicht auszumachen, wer der Herr auf jenem Schiff war. Der Bastard hielt ein Fernglas an sein Auge und starrte herüber, als die beiden Schiffe einander passierten, was LeRois nur umso wütender machte. Er steckte sein Schwert weg, nahm sein eigenes Fernrohr und richtete es auf den Mann, den er töten wollte.

Das Abbild von Malachias Barrett füllte seine Linse aus, beständig, hatte nichts Flüchtiges mehr an sich. Er taumelte rückwärts. »Sohn von Hure...«, murmelte er und hielt das Fernglas wieder an sein Auge, zwang sich hinzusehen und darauf zu warten, dass das Bild verschwand. Es musste verschwinden.

Doch das tat es nicht. Genau wie beim letzten Mal. Er ließ das Fernglas wieder sinken, schüttelte den Kopf, dann sah er wieder hin. Es war noch immer da.

Er spürte, wie seine Hände am Fernrohr feucht wurden, spürte die Übelkeit in seiner Magengrube, die dringende Not, einen betäubenden Schluck Rum oder Gin zu sich zu nehmen. Was hatte das zu bedeuten? Warum wollte es nicht verschwinden?

Und dann kam ihm von irgendwo in seinem Hinterkopf – wie ein Donnergrollen, das sich aufbaute, über ihn hinwegrollte, rumpelnd, dass die Erde bebte – der Gedanke, dass es sich vielleicht gar nicht um ein Traumbild handelte.

Natürlich. Die Erkenntnis spülte über ihn hinweg. Natürlich, wo sonst sollte dieser Hundesohn all diese Tricks gelernt haben, das Schiff als lädierten Kaufmann zu tarnen, die Männer als Frauen zu verkleiden, Unterwassersegel einzusetzen? Welcher elende Offizier des Königs sollte je derart gerissen sein?

Er konnte das Wachschiff nicht mehr sehen. Er konnte überhaupt nichts mehr sehen. Die ganze Welt war in grelles, weißes Licht getaucht, und er hörte Musik, und mit dieser Musik wurden – unterschwelliger, wie etwas, das draußen auf der Straße vor sich ging – grauenvolle, quälende Schreie laut.

»LeRois? LeRois, alles in Ordnung?« Darnalls Stimme klang, als käme sie aus einem Grab. LeRois sah ihn an, und plötzlich war die Welt wieder da, und die Musik war fort, und an ihrer Stelle war nur das Geschrei, das endlose Geschrei.

Und Malachias Barrett war da, beobachtete ihn durchs Fernrohr. Hundertfünfzig Fuß entfernt.

»Ahhhhhhhhh!« LeRois' Schrei begann tief und wurde

dann höher und lauter. Er warf sein Fernrohr über Bord und riss eine Pistole aus seinem Gürtel. Er schoss auf Barrett, warf die Pistole weg, zog eine andere, feuerte auch die ab.

»Holt ihn ein, holt ihn ein, den Hundesohn!«, schrie LeRois. Er fühlte, wie ihm Tränen in die Augen traten. Es war Malachias Barrett. Er würde ihm entkommen.

»Ich bring euch um, euch alle, wenn ihr ihn nicht fasst!«, brüllte LeRois die Männer auf dem Achterdeck an.

Darnall spie Tabak aufs Deck. »Ich glaube kaum, dass er uns entkommen kann, wenn er einen Fluss hinauffährt, Captain. Irgendwann wird ihm das Wasser ausgehen.«

LeRois starrte den Quartermeister an, versuchte den Sinn in dessen Worten auszumachen. Fluss. Wasser. Ihm würde das Wasser ausgehen. Er würde in die Falle gehen.

LeRois wandte sich um, lief auf und ab, versuchte nachzudenken. Dafür musste er laut vor sich hin sprechen, denn in seinem Kopf war kein Raum mehr für Gedanken, nicht bei dem Geschrei und den Stimmen, und selbst dann musste er sehr laut sprechen, um seine eigene Stimme bei dem Lärm zu verstehen.

Trotz alledem hörte er, wie Darnall Befehle an die Segeltrimmer ausgab. Sie folgten Barrett so schnell sie nur konnten. Wenn sie ihn nicht innerhalb der nächsten Stunde eingeholt hatten, dann sicher bis zum Abend. Die neue *Vengeance* war schnell und sauber, und sie fuhren auf einem Fluss.

LeRois schüttelte den Kopf, während er auf und ab lief. Es schien ihm unmöglich. Es schien ihm schlicht unmöglich. All die Jahre, in denen er Barrett für das gehasst hatte, was geschehen war, all die Jahre, und nun war Barrett da, und bald schon würde LeRois ihn in der Hand haben. Er konnte sich nicht vorstellen, wie er ihn töten wollte. So lange hatte er darüber nachgedacht, dass er kaum noch wusste, wie er es anfangen sollte.

Kanonen wurden laut. Die Männer auf der *Vengeance* feuerten die Buggeschütze ab. LeRois spürte die Erleichterung, als er den Rauch sah, den Beweis dafür, dass tatsächlich echte Kanonen schossen. Er wollte keine Kanonen, die in seinem Kopf losgingen. Das wäre zu viel, viel zu viel.

Er hatte keine Ahnung, wie lange sie das Wachschiff schon verfolgten. Irgendetwas krabbelte unter seinen Kleidern. Irgendein Getier. Er kratzte, aber es war noch immer da.

Er sprach nun nicht mehr mit sich selbst und hatte angefangen, hinzuhören, was die Stimmen sagten. Es war seltsam. Wieso hatte er noch nie auf diese Stimmen gehört? Wieso hatte er sie so lange bekämpft?

Sie sagten ihm alles, was er wissen musste, um mit Barrett fertig zu werden. Sie sagten ihm, wie er, LeRois, die ganze Küste für sich allein haben würde. Alles sollte sein werden. Man hatte ihn aus gutem Grund hierher geführt.

»Hier, Captain, seht doch! Captain?«

LeRois erkannte Darnalls Stimme. Er sah zum Quartermeister auf. »*Oui?*«

»Das Wachschiff dreht bei. Wie es aussieht, sind wir bald an Bord.«

LeRois blinzelte über den Bug hinweg. Das Wachschiff, Barretts Schiff, befand sich querab von einer Landzunge, die es würde umsegeln müssen, wenn es weiter flussaufwärts gelangen wollte. Es drehte bei, folgte der Uferlinie, und erneut war es breitseits der *Vengeance* und hatte doch keine Geschwindigkeit mehr.

»Bringt uns auf direktem Weg an Bord, eh?«, sagte LeRois. »Wir kreuzen nicht, wir fahren direkt in den gottverfluchten *cochon* hinein.

»Ganz ruhig. Kurs halten«, sagte Darnall, und der Steuermann hielt die Ruderpinne gerade, richtete den Bugspriet der *Vengeance* direkt auf das Mitteldeck des Wachschiffs.

LeRois leckte seine aufgesprungenen Lippen, sah, wie der Abstand zum Wachschiff schmolz. Niemals würde Barrett rechtzeitig die Landzunge umfahren. Sie würden direkt in die *Vengeance* hineinfahren, und dann wäre es vollbracht.

Nein, das wäre erst der Anfang.

»Vorwärts, macht euch bereit, den Hundesohn zu entern!«, rief LeRois, und einmal mehr kletterten die Männer der *Vengeance* in die Wanten, beherzter nun nach dieser langen Jagd.

LeRois wandte sich dem Mann an seiner Seite zu und zog eine Pistole aus dessen Schärpe. Der Mann wehrte sich nicht. Sie waren in der Schlacht, was bedeutete, dass LeRois das Kommando hatte und sein Wort heilig war. Wie es sein sollte. Wie es von nun an bleiben sollte, ob Schlacht oder nicht.

Das Wachschiff hatte es durch den Wind geschafft, und sie zogen ihre Fockrahen herum, doch dafür war es nun zu spät. Die *Vengeance* war keine Kabellänge mehr entfernt, kam zügig näher, wobei die Mörderbande ihren langsamen Singsang wieder aufnahm. LeRois witterte Blut, den Geruch von frischem Blut.

Und dann ruckte das Schiff unter seinen Füßen, ganz leicht nur, aber es genügte, dass er vorwärts taumelte. Er fand sein Gleichgewicht wieder und hielt inne, sah sich um, dann hinauf. Die Segel waren stramm, für einen Backbordschlag gebrasst. Er blickte über die Reling. Die grünen Felder schwebten nicht mehr vorbei.

Die *Vengeance* war auf Grund gelaufen.

»Nein«, sagte LeRois. Es war nur ein Flüstern. »Nein, nein…«

An Deck war kein Laut zu hören. LeRois wusste, dass alle ihn anstarrten. Er sah wieder nach vorn, über den unbewegten Bug hinweg. Das Heck des Wachschiffes glitt an der Spitze der Landzunge vorüber und verschwand.

LeRois taumelte rückwärts. Das Deck der *Vengeance* schien zu schwanken wie auf hoher See. Gesichter, Takelage und Kanonen wirbelten um ihn herum. Er konnte es nicht verhindern. Die Schreie wurden immer lauter, bis LeRois die Hände an die Ohren drücken und selbst schreien musste, aber es half nicht, er konnte sie nicht zum Schweigen bringen.

Dann stand Darnall vor ihm. »Captain, Captain, nach wie vor sind sie auf einem Fluss. Sie könnten uns nicht passieren! Sobald uns die Flut befreit, machen wir die Hurensöhne kalt!«

»Nein! Nein!«, schrie LeRois. Er hörte die Worte, aber sie ergaben keinen Sinn. Er richtete seine Pistole auf Darnalls Kopf, sah, wie die Überraschung im Gesicht des Quartermeisters aufblitzte und drückte ab. Darnall wurde übers Deck geschleudert. Am Wassergang brach er zusammen und rührte sich nicht mehr.

Die Schreie und die Stimmen bohrten sich durch seinen Kopf, und das Knirschen und Knarren riss ihn mit sich. Er taumelte rückwärts gegen das Schanzkleid und blickte auf, und alles wurde wieder weiß. Das Knarren wurde lauter, wurde zu einem Bersten, einem Krachen, einem Reißen, und dann hatte Jean-Pierre LeRois seinen allerletzten Hauch von Verstand verloren.

30

Es war vollkommen schwarz im Kabelgatt, bis auf das kleine bisschen Licht von der Laterne, die Elizabeth mit nach unten genommen hatte. Sie hockte auf einem Jutesack voller Reste von altem, steifem Tau. So zumindest fühlte es sich durch ihre Röcke, Unterröcke und ihr Hemd an.

Lucy saß neben ihr, fast auf ihr, klammerte sich an sie und weinte bitterlich an ihrer Schulter. Sie spürte, wie sich die Feuchtigkeit der Tränen auf dem Stoff ihres Kleides ausbreitete. Lucy war außer sich vor Angst. Außer sich vor Angst bei dem Gedanken daran, was die Piraten ihr antun mochten, bei dem Gedanken daran, was Marlowe oder James oder Elizabeth ihr antun mochten, außer sich vor Angst bei dem Gedanken daran, was ihnen allen geschehen mochte, weil sie einen Verrat begangen hatte.

Elizabeth konnte sie verstehen. Lucy hatte ihr eben gestanden, was sie getan hatte. Oder besser gesagt, wozu George Wilkenson sie gezwungen hatte. Der Bastard.

»Oh, lieber Gott, bitte verzeiht mir, Mrs. Elizabeth, bitte verzeiht mir...«, wimmerte Lucy leise, dann fing sie wieder an zu schluchzen.

Elizabeth schlang ihre Arme fester um Lucys Schultern und drückte sie beruhigend an sich. »Gräm dich nicht, meine Kleine, da gibt es nichts zu verzeihen. Jede Frau hätte es ebenso gemacht. Es war nicht deine Schuld.«

Darüber weinte Lucy nur noch umso mehr.

Lucys Hysterie hielt nun schon erheblich länger an, als die Umstände es rechtfertigten, so zumindest kam es Elizabeth vor, wenn man bedachte, dass Wilkenson sie dazu gezwungen und Lucy in Wirklichkeit niemanden verraten hatte, von der toten Köchin abgesehen, sodass Elizabeth ihre Aufmerksamkeit nun auf das Schiff um sie herum richtete.

Sie starrte in die Dunkelheit und versuchte ein Gefühl dafür zu bekommen, was vor sich ging. Die Kanonen waren abgefeuert worden, an backbord und steuerbord, und dann hatte es einiges Durcheinander gegeben, aber das war schon eine Weile her. Sie hatte sich auf Schlachtenlärm an Bord eingestellt, doch der war ausgeblieben. Stattdessen schien sich die Lage beruhigt zu haben. Noch immer hörte sie Kanonendonner, doch schienen es nicht die Kanonen der *Plymouth Prize* zu sein. Dafür klangen sie zu dumpf und zu weit entfernt.

Es schien, als wäre seit einiger Zeit nichts Besonderes mehr vorgefallen, und Elizabeth merkte, dass ihre Gedanken wieder zu dem Mord an ihrem falschen Gatten wanderten. Es hatte sie schockiert. Sie hätte nicht geglaubt, dass die Sklaven zu so etwas in der Lage wären. Sie stellte sich vor, wie die alte Frau Gift in Josephs Essen gab, die selbstgefällige Zufriedenheit, die sie darüber empfunden haben musste, diesem Schweinehund den Tod zu bringen.

Doch hatte die alte Frau die Küche nicht verlassen. Sie konnte nicht wissen, wer den vergifteten Teller bekommen würde. Wenn Joseph das Opfer werden sollte, dann musste er von demjenigen vergiftet worden sein, der ihm seinen Teller gebracht hatte, und das war...

Elizabeth lehnte sich zurück, schob ihre Augenbrauen zusammen, und sah Lucy lange an, die sich nach wie vor an sie klammerte. Hatte Lucy diese Aufgabe nicht gerade eine Woche vor Josephs Tod übernommen?

Eine Frage bildete sich in ihrem Kopf, die Lippen formten sie aus, als die Frauen von hastigen Schritten und einer Männerstimme aufgeschreckt wurden, die – dem Tonfall nach zu urteilen – Befehle ausgab. Es klang wie Thomas, doch sie konnte die Worte nicht verstehen.

Sie spürte, wie sie sich anspannte. Auch Lucy spürte es und machte sich von Elizabeths Schulter los. Das trübe Licht der Laterne schimmerte auf den Tränen in ihrem Gesicht. »Was passiert jetzt?«, fragte sie, und ihre Stimme bebte vor Ungewissheit.

»Ich weiß nicht.«

Dann richtete sich das Schiff auf, nachdem es sich bisher stets in eine Richtung geneigt hatte. Die beiden Frauen sahen einander an, doch ihre Konzentration richtete sich darauf, was an Deck geschah. Dort schien es einigen Aufruhr zu geben, wie Elizabeth ihn von Segelmanövern kannte.

Und dann – nur einen Augenblick später – neigte sich das Schiff zur anderen Seite. Sie merkte, wie ihre ganze Welt in Schräglage geriet, und dann war alles wieder still.

»Ich glaube, wir haben... gekreuzt, wenn ich den Seemannsjargon recht erinnere«, sagte Elizabeth.

»Ist das gut?«

»Ich denke schon. Zumindest bedeutet es, dass wir noch immer segeln. Lucy...?«, fuhr Elizabeth fort, doch die Frage wurde von Schritten auf der Leiter über ihnen erstickt. Beide Frauen spannten sich an. Es schien, als wäre es seit mindestens einer Ewigkeit die erste Bewegung unter Deck.

»Das sind nicht die Piraten, oder?«, flüsterte Lucy.

»Schscht«, machte Elizabeth, obwohl ihre Gedanken in die gleiche Richtung zielten. Sie war sicher, dass die *Plymouth Prize* nicht gekapert worden war. Zumindest war sie vor einer Minute noch sicher gewesen, doch nun kamen ihr Zweifel. Es kam ihr nicht so vor, als hätte ein Kampf stattgefunden, aber andererseits wusste sie auch nicht, wie sich eine Schlacht anhörte.

Langsam griff sie nach der Pistole, die zu ihren Füßen auf dem Deck lag, legte ihre Hand um den Kolben und hob sie auf Brusthöhe. Sie wusste nicht, was sie damit tun sollte. Marlowes Rat hinsichtlich der Verwendung dieser beiden Kugeln war klar und vernünftig, doch sie wusste nicht, ob sie die Nerven dafür haben würde. Schlimmer noch, sie wusste, dass Lucy die Nerven ganz sicher nicht hätte und es so an Elizabeth wäre, erst Lucy zu erschießen und dann sich selbst.

Die Schritte kamen die nächste Leiter herab. Sie konnten sehen, wie der Schein einer Laterne näher kam. Lucy spannte den Hahn der Pistole. Das mechanische Klicken war laut im engen Kabelgatt.

Die Schritte hielten an.

»Mrs. Tinling?«, wurde eine unsichere Stimme laut. »Mrs. Tinling, ich bin es, Lieutenant Middleton. Ma'am? Sind Sie da drinnen?«

Elizabeth lächelte Lucy an. »Ja, Lieutenant, wir sind hier im Kabelgatt.« Sie löste den Hahn der Pistole wieder.

Die Laterne wurde heller, und Lieutenant Middleton erschien. »Ma'am, Captain Marlowe meint, Ihr könntet jetzt herauskommen.«

»Was ist mit den… Haben wir die Piraten besiegt? Es hat doch keine Schlacht gegeben, oder?«

»Nein, Ma'am. Die Piraten sind auf Grund gelaufen und werden sich eine Weile nicht rühren können, da wir ablaufendes Wasser haben.«

»Ich verstehe. Das ist gut, oder nicht?«

Das war es allerdings. Zumindest soweit es Lieutenant Middleton anging, und er beschrieb den Frauen die Ereignisse des Morgens, während er sie hinauf und nach achtern in die große Kajüte geleitete, mit vielen Worten über Unterwassersegel und Buggeschütze, Ebbe und Flut. Elizabeth konnte etwa einem Drittel des Monologs folgen. Doch sie begriff, dass die *Plymouth Prize* in eine Falle gelockt worden und trotzdem entkommen war.

Middleton öffnete die Tür zur großen Kajüte, und Elizabeth trat ein. Sie war bester Stimmung, nachdem sie gehört hatte, wie knapp sie einem höchst unangenehmen Schicksal entgangen war, und sie ging davon aus, dass die anderen gleichermaßen begeistert waren.

Das waren sie nicht. Elizabeth spürte die Stimmung, angespannt und trübe, schon als sie durch die Tür in die große Kajüte trat. Das Lächeln auf ihrem Gesicht verblasste.

Marlowe saß hinter dem Tisch, den er als Schreibtisch nutzte. Bickerstaff und Rakestraw saßen ihm gegenüber, links und rechts von ihm. King James war in der anderen Ecke.

»Freudig gratuliere ich zu Eurem Sieg, Gentlemen«, sagte sie, trotz allen Mangels an Freude im Raum.

»Danke. Geht es Euch gut?«, fragte Marlowe. Er lächelte nicht, schien sich um ihre Gesundheit nicht sonderlich zu sorgen – und auch nicht um die der anderen.

»Ja, vielen Dank, es geht uns gut«, erwiderte Elizabeth. »Seid Ihr nicht zufrieden, dass Ihr den Piraten besiegt habt?«

»Wir sind ihm entkommen, Ma'am«, sagte Bickerstaff, »wir haben ihn nicht besiegt.«

»Und da haben wir verdammtes Glück gehabt«, sagte Marlowe, und seine Stimme deutete an, dass genau das der Grund für allen Hader war. »Ich denke, wir sollten unser Glück nicht allzu sehr aufs Spiel setzen.«

»Lasst mich noch einmal sagen, Thomas«, erklärte Bickerstaff ganz ruhig, »dass er auf einer Sandbank festsitzt. Es wäre keine große Schwierigkeit, umzukehren und ihn an Ort und Stelle zu vernichten.«

»Oh, du willst mir erzählen, was möglich ist und was nicht, wenn es zu einer Seeschlacht kommt? Nun, da wir uns zu wiederholen scheinen, will ich noch einmal sagen, dass er fast einhundert Männer und zwei Schiffe hat. Das sind doppelt so viele Männer, wie wir selbst haben, und nur *ein* Schiff sitzt fest.

Und selbst wenn beide festsäßen, wären da noch immer seine Boote. Seine Männer könnten uns von den Booten aus entern, von so vielen Stellen aus über die Reling klettern, dass wir sie nie abwehren könnten. Darüber hinaus handelt es sich bei diesen Männern um erfahrene Mörder, im Gegensatz zu dem kläglichen Haufen, den wir Mannschaft nennen.«

»Dieser klägliche Haufen hat dir genügt, als es Zeit wurde, Elizabeth aus dem Gefängnis zu befreien. Er hat genügt, um die Räuber auf Smith Island zu besiegen und beiseite zu schaffen, was du für deinen Anteil an der Beute hieltest. Ja, dessen bin ich mir vollkommen bewusst. Sie werden dir überallhin folgen. Mein Vorschlag wäre, dass du sie dorthin führst, wohin deine Pflicht dich lenkt.«

Plötzlich stand Marlowe auf und schlug mit der Faust auf den Tisch, dann schüttelte er seinen Zeigefinger vor Bickerstaffs Gesicht. »Glaub nicht, dass du mir Befehle erteilen kannst. Ich glaube kaum, dass der Gouverneur im Sinn hatte, das Wachschiff von Piraten übernehmen zu lassen, damit sich ihre Kanonen gegen die Kolonie wenden.«

Einen Moment lang schwiegen sie, funkelten einander an.

»Mr. Rakestraw«, sagte Marlowe schließlich, wobei er sich keinen Augenblick von Bickerstaff abwendete, »was meint Ihr?«

»Ich will tun, was immer Ihr befehlt, Captain. Ich werde nicht in Frage stellen, was Ihr sagt.«

»James?«

»Was Mr. Rakestraw sagt.«

»Ich finde dies Loyalität erfrischend«, sagte Marlowe. »Ich wünschte, sie wäre weiter verbreitet.«

»Und ich denke«, sagte Bickerstaff, »dass ich mir gewisser Einflüsse bewusst bin, die deine Entscheidung färben, worum die anderen jedoch nicht wissen. Ich glaube, dass deine Geschichte dich vielleicht dazu verleitet, die Fähigkeiten deines Gegenspielers weit zu überschätzen.«

»Was sagst du da?« Marlowe knurrte die Worte. Elizabeth trat einen Schritt zurück, hatte Marlowe so noch nie gesehen, zornig, brodelnd, wild. »Willst du damit sagen, ich sei ein Feigling? Ist es das? Solltest du den Wunsch verspüren, mich zu dem Beweis zu nötigen, dass ich niemanden fürchte, dich am allerwenigsten, so will ich diesem Wunsch gern nachkommen.«

»Oh, bei aller Liebe, Thomas...«, sagte Elizabeth. Das war zu viel. Bickerstaff war der beste Freund, den man nur haben konnte.

»Schweig!«, brüllte Marlowe und blitzte sie an. Seine Miene war beängstigend. Sein Blick fuhr durch den Raum. »Wir werden weiter nach Jamestown fahren und mit einer Spring an der Trosse vor Anker liegen. So können wir vielleicht verhindern, dass ein Schiff weiter flussaufwärts fährt, und uns vor dem Bastard schützen, wenn die Flut ihn erst befreit hat.«

Einmal mehr sah sich Marlowe unter seinen Leuten um. Sein Blick ruhte auf Elizabeth. »Ich will hoffen, dass ich nach wie vor auf Loyalität zählen kann, dass nicht aller Sinn für Pflicht und Ehre verloren ist.«

Die Worte hingen in der Luft. Elizabeth brach das Schweigen. »Oh, Gott im Himmel, Thomas, es ist nicht der rechte Moment, sich gegen jene zu wenden, die dich lieben.«

»Nun, in der Tat ist es erfreulich zu wissen, dass ich geliebt werde. Aber Liebe ist nicht Loyalität, hab ich Recht, Ma'am?«

Elizabeth schüttelte den Kopf. Männer konnten solche Idioten sein, so schreckliche Idioten. Sie hatte es in jeder Form erlebt. Es war absurd, zu glauben, Marlowe könne sich darüber erheben, denn auch er war ein Mann. Daran konnte er nichts ändern.

Sie fuhr herum und marschierte zur Tür hinaus. Wenn sich Marlowe auf diese einzigartig männliche Art und Weise wie ein Esel aufführen wollte, dann konnte weder sie noch sonst wer irgendwas dagegen tun.

Etwa achtzig Mann befanden sich an Bord der neuen *Vengeance*, bärtige Männer mit zerrissenen, verdreckten Hemden, Pluderhosen oder alten Kniebundhosen. Sie trugen Pistolen an hübschen Bändern um den Hals. Manche hatten Federn oder weitere Bänder an ihren Hüten befestigt oder buntes Tuch um die Köpfe gebunden.

Sie trugen Säbel, Entermesser, Äxte und Dolche, jeder nach persönlicher Vorliebe. Sie standen auf dem Mitteldeck, dem Achterdeck oder in der Takelage, oder sie hockten auf den mächtigen Kanonen. Sie alle hatten ihren Kapitän im Blick, *Capitain* Jean-Pierre LeRois.

Und LeRois betrachtete die Landschaft um das Schiff, die grünen Felder und den braunen Fluss und den blauen, blauen Himmel. Das Weiß war verblasst, das grell blendende Weiß, das alles andere versengt hatte, und an dessen Stelle war die Welt getreten, bunt und lebendig, neu wie am ersten Tag der Schöpfung.

»Rum?« Einer der Männer, die neben ihm standen, bot ihm eine Flasche an. LeRois betrachtete die Flasche, dann den Mann und schließlich alle Männer, die dort standen und ihn ansahen. Er hatte sie ganz vergessen.

»Nein«, sagte er dem Mann, der ihm die Flasche anbot. Er wollte keinen Rum. Rum dämpfte alles. Endlich sah er klar und deutlich, klarer als je zuvor. Er wollte nicht, dass diese Schärfe getrübt wurde.

Er fühlte kein Getier mehr unter seinen Kleidern. Auch Schreie waren keine mehr zu hören, und an deren Stelle waren die Stimmen getreten, und die Stimmen sagten ihm, dass es Zeit wurde, sich zu bewegen.

Sein Blick blieb an einem großen, weißen Haus am hinteren Ende des Feldes hängen, welches am Nordufer lag. »Wir gehen an Land«, rief er den Männern zu. »*La maison*, wir nehmen es. Wir nehmen sie alle, *oui*?«

Köpfe wandten sich dem Ufer zu. Was immer er gesagt hatte, schien den Männern recht zu sein. Leises Murmeln machte sich an Deck breit, wurde immer lauter, dann zu einem Chor von lauten Stimmen, grobem Singsang und Totentanz, als die Männer Stag- und Rahtaljen einrichteten und die Boote über die Bordwand schwenkten.

LeRois wusste nicht, wie lange es dauerte, Minuten vielleicht, oder Stunden, aber schließlich waren die Boote im Wasser, und die Männer der *Vengeance* strömten über die Reling und in die Duchten, besetzten die einzelnen Boote, dann stießen sie sich ab und machten Platz für die nächsten.

Schließlich war nur noch LeRois da, und er kletterte die Leiter hinunter, nahm seinen Platz in der Achterspitze der Barkasse ein. Ehrerbietig machten die anderen Boote Platz, als sie zum Ufer vorausfuhr.

Das Boot stieß ans Land, und die Männer sprangen bis zu den Knien ins warme Wasser, zogen es weiter hinauf, dann bahnte sich LeRois einen Weg zum Bug und sprang hinaus.

Er stapfte über das dunkelbraune Feld. Dort gab es reihenweise kleine Erdhügel, aus denen oben Pflanzen hervorbrachen, wie kleine, grüne Vulkane. Auch Menschen waren auf dem Feld. Schwarze, die vor den anrückenden Piraten zurückwichen. Manche drehten sich um und flüchteten. Zwischen einigen kleinen Bauten, den Sklavenunterkünften, wie LeRois sich dachte, flohen noch mehr Neger zum großen Haus hinüber.

»Sklaven«, sagte er laut. »Es sind alles Sklaven.«

Aus dem Augenwinkel sah er, dass seine Männer hinter ihm ausschwärmten. Auf der Veranda tauchten Menschen auf, weiße Menschen. Einer von ihnen hatte ein Gewehr. Um seinen Grund und Boden zu verteidigen. LeRois konnte sich nicht vorstellen, wieso. Er war eine unüberwindliche Macht. Sie konnten nur die Flucht antreten.

Und genau das taten die meisten auch, Weiße wie Schwarze. Flohen angesichts der Piraten die Straße hinunter, hielten sich an ein paar jämmerlichen Habseligkeiten fest.

Sollten sie nur flüchten. LeRois sah sich und seine Männer als große Woge, die alles vor sich herschob, alles auf ihrem Weg zerstörte, bis schließlich jene, die nicht weichen wollten, in der Falle saßen und zerschmettert wurden. Die Piraten liefen schneller, beeilten sich, dann rannten sie dem riesengroßen Haus entgegen, jenem Hort der Bequemlichkeit und des Reichtums. Die Haustür stand offen, als seien sie willkommen. Sie schwärmten den kleinen Hügel hinauf, auf dem das Haus stand, und strömten über den Rasen.

Ein Fenster wurde eingeschlagen und jemand hielt eine Muskete heraus – irgendein Held, der zurückgeblieben war, um sein Heim zu schützen. Dann schoss die Muskete in die Menge. Ein Mann schrie auf und fiel, doch zögerten die Piraten nicht im Mindesten, als hätten sie den Schuss nicht einmal bemerkt.

Einer packte einen Stuhl und warf ihn durch ein Fenster, grinste höhnisch, als die Scheiben splitterten und das Holz zerbarst. Noch mehr Stühle wurden hochgehoben, noch mehr Fenster eingeworfen.

LeRois bekam den Helden kurz zu sehen, der den einzelnen Schuss abgegeben hatte. Er gab sich alle Mühe, eine Pistole aus seinem Gürtel zu reißen, als die Horde über ihn herfiel und ihn durch das Fenster auf die Veranda zerrte, über das gezackte Glas, welches er selbst zerbrochen hatte. Er schrie und verschwand unter der Übermacht der Seeräuber. Kurz nur schlug man auf ihn ein, dann war er tot.

Die Piraten drangen durch Türen und Fenster ein. Sie wüteten im Haus, ganz wild von der Gelegenheit, zu rauben und zu plündern. Sie rissen Vorhänge herunter und stießen Tische um, zertrümmerten, was immer sich zertrümmern ließ, aus purer Freude daran. Man fand einen Sack und stopfte alles hinein, was von Wert sein mochte, und als dieser voll war, nahm man den nächsten.

Offenbar hatte die Familie beim Essen gesessen, als die Männer der *Vengeance* sie störten, denn auf dem großen Esstisch standen Truthahn und Beignets, Kutteln und Spargel. Die Piraten verteilten sich um den Tisch, nahmen Hände voll von allem, was ihnen gefiel, und stopften es sich in den Mund, warfen die Teller zu Boden, wenn diese leer waren.

Sie fielen über die Küche her. Kochutensilien lagen am Boden, denn die Köchin hatte sie weggeworfen, als sie aus dem Haus gelaufen war. Sie durchforsteten die Speisekammer und Schränke und weideten sich an allem, was sie finden konnten, den frischesten Speisen seit über zwei Monaten.

Sie rissen Bilder von den Wänden, zerschlugen sie mit ihren Säbeln und urinierten auf die Gesichter der Ahnen. Sie hetzten die breite Treppe hinauf und verwüsteten die Schlafzimmer, hackten auf die Matratzen ein, bis es aussah, als wüteten Schneestürme aus Federn in den Zimmern. Sie fanden sämtlichen Alkohol, den es im Hause gab. Zumeist handelte es sich dabei um Wein, was eine Enttäuschung war, aber wenigstens gab es genug davon, sodass jeder mindestens zwei Flaschen für sich allein bekam.

Es war der größte Jux, den sie sich je gemacht hatten, und die Piraten gingen mit einer Gründlichkeit und Begeisterung ans Werk, wie man sie bei Männern ihrer Zunft nur selten sah. Ein Zimmer nach dem anderen nahmen sie auseinander. Möbel wurden zu Klafterholz zerschlagen, Wände aufgerissen, jedes Zeichen von Reichtum und Privilegien wurde entweiht. Überall lagen große Haufen von Trümmerteilen herum. Keine Sekunde ließ das Brüllen und Johlen, ließ die reine Lebensfreude nach.

Langsam schritt LeRois von einem Raum zum nächsten,

sah sich an, wie seine Männer ihren Spaß hatten. Das war gut so. Es schadete niemandem. Er sah es gern, wenn seine Leute glücklich waren.

Er hatte keine Ahnung, wie lange sie schon im Haus waren. Auf dem Kaminsims im Wohnzimmer stand eine elegante Uhr, mit Engeln und Vögeln und dergleichen verziert, die zu läuten und zu läuten schien, bis LeRois es schließlich nicht mehr ertragen konnte und sie in Stücke schoss. Er kam zu dem Schluss, dass sie bereits eine ganze Weile hier waren. Lange genug. Es wurde Zeit weiterzuziehen.

»*Allez, allez*, gehen wir, gehen wir!«, rief er, während er durchs Haus lief, und nach einer Weile hatte er schließlich ihre Aufmerksamkeit. »Brennt den Kasten nieder, wir gehen!«, befahl er.

Die Männer warfen einander Blicke zu. Die Narren wollten nicht gehen. Sie wollten bleiben, auf diesem kleinen Fleckchen Erde, obwohl ihnen ein ganzer Kontinent zu Füßen lag.

»Ich habe gesagt: Brennt den gottverdammten Kasten nieder! Wir müssen die Straße entlang zum nächsten Haus! Da warten sie schon auf uns!«

Das schien die Männer zu motivieren. Ein Vorhang wurde heruntergerissen und Schießpulver darauf verstreut, dann mit einem Steinschloss entzündet. Bald brannte der Stoff, und die Piraten warfen Gemälde, zerbrochene Möbel und Bücher ins Feuer. Wenige Minuten später stand das gesamte Wohnzimmer in Flammen. Die Zimmerdecke stürzte ein, und das Feuer bahnte sich einen Weg ins Obergeschoss.

Die Männer der *Vengeance* johlten und grölten und soffen ihren Wein. Jetzt wurde ihnen klar, dass das Wüten gerade erst begonnen hatte.

31

George Wilkenson war noch eine gute Meile von Williamsburg entfernt, ritt südwärts, als er zu ahnen begann, dass etwas nicht stimmte.

Er hatte den Tag, einen erfreulichen Tag, damit verbracht, die kleine Plantage der Familie am York River nahe dem Queen's Lake zu inspizieren. Er hatte die Plantage in bester Ordnung vorgefunden, nachdem die jungen Pflanzen während des letzten Regens gesetzt worden waren und man die Mühle wieder repariert hatte. Es tat gut, der angespannten Atmosphäre auf der Plantage der Wilkensons zu entkommen. Sich wie der Herr über sein Land und seine Leute zu fühlen. Es tat gut, seinen Vater hinter sich zu lassen.

Er brachte sein Pferd zum Stehen, lauschte gen Süden. Er hörte Glockenläuten, ganz deutlich, wenn auch leise, etwa eine Meile entfernt. Die Glocken in der Stadt.

Er runzelte die Stirn und blickte in die Richtung, aus welcher er die Glocken hörte. Am Horizont sah er eine lange Rauchfahne, hellrot eingefärbt, da die Sonne gen Westen zog. Vielleicht stand ganz Williamsburg in Flammen. Aber nein, der Rauch sah aus, als sei er weiter weg, weiter südlich. Vielleicht läuteten die Glocken, um die Leute zusammenzurufen, damit sie halfen, das Feuer zu löschen.

Er drückte seinem Pferd die Sporen in die Flanken und ritt weiter. Der Rauch war mehr oder weniger in der Richtung zu sehen, wo die Plantage der Wilkensons lag, und das löste eine vage Sorge in ihm aus, wenn auch nicht übermäßig. Die Chancen, dass sein Zuhause wirklich in Flammen stand, waren gering, und es gab stets genügend Leute auf der Plantage, sodass sie in der Lage sein sollten, mit einem solchen Unglück fertig zu werden, bevor es außer Kontrolle geriet.

Zwanzig Minuten später sah er die ersten verschreckten Bürger nordwärts aus der Stadt ziehen.

Anfangs sah er nur ein paar Männer, die ihn zu Pferd passierten, und er stellte nicht sofort die Verbindung zwischen ihnen, den läutenden Glocken und dem Rauch her. Und obwohl es seltsam sein mochte, dass sie nicht Halt machten und ein paar Worte mit ihm wechselten oder auch nur seine Existenz wahrnahmen, sah George dennoch keinen Grund zur Sorge.

Erst als er die Leute sah, die ihnen folgten, gewöhnliches Volk mit Wagen voller Habe, die von jämmerlichen Tieren gezogen wurden, wurde ihm klar, dass in der Tat etwas im Argen lag. Etwas, das über eine brennende Plantage weit hinausging. Die Menschen ließen Williamsburg hinter sich zurück.

»Sagt mir ...« Wilkenson wendete seinen Braunen und reihte sich neben einem Farmer ein, der einen alten Ackergaul nordwärts die Straße entlang führte. Das Pferd wiederum zog einen Rollwagen, auf dem sich die Bauernfamilie und einige Habseligkeiten befanden. Nach dem zu urteilen, wie seine weltlichen Güter aussahen, konnte sich George nicht erklären, wieso er sich die Mühe gemacht hatte, sie zu retten.

»Was ist los? Wohin wollen alle?«

»Irgendwohin. Weg. Der Teufel ist in Williamsburg. Die ganze Küste wird angegriffen. Sie brennen die Plantagen am James River nieder.«

»Was? Wer? Wer brennt die Plantagen nieder?«

»Weiß ich nicht. Ich habe ein Gerücht gehört, dass es die Holländer sein sollen, aber das ist eigentlich auch egal, oder?«

In gewisser Hinsicht mochte der Mann wohl Recht haben, doch George hatte so eine Ahnung, dass es nicht die Holländer waren. Tatsächlich hatte er eine ganz konkrete Vorstellung davon, um wen es sich da handeln mochte, und diese Idee lag ihm schwer im Magen. Er hatte es vom Kapitän der *Wilkenson Brothers* gehört. Piraten. Unmenschlich, wild. Gewalt jenseits der Grenzen menschlichen Verhaltens.

Wieder riss er sein Pferd herum und ritt weiter gen Süden, ritt schnell, galoppierte am wachsenden Strom der Menschen vorbei, die aus der Hauptstadt flohen.

Schließlich gelangte er zu dem großen Haufen aus Erde und Baumaterial, aus welchem bald der Gouverneurspalast werden sollte, und ritt weiter ins Herz von Williamsburg. Nach allem, was er sehen konnte, herrschte absolutes Chaos, da Pferde und Wagen die Straße versperrten und die Menschen, bepackt mit ihren Habseligkeiten, aus den Häusern gerannt kamen und das Zeug auf irgendwelche Wagen verluden, um dann wieder hineinzuhetzen und noch mehr zu holen.

Er hörte lautes, wütendes Rufen, Schreie, weinende Kinder, das dumpfe Hufgetrappel dutzender Pferde, die in alle Richtungen strebten, dazu die trunkenen Flüche jener von niederer Art, die Trost in der Flasche suchten.

Neben dem Gefängnis hielt er an. Sheriff Witsen sammelte Männer um sich, die zu ihm halten wollten. Fünf bisher.

»Sheriff, Sheriff!« Wilkenson sprang von seinem Pferd und eilte zu ihm hinüber. »Sheriff, was zum Teufel geht hier vor?«

»Es sind die gottverfluchten Piraten, verdammte schwarze Seelen! Gütiger Gott«, Witsen wandte sich einem seiner Freiwilligen zu, »diese Waffe ist aus grauer Vorzeit. Sie wird dich in die Luft sprengen, solltest du versuchen, damit zu schießen. Geh ins Waffenlager und besorg dir eine andere.«

Witsen wandte sich wieder George Wilkenson zu. »Gegen Mittag sind sie an Land gekommen, nördlich von Hog Island. Sie haben sich zuerst über den Hof von Finch hergemacht. Ich schätze, es war der Erste, den sie gesehen haben. Der Großteil der Familie ist entkommen, die Sklaven auch, aber sie haben alles niedergebrannt. Sind zur Plantage der Nelsons weitergezogen und haben auch die verwüstet. Zuletzt habe ich vor einer halben Stunde gehört, dass sie auf der Plantage von Page waren.«

Die beiden Männer schweigen einen Augenblick, während Lärm und Durcheinander sie umschwirrten. Es musste nicht gesagt werden, was sie beide dachten. Das Haus der Pages lag ganz in der Nähe des Wilkenson-Anwesens.

»Was ist mit der Miliz?«, fragte Wilkenson.

»Ich hab sie rausgerufen, aber die meisten waren allzu sehr in Sorge um ihre eigenen Familien, als dass sie antreten wollten. Ich habe jemanden losgeschickt, der sie zusammentreiben soll, aber ich hege keine allzu großen Hoffnungen.«

Die Piraten fielen über sein Zuhause her, und es gab keinerlei Schutz, den die Kolonie ihm hätte bieten können. George fühlte sich, als wäre er splitterfasernackt.

Und dann kam ihm ein weiterer Gedanke, und er merkte, dass er vor Zorn rot anlief. »Aber wo ist das Wachschiff? Wo ist der große Marlowe mit seiner hübschen kleinen Bande? Ich denke doch, das fällt in seine Zuständigkeit.«

»Das Wachschiff hat heute Morgen abgelegt, und sie haben gekämpft, er und der Pirat, eine Stunde etwa. Ich weiß nicht, was vorgefallen ist, aber das Wachschiff liegt momentan oben bei Jamestown vor Anker. Liegt einfach nur da.«

»Nun, wieso befiehlt ihnen niemand, gegen diese Halunken anzutreten?«

»Dasselbe habe ich dem Gouverneur vorgeschlagen. Der Gouverneur sagt, Marlowe nehme von niemandem mehr Befehle entgegen.«

»Was Ihr nicht sagt. Nun, das war wohl zu erwarten. Marlowe ist genauso ein Pirat wie diese Hundesöhne. Zweifellos wird er bald schon selbst das Land plündern.«

»Daran zweifle ich nicht, falls es dann noch etwas zu plündern gibt. Aber seht her, Euer Vater hat einiges an Vorräten von der Miliz requiriert – Pulver, Schrot, kleinere Waffen. Vermutlich hat er sich gedacht, dass so etwas geschieht. Ich denke, er wird für seine Verteidigung Sorge tragen. Sobald wir ein paar Männer beisammen haben, kommen wir zu Eurer Plantage, und vielleicht können wir sie da abwehren oder wieder in den Fluss treiben.«

»Ich hoffe, Ihr habt Recht«, sagte Wilkenson, als er sich wieder in den Sattel schwang. »Ich werde auf direktem Weg zu unserer Plantage reiten und sehen, was sich machen lässt.«

Es war wie ein Ritt in die Schlacht, die vertraute, hügelige Straße von Williamsburg zur Plantage der Wilkensons entlang zu reiten. Die Sonne stand knapp unter den Bäumen im Westen, und der Himmel im Süden war von einer großen Rauchwolke überzogen, die von mehreren Stellen aufstieg und rot, rosa und gelb eingefärbt war.

Die am weitesten entfernte dunkle Säule war die Plantage der Finches. Die nächste war die der Nelsons. Bei der dritten war er nicht ganz sicher. Es mochte die Mühle sein, die dort an jener Straße lag. Es sah nicht so aus, als würde das Haus der Pages brennen, und das bedeutete höchstwahrscheinlich, dass die Piraten noch nicht bis zu den Wilkensons vorgedrungen waren. Noch nicht.

Die darin liegende Logik konnte nur wenig zur Linderung der übermächtigen Panik beitragen, die George empfand, als er nach Hause eilte. Die Gefahr, der sich seine Familie möglicherweise durch die Plünderer ausgesetzt sah, machte ihm entsetzliche Angst. Noch größere Angst hatte er nur noch vor der Gefahr, in der er sich selbst befand, obwohl er das nicht zugeben wollte.

Der beißende Gestank der Brände wurde deutlicher, als George die letzte halbe Meile zur Plantage der Wilkensons hinter sich brachte. Er galoppierte die lange Straße zum Haus hinunter, beugte sich über sein Pferd, ging in Deckung, wenn er auch nicht wusste, wieso.

Die Straße war dunkel, verlor sich in den langen Schatten der Bäume, welche den Weg säumten. Beinahe übersah er eine Gruppe von Sklaven der Wilkensons, Feldarbeiter, die neben einer großen Eiche standen, dreißig Meter vor dem Haus. Sie hatten Tücher mit ihren Habseligkeiten zu Bündeln geschnürt, und sahen verängstigt aus.

Er brachte sein Pferd zum Stehen. »Was macht ihr hier?«

Ein alter Mann trat vor. »Wir fürchten uns, im Sklavenquartier zu bleiben, wegen der Piraten, aber Master Wilkenson, er sagt, wir müssen auf der Plantage bleiben.«

George musterte den Mitleid erregenden Haufen, der sich dort unter dem Baum drängte. Er fragte sich, was er mit ihnen anfangen sollte.

Sein erster Gedanke war, die Neger zu bewaffnen, damit sie an der Verteidigung der Plantage teilnehmen konnten, doch die Vorstellung eines bewaffneten Sklaven ängstigte ihn noch mehr als die marodierender Piraten. Nichts würde die Sklaven daran hindern, alle Weißen im Haus zu töten und sich mit den Piraten zusammenzutun. Wenn sie darüber nachdachten, würden sie merken, dass sie damit weit besser dran wären.

»Du weißt, wo die Plantage am Queen's Lake ist? Du weißt, wie ihr dorthin kommt?«

»Ja, Master George.«

»Gut. Ich möchte, dass du diese Leute dorthin führst. Wenn ihr da seid, erzähl dem Aufseher, was hier vor sich geht.«

»Ja, Master, aber Master Jacob, das heißt, Euer Vater, sagt...«

»Vergiss es, geh nur. Und denk daran: Ich werde schon bald nach Euch suchen. Solltest du daran denken, zu fliehen, werde ich dafür sorgen, dass ihr alle eingefangen und bestraft werdet, verlass dich drauf!«

George merkte, dass er den Sklaven diese Warnung nachrief, während die erleichterten Menschen schon an ihm vorüberdrängten, um eilig zur Straße zu gelangen. Im gestreckten Galopp ritt er die letzten hundert Meter zum Haus und schwang sich aus dem Sattel. Er schlang die Zügel um den Balken – der Stallbursche war schon eine Viertelmeile mit den anderen die Straße hinunter – und hetzte die Stufen zur Haustür hinauf.

Was er hinter der Tür sah, glich dem, was er unter der Eiche vorgefunden hatte, nur waren die Gesichter weiß, die Kleider fein und die wenigen Habseligkeiten mehr wert als der gesamte Reichtum aller Neger in Virginia. Georges Mutter und seine beiden Schwestern, seine Tante und sein Onkel, die unglücklicherweise diesen Monat für ihren Besuch aus Maryland gewählt hatten, und seine Großeltern mütterlicherseits befanden sich im großen Foyer. Sie alle waren reisefertig. Sie alle sahen aus wie verschreckte Tiere in der Falle. Er spürte, wie nah sie einer Panik waren.

»Was ist hier los?«, fragte George. »Wo ist Vater? Warum seid ihr alle noch hier?«

»Dein Vater ist in der Bibliothek«, sagte Mrs. Wilkenson. Sie gab sich Mühe, weder wütend noch ängstlich zu wirken. »Er hat uns befohlen, hier zu bleiben, da er glaubt, wir seien nicht in Gefahr.«

»Nicht in Gefahr... ?« Ungläubig starrte George seine Mutter an. Sie konnte sich ihrem Mann nie offen widersetzen, ganz wie auch George sich diesem Mann nicht widersetzen konnte, und deshalb standen sie auf der Schwelle zur Flucht und rührten sich doch nicht.

Es machte keinen Sinn, mit ihr zu diskutieren. Er fuhr herum und hastete den Flur zum Arbeitszimmer hinab.

Jacob Wilkenson saß in einem Ohrensessel, auf seinem Schoß ein offenes Buch. Er sah zu George auf, als dieser hereinplatzte.

»Hast du vergessen, dass man anklopft?«, blaffte Jacob.

»Was um alles in der Welt tust du, dass du hier sitzt, als könntest du kein Wässerchen trüben? Hast du den Rauch denn nicht gesehen? Du kannst doch nicht die Piraten ignorieren, die deinen Grund und Boden verwüsten.«

»Ich bin mir ihrer wohl bewusst, und ich werde ihnen in unmissverständlichen Worten sagen, dass dies nicht zu tolerieren ist. Das war so nicht ausgemacht. Das ist gegen die Vereinbarung. Es wird einiges an Strafen hageln, darauf kannst du dich verlassen.«

»Strafen? Wovon redest du?«

»Dieser ... dieser Pirat, wie du ihn nennst, ist Captain Jean-Pierre LeRois. Er arbeitet für mich. Es handelt sich dabei um diese kleine Vereinbarung, die ich erwähnt hatte. Matthew und ich haben sie mit diesem Ripley ausgehandelt, der Kapitän auf unserer Schaluppe ist.«

George starrte ihn an, schüttelte den Kopf. »Ich versteh das nicht.«

Jacob seufzte und schloss das Buch auf seinem Schoß. »Ich habe Ripley aufgetragen, zu erwerben, was dieser Mann zu veräußern hat. Der Profit dürfte immens sein. Was glaubst du, wie wir den Verlust einer Jahresernte sonst verkraften können?«

»›Dieser Mann‹? Du meinst doch wohl nicht diesen Piraten, der die *Wilkenson Brothers* gekapert hat?«

»Natürlich meine ich den. Und es gibt noch mehr Neuigkeiten. Erst heute Morgen habe ich mit Ripley gesprochen, und was meinst du wohl? Er sagt, dieser Marlowe sei in

Wahrheit ein Bastard namens Malachias Barrett. Ein ehemaliger Pirat! Ein Pirat! Ich wusste, dass irgendetwas an ihm seltsam war, und da haben wir es nun! Oh, jetzt werden wir mit seinem Ruf noch einigen Spaß haben!«

Das alles ging viel zu schnell für George, wie schwerer Regen, den die Erde nicht aufnehmen kann. »Du hast etwas mit dem Piraten ausgehandelt, der gerade erst unsere *Wilkenson Brothers* gestohlen hat?«

»Und nun werde ich ihn aufs Wachschiff hetzen, damit er es in die Luft sprengt. Die *Brothers* ist besser bewaffnet als die *Plymouth Prize*, LeRois' Mannschaft ist größer. Er wird tun, was ich ihm sage. Deshalb habe ich ihm erlaubt, das Schiff zu behalten. Deshalb und weil ich überzeugt bin, dass die Versicherung uns für den Verlust entschädigt.«

»Aber... der Mann ist ein Pirat, verdammt! Hast du nicht eben Marlowe dafür verdammt, dass er Pirat war? Was sind wir, dass wir solche Männer in unseren Diensten haben?«

»Gottverdammt noch eins, George, wie kannst du ohne Rückgrat überhaupt stehen?« Jacob erhob sich und schritt durch den Raum. »Das ist doch das Schöne an der ganzen Sache, verstehst du denn nicht? Wir schicken einen Piraten gegen den anderen. Marlowe kommt um, und die Erinnerung an ihn wird durch das, was er getan hat, was er gewesen ist, getrübt. Als würde man die Erde mit Salz umpflügen. Wir vernichten den Mann, wir vernichten seinen Namen, seinen Ruf, löschen alles aus. Eine vollständigere Rache für den Mord an deinem Bruder kann es gar nicht geben.«

»Und die ganze Sache hängt daran, dass dieser Schurke tut, was du willst?«

»Er tut, was ich ihm sage, Ripley hat den Mann, der diese Sache lenkt, informiert, dafür habe ich gesorgt. Marlowe wird sterben, und dann machen wir unser Geschäft.«

»*Unser* Geschäft? Dein Geschäft, nicht das meine. Ich habe nicht die Absicht, mit Piraten zu verkehren.«

»Oh, wie rechtschaffen du doch bist. Diese ... Leute ... rauben, ob wir ihnen die Sachen abkaufen oder nicht, zum Nutzen jener noch größeren Diebe in Savannah und Charleston. Wenn es in jedem Fall passiert, dann können doch ebenso gut wir es sein, die den Profit davontragen.«

»Du bist wahnsinnig. Du hast keine Kontrolle über dieses Tier.«

»Selbstverständlich habe ich das! Er arbeitet für mich.«

Es war nicht zu glauben. Fassungslos schüttelte George Wilkenson langsam den Kopf. »Der Sheriff sagte, du hättest Bestände der Miliz requiriert, für eine Art Verteidigung?«

»Ach ja, das.« Jacob winkte ab. »Ja, es war für das Wachschiff.«

»Für das Wachschiff? Zur Verwendung auf dem Wachschiff?«

»Nein, du Dummkopf, zur Verwendung gegen das Wachschiff. Ich habe sie von Ripley zu LeRois hinüberbringen lassen, damit er die Mittel hat, diesen Bastard Marlowe in die Luft zu sprengen. Und soweit ich weiß, hat er genau das getan. Wie gesagt, er tut, was ich ihm sage.«

»Du ... du meinst, du willst mir sagen, du hättest die Bestände der Miliz an diesen Piraten ausgehändigt?«

»Himmelarsch und Zwirn, er ist doch kein Pirat! Er ist Freibeuter. Er arbeitet für mich!« Jacob Wilkenson blieb stehen und wandte sich zu George um. Seine Hände zitterten. Schweißperlen standen auf seiner Stirn. Der alte Mann war sich seiner Sache nicht so sicher, wie er vorgab.

»Es ist *mein* Schiff, das sie haben, *ich* erlaube es ihnen!«, fuhr Jacob fort. Eilig ging er durchs Zimmer und starrte aus dem Fenster auf die fernen Hügel. »Ich habe ihnen ihr Schiff gegeben, ihr verdammtes Pulver und Waffen dazu, und das wissen sie ganz genau. Sie tun, was ich sage, verdammt, sie tun, was ich befehle!«

George wusste nicht, was er sagen sollte. Der alte Herr hatte jeden Kontakt mit der Wirklichkeit verloren. »Vater, ich glaube, wir sollten lieber gehen«, sagte er sanft.

»Sprich nicht in diesem herablassenden Ton mit mir, du feiger, wehleidiger, kleiner Bastard!« Jacob Wilkenson fuhr herum und sah seinen Sohn mit finsterem Blick an. »Wärst du so freundlich gewesen, an Matthews Stelle zu sterben, wäre das alles nicht geschehen! Matthew war in der Lage, diese Leute für mich bei der Stange zu halten, aber du nicht, o nein. Ich wusste, dass du deine zarten weißen Hände mit solchen Geschäften nicht beschmutzen würdest! Dass es unter deiner Würde wäre!«

»Oh, ich habe meine zarten weißen Hände wohl beschmutzt, so sehr, dass ich den Gedanken daran kaum ertragen kann. Aber nein, ich hätte bei deinem illegalen und zutiefst unmoralischen Geschäft nicht mitgemacht, obwohl du mich ohnehin niemals gefragt hättest. Glaub mir, ich schäme mich für das, was ich getan habe, und mehr noch für das, was du gemeinsam mit Matthew getan hast. Und ich denke, du wirst schon bald ernten, was du gesät hast.«

»Hinaus! Hinaus, du scheinheiliger Feigling! Stell dich in den Flur zu den Frauen und den alten Männern!«, schrie Jacob, doch Georges Blick ging an seinem Vater vorbei aufs Feld jenseits des Fensters. Eine mächtige Rauchwolke war plötzlich am Rand des Rahmens zu erkennen. Der Lichtschein eines großen Feuers beleuchtete die Bäume, welche die Plantage der Wilkensons vom drei Meilen entfernten Haus der Pages trennten.

»Was?«, fragte Jacob und wandte sich um, weil er sehen wollte, was George anstarrte.

Die Piraten strömten auf das Feld beim Fluss, Dutzende,

soweit George es erkennen konnte. Sie schienen den Weg genommen zu haben, der am Ufer des James River entlang von den Pages zu ihnen führte. Sie waren eine halbe Meile vom unteren Ende des Feldes entfernt und näherten sich dem Haus wie ein Rudel Wölfe. Selbst auf die Entfernung konnte er ihr Geheul und Geschrei hören.

Schweigend sahen die beiden Wilkensons der Bedrohung entgegen, der todbringenden Woge, die vom Fluss heraufkam.

George schluckte schwer, rang sein Entsetzen nieder. »Komm, wir müssen weg«, sagte er, überrascht von der Autorität in seiner Stimme, trotz aller Furcht.

»Nein«, sagte sein Vater, als flehe er um Erlaubnis, »nein, ich muss bleiben und diesen Männern erklären ...«

»Vater, wir müssen fort.«

»Nein!« Jacob wirbelte herum, erinnerte sich daran, wer er war. »Nein, ich habe das nicht alles aufgebaut, um mir von Bastarden wie diesem LeRois sagen zu lassen, wo vorn und hinten ist! Diese Männer werden mir nicht sagen, was ich tun soll! Ich sage es ihnen! Hörst du mich? Ich sage es ihnen!«

Unglaublich. Jacob Wilkensons Stolz. Sein Stolz war die Quelle seiner Kraft, und sein Stolz ließ nicht zu, dass er ging, denn wenn er ginge, würde er damit zugeben, dass er etwas Dummes und Schreckliches getan hatte. Jacob Wilkenson würde eher sterben, als einen Fehler zuzugeben, er würde untergehen und dabei darauf beharren, Recht zu haben.

Das alles war George bewusst, und er wusste außerdem, dass sein Vater auch seine Familie würde sterben lassen, bevor er auch nur stillschweigend einen Fehler zugab.

»Wir gehen jetzt, Vater«, sagte George.

Wieder fuhr sein Blick zum Fenster. Lange Schatten zerrten an den Füßen der Piraten, als diese den Hügel erklommen. Er sah, wie Klingen in den Sonnenstrahlen blitzten, die sich ihren Weg durch die Bäume gebahnt hatten. Er sah Köpfe, die mit bunten Tüchern umwickelt waren, gekreuzte Gürtel mit Waffen, die den Männern gegen die nackte Brust schlugen, während sie rannten, die Hüte schief, die Röcke zerrissen, bärtige, schmutzige, blutverschmierte Gesichter, grinsende Fratzen.

»Ja, ja, gut, geh nur, du gottverdammter Feigling, geh und nimm die anderen Feiglinge mit. Aber wenn alles vorbei ist, komm nicht wieder!«, schrie Jacob, doch George hatte den Raum bereits verlassen, als er seinen Satz zu Ende brachte.

Er lief den Korridor entlang zur Haustür. »Ihr alle, kommt mit mir, schnell!«, befahl er, warf die Tür auf und gestikulierte hektisch, und die verängstigten Menschen im Foyer schlurften zur Tür hinaus.

»Was ist mit deinem Vater? Wo ist dein Vater?«, fragte seine Mutter, als er sie förmlich zur Tür hinausstieß.

»Er will nicht mitkommen, und ich kann nichts dagegen unternehmen«, sagte George, und seine Mutter erwiderte nichts. Es konnte sie nicht überraschen. Niemand wusste besser als seine Mutter, zu welchem Maß an Idiotie Jacob Wilkenson in der Lage war.

Sie eilten die Stufen hinab und über die runde Auffahrt, und George wurde bewusst, dass er keine Ahnung hatte, was er als Nächstes tun sollte. Die alten Leute konnten kaum laufen. Zu Fuß würden sie es sicher nicht nach Williamsburg schaffen, und sein Pferd war das einzige weit und breit.

»Verdammt, verdammt...« George sah sich um. Das Gebrüll und Gejohle der Piraten schien über ihn hinwegzugehen, doch befanden sie sich nach wie vor auf der anderen Seite des Hauses. »Lauft hinüber zu den Bäumen«, sagte er und deutete auf einen Eichenhain am Ende der Auffahrt, fünfzig Meter vom Haus entfernt. »Ich beschaffe uns irgendeinen Wagen.«

Die anderen hatten zu große Angst, um zu protestieren, wofür George sehr dankbar war, denn er wusste, dass leisester Widerspruch ihn dazu bewegen würde, es sich anders zu überlegen. Unbeholfen eilten sie davon, und er wandte sich um und lief ums Haus zu den Ställen.

Die Piraten schwärmten über die Veranda des großen Hauses, zerschlugen Fenster, traten die Hintertür ein. George hielt eine Sekunde inne, sah sich die Verwüstung an, dann fuhr er herum und rannte los.

Er keuchte schwer, und seine Brust schmerzte und brannte, als er endlich eine der großen Türen des trübe beleuchteten, weiß verputzten Stalles öffnete und sich hindurchzwängte.

Als Transportmittel stand einzig ein Rollwagen zur Verfügung, ganz hinten an der Wand. Die Familienkutsche war in der Remise, aber die Pferde standen im Stall, und er hatte nicht die Absicht, sie unter den Augen der Piraten zusammenzutreiben. Lieber wählte er eines der Zugpferde aus, ein Riesentier flämischer Abstammung, und führte es zum Rollwagen.

Er hörte den wilden, fürchterlichen Lärm der Horden als diese im Haus wüteten, das Schreien und Heulen, das Geräusch von splitterndem Glas und berstendem Holz. Er wollte sich gar nicht vorstellen, was dort passierte, machte sich lieber am ungewohnten Geschirr des Wagens zu schaffen. Das Pferd war unruhig.

George schob dem Tier das Gebiss ins Maul, zog ihm die Zügel über den Kopf. Die komplizierte Aufgabe, dem Pferd sein Zaumzeug anzupassen, hatte Georges Ängsten die Möglichkeit gegeben, sich erneut zu sammeln. Er war der Panik nah, als er über den strohbedeckten Boden schritt und durch die große Tür spähte.

Nur wenige Räuber standen noch im Freien, jene, die sich

die Zeit genommen hatten, noch einen Schluck aus ihrer Flasche zu nehmen, bevor sie durch eine geborstene Tür oder ein Fenster stiegen. Weitere sah er drinnen. Sie waren vollkommen außer sich, rissen Vorhänge herunter, schlugen mit Säbeln auf alles ein, was sich zerstören ließ. Er hatte gehört, dass sich Haie so verhielten, wenn sie fraßen, doch er hätte nie geglaubt, dass menschliche Wesen zu so etwas in der Lage wären. Er überlegte, ob sein Vater wohl noch lebte. Überlegte zwar, doch es war ihm egal.

Die Wilkensons hatten sich dies selbst angetan, und auch der Kolonie. Er holte tief Luft.

Seine vordringliche Pflicht bestand darin, seine Familie in Sicherheit zu bringen. Dann würde er sich bemühen, etwas zur Rettung der Küste zu unternehmen. Er wusste, was das mit sich bringen würde, und trotz seiner jetzigen Angst bereitete ihm der bloße Gedanke Übelkeit.

Langsam schob er die Stalltüren auf und trat in den Schatten zurück. Niemand achtete auf ihn, doch der rumpelnde Rollwagen würde ihnen nicht entgehen. Er rannte in den Stall zurück und kletterte auf den Sitz. Er nahm die Zügel in die Hand, holte noch einmal tief Luft, hielt sie an und atmete dann aus, rief: »Hü!« und knallte dem Pferd die Zügel an den Hals.

Das große Pferd, das vom Lärm und von Georges ungewohnten Händen schon sehr nervös war, fing an zu galoppieren, war kaum zu bändigen. Sie fegten aus dem Stall – Pferd, Wagen und Kutscher –, dass Boxen, Zaumzeug, Werkzeug und Türen vorüberflogen, und rasten über den befestigten Weg zur Vorderseite des Hauses. George hörte nur den Donner der schweren Hufe, den knarrenden Wagen, der schneller fuhr, als er je hatte fahren wollen, und plötzlich fürchtete er, das Pferd würde nicht stehen bleiben, wenn es sollte.

Dann hörte er trotz Rumpeln und Klappern einen überraschten Schrei. Eine Pistole wurde abgefeuert, und die Kugel pfiff vorbei. George beugte sich vor und ließ die Zügel wieder knallen, doch das Pferd lief bereits so schnell es konnte.

Sie rasten vorn ums Haus herum, dann die Auffahrt hinab. Der Eichenhain war für ihn kaum noch zu erkennen, da der Wagen auf dem Pfad heftig durchgeschüttelt wurde. George riss an den Zügeln, rief: »Ho, ho, ho!«, und zu seiner unendlichen Erleichterung lief das Pferd nun langsamer und blieb dann stehen. Es schüttelte den Kopf, doch es hielt tatsächlich still.

George sprang von seinem Sitz. »Kommt schnell, kommt, kommt!«, rief er, winkte seiner Familie, die zwischen den Bäumen kauerte.

Seine Schwestern kamen zuerst, stürzten wie Rebhühner aus dem Unterholz hervor und sprangen auf den verdreckten Wagen. Danach kam seine Mutter, die ihrer Mutter und ihrem Vater half, dann Tante und Onkel.

»Du meine Güte, beeilt Euch!«, rief George. Er sah sich nach dem Haus um. Etwa ein Dutzend Räuber hatten das Gebäude verlassen und rannten die Straße hinab dem Wagen entgegen.

Der Gedanke, zum Vergnügen der Piraten sterben zu müssen, ließ George vor Zorn erröten, während sich ihm der Magen aus Angst schier umdrehen wollte. Er trat vor, nahm seine Großmutter in die Arme und setzte sie hinten auf den Wagen zu seinen Schwestern. Selbiges tat er mit seinem Großvater, half seiner Mutter hinauf, schob Onkel und Tante hinterher.

Die Piraten waren zwanzig Meter entfernt, mehr nicht. Einer blieb stehen, zielte mit seiner Pistole und schoss. Das Mündungsfeuer blitzte grell im Abendlicht.

Die Kugel pfiff über ihn hinweg, und als George eben dem lieben Gott dankte, dass er sein Leben verschonte, wieherte das Pferd vor Angst und bockte, warf beinahe den Wagen samt den Passagieren um. Das Tier ging durch, sodass George sich nur noch auf die Ladefläche werfen konnte. Er klammerte sich ans seitliche Geländer, während der Wagen die Straße hinunterraste. Er kletterte nach vorn, trat auf jemanden, wusste nicht, auf wen, und erklomm den Sitz.

Noch immer lagen die Zügel dort, und George riss sie an sich, obwohl er nicht glaubte, dass das Pferd auf irgendein Kommando von ihm hören würde. Er sah Blut, wo die Kugel des Piraten die Flanke des Pferdes gestreift hatte.

Das halb wahnsinnige Tier stampfte die Straße entlang, mehr oder weniger außer Kontrolle, aber zumindest lief es in die richtige Richtung: fort vom Haus. Er hörte die Schreie und Schüsse hinter sich, immer leiser, je weiter das Haus zurückblieb. Er hielt seinen Blick auf die Straße gerichtet. Er beugte sich vor, angespannt, machte sich dafür bereit, dass er gleich eine Kugel in den Rücken bekommen würde. Er wandte sich nicht um.

32

Die Stimmen klangen sorgenvoll. Sie glaubten nicht, dass dies nun noch gut war.

Unruhig kaute LeRois auf einer langen Strähne seines Bartes herum. Irgendetwas regte die Stimmen auf. Es wurde Zeit, wieder an Bord zu gehen. Das Schiff bedeutete Sicherheit. Dieses offene Land nicht.

Solcherart Gedanken lasteten auf ihm, doch waren die Stimmen nach wie vor sanft und tröstend, noch nicht bei schreiender Panik angelangt. Langsam schritt er durch das Haus wie durch ein Museum, sah sich alles an, was nicht zertrümmert oder gestohlen war. Männer rannten an ihm vorüber, Männer soffen aus Flaschen und zerschlugen zarte Gegenstände mit den Säbeln, aber LeRois sah dabei nur zu. Wenn sie mit diesem Haus fertig waren, würden sie wieder an Bord des Schiffes gehen. Es wurde Zeit.

Am anderen Ende des Korridors befand sich ein Zimmer, das bisher unangetastet war, und so marschierte er dorthin, während sich die Männer in Wohn- und Esszimmer vergnügten. Er sah die Wände voller Bücher, einen eleganten Teppich, eine Anrichte mit Flaschen. Vielleicht sollte er sich einen Moment hinsetzen.

Er trat durch die Tür, und sein Blick wanderte zu den Fenstern gegenüber. Ein atemberaubender Blick, bis zum Fluss hinunter, ein dunkles Band von Wasser im Dämmerlicht. Es würde hübsch aussehen, rot und gelblich flackernd das Licht vom Haus widerspiegeln, wenn sie es erst in Brand gesteckt hatten.

»LeRois?«

Die Stimme klang barsch, fordernd. Keiner seiner Männer würde so mit ihm sprechen. Er erstarrte, war nicht sicher, ob er seinen Namen tatsächlich laut gehört hatte.

»LeRois!«

Er riss den Kopf herum. Dort saß ein Mann im Ohrensessel, mit einem Buch auf dem Schoß. LeRois hatte ihn gar nicht bemerkt. Und der Mann kannte seinen Namen. Irgendetwas nagte in seinem Hinterkopf, etwas Beunruhigendes, doch er konnte sich nicht erinnern, was es sein mochte.

»Seid Ihr LeRois?« Der Mann stand auf und legte sein Buch beiseite.

LeRois blinzelte ihn an. »*Oui*«, sagte er schließlich.

»Wisst Ihr, wer ich bin?«, wollte der Mann wissen. »Wisst Ihr, wer ich bin?«

LeRois sah ihn nur an. Der Mann hatte geschrien. Er konnte es nicht fassen. Dieser Mann hatte tatsächlich seine Stimme gegen ihn erhoben.

»Ich bin Jacob Wilkenson! Ich bin der Mann, in dessen Diensten Ihr steht. Der Ripley ausgesandt hat, diesen ganzen Handel einzufädeln! Und jetzt? Seht Euch an, was Ihr getan habt! Das ist nicht zu tolerieren!«

LeRois kniff die Augen zusammen und sah ihn an. Wilkensons Hände zitterten. Er schwitzte. Er trat unter LeRois' Blicken von einem Fuß auf den anderen. LeRois witterte die Angst. Es war ein Geruch, den er nur allzu gut kannte. Das Geschrei dieses Mannes war nur *merde*, Scheiße, nicht mehr.

»Ihr arbeitet für mich!«, schrie der Mann, und aus seiner Stimme sprach die reine Hysterie.

LeRois spürte, dass sich hinter ihm etwas bewegte. Er wandte sich um und sah ein Dutzend Männer, die sich die Auseinandersetzung ansahen, und noch mehr kamen herein.

»Ihr alle! Hört mir zu«, sagte der Mann gerade. »Mein Name ist Jacob Wilkenson. Ich bin der Mann, der eure Waren gekauft hat. Ich bin derjenige, der euch Geld gegeben hat. Wir haben ein gutes Arrangement, und ich sehe keinen Grund, wieso es jetzt verfallen sollte. Wir können einander sehr reich machen, aber ihr müsst jetzt wieder auf euer Schiff zurück!«

LeRois begriff nicht, was der Mann da sagte, und er kam zu dem Schluss, dass er verrückt sein musste. Eine andere Erklärung gab es nicht.

Die Männer der *Vengeance* traten um Jacob Wilkenson herum, füllten den Raum, umstellten ihn. Wilkenson hingegen zwang sich, LeRois in die Augen zu sehen, doch sein Wagemut ließ nach.

»Ich gebe Euch den Befehl, sofort zu gehen!«

»Befehl?«, sagte LeRois schließlich. »Ihr gebt einen ›Befehl‹? Ihr gebt mir keinen Befehl.«

»Also gut, dann bitte ich Euch…«

»Lasst ihn tanzen.«

Inzwischen hatten ihn die Männer der *Vengeance* gänzlich umstellt, beobachteten LeRois, warteten auf das Kommando.

»Hört mich an, ihr…«, begann der Mann erneut, und wieder sagte LeRois: »Lasst ihn tanzen.«

Einer der Männer zog einen Säbel aus seinem Gürtel, und mit einschmeichelndem Lächeln stach er mit der Spitze nach Jacob Wilkenson.

»Au, verdammt, hör auf damit!«, rief Wilkenson und wich zurück. Dann stach der Nebenmann des ersten zu, was ihn noch weiter zurückweichen ließ.

Überall im Kreis wurden Säbel gezogen und Dolche geschwenkt. Stahlklingen stachen nach Jacob Wilkenson. Immer weiter trat er zurück, aber er war umzingelt, und die Spitzen kamen von allen Seiten.

Er trat um den Ohrensessel, versuchte zu entkommen, doch sie waren einfach überall. Er bewegte sich schneller, dennoch fanden ihn die Klingen. Schon fing er an zu keuchen. Er begann zu schwitzen.

Dann packte ihn einer der Räuber und hielt seine Arme fest, während ein anderer ein Messer zog. Mit einer Bewegung, als häutete er einen Vogel, schnitt der Mann mit seinem Messer Wilkenson den Rock, die Weste und das Hemd vom Leib, was einen fettleibigen, weißen Wanst freilegte, der bereits mehrere kleine Wunden aufwies.

Der Pirat, der Wilkenson festhielt, stieß ihn nach vorn. Er taumelte, dann zuckte er, als eine Stahlspitze nach der anderen ihn traf, und bald schon rannte er wieder um den Sessel, stolperte, keuchte, blutete.

»O Gott, o Gott, nicht mehr«, stöhnte er und fiel zu Boden. LeRois' Blick blieb an den seltsamen Mustern hängen, die sein Blut auf dem orientalischen Teppich hinterließ, als der dicke Mann sich vor Schmerzen hin und her rollte. Sie schienen zu schwimmen, herumzuwirbeln und vor seinen Augen immer neue Muster zu bilden. Er konnte die Worte des Mannes nicht verstehen.

Einer der Piraten trat vor, und mit kraftvollen Bewegungen seines Dolches befreite er Wilkenson von dessen Kniebundhosen, bis er nackt auf dem Teppich lag, von seinen Schuhen abgesehen.

Die Stimmen kreischten nun in LeRois' Kopf, kreischten, um sich gegen das raue Gelächter der Männer, die Schüsse, das klirrende Glas, das atemlose Betteln dieses Jacob Wilkenson Gehör zu verschaffen.

Zwei Piraten hievten den dicken Mann wieder auf die Beine, und erneut zwangen sie ihn, um den Sessel zu torkeln. Seine weiße Haut war von Blut verschmiert, das nun ungehindert an Seiten und Beinen herunterlief. Man zerschlug Flaschen auf seinem Kopf und den Schultern. Er wimmerte, bettelte und betete, was seine Peiniger nur noch lauter lachen ließ.

Malachias Barrett! Malachias Barrett! Die Stimmen brachen durch das Getöse, schrien ihre Warnung in LeRois' Gehirn. Der Raum schien sich zu drehen, die Gesichter wogten, der dicke Mann wurde unscharf, dann wieder scharf.

Er hatte es vergessen! Er hatte es vergessen! Aber die Stimmen hatten ihn erinnert. Zum Schiff! Zum Schiff! Das alles hier konnte warten, das alles hier wäre auch später noch da. Zuerst musste Malachias Barrett sterben.

LeRois spürte, wie der Schrei aus seiner Magengrube aufstieg, und während er nun lauter wurde, schien sein Schwert aus der Scheide zu schweben und sich mit dem Schrei über seinen Kopf zu erheben.

Er stürmte vor. Gesichter schwebten vorüber, überraschte Mienen seiner eigenen Männer, dann der fette Mann am Boden, ein blutverschmiertes, angstverzerrtes Gesicht, das zu ihm aufsah, und dann fuhr sein Schwert herab, wieder und wieder und immer wieder, und er konnte nicht aufhören, auf den Mann einzuhacken.

Malachias Barrett! schrien die Stimmen erneut, und LeRois trat zurück und sah sich um, hatte den toten Mann zu seinen Füßen bereits vergessen.

»Wir gehen wieder an Bord. Ich brenne dieses gottverfluchte *maison* nieder und gehe wieder an Bord.«

Schweigend standen die Männer eine Sekunde lang da, um dann – wie auf ein Zeichen – loszurennen, alles zu zertrümmern oder fortzuschaffen, bevor die Flammen sie vertrieben. Sie würden LeRois' Entschluss nicht in Frage stellen. Er wusste, dass sie es nicht tun würden. Niemand, der sein Leben liebte, würde so etwas tun.

Thomas Marlowe trank einen großen Schluck aus seiner Rumflasche und starrte durch die Fenster der großen Kajüte auf das gelbe, flackernde Licht am Horizont. Er konnte sich nicht rühren. Er konnte sich vom Anblick seiner Kolonie nicht lösen, seiner Adoptivheimat, die dort vor seinen Augen brannte.

Er war allein in der großen Kajüte. Er war nicht betrunken, wenn er es auch gern gewesen wäre.

Er wünschte, die Brände würden enden. Er wünschte, sie würden einfach erlöschen, und LeRois würde verschwinden, doch jedes Mal, wenn er glaubte, nun sei es soweit, war ein neuer Brand entflammt und wuchs, einer nach dem anderen, folgte dem Marsch der Verwüstung am Ufer des James River entlang.

Wie viele hatte LeRois bisher gemordet? Er wusste es nicht. Vielleicht niemanden. Vielleicht waren sie alle vor ihm geflohen. Marlowe stellte sich die feine Gesellschaft von Virginia vor, in ihrer ganzen Pracht, wie sie wie die Ratten vor der dreckigen, versoffenen Bande des Piraten floh. Vielleicht hatte er sie allesamt erschlagen. Und dennoch saß er, Marlowe, da und rührte sich nicht.

LeRois arbeitete sich zum Haus der Wilkensons vor. Vielleicht würde er auch das abfackeln, die Schweine allesamt schlachten und ihm, Marlowe, den Ärger ersparen. Wäre das nicht wunderbar?

Die *Plymouth Prize* war in Sicherheit, ebenso ihre Mannschaft, was seine erste Sorge, sein Hauptanliegen war. Er hatte versucht, die Piraten aufzuhalten, doch er konnte es nicht, zumindest nicht, ohne alle seine Leute dabei zu opfern, ebenso wie Elizabeth und Lucy. Er hatte alles getan, was in seiner Macht stand.

Er trank noch einen Schluck aus der Flasche. Nichts von alledem glaubte er wirklich.

»Thomas Marlowe«, murmelte er, sagte die Worte langsam, verächtlich. Sie brachten einen schlechten Geschmack in seinen Mund. Das war nun vorbei. Er war nicht länger Thomas Marlowe. Er war wieder Malachias Barrett.

Sobald LeRois verschwunden war, würde er die *Plymouth Prize* in die Karibik segeln. Seine Männer würden mit ihm gehen, dessen war er sicher. Die meisten Männer, die zur See fuhren, waren nicht weit von der Piraterie entfernt, und die Männer der *Prize* waren noch näher daran, dank seines guten Einflusses. Es war nur noch ein kleiner Schritt. Natürlich würde Bickerstaff nicht mitgehen, und Rakestraw würde sich wahrscheinlich weigern. Er fragte sich, was Elizabeth wohl sagen würde.

Und dann, als hätten seine Gedanken sie gerufen, hörte er ihre leisen Schritte im Durchgang, ihr sanftes Klopfen an der Tür. »Thomas?«

Er wandte sich auf seinem Stuhl um, lächelte so gut es ging. »Bitte, komm herein.«

Sie schloss die Tür hinter sich, kam durch die Kajüte, setzte sich auf das Sofa ihm gegenüber. »Es tut mir Leid, dass ich einfach so rausgegangen bin.«

Marlowe nahm ihre Hand. Als gäbe es etwas, das ihr Leid tun müsste. »Es tut mir Leid, dass ich ein solcher Esel war. Ich freue mich, dass du in Sicherheit bist. Ich freue mich, dass das Schiff und seine Besatzung in Sicherheit sind.«

»Wirklich?«

»Ich bitte um Verzeihung.«

»Freust du dich wirklich über deine Sicherheit?«, fragte sie, und als er nicht reagierte, fuhr sie fort: »Ihr Männer habt einen großen Vorteil uns Frauen gegenüber. Wenn man uns über Gebühr erniedrigt, können wir uns nur die Pulsadern aufschneiden. Ihr könnt in der Schlacht sterben, sodass es heißt, es sei ein edler Tod gewesen.«

»Und das hältst du für einen Vorteil?«

»Die Mittel zu haben, seine Ehre zu wahren, ist stets von Vorteil. Deshalb bin ich in dieses Land gekommen.«

»Ich auch. Doch selbst hier stelle ich fest, dass Ehre wie eine gute Familie ist. Entweder wird man hineingeboren, oder man kann sich noch so sehr bemühen, sie wird einem nie zuteil werden.«

»Daran glaube ich nicht. Das will ich nicht glauben. Es mag für das, was diese arroganten Schweinehunde wie die Wilkensons und Tinlings ›Ehre‹ nennen, zutreffen, nicht aber für die wahre Ehre.«

»Wahre Ehre? Wahre Ehre ist nicht mehr als das, was diese arroganten Schweinehunde, wie du sie nennst, als wahre Ehre bezeichnen. Gibt es denn so etwas wie Ehre im objektiven Sinn?«

Sie hielten inne – Marlowe mit der Flasche halb an den

Lippen – und lauschten einer plötzlichen Unruhe an Deck. Die ganze Nacht ging es schon so, dass irgendetwas die Männer zum Johlen und Jubeln brachte. Sie waren allesamt betrunken, feierten ihre Flucht. Doch diesmal war es lauter, anhaltender. Er setzte die Flasche ab, sah Elizabeth fragend an, aber sie zuckte nur mit den Schultern.

Er hörte Schritte vor der Kajütentür, laute, rüde Stimmen, Männer, die zur Kapitänskajüte vordringen wollten. Vielleicht war es eine Meuterei, dachte sich Marlowe. Er hoffte es. Er hoffte, sie würden ihn hängen.

Doch statt dass ein Fuß die Tür eintrat, wurde ein höfliches Klopfen laut. Marlowe saß noch eine Sekunde da, dann stand er auf und rückte seine Weste zurück. »Herein!«, rief er.

Die Tür ging auf, und Bickerstaff trat ein. »Captain, da ist ein Gentleman gekomken, der Euch sprechen möchte«, sagte er steif.

Ein Gentleman? Der Gouverneur vielleicht, Finch oder einer von den Abgeordneten. Marlowe konnte sich sehr gut vorstellen, was sie ihm zu sagen hatten.

»Also gut, führ ihn herein.« Im Durchgang wurde gestoßen und gerungen. Wer immer dieser Besucher auch sein mochte, die Männer behandelten ihn grob. Wenn es der Gouverneur war, würde nun alles nur noch schwerer für sie werden.

Der Trupp von Männern teilte sich wie ein reißendes Tuch, und der Gentleman trat vor. Marlowes Augen weiteten sich. Unwillkürlich trat er einen Schritt zurück, schockiert, denn sein Besucher war George Wilkenson. Ohne Hut und Perücke, die Kleidung verrutscht, schwitzend vor Angst, stand er in der Tür zur großen Kajüte des Wachschiffes.

Fragen wirbelten in Marlowes Kopf herum. Seine Augen wurden schmal. Böse sah er Wilkenson an.

Es kam ihm in den Sinn, den Hundsfott gleich an Ort und

Stelle aufzuknüpfen. Er war sicher, dass er nur ein Wort sagen musste, und seine Männer würden Wilkenson eine Schlinge um den Hals legen und ihn an den Mast hängen. Zumindest würden sie nicht eingreifen, falls er selbst es täte. Dem Ausdruck in Wilkensons Augen nach zu urteilen, war ihm bereits dasselbe in den Sinn gekommen.

»Kommt herein«, sagte Marlowe, und Wilkenson stolperte in die Kajüte, wurde von hinten gestoßen. »Geht wieder zurück an Deck, Männer!«, rief Marlowe, und die Männer zerstreuten sich, lachten und johlten. Bickerstaff schloss die Tür.

Sie standen da, die drei Männer und Elizabeth, schweigend, starrten einander an. Schließlich sagte Marlowe: »Das kommt höchst unerwartet.«

»Das kann ich mir vorstellen.«

»Was wollt Ihr?«

»Ich komme, um Euch – in aller Bescheidenheit – zu bitten, dieser Kolonie zu helfen. Ihr – Ihr und Eure Männer – seid die Einzigen an der ganzen Küste, die diese Tiere aufhalten können.«

Marlowe starrte ihn an. Er sagte die Wahrheit. Es war kein Trick. »In der Tat. Ihr seid gekommen, um mich zu bitten, mein Leben zu geben, das Leben meiner Männer, um das Anwesen der Wilkensons zu retten? Ist es das?«

George tat einen Schritt nach achtern und spähte aus dem großen Heckfenster der Kajüte. »Dieses Feuer, das nächste dort, ist das Anwesen der Wilkensons. Es ist nicht mehr zu retten. Jetzt sorge ich mich um den Rest der Kolonie.«

»Und wisst Ihr, wer diese ›Tiere‹ sind? Wer ihr Kapitän ist?«

»Irgendein Pirat mit Namen LeRois, mehr weiß ich nicht. Und er ist zum Teil meines Vaters wegen hier. Ich schäme mich zutiefst für die Rolle meiner Familie in dieser Angelegenheit. Hätte ich auch nur noch eine Unze Stolz in mir, wäre ich nicht zu Euch gekommen, doch das habe ich nicht, und so will ich hier und jetzt einräumen, dass Euch und Euch«, er nickte Elizabeth zu, »von mir und meiner Familie schreckliches Unrecht angetan wurde. Wir haben Euch benutzt.«

Marlowe starrte ihn nur an, dann setzte er sich hinter seinen Schreibtisch und starrte weiter. Er verstand nicht, wie Jacob Wilkenson für LeRois' Anwesenheit in der Bay verantwortlich sein sollte. Das war eine interessante Neuigkeit. Er wusste nicht, was er sagen sollte.

»Ich vermute, dass mein Vater inzwischen tot sein dürfte«, fuhr Wilkenson fort, »und wenn Ihr es tut, wenn Ihr sie daran hindert, noch jemanden zu töten, werdet Ihr nie mehr Schwierigkeiten von meiner Familie zu erdulden haben. Das schwöre ich.«

Marlowe fuhr herum und sah aus dem Fenster zu den Flammen, die schon die Bäume um das Haus der Wilkensons überragten. Jämmerlicher als Wilkensons Bettelei war nur der Umstand, dass er es überhaupt als nötig erachtete ihn anzuflehen, Marlowe anzuflehen, etwas zu tun, was er zu tun geschworen hatte. Wenn die Wilkensons Marlowe benutzt hatten, so waren auch sie von ihm benutzt worden. Sie waren allesamt vom selben Schlag: Wilkenson, Marlowe, LeRois. Jämmerlich.

Er wandte sich wieder den Männern in seiner Kajüte zu, und sein Blick fiel auf Elizabeth. »Was denkst du?«, fragte er, als sei Wilkenson gar nicht da.

»Ich denke, George Wilkenson ist ein Wurm, aber was er getan hat, herzukommen, dich darum zu bitten, ist das Tapferste, was ich je von irgendwem gesehen habe.«

»Hmm. Nun, du magst Recht haben. Nur bittete er um etwas, das ich nicht leisten kann. Ich kann LeRois nicht besiegen. Und ebenso wenig fühle ich mich bemüßigt, zuzusehen, wie meine Männer sterben, um Menschen zu beschützen, die sich derart unehrenhaft verhalten haben.«

Bickerstaff sprach nun zum ersten Mal. »Du hast mich einmal gefragt, wie du dich vielleicht erinnern wirst, was meiner Ansicht nach der Unterschied zwischen einem Bürgerlichen und einem Menschen von edler Geburt ist.«

»Ich erinnere mich. Du sagtest, der eine besitze mehr Geld als der andere, und derjenige mit mehr Geld heuchle mehr Ehre, obwohl er keineswegs in größerem Maße ehrenhaft sei.«

»Das habe ich gesagt, und ich denke, alles, was wir im letzten Jahr erlebt haben, stützt mich darin. Doch heißt das nicht, dass Ehre nicht erstrebenswert wäre, selbst wenn du der Einzige im ganzen Land sein magst, der sich darum bemüht.«

Marlowe lehnte sich auf seinem Stuhl zurück. Sein Blick wanderte von Bickerstaff zu Wilkenson und zu Elizabeth, dann wieder zu Bickerstaff zurück.

»Ich kann ihn nicht besiegen«, sagte er wieder.

»Das ist traurig«, sagte Bickerstaff, »aber es ist nicht wichtig. Wichtig ist nur, dass du es versuchst.«

Marlowe sah auf seinen Schreibtisch und massierte seine Schläfe. Was Bickerstaff sagte, was Elizabeth gesagt hatte, stimmte. Er wusste es. Und er fürchtete sich. Er fürchtete sich vor LeRois, weil er wusste, wozu LeRois im Stande war. Sein Kopf schmerzte. Er hatte genug davon, sich zu fürchten.

»Also gut«, sagte er schließlich. Er legte die Hände flach auf den Tisch und stand langsam auf. »Irgendwann müssen wir alle sterben.« Er sah Elizabeth an, hielt ihrem Blick stand. »Lass uns den Vorteil nutzen, der unserem Geschlecht gegeben wurde. Soll man sagen, wir seien ehrenhaft gestorben.«

33

Sie nahmen den Weg, den sie gekommen waren, über die Felder und auf Pfaden am breiten James River entlang, die sanften Hügel hinab. Die Piraten ächzten unter Bündeln voller Beutestücke.

Die Nacht war dunkel, doch es fiel ihnen nicht schwer, den Weg zu erkennen. Die Flammen des letzten Hauses, das sie in Brand gesteckt hatten, reichten weit in den Himmel und tanzten und hüpften in hellen, blitzenden Mustern über die kleinen Wellen auf dem Fluss, ganz wie LeRois es sich erhofft hatte.

Und als das Licht dieser Feuersbrunst zu weit entfernt war, als dass es ihnen etwas nützen konnte, kamen sie zur Mühle, die nach wie vor gut brannte, und dann zu jenem anderen Haus, und dann zum Haus davor, sodass ihre eigene Verwüstung ihnen den Weg beleuchtete.

Schließlich kehrten sie zum ersten Haus zurück, das sie in jener Nacht angezündet hatten. Es war nur noch ein Haufen Glut, doch war die Glut noch hell genug, um das Ufer des Flusses zu beleuchten, wo ihre Boote im Morast festsaßen.

»*Vite, vite*, kommt schon, Beeilung«, drängte LeRois die Männer. Sechs Meilen hatten sie auf ihrer Rundreise wohl hinter sich gebracht, und die Männer der *Vengeance* schleppten sich dahin. Ihr Feuer war erloschen. Es war eine lange Nacht gewesen, selbst für Männer, die körperliche Tätigkeit sehr wohl gewohnt waren, eine lange Nacht ständiger Bewegung, des Schreiens, Saufens und Verwüstens.

Doch war sie noch nicht vorüber, zumindest nicht soweit es LeRois anging. Die wichtigste Aufgabe stand noch aus, nämlich jene, Malachias Barrett durchs Höllentor zu treiben.

Der Schutthaufen, der am frühen Abend noch ein Plantagenhaus gewesen war, glühte rot und orange, und der Fluss nahm die gedämpften Farben auf und warf sie zurück. Alles Licht, das von den Sternen oder dem Neumond hätte kommen können, wurde von den Rauchschwaden verdeckt, die über dem Land hingen, ein bitterer, beißender Qualm, der nach verkohltem Holz, verbrannter Farbe und der Asche erloschenen Reichtums stank.

Sie stolperten das lange Feld hinab, liefen nacheinander hinter den Hügelchen mit Tabakpflanzen entlang und luden ihre Säcke in die Boote. Dann schoben sie die Boote eines nach dem anderen in den Fluss hinaus, zogen sich an Bord und nahmen ihre Plätze auf den Ruderbänken ein.

LeRois ging zuletzt, kletterte ins Beiboot, bevor es noch geschoben wurde. Er wollte keine nassen Füßen bekommen. Es war einem *capitan* nicht angemessen, wie ein Schwein im Morast herumzustapfen.

Die kleine Mannschaft an Bord der alten *Vengeance* hatte es geschafft, das altersschwache Schiff flussabwärts zu bringen und vor Hog Island vor Anker zu gehen. Auch die *Nouvelle Vengeance* lag vor Anker, schwamm jetzt wieder, nachdem die Flut sie vom Sand gehoben hatte.

LeRois hielt sich an den Klampen in der Bordwand der *Nouvelle Vengeance* fest und zog sich an Deck. Niemand war da, um ihn zu begrüßen, zumindest niemand, der bei Bewusstsein gewesen wäre. Hier und dort lagen Leiber herum, in der warmen Nachtluft umgekippt. Manche hielten sich nach wie vor an den Flaschen fest, die sie geleert hatten.

»Uhh«, knurrte LeRois. Sollten sie ruhig schlafen. Sollten sie nur alle schlafen. Er würde wach und wachsam bleiben. Er würde aufpassen, denn er wusste, dass Malachias Barrett wiederkommen würde, und er wollte seinen alten Quartermeister auf die lange Reise der Verdammten schicken. Auf diese Reise würden sie wohl alle gehen, wenn es so weit war.

George Wilkenson staunte über die Qualität des Pferdes, das er ritt. Er staunte weil es Marlowes Pferd war, direkt aus seinem Stall, dem alten Stall der Tinlings. George hatte gedacht, Marlowe verstünde nichts von Pferden.

Vielleicht tat er es auch nicht. Vielleicht hatten die Neger das Tier zugeritten, ganz wie seine Neger für jene feine Ernte verantwortlich gewesen waren, die er und sein Vater verbrannt hatten. Freie Neger, die aus freien Stücken blieben und arbeiteten. Beim bloßen Gedanken daran schüttelte George den Kopf. Marlowe war ein Rätsel, und fast tat es George Leid, dass er nie Gelegenheit bekommen sollte, ihn zu begreifen.

Er hatte die *Plymouth Prize* kurz nach seinem Gespräch mit Marlowe verlassen. Tatsächlich hatte Marlowe ihn gebeten, doch zu bleiben, hatte angedeutet, dass es für ihn sicherer wäre, an Bord des Wachschiffes zu bleiben, doch das war zu viel. Zu Marlowe zu kommen, ihn um Hilfe zu bitten, war fast mehr Erniedrigung, als er ertragen konnte. Im Schutz dieses Mannes zu verweilen, war gänzlich unannehmbar.

Stattdessen hatte er Marlowe einen Gefallen getan, indem er Elizabeth Tinling und Lucy zu Tinlings – Marlowes – Haus brachte, in Marlowes Kutsche, die zu diesem Zweck herbeigeholt worden war. Er war schwer bewaffnet – dafür hatte Marlowe gesorgt –, mit zwei feinen Pistolen und einer Muskete, und schweigend saß er den Frauen gegenüber auf seinem Sitz. Keiner sagte ein Wort. Sie wichen seinen Blicken aus. Es war keine angenehme Fahrt.

Als sie endlich Marlowes Haus erreichten, nachdem sie auf der Straße niemandem begegnet waren, sagte George: »Dürfte ich vielleicht ein Pferd haben? Irgendeins? Ich weiß nicht, wann ich es zurückgeben kann.«

Böse sah Elizabeth ihn an, gab sich keine Mühe, ihre Abneigung zu verbergen. »Es steht mir nicht zu, Pferde zu verleihen, aber unter den gegebenen Umständen denke ich, dürfte Captain Marlowe nichts dagegen haben.«

»Danke.« Er wandte sich zum Gehen, hielt inne und drehte sich noch einmal um. Er spürte den Wunsch, sie zu umarmen, einen fast unbezähmbaren Drang nach menschlichem Kontakt, einer Berührung, einer Umarmung. Doch er wusste um die Abfuhr, die er bekommen würde, falls er es versuchte.

»Elizabeth... es tut mir Leid. Mehr kann ich nicht sagen.«

Einen langen, verlegenen Augenblick hatte sie ihn angesehen. »Mir tut es auch Leid«, hatte sie gesagt. Dann hatte sie sich umgedreht und war im Haus verschwunden.

Er zügelte sein Pferd, als der Feuerschein vom Haus der Wilkensons über den Bäumen auszumachen war. Der Weg, den er genommen hatte, verlief mehr oder weniger am Fluss entlang, eine fast direkte Verbindung von Marlowes Haus zu dem der Wilkensons. Zuletzt war er hier geritten, nachdem sie Marlowes Tabak verbrannt hatten. Nun hatte seine eigene Familie unter dem Wüten der Flammen zu leiden.

Er lenkte das Pferd die lange Straße hinab, an den Eichen vorbei, zur Vorderseite des Hauses. Der erste Stock war eingebrochen. Der ganze Bau glich eher einem riesenhaften Freudenfeuer als einem Haus, und noch aus dreißig Metern Entfernung konnte er die Hitze spüren.

Er blieb stehen und sah, wie sein Elternhaus, das einzige Heim, das er je gekannt hatte, den Flammen zum Opfer fiel. Er stellte sich vor, dass sein Vater irgendwo da drinnen lag. Sein Scheiterhaufen bestand aus all den Dingen, die drei Generationen von Wilkensons in der Neuen Welt eifrig angesammelt hatten, all die Träume von Reichtum, die sie übers weite Meer hierher gebracht hatten.

George schützte seine Augen vor dem grellen Licht und sah am Haus vorbei. Der Stall stand noch. Das Feuer hatte es nicht geschafft, die fünfzig Fuß von kurzem Gras zu überspringen, die ihn vom Haupthaus trennten. Das zumindest war eine Erleichterung, denn die Pferde der Wilkensons waren auf Erden weit und breit das Einzige, an dem George gelegen war.

Er schlug die Zügel an den Hals des Pferdes, und das Tier lief dem Stall entgegen, tat unruhige Schritte fort vom brennenden Haus und warf mit großen Augen ängstliche Blicke zum Feuer hinüber. Unter einem ungeübteren Reiter wäre das Pferd längst durchgegangen, doch George Wilkenson wusste sich Tieren gegenüber durchzusetzen. Es war ihm stets Anlass zu Stolz gewesen, ein Anlass von wenigen.

Jenseits des brennenden Hauses sah er, dass sich etwas bewegte, ein flackernder Schatten vor den gelben, roten Flammen. Er brachte das Pferd zum Stehen. Dort war jemand, ein Mensch, der aus dem Haus stürzte, schwarz vor dem Brand im Hintergrund. Er bewegte sich mit hektischen, zuckenden Bewegungen. So nah bei den Flammen musste es schrecklich heiß sein.

Und dann ließ dieser Mensch von dem ab, was er zu tun versuchte, und lief vor den Flammen fort zum Stall, aber George konnte kaum etwas erkennen, da er zu lange ins Feuer gestarrt hatte und ihn nun nicht mehr sehen konnte.

Er riss das Pferd zu den Bäumen herum, glitt herab, schlang die Zügel um einen jungen Baum. Er lief über den Rasen dorthin, wo der Mann verschwunden war, seine Schritte auf dem Gras fast lautlos, vom knisternden Feuer übertönt.

Schließlich sah er den Mann, gleich an der Tür zum Stall, gebückt, auf irgendetwas konzentriert. George zog eine der Pistolen aus seinem Gürtel, eine von Marlowes Pistolen, eine wunderschöne Waffe, leicht und gut ausbalanciert, und trat näher.

Fünf Schritte war er von ihm entfernt, als der Mann merkte, dass er nicht allein war. Er fuhr herum, sein Gesicht vom brennenden Haus erhellt.

»Was zum Teufel…« Etwas anderes wollte George nicht einfallen. Es war der zwielichtige kleine Kerl, den Matthew für die Flussbarkasse eingestellt hatte. »Ripley…?«

»Oh, Mr. Wilkenson…« Ripleys Rattenaugen zuckten zur Pistole, dann zu Georges Gesicht. Seine Zunge fuhr heraus und leckte über seine Lippen.

»Mein Gott, ist es nicht schrecklich, was sie getan haben?«, fuhr Ripley fort, nickte zum brennenden Haus, wobei er seinen Blick nicht von George abwandte. »Ich haben Eurem Vater gesagt: ›Man darf mit Piraten keine Geschäfte machen‹, aber Euer Vater wollte nicht hören, auf niemanden.«

»Wo sind sie? Die Piraten?«

»Ich schätze, die sind wieder auf ihrem Schiff. Liegt vor dem Haus von Finch vor Anker, unten bei Hog Island.« Ripley wandte sich halb um und deutete übers Feld. Er war sehr hilfreich.

»Was macht Ihr hier?«

»Ach, na ja, als ich davon gehört habe, dachte ich, ich sehe mal nach, ob ich was helfen kann, das Haus vielleicht verteidigen. Ich dachte nicht, dass es einfach so verlassen wäre, aber es war zu spät. Ich … äh … ich habe versucht, zu retten, was zu retten war. Einiges habe ich gefunden, habe versucht, es für Euch und Mrs. Wilkenson und die anderen zu retten …«

Georges Blick wandte zu Ripleys Füßen. Dort lag eine Pferdedecke im Gras, halb zum Bündel geschnürt. Daraus fielen mehrere Stücke eines silbernen Service hervor, eine alte Uhr mit Goldverzierungen, ein paar Porzellantassen.

George blickte zu Ripley auf, staunte über die Verworfenheit dieses Mannes. »Ihr habt geplündert. Ihr habt mein Haus geplündert.«

»Nein, nein, verzeiht mir, ich habe nur versucht, ein paar Sachen vor den Piraten zu retten...«

George hob die Pistole, bis sie auf Ripleys Stirn gerichtet war, nur einen Meter entfernt. Zögerlich trat Ripley einen Schritt zurück, und George spannte den Hahn.

»Nein, Mr. Wilkenson, ich wollte...«

Diese Worte, dieser jämmerliche, verlogene Protest, waren das Letzte, was Ezekiel Ripley, ehemaliger Quartermeister der Piraten, von sich geben sollte. George drückte ab. Die Waffe tat in seinen Händen einen Ruck, und er sah im Rauch noch vage, wie Ripley rückwärts taumelte, die Arme ausbreitete, und im Gras zusammensank.

George trat ein paar Schritte vor und sah auf Ripleys sterbliche Überreste hinab. Die toten Augen starrten zum Himmel. Fast wie bei Matthew.

Oft schon hatte er über diesen Augenblick nachgedacht, wie es wohl wäre, einen Menschen zu töten. Stets hatte er sich Entsetzen, Abscheu, Schuld vorgestellt. Doch er empfand nichts dergleichen. Nur eine vage Neugier, nicht mehr. Er fragte sich, ob Marlowe ebenso zu Mute gewesen war, nachdem er Matthew erschossen hatte. Schuld oder irgendeine Art von Reue schien er nicht empfunden zu haben.

George beugte sich über die Leiche und lud die Pistole nach. Es schien ihm wahrscheinlich, dass er sie vor Ablauf der Nacht noch brauchen würde. Er ging in den Stall, stieß die Türen weit auf und öffnete auch die Türen zu den Boxen. Sollte der Stall Feuer fangen, konnten die Pferde entkommen.

Er stieg auf Marlowes Pferd und ritt zu den Feldern. Einen letzten Blick warf er auf Ripleys Leiche. Noch immer empfand er nichts. Er drückte seine Fersen dem Pferd in die Flanken und ritt der Piratenbande nach.

Es war sehr einfach, ihnen zu folgen. Ihr Weg war von brennenden Gebäuden, weggeworfenen Flaschen und Beutestücken gesäumt, die auf der Straße entlang des Flusses lagen. Die Mühle war fast nicht mehr da, wie auch die Häuser der Pages und der Nelsons. Die Feuer brannten langsam herunter, nachdem die Flammen alles Leben aus Holz, Gips und Tuch gesogen hatten.

Das Haus der Finches war fast dunkel, nur noch hier und da eine orange Glut, ein Lichtpunkt im finsteren, verkohlten Haufen. Nichts wies mehr darauf hin, dass der riesige, schwelende Scheiterhaufen oben auf dem kleinen Hügel einst ein Haus gewesen war.

George nahm den inzwischen vertrauten Geruch eines verbrannten Hauses wahr, hörte das Knistern von brennendem Holz, doch zirpten hier bereits wieder Grillen, und er roch den Wald und auch den Morast unten am Fluss. Schon kehrte alles wieder zu seinem natürlichen Zustand zurück.

Er hielt inne und betrachtete die Reste des Hauses der Finches. Er dachte an all die Gelegenheiten, bei denen er in diesen Räumen getanzt hatte, Piquet oder Whist gespielt oder Platz genommen hatte, um mit seinen Nachbarn zu Abend zu essen. Was würden sie nun tun? Was würden sie alle nun tun?

Er ritt zum Wasser hinüber. Er hatte keinen Plan, wusste nicht einmal, wieso er den Piraten überhaupt gefolgt war. Es schien ihm lange her zu sein, dass er einen vernünftigen Gedanken gehabt hatte. Die Nacht war von Gefühlen bestimmt gewesen, Instinkten, Eindrücken, die ihn ohne bewusste, eigene Entscheidungen vorantrieben.

Schließlich kam er zum Wasser. Er konnte sehen, wo die Piraten an Land gegangen waren, Schlamm und Pflanzen von den vielen, vielen Füßen zertrampelt, die langen Furchen im Ufer, wo man die Boote an Land gezogen hatte.

Der James River war an dieser Stelle fast eine Meile breit. George konnte die Masten der Schiffe gerade noch vor dem

Nachthimmel erkennen – es schien ihm, als läge dort mehr als nur ein Schiff –, doch verloren die Rümpfe sich im Dunkel.

Lange saß er nur da, starrte die dunklen Masten an, mit dem gleichen, morbiden Desinteresse, mit welchem er Ripleys Leichnam, das runde Loch in dessen Stirn, betrachtet hatte. Jedermann, der die Geschichte hörte, wie er Marlowe flehentlich um Hilfe angebettelt hatte, hätte es für einen Akt altruistischer Demut gehalten, doch das war nicht alles. Seine Familie hatte nun nichts mehr, nur noch ihren guten Namen, und sollte LeRois über die Verstrickungen seines Vaters mit den Piraten reden, so wäre auch dieser gute Ruf verloren. LeRois musste vernichtet werden, und er hoffte und betete, Marlowe würde es zu Wege bringen.

Sein Blick wanderte zu einigen Büschen am Ufer, kaum zwanzig Fuß entfernt. Hinter diesen Büschen, das wusste er, würde er ein Kanu finden. Seit Jahren verwahrten die Finches es dort, zum Angeln oder für sonstige Vergnügungen. Wieder blickte er zu dem Piratenschiff hinüber, dann zum Kanu. Gab es irgendetwas, mit dem er den Untergang dieser Piraten beschleunigen konnte? Er hatte keine Ahnung, was er machen sollte.

Er spürte, wie ein Funke von Furcht und Panik ihn durchzuckte, doch lag etwas Köstliches darin, etwas Aufregendes und Erlösendes. Er dachte nicht ans Sterben, da er nicht mehr ans Leben dachte. Er war ruiniert, er war erniedrigt, er gehörte zu der Familie, die diesen Schrecken in die Kolonie gebracht hatte. Er war eine ebenso ausgebrannte, leere Hülle wie sein Elternhaus.

Er schob das Kanu ins Wasser, wie er es zuvor so oft mit den Söhnen der Finches getan hatte. Er stieg vorsichtig hinein, und dann tauchte er das Paddel ins Wasser und machte sich auf den Weg hinüber auf die andere Seite.

34

Sie tasteten sich den James River hinunter, nur mit der Fock und dem Großmarssegel, ein Blinder mit ausgestreckten Armen, der versucht, sich in der Mitte einer Brücke zu halten. Vorn am Bug, steuerbord und backbord, schwangen erfahrene Matrosen Bleigewichte, und ihr leiser Singsang wehte achtern übers Deck zu den Männern an den Kanonen.

Marlowe stand am Aufgang zum Achterdeck. Er konnte das Gesicht des Mannes unter ihm sehen, der sang: »Und vier und fünf und viereinhalb…« Rauchiger Dunst hing über den Bäumen und dem Fluss und brachte den scharfen Geruch der Zerstörung heran. Er verdeckte das natürliche Licht von Mond und Sternen, was es Marlowe nur umso schwerer machte, sein Schiff und seine Männer in die Schlacht zu führen.

Er sah zu beiden Seiten. Er konnte die fernen Ufer nicht erkennen. Doch er kannte dieses Gewässer gut genug, um an der Tiefe allein erkennen zu können, ob sie in der Mitte des Flusses fuhren. Das und das Leuchten der niedergebrannten oder noch brennenden Häuser, die wie Leuchttürme am Nordufer standen, sagte ihm, dass sie sich dem Feinde näherten.

Leeren Blickes starrte er die Flammen in einer halben Meile Entfernung an. Das Haus der Wilkensons. Er dachte an all die Empfindungen, die er haben sollte – Stolz, Freude, das erhabene Gefühl, Rache genommen zu haben –, und er fragte sich, wieso er nichts dergleichen empfand. Er war es Leid, entschied er. Er war es einfach Leid und fürchtete das, was kommen würde, allzu sehr.

»Und drei und vier…«, sagte der Mann unter ihm.

Das Wasser wurde flacher, was bedeutete, dass sie sich

Hog Island näherten. Marlowe wandte sich Rakestraw zu, der drei Meter entfernt stand. »Wir sollten etwas Abstand nehmen. Sorgt dafür, dass man sich um die Brassen kümmert«, und als der Erste Offizier das getan hatte, sagte er zu den Rudergängern: »Abstand halten, drei Striche.«

Die *Plymouth Prize* wandte sich nach backbord, wenn auch die Veränderung kaum zu merken war.

»Und viereinhalb und viereinhalb …«

Marlowe wandte sich um, wollte etwas zu Bickerstaff sagen, doch Bickerstaff war nicht da. Er war auf der *Northumberland*, bei King James und ein paar anderen Männern von der *Plymouth Prize*, irgendwo voraus, dort in der Dunkelheit.

Sie nutzten ihre alte Taktik, die auf Smith Island so gut funktioniert hatte. Sobald die *Plymouth Prize* längsseits lag und voll beschäftigt war, würden die Männer an Bord der *Northumberland* auf der anderen Seite entern und von hinten angreifen. Es war kein großer Plan, aber alles war besser als nichts, besonders da der Feind doppelt so viele Männer hatte wie er selbst und seine Leute erfahrenen Mördern gegenüberstanden, die keinen Grund hatten, sich zu ergeben, aber allen Grund, bis zum Tod zu kämpfen.

Der Plan beruhigte Marlowe ein wenig, der Gedanke, dass sie nicht nur geradewegs über die Piraten herfielen, sondern ihre gottgegebene List einsetzten. Es tröstete ihn, dass die Piraten nun schon seit einiger Zeit gewütet hatten und dann vermutlich betrunken an Bord der *Vengeance* umgefallen waren. Es beruhigte ihn, dass auch die Männer auf der *Plymouth Prize* betrunken waren, nicht sinnlos betrunken, sondern streitlustig. So wollte er sie haben. Es tröstete ihn, dass Francis Bickerstaff und King James ihm auf das Schlachtfeld folgen würden.

Doch bei allem Trost, den er in diesen Gedanken fand, war

er doch nicht eben optimistisch, was ihre Chancen anging. Von allen wusste er am Besten, was ihnen bevorstand. Die Männer der *Vengeance* waren unter LeRois niemals besiegt worden, zumindest nicht solange er mit ihm gesegelt war.

Natürlich waren es nicht mehr dieselben Männer. Die meisten Männer an Bord hatten die Statuten wohl unterzeichnet, nachdem Marlowe das Piratenleben aufgegeben hatte. Aber er glaubte nicht, dass sie unfähiger waren als alle anderen, die unter LeRois gesegelt waren.

Er drehte sich um und sah dorthin, wo Bickerstaff gestanden hätte, wäre er an Bord gewesen. Ihm fehlte die beruhigende Gegenwart seines Freundes. So vieles hatten sie schon gemeinsam durchgemacht: blutige Schlachten, Lektionen in Latein und Geschichte und zwei Jahre als Gentlemen an Land. Er verdankte seine kurze, aber ruhmreiche Karriere als Mitglied des Küstenadels, sowie eine glorreiche, leidenschaftliche Affäre mit Elizabeth seinem Freund und Lehrer. Er würde ihm fehlen.

Und auch King James würde ihm fehlen, der streitlustige, mürrische King James. Marlowe verstand den Mann sehr gut, verstand, was ihn trieb, und dieses Wissen nutzte er schamlos, um James in seinem Sinn zu manipulieren. Aber er mochte James, respektierte ihn.

Und er hatte James ebenso viel gegeben, wie er genommen hatte. Stolz, Ehre, jene Empfindungen, von denen die führenden Männer Virginias nicht glaubten, dass ein Schwarzer dazu in der Lage wäre. James, das wusste er, hatte nichts dagegen einzuwenden, wenn er denn sterben sollte, solange er ein blutiges Schwert in Händen hielt.

Zumindest würde er sie noch einmal sehen, wenn auch über ein verrauchtes Deck hinweg, während sie ein letztes Mal im Dienste ihrer Kolonie kämpften, um ihre Ehre zu verteidigen, ihre eigene, echte, ungeschminkte Ehre. Das Gleiche konnte er über Elizabeth nicht sagen. Er glaubte nicht, dass er Elizabeth jemals wieder sehen würde.

Er hatte die Zeit gefunden, ein Testament niederzuschreiben, in dem er ihr alles hinterließ, was ihm gehörte – das Haus, das Land, das Bargeld –, ein kurzes Dokument, welches sich ohne Elizabeths Wissen in jenem Paket befand, das er ihr und Lucy mitgegeben hatte. Das war zumindest etwas.

Er dachte an ihr Lächeln, ihre weiche, makellose Haut, die Art und Weise, wie ihr das lange blonde Haar ins Gesicht fiel, wie sie es zurückstrich. Niemals würde er sie wieder sehen, und das – das allein – tat ihm wirklich Leid.

George Wilkenson schluckte schwer, zog das Paddel kräftig durch. Die Rümpfe der Piratenschiffe schienen aus dunkler Nacht aufzutauchen, die formlose Finsternis plötzlich zu festen, unverrückbaren Umrissen zu verschmelzen, kaum vierzig Fuß vor ihm. Vom niedrigen Kanu aus schienen sie über ihm aufzuragen, bedrohliche schwarze Steilküsten, und über den Steilküsten der tote Wald aus Masten, die Spinnweben der Takelage.

George zog noch einmal durch und hob das Paddel aus dem Wasser, ließ das schlanke, leise Boot nun gleiten. Das hintere Schiff war das größte der beiden, und selbst in der dunklen Nacht erkannte er, dass es die *Wilkenson Brothers* war. Die Piraten hatten sie verändert – die Umrisse des Decks sahen nicht mehr so aus wie vorher – aber dennoch erkannte George das Familienschiff so gut, dass er es nie verwechseln würde.

Das vordere Schiff, das kleinere, kannte er nicht, und er vermutete, dass es dasjenige war, mit dem die Piraten in die Chesapeake Bay gekommen waren. Er sah ein paar schimmernde Quadrate an der Bordwand, achtern, gedämpftes Licht von innen, welches sanft die offenen Kanonenluken erhellte.

Es fühlte sich fantastisch an, in einer derart beängstigenden, geheimnisvollen und fremden Welt zu sein.

Als er einmal allein in Norfolk gewesen war, hatte er ein Hurenhaus aufgesucht und war so lange geblieben, bis er zwei Gläser Ale getrunken hatte. Den Mut, sich der Hauptattraktion zu widmen, hatte er nicht aufgebracht, doch dennoch war es aufregend gewesen, der Ausschweifung und Gefahr so nahe zu sein. Und dieses nun war genauso, nur um vieles intensiver.

Vorsichtig tauchte er das Paddel wieder in den Fluss und zog es langsam durch, sodass das Kanu wieder Schwung bekam. Noch immer war er eher neugierig als ängstlich, was ihn überraschte und gleichzeitig zufrieden stimmte. Natürlich hatte er keine Bewegung auf den Schiffen ausgemacht, hatte keine Stimmen gehört, kein Licht gesehen. Er war sich sehr wohl darüber im Klaren, dass er seinen ganzen Mut einbüßen, sogar seine Hosen besudeln mochte, falls auch nur eine Stimme etwas zu ihm herüberrufen würde. Doch war das kleinere Schiff kaum zwanzig Fuß entfernt, und er kam ihm immer näher. Bisher machte es nicht den Eindruck, als hätte man ihn bemerkt.

Nach wie vor kam das Kanu im Wasser gut voran, als er längsseits ging. Er tauchte das Paddel ins Wasser, und mit geübter Drehung des Blattes bremste er das Boot direkt am Rumpf des Piratenschiffes ab.

Denkbar leise schlug er an, doch klang es für Wilkenson wie ein Donnerschlag. Er streckte die Hand aus, griff nach der Kette und saß vollkommen lautlos da, wartete auf den Alarm, die gotteslästerlichen Flüche der Piraten, die Musketenschüsse, die seinem Leben ein Ende bereiten würden. Doch da war nur Stille, drückende Stille.

Dann hörte er ein Schnauben wie von einem wilden Schwein, nur ein paar Meter weiter, und er fiel fast von der Ruderbank. Spürte, wie ihn die Angst in kleinen Wellen durchfuhr. Reglos saß er da und lauschte, und aus dem Schnauben wurde ein rhythmisches Atmen, denn auf der anderen Seite des Schanzkleides schnarchte jemand.

Es schien ihm, als wartete er sehr lange, doch es geschah nichts weiter, also legte er die Hände flach an die Bordwand des Schiffes und schob das Kanu langsam nach achtern. Der Wassergang ragte wie ein Dach über seinem Kopf hervor, versperrte ihm die Sicht auf das Schiff. Und dann war er daran vorbei und direkt unter einer offenen Stückpforte, aus der die schwarze Mündung der Kanone über ihm hervorragte.

Er streckt die Hände aus, hielt sich am Rand der Luke fest und stoppte das Kanu. Langsam, leise, indem er sich Mühe gab, nicht laut zu atmen, reckte er den Hals.

Er konnte kaum über die Schwelle der Luke sehen, sein Kopf strich an der Unterseite der Kanonen entlang, und in dieser unbequemen Lage warf er seinen ersten Blick auf die grässliche, verbotene Welt der Piraten.

Der schnarchende Mann war nicht mehr als vier Fuß von Wilkensons Gesicht entfernt. George konnte den Schweiß riechen, die faulige Schnapsfahne, die mit jedem Schweinelaut herauskam. Er spielte mit dem Gedanken, eine der Pistolen zu zücken und dem Mann direkt in den Kopf zu schießen. In einem Augenblick würde er schlafen, im nächsten wäre er schon tot und würde nie erfahren, was ihn getötet hatte. Er hatte Macht über Leben und Tod dieses Mannes, dieser Seele, die er, George Wilkenson, in die Hölle stoßen konnte.

Dieser Gedanke ließ ihn erschaudern, und er starrte den Piraten eine Zeit lang an, bis er seinen Blick über den Rest des Schiffes schweifen ließ. Die Kanonenluke führte zum Mitteldeck. Oben sah er ein paar matte Sterne, doch wo er den Aufgang zum Vorderdeck erwartete hatte, war alles weg. Die Piraten hatten den Aufbau wohl abgerissen, wenn Wilkenson auch keine Ahnung hatte, was sie damit bezwecken mochten.

Er konnte ein paar Haufen erkennen, die an Bord herumlagen. Es mochten schlafende Männer oder irgendwelche Gerätschaften sein ... Im Dunkeln konnte er es nicht erkennen. In jedem Fall schienen nicht viele Männer an Bord zu sein, zumindest nicht an Deck, und jene, die dort waren, schienen nicht wach zu sein. Es war kein Wunder, dass sein Kommen unbemerkt geblieben war. Er ließ sich wieder auf der Ruderbank nieder und begann, das Kanu weiter nach achtern zu bugsieren.

Er kam zur vorletzten Kanonenluke. Diese und die Nachbarluke hatte er als matte Umrisse an Bord des Schiffes ausgemacht. Dahinter mochten sehr wohl Männer sein, wache Männer, die ihn sehen würden. Er hielt inne, packte den unteren Rand der Luke mit schwitzenden Händen und ließ die Woge von Furcht und Erschöpfung vergehen.

Einen Moment noch hielt er still, spürte die sanfte Bewegung des Kanus im Fluss und fragte sich, wer er war, was aus ihm geworden war, dass er solche Risiken sinnloserweise auf sich nahm.

Schon früher hatte er versucht, sich mit der Gefahr anzufreunden, doch näher als bei seinem Erlebnis im Bordell war er nie gekommen, bis jetzt.

Bis jetzt. Nachdem sein Vater den letzten Rest der Familienehre vernichtet hatte, wenn es denn wahre Ehre gewesen war. Nachdem sein Vater nun tot war und sein beliebterer, kleiner Bruder ebenfalls nicht mehr lebte. Nachdem man ihn gezwungen hatten, sich an dem erniedrigenden Spektakel fehlgelenkter Rache zu beteiligen.

Am Morgen würde die Sonne aufgehen und dieser schrecklichen Nacht ein Ende bereiten, und er wäre tot oder lebendig. Es überraschte ihn, wie wenig es ihn berührte, was von beiden es sein sollte. Was er an Furcht empfand, war nur noch animalischer Instinkt, kein rationaler Wunsch, sein Leben und Ansehen zu bewahren.

Mit diesem Gedanken befestigte er die Heckleine. Wieder reckte er den Hals, spähte durch die Kanonenluke und merkte, dass er eine Art großer Kajüte vor sich sah. Eine einzelne Laterne hing mittschiffs von einem Balken. Sie war geschlossen, doch drang genügend Licht hervor, um den Raum vage zu beleuchten und Wilkenson sah sich in der Lage, Einzelheiten zu erkennen.

Seine Vorstellung von einer großen Kajüte war geprägt von derjenigen auf der *Wilkenson Brothers*, mit ihren feinen Möbeln, der eichenen Einrichtung und den Goldverzierungen. Die Kajüte, die er nun betrachtete, mochte einst genauso gewesen sein. Er sah an manchen Stellen Reste der Holztäfelung und andere Hinweise auf vergangenen Ruhm, doch größtenteils sah es so aus, als wäre sie immer und immer wieder geplündert worden.

Den größten Teil des Raums nahmen die vier langen Kanonen ein, zwei steuerbord und zwei backbord. Die hintersten Stückpforten, grob in die Bordwand gehackt, deuteten darauf hin, dass die beiden Kanonen eingebaut worden waren, nachdem die Piraten das Schiff übernommen hatten.

Mittschiffs stand ein großer Tisch mit Ringbolzen am Deck befestigt. Der Lack an den Beinen leuchtete im schwachen Licht und kündete von einem einstmals guten Stück. Wilkenson stellte sich ein elegantes Dinner vor, das dort für den Kapitän und seine Gäste angerichtet gewesen war. Nun jedoch stapelte sich darauf allerlei so hoch, dass Wilkenson selbst von dort unten Kleider, Flaschen und verdorbenes Essen erkennen konnte.

Viel mehr gab es dort nicht, keinen Teppich, keinen Weinschrank, keine Anrichte. Die Täfelung fehlte zum größten Teil, vielleicht als Feuerholz verheizt. Es sah eher wie die Kajüte eines Holzfällertrupps aus, nicht wie die Zuflucht eines Kapitäns.

Mehr gab es dort in der Kajüte nicht, da war er sich ganz sicher, denn er konnte fast den ganzen Raum erkennen. Dennoch roch es, als lägen dort hundert ungewaschene Leiber, wie im Laderaum eines Sklavenschiffs. Nun, vielleicht nicht ganz so schlimm, aber doch schlimm genug. Er roch Schweiß und verdorbenes Essen, den vagen Geruch von Kot und Urin. Er war den unangenehmen Geruch gewöhnt, der sich auf Schiffen bildete, doch so etwas hatte er – von Sklavenschiffen abgesehen – noch nie erlebt.

Er hatte keine Ahnung, wie lange er schon in diese dunkle Kajüte starrte, doch es kam ihm lang vor, und in dieser Zeit war es ganz genauso leise gewesen wie im Kanu auf dem Weg zu diesem Schiff. Selbst das Schnarchen hatte aufgehört. Es gab keine menschlichen Geräusche in dieser Nacht. Und in der Stille, während er sich an die Bordwand des Kaperschiffes klammerte, wandten sich Wilkensons Gedanken Marlowe zu.

Marlowe war einer dieser Männer gewesen. Das hatte Ripley gesagt. Er hatte dieses Leben gelebt, ein Leben, das er, George Wilkenson, nur vom Kanu aus betrachten konnte. Marodieren, Plündern, Schänden, das alles hatte Marlowe getan. Konnte es verwundern, dass Elizabeth so scharf darauf war, sich von ihm nehmen zu lassen? Und jetzt segelte er flussabwärts, um gegen diese Piraten anzutreten, sich mitten in die Schlacht gegen Männer zu stürzen, bei deren bloßem Anblick Wilkenson vor Angst ganz übel wurde.

Er hatte gesehen, wie die Piraten den Hügel hinaufgekommen waren. Es waren so viele, viel mehr als die Männer auf der *Plymouth Prize*, und allesamt unbarmherzige Mörder.

Zwei Schiffe gegen das eine. Und Marlowe wollte gegen sie in die Schlacht ziehen, während er nur längsseits in einem Kanu treiben und wie ein Spitzel in die Kanonenluke gaffen konnte. Mehr war er nie gewesen – ein Spitzel.

Dann stand er plötzlich im Kanu, halb in der Luke und zwängte sich mit einigen Problemen um den Lauf der Kanone. Er hielt inne, als sich seine Pistole verklemmte, wand sich, bis sie wieder frei war, dann zwängte er sich ganz hinein. Er hob seine Muskete auf, die er schon hineingeworfen hatte, und halb hockend sah er sich um.

Er war an Bord des Piratenschiffes. Die bloße Erkenntnis überraschte ihn, da ihm keineswegs der Sinn danach gestanden hatte. Dieser Gedanke erregte ihn. Er war an Bord eines Piratenschiffes, als Einziger, der bei Bewusstsein war, soweit er es erkennen konnte. Er hatte sie alle in der Hand. Er konnte sie töten, genauso wie er Ripley getötet hatte.

Doch das stimmte nicht ganz, überlegte er. Drei von ihnen konnte er wohl töten, denn er hatte zwei Pistolen und eine Muskete. Dann aber würden sie ihn töten.

Doch er war nicht nur an Bord gekommen, um sich umzusehen. Er war gekommen, um etwas zu tun, um sich zu einem Teil von Marlowes Welt zu machen, wenn auch nur für einen Augenblick, selbst wenn er der Einzige war, der je davon erfahren würde. Diese Männer hatten sein Heim niedergebrannt, und er wollte Rache nehmen, echte Rache, eine Rache nach Marlowes Geschmack. Diese Männer mussten ausgerottet werden. Jede Andeutung einer Verbindung zwischen ihnen und den Wilkensons musste ausgemerzt werden. Aber er wusste nicht, wie.

Und plötzlich war die Antwort offenbar, so offensichtlich wie die leuchtende Laterne, der Haufen brennbarer Abfälle und die Holzbalken, die nach Leinöl und Teer rochen.

Er nahm seine Muskete und trat vorsichtig ans vordere

Ende der Kajüte. Vor dem Schott stand ein Gestell für Entermesser und zwei waren noch an Ort und Stelle. Außerdem stand dort das Porträt einer Frau, wahrscheinlich die Gattin des früheren Kapitäns. Ihr Abbild hatte einigen Missbrauch durch die Hände der Piraten erfahren müssen. Ein Schnitt ging durch ihr Gesicht, und verschiedene Flecken waren auf der Leinwand, wo jemand etwas – Speisen, wie es schien – nach dem Bild geworfen hatte.

Das alles betrachtete George, während er sich vorsichtig der Tür näherte, welche zum Mitteldeck führte. Kurz davor blieb er stehen. Die Tür ging nach außen auf, zum Deck, und sie stand halb offen. Er beugte sich vor und lugte langsam, ganz langsam hinaus.

Nach wie vor rührte sich nichts, doch er sah nun, dass die Haufen, die er vom Kanu aus gesehen hatte, in der Tat Menschen waren, tief in trunkenem Schlaf versunken, den vielen Flaschen nach zu urteilen, die dort überall herumlagen. Wieder hörte er Schnarchen. Es waren nicht viele Männer an Bord, soweit er es erkennen konnte, doch mochten sich noch weitere unter Deck befinden. Da kam ihm in den Sinn, dass sich die meisten Piraten höchstwahrscheinlich an Bord der relativ neuen und luxuriösen *Wilkenson Brothers* befanden, nicht auf diesem stinkenden Kahn.

Er wartete eine Minute, dann noch eine, und noch immer war nichts zu hören. Er spürte, dass eine Verwegenheit von ihm Besitz ergriff, wie er sie nie zuvor gekannt hatte. Er tat noch einen Schritt. Er stand in der Tür, für jeden, der aufblicken mochte, deutlich zu erkennen. Er nahm die Tür und schloss sie.

Die Tür bewegte sich, sanft und leise auf eisernen Scharnieren, und dann spürte George einen Widerstand, und das untere Scharnier gab ein lautes Quietschen von sich, das ihn wie ein Speer durchbohrte. Er erstarrte, und nur mit allergrößter Mühe konnte er verhindern, dass er sich besudelte. Sein Mut war nicht so groß, wie er geglaubt hatte.

Er hielt ganz still, lauschte, doch er hörte keinen Laut, keinen Alarmruf. Fast war die Tür nun zu, bis auf zwei Fingerbreit. Sie würde bleiben müssen, wie sie war. Er kehrte in die Kajüte zurück und betrachtete den Müll auf dem Tisch. Kleidung, Flaschen, Essensreste. Sie würden brennen, wie auch der Tisch, die letzten Polsterreste und das Holz der Fensterrahmen.

Das alles würde brennen, und die größeren Balken würden Feuer fangen, sodass bald das ganze Schiff in Flammen stehen und Marlowe mit einem, nicht mit zwei Schiffen würde kämpfen müssen. Und er, George Wilkenson, hätte dazu beigetragen, die Chesapeake von der Plage zu befreien, die sein eigener Vater eingeschleppt hatte. Und dann vielleicht konnte er es ertragen, er selbst zu sein. George Wilkenson.

Er packte etwas von dem Zeug auf dem Tisch und warf es auf die Polsterbank, runzelte die Stirn und wandte den Kopf von jenem fauligen Gestank ab, der entstand, wenn man das Zeug bewegte. Er öffnete sein Pulverhorn und streute dessen Inhalt auf das Tuch. Er nahm die Laterne herunter, klappte sie auf und holte vorsichtig die Kerze heraus. Die Flamme flackerte, und er hielt inne, wartete, bis sie wieder Kraft gesammelt hatte, dann trug er sie zur Polsterbank und zündete alles an.

Die Flamme fegte durch die Pulverspur und griff nach dem Tuch, brannte lichterloh und wuchs beständig. Gierig verschlang sie die Hemden und Hosen und den alten Mantel, dann machte sie sich über die Kissen der Bank her. Die Piraten hatten längst die Polster aufgeschnitten und das Füllhaar zum Teil herausgerissen, was es dem hungrigen Feuer nur umso leichter machte. Nach kaum einer Minute rankten sich die Flammen an der Kajütwand hinauf, rissen die Farbe ab und leckten an den schweren Balken an der Decke.

George wich vor der Hitze und dem Licht zurück. Es überraschte ihn, wie schnell sich das Feuer ausbreitete. Die Flammen umfingen die Heckfenster. Sie griffen nach den alten, zerfetzten Vorhängen, und mit einem Blitz waren diese verschwunden, und die Flammen zogen weiter. Sie krochen über die Decke an Steuerbord und drohten, die hinterste Kanone auf jener Seite zu umschließen.

Wilkenson wurde unruhig. Er hörte keinen Laut von Deck, doch konnte dieses Feuer nicht lange unentdeckt bleiben, so betrunken die Piraten auch sein mochten. Erneut trat er zurück und sah zu der Kanonenluke, durch welche er gekommen war. Sein Fluchtweg. Er musste weg. Doch konnte er sich nicht lösen.

Er sah sich nach dem Feuer um, das inzwischen einen großen Teil des hinteren Kajütenendes verzehrt hatte. Das nun war Vernichtung, es war Rache, und zwar von seiner Hand. Er lächelte vor Freude. Ein paar Sekunden noch, dann wollte er fliehen, denn nun war er wieder hergestellt und er wollte leben.

Er machte noch einen Schritt in Richtung seiner Luke. Fast war die Hitze unerträglich. Die hintere Kanone auf der Steuerbordseite war nun gänzlich von Flammen umgeben.

Dann kam Wilkenson der schreckliche Gedanke, dass die Kanone vielleicht geladen sein mochte.

Und kaum war ihm dieser Gedanke durch den Kopf gegangen, ging diese Kanone mit einem Krachen los, als explodiere das gesamte Magazin des Schiffes. Die Räder hoben vom Deck ab, als das Riesending nach innen flog und noch mehr Feuer aus seiner Mündung spie. Die Halteseile waren verbrannt, und nichts konnte den Rückschlag der Kanone bremsen. Sie zerschlug den Tisch und wankte, als sie krachend an ihr Gegenstück auf der Backbordseite stieß.

»O Gott, o Gott, o Gott...«, stammelte Wilkenson mit zunehmender Panik. Er fuhr herum, bereit, sich den Piraten zu stellen, die hereinstürmen mochten, nur waren keine da, noch nicht. Er konnte sich nicht vorstellen, dass sie lange auf sich warten lassen würden. Wieder wandte er sich seiner Pforte zu, doch die Erschütterung der Kanone hatte das Feuer an der Bordwand herabgeweht, und nun stand sein Fluchtweg in Flammen.

Noch einmal fuhr er herum, in Richtung Backbordseite. Und in dieser Sekunde riss einer der Piraten die Tür auf und stürmte in die brennende Kajüte, hob die Arme, um seine Augen vor den Flammen zu schützen.

George spürte, wie seine Blase nachgab. Mit zitternder Hand griff er nach seiner Muskete, als der Pirat ihn sah, vom Feuer umrahmt. Der Pirat rief etwas und griff nach der Pistole in seiner Schärpe, doch George hatte seine Muskete längst an der Schulter. Er spannte den Hahn und drückte ab, sodass der Kerl rückwärts gegen den nächsten Kameraden taumelte, der hinter ihm hereindrängte.

George warf die Muskete beiseite und zog beide Pistolen. Er war von Flammen umgeben. Sämtliche Kanonenluken waren betroffen, als Fluchtweg blieb nur noch die offene Tür, und er hatte nur noch zwei Schuss.

Immer mehr Piraten drängten in die Kajüte, Pistolen gezückt, mit blitzenden Säbeln. George sah sie durch die offene Tür. Er merkte, wie ihn eine seltsame Ruhe umfing. Er trat vor, als der erste Pirat kam, ein großer, bärtiger Mann, den Hut schief auf dem Kopf, und George schoss ihm mitten ins Gesicht.

Ein Pirat feuerte seine Pistole ab, und George merkte, wie die Kugel seine Schulter durchschlug. Der Schmerz war unbeschreiblich. Er ließ die leere Pistole in seiner gesunden Hand fallen und nahm die geladene.

Wieder drängte einer der Piraten vorwärts, und George schoss ihm seine letzte Kugel in den Bauch. Schreiend fiel der Mann vornüber, und die Tür hinter ihm war voller Klingen, Pistolen und Musketen, allesamt auf ihn gerichtet. George ließ seinen Arm sinken und wartete. Es ist wie ein Hinrichtungskommando, dachte er. So ist es also, wenn man stirbt.

Die Piraten schossen alle gleichzeitig, und George merkte, wie er zurückgeschleudert wurde, als hätte ein Dutzend Fäuste auf ihn eingeschlagen. Er fühlte das harte Deck unter sich, die lodernden Flammen an seinem Gesicht, doch er brannte nicht. Warm war ihm, aber er brannte nicht.

Er hörte Schreie überall um sich herum und das Knistern der Flammen, doch verschmolz das alles zu einem weichen Klang. Er spürte etwas Feuchtes, Klebriges unter seiner Hand und stellte überrascht fest, dass es Blut war, sein eigenes Blut, das dort aus ihm heraus aufs Deck lief.

Ich kann doch ohne Blut nicht leben, dachte er, und in diesem Augenblick wurde ihm bewusst, dass er nicht leben würde, dass er sterben sollte und dass es nicht so schlimm war.

Mein Gott, mein Gott, in deine Hände…

Er hatte allen die Stirn geboten, seinem Vater, den Piraten. Er war ein Mann gewesen, nicht schlechter als Marlowe, und mit diesem Gedanken und einem dünnen Lächeln auf den Lippen starb George Wilkenson.

35

Die Hölle stand bereit, sie zu empfangen. Jean-Pierre LeRois hatte alle Vorbereitungen getroffen.

Er kletterte aus dem Laderaum hinauf, seine Stiefel knallten auf den Stufen, die Stimmen sangen in seinem Kopf. Er war bereit, Barrett auf den Weg zu bringen. Er war selbst bereit für diese Reise, wenn er denn gehen musste.

Und nicht nur er allein. Sie alle würden gehen, alle Männer, die dort vor ihm herumlagen, schnarchten wie die Schweine, die Nacht verschliefen, in der seine Feinde kommen würden. Das verstand er jetzt. Es schenkte ihm ein überwältigendes Gefühl von Frieden. Einen Augenblick reiner Klarheit. Sie mussten alle sterben. Er wusste, dass es richtig war.

Er bahnte sich einen Weg über die Zwischendecks, bückte sich unwillkürlich, bis ihm einfiel, dass die Decks auf dieser neuen, feineren *Vengeance* hoch genug waren, um fast aufrecht stehen zu können.

Zielstrebig schritt er voran. Sein Fuß stieß an etwas Weiches, und er stolperte. Der Haufen auf dem Deck stöhnte auf, rollte herum und murmelte: »He, pass auf, du Holzkopf.«

»*Cochon!*«, rief LeRois und spuckte auf den Mann zu seinen Füßen, doch der war schon wieder eingeschlafen. LeRois starrte den menschlichen Trümmerhaufen an, der im trüben Licht kaum auszumachen war. Sie würden alle ihre Quittung bekommen, jeder auf seine Art. Das sagten ihm die Stimmen.

Er fand die Leiter zum Sturmdeck und kletterte bis zum Mitteldeck hinauf. Die Nacht war finster, und der Rauch der Brände, die er gelegt hatte, hing noch in der Luft. Er stieg über die schlafenden Männer und kletterte aufs Achterdeck, wo zu seinem Ärger noch mehr bewusstlose Männer herumlagen, von denen manche ihre Säcke mit Beutegut wie Frauen umarmten.

Er spuckte aufs Deck und sah nach vorn, flussaufwärts. Barrett kam ihn holen, er wusste es. Die Stimmen sangen die Lieder vom Untergang der Feinde. Noch konnte er ihn nicht sehen, sah keine Spur von dunklen Segeln vor dem dunklen Himmel, wusste aber dennoch, dass er dort irgendwo war.

Sein Blick wanderte vom Schwarz des Flusses an das ferne Ufer. Der Beweis für seine Rache und seine Macht loderte nach wie vor an Orten, die meilenweit auseinander lagen. Er sah von einem zum anderen, wandte sich nach achtern, während er sein Werk betrachtete.

Und dann fiel ihm plötzlich etwas auf, etwas Helles. Dreißig Meter Wasser trennten die *Vengeance* von dem alten, heruntergekommenen Schiff, das einst diesen Namen getragen hatte. Licht drang aus den hintersten Kanonenluken der alten *Vengeance*, und zwar aus jenen, die zur großen Kajüte führten. Er trat einen Schritt vor, legte seine Hände über die Reling und sah zu seinem früheren Schiff hinüber.

Vielleicht war dort jemand in der Kajüte, jemand mit einer Laterne, Doch das Licht war so hell, heller als ein Dutzend Laternen. Und als ihm der schreckliche Gedanken kam, dass das Schiff brennen mochte, ging eine der großen Kanonen los, und Donner zerriss die Nacht. Die alte *Vengeance* bebte von der Wucht des Rückschlags.

»*Merde!*«, rief LeRois und schlug mit seiner Faust an die Reling. Jetzt sah er, dass Flammen aus den Luken züngelten, hörte das Feuer knistern, während es das Schiff verschlang. Irgendein Idiot hatte nicht aufgepasst, und schon stand die ganze Kajüte in Flammen. Längst war es zu spät, etwas zu unternehmen.

In die Haufen aus Tuch und Haaren, die eben noch schlafende Piraten auf dem Sturmdeck der neuen *Vengeance* gewesen waren, kam Bewegung. Sie sprangen auf, zückten Dolche und Pistolen. Sie waren es gewohnt, augenblicklich wach zu sein und sofort zu kämpfen, und der Donner der großen Kanone war ihr Weckruf. Sie drängten sich entlang der Reling, riefen Obszönitäten, äußerten lauthals Mutmaßungen, während sie mit ansehen mussten, wie ihr altes Schiff ein Opfer der Flammen wurde.

»*Merde!*«, rief LeRois erneut. Nicht um das alte Schiff ging es ihm, sondern um die Gefahr, dass dieser Brand zur neuen *Vengeance* herüberwehen mochte. Und selbst das bereitete ihm nicht ernstlich Sorgen, solange es erst geschah, wenn Barrett an Bord war.

Und dann hörte er mitten in den Flammen eine Waffe. Keine Kanone, sondern etwas Kleineres, eine Muskete oder Pistole. Er neigte den Kopf in Richtung der Flammen. Noch mehr kleine Waffen, zwei Schüsse in schneller Folge, dann noch einer, dann eine ganze Salve.

Männer brüllten durcheinander, liefen an Bord der alten *Vengeance* herum. Er konnte sie nicht sehen – es war zu dunkel, und die grellen Flammen schmerzten in den Augen – doch er konnte die Aufregung deutlich hören. Wieder ging eine der Kanonen los, wieder auf der Steuerbordseite, schoss ihre Ladung dem Nordufer entgegen. LeRois starrte das sich ausbreitende Feuer an, dachte daran, den Männern auf dem brennenden Schiff zu helfen.

Nein, beschloss er. Zum Teufel mit ihnen. Sie hatten ein Boot. Wenn sie zu betrunken oder zu dumm waren, hineinzuklettern und sich in Sicherheit zu bringen, dann sollten sie eben verbrennen. Sie sollten ohnehin verbrennen, weil sie betrunken und dumm genug waren, ihr Schiff in Brand zu setzen. Sollten sie verbrennen, und das würden sie, alle Mann.

Die Kanonen auf der Backbordseite der alten *Vengeance* gingen los, als auch sie von Flammen umfangen waren, eine nach der anderen, im Sekundenabstand. Eine davon schoss direkt herüber, sodass ihre Ladung in die Bordwand des neuen Schiffes schlug, wenn LeRois auch vermutete, dass sie keinen großen Schaden anrichten konnte. Die andere schien umgefallen zu sein, denn statt durch die Kanonenluke zu schießen, schlug sie ein Loch in die Bordwand, sodass es Hagelgeschosse und brennende Trümmer auf die *Nouvelle Vengeance* hernieder regnete. Vorn fluchte jemand laut und heftig, verwundet von der versehentlichen Breitseite der alten *Vengeance*. Es kümmerte LeRois nicht, aber er sorgte sich um diese brennenden Brocken, die an Deck landeten.

»*Allez, allez!* Das Feuer! Löscht es!«

Auf dem Mitteldeck rissen sich die Männer von dem Spektakel los und traten die brennenden Trümmer aus, die das Schiff bedrohten.

Als er sicher war, dass sein neues Schiff nicht in Flammen aufgehen würde, wandte sich LeRois wieder der alten *Vengeance* zu. Feuerfinger drangen aus den Kanonenluken und dem Loch, das die Kanone in die Bordwand geschlagen hatte, griffen nach den Wanten am Besanmast und der Achterdeckreling, reckten sich aus der großen Kajüte, nahmen das Schiff in Besitz. Sie waren Brüder, er und das Feuer. Gemeinsam beherrschten sie die Nacht.

Und dann fiel ihm etwas anderes auf, etwas jenseits des brennenden Schiffes, das den Lichtschein reflektierte.

»Eh? *Qu'est-ce que c'est?*« Er trat an die Reling und stieß jene Männer der *Vengeance* beiseite, die sprachlos dastanden und das Schiff brennen sahen. Er trat an die Leiter zum Achterdeck und starrte in die Dunkelheit hinaus.

Es war wie ein Gespenst, waberte vor seinen Augen, und LeRois merkte, wie die Panik in ihm wuchs. Und dann plötzlich schien es vor seinen Augen Gestalt anzunehmen, und ihm wurde klar, dass es kein Gespenst, sondern ein Segel war, das gaffelgetakelte Großsegel einer Schaluppe, die flussabwärts fuhr. Er hätte sie nie gesehen, wäre da nicht das Feuer auf der alten *Vengeance* gewesen. Er lächelte, dann lachte er laut auf. »Der Teufel, er lässt nicht zu, dass du dich anschleichst, eh?«, rief er dem Segel zu, dann schüttelte er die Faust.

Er sah, wie sich die Gesichter seiner Männer zu ihm umwandten und dann seinem Blick folgten. Durch das laute Knistern des Feuers hörte er Mutmaßungen. Die Stimmen sangen ihre Warnungen, hoch und klar, fast kreischend, nur hübscher. Die Flammen tänzelten auf dem Achterdeck seines alten Schiffes, und lachende Gesichter tauchten im grellen Gelb und Rot auf. LeRois lachte mit ihnen.

»*Allez*, also, sie kommen, um uns zu holen!«, rief LeRois. Er zog sein Schwert und deutete auf die Schaluppe. »Da sind die Ersten, aber es gibt noch mehr, und am Ende kommt Malachias Barrett, der Teufel höchstpersönlich, aber ich bin ein größerer Teufel, oder nicht?«

Seine Männer glotzten blöd, wie dumme Schafe, also versuchte er, es ihnen zu erklären. »Das Wachschiff, das wir hier jagen, kommt zurück, und bald werden sie bei uns an Bord sein. Sie werden versuchen, von zwei Seiten zu entern, vom Schiff und von der Schaluppe, aber wir werden sie empfangen, *non*?«

Nun nickten Köpfe, als die Männer langsam verstanden, dass man sie bald angreifen würde. Sie zerstreuten sich, manche rennend, manche humpelnd, manche schlendernd, um sich um die Kanonen und die anderen Waffen zu kümmern, Musketen zu laden, Klingen zu schärfen und sich mit Whiskey und Rum in Stimmung zu bringen.

Sie sind Tiere, dachte LeRois, sie kennen nur leben und kopulieren, töten und sterben. Er allein wusste es besser, und deshalb hatten die Stimmen ihr Leben, ihr aller Leben – das der Männer von der *Vengeance*, das von Malachias Barrett und auch das der Männer des Königs – in seine Hände gelegt.

»Je suis le seul maître à bord après Dieu.« Die Worte kamen ihm ungebeten über die Lippen, die Worte, die der Priester ihn vor so vielen, vielen Jahren gelehrt hatte. Seit damals hatte er nicht mehr daran gedacht. Du sollst keinen anderen Gott neben mir haben.

Der Kanonendonner riss Marlowe aus seinen Gedanken und ließ ihn aufspringen. Sein erster Gedanke galt der *Northumberland*. Sie war irgendwo flussabwärts, wahrscheinlich gleich bei den Piratenschiffen. Falls sie entdeckt worden war, würden die schweren Kanonen sie in Stücke schießen.

Er schwang sich in die Wanten am Besanmast und kletterte hinauf, bis er zehn Fuß über dem Deck war. Er spähte nach vorn. Er konnte im Dunkel jenseits der brennenden Bauten am Ufer nichts erkennen. Seine Schulter schmerzte von der Anspannung. Er hielt sich fest und wartete auf weiteren Kanonendonner, wartete, dass die Breitseite der Piraten den Fluss erhellte. Wartete, dass eine Schaluppe im Mündungsfeuer der Kanonen unterging.

Doch es kam nichts, keine Kanonen. Vielleicht waren es betrunkene Piraten, die aus Spaß ein Feuerwerk veranstalteten. Er schloss die Augen, holte tief Luft, zwang sich dazu, sich zu entspannen und hoffte, dass diese Übung ihm helfen würde, im Dunkeln etwas zu erkennen. Er schlug die Augen wieder auf, mied die Lichter am Nordufer und sah nach steuerbord.

Jetzt konnte er die blassen Umrisse von sandigem Strand im Norden von Hog Islands erkennen. Er lag querab. Dann spähte er weiter voraus, überblickte, was er für Baumwipfel hielt, und dort, jenseits der Insel, sah er Masten.

Sie ragten über dem dichteren Laub auf, waren gerade

noch zu erkennen, wo der dunkle Himmel mit dem dunkleren Horizont zusammentraf, wie Skelette, die sich in den Himmel reckten. Beide Schiffe waren dort, die alte und die neue *Vengeance*. Er wusste nicht, an Bord welchen Schiffes die Piraten waren. Er wusste nicht, ob er in der dunklen Nacht gut genug würde sehen können, um die *Plymouth Prize* längsseits zu bringen.

Dann war etwas anderes zu hören. Pistolenschüsse? Marlowe hielt sein Ohr in jene Richtung. Ja, genau das war es. War es möglich, dass sich die *Northumberland* im Kampf befand? In der ganzen letzten Stunde hatte sich Marlowe schon unwohl gefühlt, je näher seine Begegnung mit LeRois rückte, doch bei dem Gedanken, dass Bickerstaff und James in eine Schlacht verstrickt sein mochten und er selbst daran nicht teilnehmen konnte, wollte sich ihm schier der Magen umdrehen. Er hielt sich an den Wanten fest.

Und dann ging wieder eine Kanone los, und fast taumelte Marlowe aus der Takelage. Diesmal sah er das Mündungsfeuer, wie es Flammen in die Nacht spie. Es beleuchtete die Bordwand des Piratenschiffes, des kleineren, und das Wasser im Umkreis von dreißig Metern. Die *Northumberland* war nirgends auszumachen.

Marlowe schluckte schwer, zwang sich zur Ruhe. Es war Jahre her, dass er sich so gefürchtet hatte, zuletzt tatsächlich, als er endlich den Mut aufgebracht hatte, LeRois zu sagen, dass er gehen wollte, und nie war er dem Tod so nahe gewesen.

Er stieg wieder hinab und stand an der Reling des Achterdecks, mit einer Hand an den Wanten, um sich abzustützen. Die Männer der *Plymouth Prize* standen an den Kanonen, reckten die Hälse aus den Luken, gaben sich größte Mühe, um die Rohre herumzuspähen. Sie glaubten an ihn, und das allein würde ihnen Kraft verleihen müssen, denn ihm wollten keine aufmunternden Worte einfallen, um sie auf den bevorstehenden Kampf einzustimmen. Er wünschte es sich, doch er konnte nicht, traute sich nicht, etwas zu sagen.

Als er sich eben fragte, wie um alles in der Welt er die Untiefen bei der Insel umfahren sollte, gingen zwei weitere Kanonen in schneller Folge los, und diesmal feuerten sie südwärts, direkt auf die *Wilkenson Brothers*.

»Du meine Güte!«, rief Marlowe unwillkürlich. Das Krachen der Kanonen ließ das große Piratenschiff zweimal aufblitzen, als würde eine Laterne auf- und zugeklappt.

Das Heck der alten *Vengeance* schien vom Licht in seinem Inneren zu glühen, und dieses Licht spiegelte sich auf dem Wasser. Marlowe blinzelte, schüttelte den Kopf. Dann loderten die Flammen um das Achterdeck und das Rigg am Besanmast hinauf. Das Schiff stand in Flammen. Und das Feuer – da gab es keinen Zweifel – hatte die Kanonen gezündet.

Marlowe sah, wie sich die Flammen übers Achterdeck ausbreiteten, dann die Rahen hinauf züngelten, als das trockene Tuch des Besansegels verbrannte.

Das brennende Schiff stellte eine echte Bedrohung dar. Sollte die *Plymouth Prize* Feuer fangen, mit ihrem Laderaum voll Pulver, würde die daraus entstehende Explosion die Kolonie erbeben lassen und alle töten, die auf dem Wasser waren, Piraten und Männer der *Prize* gleichermaßen.

Das Feuer warf einen immer größeren Lichtkreis. Er kroch über das Wasser, fiel auf die *Northumberland*, die versuchte, die Piratenschiffe unentdeckt zu umfahren und sich ihnen von der anderen Seite zu nähern.

So viel zu meiner Idee, dachte Marlowe. Er hatte nur den einen Trick in petto.

»Verdammt will ich sein«, sagte er laut, obwohl er stets dachte, dass Gott ihm diesen Wunsch auch unaufgefordert gewähren würde. Die *Wilkenson Brothers* war eine Kabellänge entfernt. Er konnte das Lärmen der Piraten hören, die sich für die Schlacht wappneten, das Rumpeln der Kanonen, die ausgerollt wurden, das Klirren der Klingen, die man bereithielt.

»Verdammt.« Er sah sich um und spielte am Heft seines Schwertes herum. Seine Falle war entdeckt, bevor sie noch zum Einsatz kam. Jeder Nerv in seinem Körper sagte ihm, er solle den Kurs des Schiffes ändern und sich flussaufwärts zurückziehen, den Kampf auf einen anderen Tag verschieben.

Dieser Gedanke erleichterte ihn sehr. Es war das einzig Vernünftige. Er klammerte sich an diese Ausflucht wie ein Ertrinkender an seinen Retter, der damit beide in die Tiefe reißt.

Aber es war Unsinn. Sollte er dieses flüchtig Ding namens Ehre besitzen, dieses Etwas, das in seinem Leben so wichtig geworden war – wahre Ehre – dann durfte er sich nicht selbst belügen. Wenn er sich zurückzog, dann weil er sich fürchtete. Er würde es hier und jetzt zu Ende bringen müssen.

»Aufs Mitteldeck!«, rief er. »Mr. Rakestraw, wir gehen etwas auf Abstand. Haltet die Brassen bereit. Kanoniere, ihr wisst, was ihr zu tun habt! Zwei Breitseiten, kleine Waffen, dann hinüber! Hört auf mein Kommando, oder auf das von Mr. Rakestraw, falls ich fallen sollte!«

Falls ich fallen sollte. Es berührte ihn überhaupt nicht, als er diese Worte sagte. Zweimal holte er tief Luft, wandte sich den Rudergängern zu und sagte: »Abfallen, zwei Strich.«

Der Bug der *Plymouth Prize* kam herum, zielte auf das Stück Wasser zwischen den Piratenschiffen. Inzwischen war alles gut zu erkennen. Das Feuer an Bord der ehemaligen *Vengeance* hatte von der großen Kajüte auf das Achterdeck übergegriffen. Es reichte halb am Besanmast hinaus und breitete sich auf dem Mitteldeck aus. Das Wasser war im Umkreis von hundert Metern hell erleuchtet. Es erinnerte Marlowe an die großen Freudenfeuer, die sie früher an Stränden entfacht hatten, wo sie dann ihre wilden Orgien feierten, damals, zu seiner Piratenzeit.

Die Bordwand der *Wilkenson Brothers* sah wie poliertes Gold aus, als das Feuer die frische, schwarze Farbe mit gelbem Licht erhellte und dunkle Schatten warf. Das Licht der Flammen fiel über ihre lose gebündelten Segel, die schwarze Takelage, die Kanonenmündungen, selbst über den Stahl der Waffen, der in den Händen der Männer entlang der Reling blitzte, was alles nur noch unwirklicher machte.

Die Piraten nahmen ihren Totentanz auf, stimmten ihren Chor an und schlugen gegen Bordwand und Reling, ließen die Entermesser klirren. Marlowe spürte, wie der Schweiß an seinem Rücken herunterrann und dass seine Handfläche am Heft des Schwertes feucht war. Hundert Meter waren sie entfernt und kamen immer näher.

Jemand schlug mit unverkennbar hohlem Klock-klock-klock Knochen aneinander. Dann rief jemand: »Tod, Tod, Tod«, und Marlowe merkte, dass es seine eigenen Leute waren.

Er riss sich vom gespenstisch flackernden Feind los und sah aufs Mitteldeck der *Plymouth Prize* hinab, welches inzwischen hell erleuchtet war, als lodere ein Feuer in der Großluke. Es war Middleton, der dort an der Reling stand und »Tod, Tod, Tod« rief, und neben ihm hielt ein anderer zwei Rinderknochen in den Händen und schlug sie aneinander. Marlowe sah im Feuerschein die Zähne blitzen, und immer mehr Männer auf dem Wachschiff riefen: »Tod, Tod, Tod...«

Männer schwärmten in die Takelung hinauf und an der Reling entlang, und auch sie schlugen ihre Waffen an die Bordwand, brüllten und johlten. Auf dem Piratenschiff feuerte jemand eine Pistole in die Luft, was mit drei Schüssen von der *Plymouth Prize* beantwortet wurde. Marlowe hätte ihnen am liebsten befohlen, damit aufzuhören, die Munition zu sparen, doch der Totentanz war für die Gemüter der Männer in dieser Situation genau das Richtige.

Sie waren fünfzig Meter von der *Wilkenson Brothers* entfernt, und die geballte Kraft der Männerstimmen – ob Piraten oder Köngistreue – schien die Schiffe wie magnetisch anzuziehen, schien alle Luft zwischen den beiden Schiffen abzusaugen. Jeder Chor, jeder Schrei, jeder Pistolenschuss auf beiden Seiten machte sie nur noch wilder. Sie schwenkten Säbel und schlugen damit, feuerten Pistolen ab und kreischten vor Lust, einander zu töten.

Marlowes sorgsam ausgegebene Befehle, allesamt oft genug wiederholt, waren gänzlich vergessen. Kein Gedanke war mehr an Breitseiten, kein Gedanke an Stichwaffen. Die Männer, die an der Reling standen und brüllten und grölten und ihre Klingen im seltsamen Licht des brennenden Schiffes blitzen ließen, wollten nicht denken. Sie wollten nur töten.

Auch die Piraten reihten sich an der Reling auf, schrien zurück, tanzende Männer und tanzende Schatten, und es waren weit mehr als auf der *Plymouth Prize*. Hätten seine Männer noch Bezug zur Wirklichkeit gehabt, wäre ihnen die Gefährlichkeit ihrer Lage bewusst gewesen, doch sie waren vollkommen außer sich und sie hielten sich für unbezwingbar.

Zwanzig Meter, und die *Plymouth Prize* wäre perfekt in der Lage, ihre Kanonen wirkungsvoll einzusetzen, da die Piraten an der Reling standen und die Niederlage offenbar vergessen hatten, welche die *Prize* ihnen zwei Wochen zuvor hatte angedeihen lassen. Doch auf der *Plymouth Prize* standen ebenfalls alle Mann an der Reling und kümmerten sich nicht um ihre Kanonen.

»Geht längsseits!«, rief Marlowe den Rudergängern zu. »Längsseits...Bug an Bug!«

Die Rudergänger nickten, stemmten sich gegen das Ruder. Marlowe stieg aufs Mitteldeck hinab, fand den Luntenstock bei der ersten Kanonen, zu der er kam, doch die Zündschnur war verloschen. Er hastete zur nächsten. Die Schnur an dieser Lunte glühte noch, wenn auch schwach. Marlowe pustete daran, pustete erneut. Flackernd kam Leben hinein, und sie erglühte in dunklem Orange. Er zwirbelte den Luntenstock in seiner Hand und rannte zur ersten Kanone zurück.

Durch die Luke konnte er die Reling der *Wilkenson Brothers* erkennen, wo sich die johlenden Männer drängten, wie auch auf dem Achterdeck. Er konnte LeRois nicht sehen, doch er hegte die verzweifelte Hoffnung, dass der Mann dort war, direkt in Schusslinie der Mündung, als er die glühende Lunte ins Pulver drückte.

Er sprang zurück, als das Pulver sprühend Feuer fing, und war schon halbwegs bei den nächsten Kanonen, als die Erste losging und rückwärts krachte. Er hörte berstendes Holz und wütende, gequälte Schreie, und er zündete die nächste Kanone, lief dann zur übernächsten.

Jeder Schuss schien den Totentanz für einen Moment zu ersticken, dann kam er wieder, lauter noch, verwirrter, vehementer. Marlowe rannte die Reihe entlang, feuerte alle Kanonen ab, sah sich nicht mal an, welche Verwüstung er anrichtete. Er hielt die Zündschnur an die vorletzte Kanone, betete erneut, dass unter den Getöteten auch LeRois sein würde.

Marlowe hielt die Schnur an die vorderste Kanone, als die Schiffe einander rammten. Bebend kam die *Plymouth Prize* zum Stehen, was ihn aus dem Gleichgewicht warf. Die glühende Schnur traf das Pulver nicht, als Marlowe versuchte, wieder auf die Beine zu kommen. Von jenseits der Bordwand wurde das Knirschen und Bersten der beiden Schiffe laut, die sich aneinander rieben.

Thomas fand sein Gleichgewicht und drückte die glühende Schnur ins Pulver. Die Kanone berührte die Bordwand der *Wilkenson Brothers*, als sie ihre Ladung in das zerbrechliche Schanzkleid des Handelsschiffes schoss und dieses glatt abriss.

Er sah zu seinen Männern an der Reling auf. Middleton war dort, sein Schwert über dem Kopf erhoben, das Gesicht zu einer wahnsinnigen Maske aus Zorn und Mordlust verzerrt, während er die Männer der *Prize* antrieb, hinüberzuspringen. Das Feuer auf der alten *Vengeance* beleuchtete ihn, als wäre er ein Schauspieler auf einer Bühne oder ein Wilder vor einem heidnischen Scheiterhaufen.

Und dann wurden Schüsse aus Handfeuerwaffen laut, und eine Pistolenkugel schlug in Middletons Hinterkopf ein, riss ein Loch in seine Stirn. Deutlich war der feine Dunst aus Blut und Knochen vom Feuerschein erhellt. Der Lieutenant kippte vornüber, doch bevor er an Deck aufschlug, stießen ihn die wildgewordenen Männer der *Plymouth Prize* zurück, als sie über die Reling und aufs Deck des Piratenschiffes stürmten.

Middletons Leichnam war nicht mehr zu sehen. Marlowe sprang auf den Wagen der ersten Kanone und stieg dann auf die Reling, hielt sich mit der linken Hand am Backstag fest. Er sah aufs Deck des Piratenschiffes hinab, wo seine Männer wie im Wahn vorwärts stürmten und die Piraten zurückdrängten.

Eine Pistolenkugel traf den Backstag. Marlowe fühlte, wie dieser in seiner Hand erzitterte. Er zog sein Schwert und stürzte sich in die Schlacht.

36

Das Mitteldeck der *Wilkenson Brothers* lag im dunklen Schatten, da das Schanzkleid das Deck vor dem Licht des brennenden Schiffes schützte. Männer traten in die Nacht und daraus hervor. Säbel funkelten über den Köpfen, wenn sie das Feuer widerspiegelten. Das Blitzen von Pistolen, Schloss und Mündung erhellte jene dunklen Stellen eine leuchtende Sekunde lang, dann kamen die Schatten wieder näher.

Marlowe fühlte, wie ein Entermesser brennend über seinen Arm fuhr, als er gerade versuchte, sich von seinem Sprung an Deck zu fangen. Instinktiv drehte er sich, schwang sein großes Schwert herum, griff im Fallen nach einer Pistole. Er spürte, dass die Klinge traf, doch er hörte keinen Schrei und wusste nicht, ob er seinen Angreifer wirklich erwischt hatte.

Rücklings schlug er am Deck auf, mit dem Schwert in der Hand. Der Pirat ragte über ihm auf, höhnisch grinsend, mit erhobenem Entermesser, bereit, ihm den Gnadenstoß zu versetzen. Marlowe hob die Pistole an, spannte das Schloss mit dem Daumen. Der Pirat brüllte wie wild, als er versuchte, mit seinem Entermesser zuzustoßen, bevor Marlowe schoss.

Es gelang ihm nicht. Marlowe feuerte, warf die Waffe fort und vergeudete keinen weiteren Gedanken an den großen Mann, den er an Deck zurückließ. Er kam auf die Beine, mit dem Rücken zum Schanzkleid. Halb kauernd, das Schwert in beiden Händen, orientierte er sich.

Die Männer der *Plymouth Prize* und die Piraten waren aufeinander geprallt wie Brandung auf den Strand, und nun fochten sie es aus, wo sie gerade standen. Die meisten Toten und Verwundeten waren von den Kanonen der *Plymouth*

Prize oder von Pistolen in jener ersten Welle niedergestreckt worden, doch nachdem man diese Waffen abgefeuert hatte, war keine Zeit zum Nachladen geblieben, und so traf Stahl auf Stahl.

Marlowe sah nach achtern. Noch mehr Tote. Verwundete krochen davon, kauerten im Schatten. Der Umstand, dass er die Kanonen gezündet hatte, war von einiger Wirkung gewesen, und so waren sich die Gegner zahlenmäßig ebenbürtig. Blind vor Zorn stürzten sich die Männer der *Plymouth Prize* auf die Piraten.

Wenn ich denn schon Piraten aus ihnen gemacht habe, so haben sie zumindest mehr als Gier bei mir gelernt, dachte Thomas, als er in eine Lücke in den Reihen trat und mit einem drahtigen, bärtigen kleinen Mann mit narbigem Gesicht und schwarzen Zähnen die Klingen kreuzte.

Der kleine Mann war schnell, versuchte, Marlowe mit kurzer, schneller Attacke niederzustrecken, während Marlowe ihn mit Kraft und dem Gewicht seines Schwertes überwältigen wollte. Es war ein interessanter Kampf, den zu gewinnen Marlowe noch vor wenigen Jahren schwerer gefallen wäre, bevor er unter Bickerstaffs sorgsamer Anleitung die subtileren Aspekte im Kampf mit der Klinge erlernt hatte.

Er schwenkte sein großes Schwert mit beiden Händen, wie es seine Art war, schlug die Attacke mit doppelt so viel Kraft zurück wie nötig, trieb den kleinen Mann mit der bloßen Wucht seiner Parade vor sich her. Sein linker Arm schmerzte. Er spürte das Blut, warm und feucht unter seinem Hemd. Er dachte daran, seine zweite Pistole zu ziehen und den Mann einfach zu erschießen, aber er brauchte die Pistole, um LeRois zu töten. Er hatte einer höheren Pflicht zu folgen, und er verschwendete nur seine Zeit mit diesem hässlichen, kleinen Mann.

Der Pirat sprang vor, stieß zu, während Marlowe auswich.

Die Spitze seiner Klinge durchbohrte Marlowes Rock, und Marlowe schlug sein eigenes Schwert auf die ausgestreckte Hand des Mannes. Der Pirat schrie auf, das Schwert fiel aufs Deck, und Marlowe griff an, durchbohrte den Kerl, dann riss er die Klinge heraus, wandte sich um, suchte den nächsten, während er noch hörte, wie der Leichnam auf das Deck stürzte.

LeRois. Er konnte es nicht länger hinauszögern. Er konnte nicht mehr so tun, als bräuchten die Männer der *Plymouth Prize* ihn hier auf diesem Mitteldeck.

Rakestraw stand zehn Schritte weiter, kämpfte wie ein Berserker, trieb die Männer an. Jeden Augenblick würde Bickerstaff mit seinen Leuten von der anderen Seite kommen und von hinten über die *Vengeance* herfallen. Zehn Minuten vorher wären es genug Piraten gewesen, um auf beiden Seiten des Decks kämpfen zu können, doch das war, bevor er die Kartätschenladung mitten in die grölende Bande geschossen hatte.

LeRois war nicht unter den Männern, die auf dem Mitteldeck kämpften, was bedeutete, dass er entweder tot oder verwundet war oder sich zurückhielt, vielleicht darauf wartete, dass Marlowe zu ihm kam.

Es gab keine Ausreden mehr. Er musste den Mann zur Strecke bringen. So wenig er es wollte, er wusste doch, dass es unumgänglich war.

»Oh, lieber Gott, mach bitte, dass er tot ist«, murmelte Marlowe. Er stellte sich LeRois' Leichnam vor, ans Schanzkleid geschleudert, halb zerfetzt, nachdem er eine Kartätschenladung direkt in die Brust bekommen hatte, die irren Augen groß und tot, leeren Blickes in den Himmel starrend. Er fühlte sich wie der größte Heuchler auf der Welt, sich in diesem Augenblick an Gott zu wenden.

Er setzte sich von der Schlacht ab, bahnte sich einen Weg

zum Achterdeck. Seine Männer kämpften mit dem Leib der Schlange. Es war an ihm, ihr den Kopf abzuschlagen.

Ein Feuer flackerte, brannte achtern. Marlowe dachte, die Flammen seien vom anderen Schiff herübergeweht und hätten die Takelung in Brand gesetzt. Doch nicht das Schiff brannte. Es war eine Fackel, die hochgehalten wurde, und diese Fackel hielt Jean-Pierre LeRois.

Er stand auf der Leiter zum Achterdeck. Das unruhige Licht beleuchtete das schmutzige, von Pulver verbrannte Gesicht, den verfilzten Bart, die dunklen wilden Augen, die rote Schärpe unter einem einstmals feinen Rock. Jean-Pierre LeRois. Älter seit Marlowe ihn zuletzt gesehen hatte, schmutziger, Furcht einflößender, doch da stand er.

Der Pirat kniff die Augen zusammen, suchte in der Menge, und es war nicht schwer zu raten, wen er suchte.

Und dann trafen sich ihre Blicke. LeRois hielt inne, lehnte sich zurück, dann vor, funkelte, dann grinste er, sodass seine großen, gelben Zähne im Licht der Fackel schimmerten.

Marlowe trat einen Schritt nach achtern. Sie würden einander auf dem Achterdeck begegnen, es in jenem Land der Toten ausfechten, zwischen den Leichen der Männer, die Marlowe mit seiner Breitseite ausgelöscht hatte.

Doch LeRois wollte nicht nach achtern. Stattdessen stieg er zum Mitteldeck hinab, ragte über den anderen auf, und während er Marlowe nicht aus den Augen ließ, trat er an die Tür, die zu den Heckkajüten führte, zog sie auf, trat ein und schloss sie hinter sich.

»Gottverdammt noch eins!«, rief Marlowe. LeRois war nach unten gegangen. Aus tiefstem Herzen wollte er den Piraten ziehen lassen, wollte der Schlange nicht in ihr Loch folgen. Doch er durfte LeRois nicht entkommen lassen, und es war nicht auszumachen, was er im Schilde führte. Er musste hinterher.

Er schob sich an den kämpfenden, brüllenden Männern vorbei, um den Durchgang zum Achterdeck herum, bahnte sich einen Weg zu jener Tür, die LeRois hinter sich geschlossen hatte. Spürte, wie der Schweiß in seinen Augen brannte. Er zwinkerte ihn fort, nahm sein Schwert in die linke Hand und hielt den Türgriff mit der rechten.

Ruckartig zog er die Tür auf und sprang beiseite, bevor LeRois ihm eine Kugel verpassen konnte. Doch es kam kein Schuss. Nichts dergleichen kam von drinnen.

Er trat vor, spähte durch die Tür und den Gang hinunter. Dort war ein kurzer Korridor, an dem kleine Kajüten lagen, und am Ende befanden sich die großen Kapitänskajüten, alle dunkel, bis auf eine einzelne Laterne, die in der Heckkajüte brannte. Genau so hatte Marlowe es von damals in Erinnerung, als er und Bickerstaff an Bord gekommen waren, um den königlichen Handelsgesetzen zu ihrem Recht zu verhelfen. Es schien ihm Jahre her zu sein.

Marlowe wischte seine feuchte Hand am Rock ab, zog seine letzte Pistole aus dem Gurt, spannte das Schloss mit dem Daumen. Er holte tief Luft, immer wieder, als genieße er das Atmen selbst, wie jemand, der seine letzte Mahlzeit einnimmt, dann trat er in den dunklen Gang.

Er setzte einen Fuß aufs Deck, vorsichtig, stützte sein Gewicht ganz langsam darauf und lauschte. Der Schlachtenlärm vom Mitteldeck hatte zugenommen, und Marlowe vermutete, dass Bickerstaff und seine Leute an Bord gekommen waren, doch er beachtete den Lärm nicht weiter und konzentrierte sich auf das, was vor ihm lag.

Da war nichts, kein Laut, allein das leise Knarren des Decks unter seinen Füßen. Er machte einen weiteren Schritt. Nichts. Vielleicht wartete LeRois in der großen Kajüte. Er sah sich an, was hier für ihn zu sehen war, hielt seine Pistole fester und trat weiter vor.

Dann schien die Tür zur kleinen Kajüte hinter ihm zu explodieren, sodass Holzsplitter aufs Deck regneten und Licht in den engen Raum fiel. Marlowe fuhr herum, als eine Fackel im Bogen auf seinen Kopf herabfuhr, dahinter das große, grinsende Gesicht von Jean-Pierre LeRois. Er hob seine Pistole, und sein Finger drückte ab, als die Fackel ihn eben seitlich am Kopf traf und ans Schott taumeln ließ. Der Gang, die Flammen und der Pirat verschwammen vor seinen Augen, und seine Knie gaben unter ihm nach.

LeRois' Gelächter erfüllte den Raum, so laut und plötzlich wie der Pistolenschuss. »Quartermeister, ich bin der Teufel höchstpersönlich. Eure Kugeln können mir nichts anhaben! Die ganze Nacht warte ich nun schon auf Euch, und Ihr wollt mich einfach nur erschießen? Nein, nein, wir fahren gemeinsam zur Hölle!«

Marlowe sank auf dem Deck in sich zusammen. Seine rechte Hand griff nach dem Schwert, bewegte sich ganz instinktiv, doch ihm fehlte die Kraft, die Klinge zu seiner Verteidigung zu heben. Er spürte LeRois' Hand an seinem Kragen, fühlte die massive Kraft im Arm des Mannes, merkte, dass er übers Deck gezerrt wurde. Er hielt sich an seinem Schwert fest, als könne er nur mit dessen Hilfe am Leben bleiben.

Seine Schulter schlug an den Türrahmen, als LeRois ihn in die große Kajüte schleppte. Er zog Marlowe hinter sich her wie einen kleinen Jungen, zerrte ihn mit einer Hand in die Heckkajüte, während er die Fackel mit der anderen hochhielt.

Wieder versuchte Marlowe, das Schwert zu heben, und er konnte seinen Arm tatsächlich bewegen, als er spürte, wie das Deck unter ihm verschwand. Er fiel, stürzte in die Dunkelheit, und bevor ihm noch klar war, dass er fiel, war der Sturz zu Ende, und er landete auf dem Deck.

Sein Schwert war plötzlich verschwunden. Er hörte, wie es klappernd im Dunkel verschwand. Er rollte herum. Über ihm war die quadratische Luke, durch die man ihn gestoßen hatte, und darüber die weiß gestrichene Decke in der großen Kajüte.

Dann füllte LeRois' mächtiger Wanst die Luke aus. Marlowe rollte aus dem Weg, und der Pirat sprang zu ihm herab. Er hörte die Stiefel gleich neben sich, und sein einziger Gedanke galt dem Schwert.

Wieder rollte er herum, auf den Bauch, und blickte auf, wartete darauf, dass LeRois ihn erschlagen würde. Sie waren im Laderaum, dem untersten Teil der *Wilkenson Brothers*, und der schwarze Raum war nun von LeRois' Fackel erhellt. Der Pirat stampfte weiter, als wüsste er nicht, dass Marlowe da war.

Thomas schob sich auf die Knie. Noch immer drehte sich alles in seinem Kopf, und Schultern und ein Knie schmerzten vom Aufprall auf dem Deck. Die Wunde, die er davongetragen hatte, als er an Bord gekommen war, blutete erneut, doch konnte er nur an sein Schwert und LeRois' Rücken denken.

Er konnte sein Schwert kaum sehen, dort im Schatten. Er biss die Zähne zusammen, kroch hinüber und nahm es in die Hand; dann richtete er sich auf.

LeRois stand am anderen Ende des Laderaums. Er beugte sich vor und hielt die Fackel an einen schwarzen Topf, der dort auf dem Deck stand. Prasselnd entflammte er, wie ein kleines Freudenfeuer. Er drehte sich um und entzündete weitere Töpfe. Von jedem stieg Qualm auf, als er Feuer fing.

LeRois richtete sich auf und fuhr herum, blinzelte ins Dunkel. Thomas rührte sich nicht.

»Barrett? Bist du hier, Barrett?« LeRois' Stimme klang freundlich, als hieße er einen Gast in seinem Heim willkommen. »Wir sind in der Hölle, *mon ami*, und wir werden sehen, wer von uns länger durchhält. Wir werden kämpfen, um herauszufinden, wer von uns beiden hier regiert, eh?«

Marlowe ging in die Hocke, hielt sein Schwert vor sich. LeRois war ein tollwütiger Hund. Man musste ihn erschlagen. Er trat einen Schritt vor.

Der Laderaum füllte sich mit Rauch, gelbem Rauch, der die Fackel des Piraten wie ein Heiligenschein umgab. Thomas' Augen brannten und tränten, seine Lungen schmerzten. In diesen Töpfen brannte Schwefel. LeRois hatte Schwefel angesteckt, und nun füllte sich der Raum mit dessen Qualm. Er hatte wahrscheinlich seine eigene Hölle erschaffen, und nun würden sie sehen, wer der Fürst der Unterwelt war.

Marlowe wusste, dass er in diesem gelben Nebel nicht lange durchhalten würde, aber er konnte Le Rois auch nicht sich selbst überlassen. Er musste den Piraten töten.

Er machte sich auf den Weg durch den Laderaum und näherte sich dem flackernden Licht der Fackel. Er konnte LeRois im Rauch kaum noch erkennen, aber vielleicht hielt der Bastard das Ding noch in der Hand. Er streckte den Arm aus, ertastete sich den Weg, konnte kaum mehr als ein paar Schritte gehen.

»Du quälst mich, Malachias Barrett«, rief der Pirat durch den Nebel. »Dein Geist hat mich verfolgt, aber jetzt hat der Teufel dich in Fleisch und Blut verwandelt, sodass wir nun sehen können, wer *capitain* sein soll, eh? *Capitain* in der Hölle.«

Die Stimme schien aus Richtung der Flammen zu kommen, doch Marlowe war sich nicht sicher. Noch immer näherte er sich der brennenden Fackel, dem einzigen Anhaltspunkt im dunklen, verqualmten Laderaum. Zehn Schritte weiter. Er blieb stehen und lauschte. Er konnte LeRois nicht sehen. Die Fackel bewegte sich nicht. Es sah aus, als wäre sie irgendwo befestigt. Vielleicht war LeRois gar nicht da.

Und dann hörte er hinter sich ein Rascheln, spürte eine Bewegung in seinem Rücken. Er fuhr herum, das Schwert erhoben, und aus dem gelben Qualm raste LeRois' Klinge auf ihn herab.

Marlowe drehte sein Schwert, schlug LeRois' Klinge zur Seite, dann trat er vor und griff an. Jetzt konnte er den Mann erkennen, Schatten von schwarzem Bart und wehendem Rock, die Ahnung wilder Augen durch den Schwefelrauch.

Marlowe schlug zu, doch schon war LeRois' Klinge wieder da, wehrte ihn ab. Wieder und wieder schlug Marlowe zu, schwenkte das Schwert wie eine Axt, trieb LeRois zurück. Er konnte hören, wie der Atem des alten Piraten schwerer ging, merkte, dass auch er selbst keuchte, flach atmete, um in der stinkenden Luft nicht zu ersticken.

Da sind wir wieder, Barrett und LeRois, so dachte er. Beide etwas älter und etwas langsamer, und auch die *Vengeance* unter ihren Füßen mochte nicht mehr dieselbe wie noch vor Jahren sein, doch war es der gleiche Kampf.

Er musste LeRois töten und von hier verschwinden. Er stieß zu, doch sein Schwert traf nur Luft. LeRois war nicht mehr da.

Thomas blieb stehen, ging in die Hocke, lauschte. Er schloss die Augen, was ihm für kurze Zeit Linderung verschaffte. Über sich hörte er den dumpfen Lärm der Männer, die einander nach wie vor im Kampfe gegenüberstanden. Er trat einen Schritt zurück und spürte, dass seine Schulter gegen irgendetwas stieß. Es fühlte sich wie ein Fass an. Er hörte LeRois atmen, irgendwo im Rauch.

»He, Quartermeister, du bist noch immer ein Teufel mit dem Schwert, aber kannst du auch wie ich in der Hölle leben? He? Kannst du atmen, Quartermeister? Kannst du sehen?«

»Ich kann atmen, LeRois«, sagte Marlowe, was kaum der Wahrheit entsprach. »Aber du selbst klingst nicht eben gut.

Vielleicht bist du gar nicht der Teufel, für den du dich hältst. Vielleicht bist du nur ein betrunkener, alter Mann, der zu schwach ist, um noch *capitain* zu sein.«

»*Merde!*«, brüllte LeRois, und plötzlich brach er aus dem Rauch hervor und schwang sein Schwert. Marlowe wich der Waffe aus, sprang übers Deck, und diesmal war er es, der sich im Rauch verlor.

Er hörte LeRois husten und keuchen, und er wollte gern selbst husten, doch er hielt sich zurück, solange es ging. Er schlurfte vorwärts, und als er es nicht länger ertragen konnte, krümmte er sich, hustete, keuchte und würgte.

»Jetzt komme ich dich holen, Quartermeister«, rief LeRois, krächzte die Worte aus brennender Kehle. Der Laderaum war nun gänzlich in Rauch gehüllt. Marlowe konnte die brennenden Schwefeltöpfe nicht mehr sehen, und der Fackelschein war nur noch ein trübes, gelbes Licht, welches die Düsternis beleuchtete. Wieder hustete er und hielt sein Schwert in die Höhe, und wieder stürzte sich LeRois auf ihn.

Es lag nun nicht mehr so viel Kraft in den Hieben des Piraten, und das allein rettete Thomas das Leben, denn er hatte kaum noch Luft, sich zu wehren. Hauen und Stechen, Attacke und Parade, die beiden Männer traten vor und wichen aus, traten aus dem gelben Rauch und verschwanden dann darin, hustend und ächzend.

Marlowe konnte mit seinen tränenden Augen kaum etwas erkennen. Er hatte keine Ahnung, was vorn und achtern war. Er stolperte über etwas und fiel beinahe, und als er sich gefangen hatte, wartete er darauf, dass LeRois' Klinge durch den Rauch kommen und ihm ein Ende machen würde, doch das tat sie nicht, und wiederum war Marlowe allein in der gelben, beißenden Hölle.

»LeRois!«, krächzte er und würgte dann. »LeRois, du dämlicher Hundsfott, du versoffener, nutzloser Irrer! Du erbärmliches Waschweib!« Wenn er ihn reizen konnte, unterlief ihm vielleicht ein Fehler, und dann konnte er ihn töten und wieder an Deck gehen, bevor er die Besinnung verlor. »LeRois!«

Husten, irgendwo im Rauch, dann LeRois' Stimme, mit schwerer Zunge: »Der Teufel hat uns hergebracht, und er wird uns beide holen.«

Marlowe zwinkerte angestrengt, sah in die Richtung, aus der die Stimme zu kommen schien. Dort tänzelte ein Licht, wie ein Gespenst, wie ein Geist, der durch den verqualmten Raum schwebte. Er zwinkerte erneut. Er konnte nicht mehr sagen, ob er bei Bewusstsein war oder nicht, ob er lebte oder nicht. Vielleicht war er schon in der Hölle. Er fürchtete sich nicht. Es war ihm egal.

Und dann wurde ihm in irgendeiner Ecke seines Gehirns klar, dass der schwebende Geist eine Fackel war. LeRois schien das brennende Ding an sich genommen zu haben. Er trug sie wohl, und das bedeutete, dass dort, wo das Licht war, auch LeRois sein musste.

Marlowe hechelte, hustete und hielt sein Schwert vor sich wie eine Lanze. Er tat einen zögerlichen Schritt nach vorn, und sein Fuß traf auf etwas Weiches. Er ging in die Hocke und berührte es. Es war ein Hut. LeRois' Hut. Er hob ihn auf und tat einen Schritt dem wankenden Licht entgegen, dann noch einen, taumelte zur Fackel, versuchte, dorthin zu gelangen, bevor er ohnmächtig wurde, bevor er zum letzten Mal zu Boden ging.

Das Feuer brannte heller, als er rannte, und plötzlich sah er Flammen, echte Flammen, doch LeRois war nur ein Schatten, eine dunkle Silhouette im gelben Rauch. Er hielt inne und warf den Hut dann nach LeRois.

»*Merde!*«, schrie der dunkle Schatten, drehte sich, und eine Klinge schnitt durch den Rauch, schlug auf den Hut ein.

Marlowe griff an. Zwei Schritte, und im diffusen Licht der Fackel konnte er das dunkle Gesicht von Jean-Pierre LeRois erkennen, die schmutzigen Wangen von Rinnsalen überzogen, wo die Tränen herabliefen. Er sah, dass LeRois zwinkerte und vom Hut aufsah, verdutzt, was dort aus dem Rauch kam, und dann fühlte Marlowe, wie die Spitze seines Schwertes die Haut berührte, und mit aller Kraft, die er noch in seinen Armen hatte, rammte er die Klinge hinein.

LeRois riss die Augen auf, dann den Mund, und er stieß ein endlos langes Heulen aus. Die Fackel fiel ihm aus der Hand, und er taumelte rückwärts, als Marlowe die Klinge drehte und herausriss.

Sie waren einander so nah, dass Marlowe LeRois riechen konnte, trotz allen Schwefels, den Schweiß und den Rum, den fauligen Atem, die ganze Verdorbenheit. Er sah, wie ihm das dunkle Blut aus dem Mund quoll, als er fiel. Er sah ihn an, konnte sich nicht rühren, konnte nicht atmen, während der Mann, den er mehr als alles andere auf der Welt gefürchtet hatte, auf dem Deck zusammenbrach.

Er trat einen Schritt vor, beugte sich herab, konnte nicht glauben, was er sah. Es war unmöglich, dass LeRois tot sein sollte, und doch tropfte von diesem Schwert – Thomas Marlowes Schwert – das Blut des Piraten.

Und dann plötzlich keuchte LeRois und würgte und hustete noch mehr Blut, das schwarz über seine Wangen und in seinen Bart rann. Er blinzelte und sah mit großen Augen zu Marlowe auf, dann rollte er mit einem Geräusch herum, welches zu gleichen Teilen Erbrechen, Husten und Schreien war, packte die Fackel und schleuderte sie von sich.

Wieder wurden sie von Finsternis verschlungen und jenem gelben Rauch aus den Schwefeltöpfen, und im Dunkel wurde das Erbrechen laut, das Husten, als schlüge LeRois seine letzte Schlacht, die er in jedem Fall verlieren musste.

Und dann flammte die Fackel auf, und das Licht wurde um ein Vielfaches heller. Der gelbe Rauch wurde von innen beleuchtet, und Marlowe konnte das wilde Todesgrinsen auf LeRois' Miene sehen, doch es war noch Leben in seinen Augen. Er hustete, und mit schwacher Stimme sagte er: »*Cochon.*«

Mitten aus dem Licht hörte Marlowe ein Knistern, Knacken und Zischen, unverkennbar brennendes Schießpulver. Er merkte, wie seine Augen groß wurden, obwohl sie vom Schwefelqualm so schrecklich brannten. Anscheinend hatte LeRois eine Pulverspur zum Magazin gelegt. Was zu erwarten war. Er hätte seine eigene Hölle nicht erschaffen, ohne an seine letzte Rache zu denken.

»Oh, verdammt!«, hörte er sich sagen, und zu seinen Füßen hörte er das letzte Lachen des Piraten, bis er würgen musste. Marlowe schob sein Schwert in die Schlinge an seiner Seite, bückte sich und rannte in die Richtung, aus der er gekommen war. Das Schiff würde explodieren. Er musste seine Männer von Bord bringen. Wusste nicht, wie viel Zeit ihm noch blieb.

Er stürzte durch den Rauch, hustend, keuchend, vergeudete seine kostbare Atemluft, indem er LeRois verfluchte. Er stolperte über etwas und fiel, streckte die Hände vor sich aus, stürzte auf etwas Hartes und fing sich wieder. Er stand nur einen Fingerbreit von dem entfernt, wogegen er gestoßen war, und doch konnte er nicht erkennen, was es war. Er fuhr mit den Finger darüber. Ein Stapel Fässer. Soweit er sich erinnern konnte, waren achtern keine Fässer gewesen. Anscheinend war er in die falsche Richtung gelaufen.

Sein Kopf drehte sich, und er spürte, wie seine Beine nachgaben, da der Rauch ihn übermannte. Er versuchte zu stehen, konnte aber nicht. Seine Knie gaben nach, und er stürzte. Er griff nach den Fässern, um sich daran festzuhalten, doch sie glitten durch seine Hände, und dann merkte er nur noch, dass sein Gesicht auf dem Deck lag und er keuchte und hustete.

Aber er atmete. Er atmete frische Luft, oder zumindest frischer als die Luft, die er seit einiger Zeit geatmet hatte. Unten am Deck war die Luft nicht so dick. Er merkte, wie er wieder zu Kräften kam und atmete tief ein, bis er wieder würgen musste. Er kroch weiter und hoffte, dass es die richtige Richtung war.

Rechts von ihm flackerte das Feuer und folgte ihm, erleuchtete den gelben Nebel. Marlowe kroch schneller. Er hörte das Zischen des brennenden Pulvers.

Solange das Feuer lose Krumen verschlang, würde das Pulver nur brennen. Erst wenn es die vollen Fässer erreichte, würde es explodieren. Bis dahin blieb ihm Zeit, die Männer von Bord zu bringen, aber er wusste nicht, wie lange es dauern würde. Minuten, wenn er Glück hatte, aber es mochten ebenso auch nur Sekunden sein.

Er kroch voran, und nun sah er LeRois' leblosen Leib, den das Feuer beleuchtete. Vom glühenden Licht umfangen sah er aus, als schwebe er zum Himmel auf, was Marlowe stark bezweifelte. Es war ein Orientierungspunkt, ein Kennzeichen im Nebel, und Marlowe hastete daran vorbei.

Wieder flammte Feuer auf, entzündete etwas, und Marlowe sprang auf. Er musste riskieren, ohnmächtig zu werden. Er musste schnell an Deck.

Er schwankte um einen Pfosten, taumelte, lief weiter. Da war eine Bewegung im Rauch, ein Wirbel von Grau und Gelb, als der Schwefel nach oben abgesogen wurde, und er wusste, dass dort die Luke war. Er sprang hinauf, und seine Hand fand den Rand der Öffnung. Er zog sich hinauf.

»Oh, mein Gott, hilf mir!«, rief er und versuchte, die Kraft in seinen müden Armen und schmerzenden Lungen aufzubringen, um sich durch die Luke ziehen zu können. Seine

Hand berührte etwas – das Bein eines Kajütentisches –, seine Finger legten sich darum, und er zog sich aus dem verrauchten Laderaum, jener Hölle, die LeRois für alle vorbereitet hatte, und befand sich in der großen Kajüte.

Auch die Kajüte war voller Rauch, aber nach dem Laderaum schien es ihm die denkbar frischeste Luft zu sein, und am liebsten wäre Marlowe auf der Polsterbank hingesunken, um Luft zu holen, einfach nur Luft zu holen. Torkelnd machte er einen Schritt nach achtern, erinnerte sich, dass das Schiff bald explodieren würde. Er fuhr herum und taumelte zur Kajüte hinaus, den Gang entlang, torkelte gegen die Wände, auf seinem Weg zum Mitteldeck. Die Tür stand noch immer offen, und er stolperte ins Freie.

Das alte Piratenschiff brannte nach wie vor, wenn auch nicht mehr so lichterloh, und Marlowes schmerzende Augen konnten nur erkennen, wie sich ein paar schemenhafte Umrisse bewegten. Die Schlacht war offenbar geschlagen, aber er wusste nicht, wer gewonnen hatte. Er wollte eine Warnung rufen, doch es kam nur Husten und Würgen hervor.

»Marlowe! Marlowe, du meine Güte!« Es war Bickerstaff, der da vor ihm stand. Sein Gesicht wurde scharf und wieder unscharf, und er sah sehr besorgt aus.

»Bickerstaff…«, brachte Marlowe hervor, dann bekam er wieder einen Hustenanfall.

»Marlowe, setz dich hin! Wir haben gewonnen!«, sagte Bickerstaff, doch Marlowe schüttelte nur den Kopf und deutete nach unten. »Magazin…«, sagte er, »…Feuer…«

Bickerstaff starrte ihn an, als verstünde er nicht. Marlowe versuchte, genügend Kraft aufzubringen, um weiter erklären zu können, aber Bickerstaff sagte: »Das Pulvermagazin brennt?«

Marlowe nickte. Mehr konnte er nicht tun.

»Sollen wir die *Plymouth Prize* ablegen lassen?«

Marlowe schüttelte den Kopf. Dafür war keine Zeit, absolut nicht. Er sah zum Wachschiff hinüber, das nach wie vor Seite an Seite mit dem Piraten lag. Sie konnten es nicht retten. Er deutete zum Ufer und taumelte zum Schanzkleid, hoffte, Bickerstaff würde ihn verstehen.

Und das tat er. Der Lehrer ließ Marlowes Arm los und wandte sich zu den dunklen Gestalten auf dem Mitteldeck um, von denen Marlowe vermutete, dass es sich dabei um seine Männer handelte. »Das Magazin steht in Flammen!«, hörte er Bickerstaff rufen. »Über Bord! Alle Mann über Bord! Werft die Verwundeten ins Wasser, wir bringen sie an Land! Wer nicht schwimmen kann, sucht sich etwas, an dem er sich festhalten kann!«

Marlowe spürte den Sturm zur Reling, doch er konnte nur dunkle Umrisse erkennen, die vorübereilten, Männer, die andere Männer trugen. Er hörte nackte Füße und Schuhe auf dem Deck, Stimmen voller Angst und Schmerz und Schreie der Verwundeten. Noch immer roch er Schwefel, doch mehr noch köstlich süße Nachtluft. An der Großluke blieb er stehen, schloss die Augen und atmete tief.

Und dann fühlte er grobe Hände an seinen Armen. Er schlug die schmerzenden Augen auf und sah King James und Bickerstaff links und rechts, die ihn zur Reling zerrten. Männer sprangen über Bord. Er hörte das Wasser und die Stimmen unten im Fluss.

Sie kamen zum Schanzkleid, und er hörte Bickerstaff sagen: »Marlowe, kannst du schwimmen? Ist es nicht seltsam, dass ich das nicht weiß?«

Doch auch Marlowe wusste es nicht. Kann ich schwimmen? Er konnte sich nicht erinnern.

Er spürte, wie das Deck unter seinen Füßen schwankte, dachte, er würde gleich wieder in Ohnmacht fallen. Es war ein merkwürdiges Gefühl, dass dieses feste Deck derart schwankte. Er wollte etwas dazu sagen, fühlte, wie Hände ihn anhoben. Spürte, dass das Schiff gleich explodieren würde.

»Gott im Himmel!«, rief er, fand einige seiner sieben Sinne wieder. Er setzte einen Fuß auf die Reling und stieg hinauf. Links und rechts von ihm taten James und Bickerstaff dasselbe, dann stieß er sich ab.

Er fühlte, wie er durchs Dunkel stürzte, und dann war um ihn herum warmes Wasser, umfing ihn, erstickte ihn mit seiner Finsternis.

Und dann erstrahlte dieses Wasser wie bei Tageslicht, nur noch viel heller, und die Farben waren leuchtend rot und orange, nicht das fahle Gelb des Sonnenlichts. Er merkte, dass er durchs Wasser geschoben wurde, als würde er von einer Riesenhand bewegt.

Er strampelte wie wild, sein Kopf kam aus dem Wasser, und er schnappte nach Luft, dem köstlichen Element. Brennende Stücke der *Wilkenson Brothers* fielen überall um ihn herum vom Himmel, schlugen zischend aufs Wasser.

Alles Mögliche – Menschen, Wrackteile, er konnte es nicht erkennen – schwankte auf dem Wasser, von den großen Flammen erhellt, die das einstige Handelsschiff verschlangen. Nacht des Feuers. Nacht des Todes.

Etwas war neben ihm, trieb dort, und er hielt sich daran fest. Es war ein Stück Rahe. Die Großmarsrah, so dachte er. Er sah die Fußpferde, die daran hingen, ein verkohltes Stück Segel, das nach wie vor an seinen Reinleinen befestigt war. Er klammerte sich daran fest wie ein Kind an seine Mutter. Ließ sich treiben, bis Sand unter seinen Füßen scharrte.

Er ließ sich noch etwas weiter treiben, und dann merkte er, dass er stehen konnte, also begann er, zum Strand zu laufen, schob sich durchs Wasser, schleppte das Stück Rah mit, denn plötzlich war es ihm sehr wichtig, es vor den Flammen zu retten.

Schließlich stand er im flachen Wasser, und er konnte die Rah nicht mehr weiterziehen, also beschloss er, sie zu lassen, wo sie war. Er wollte sich nur einen Moment setzen, dann würde er Bickerstaff und King James suchen, und sie konnten damit beginnen, alles aufzuräumen.

Und dann saß er. Und dann lag er mit der Wange im groben Sand des Strandes. Warm und behaglich war ihm zu Mute. Er fühlte sich, als sinke er in die Erde, und die Dunkelheit umfing ihm wie eine Decke, und dann drifteten seine Gedanken einfach davon.

Er brauchte eine Weile, bis er merkte, dass die Stimmen nicht in seinem Kopf waren, dass das, was er hörte, keineswegs ein Traum war. Als ihm schließlich klar wurde, dass er tatsächlich bei Bewusstsein war, lag er ganz still da, und lauschte und versuchte zu verstehen, was vor sich ging. Er schlug die Augen nicht auf.

Sein Körper schmerzte, als hätte er sich eine ganze Weile nicht bewegt. Wo er den Sand berührte, war er noch feucht, aber sein Gesicht war warm, und die Teile, die der Luft ausgesetzt waren, fühlten sich trocken an. Er vermutete, dass es Tag war, ein warmer, sonniger Tag. Nur hatte er nicht den leisesten Schimmer, um welchen Tag es sich handeln mochte.

Dann kamen ihm die Erinnerungen an die vergangene Nacht. Noch immer schmeckte er den Schwefel hinten in der Kehle. Er erinnerte sich an den Kampf an Deck, den Laderaum voll Schwefelqualm, an LeRois.

Er schlug die Augen auf, und die Sonne begrüßte ihn, sodass er blinzeln und sich abwenden musste. Er spürte die Tränen, die ihm über seine Wangen liefen, und er stöhnte laut. Er drückte eine Hand in den warmen Sand, und das ließ ihn nur noch lauter stöhnen, vor Schmerz und Anstrengung. Schließlich setzte er sich auf und legte das Gesicht in seine Hände.

»Hier, Sir!«, hörte er eine Stimme rufen, eine Stimme, die er nicht kannte, also achtete er nicht darauf. »Hier lebt noch einer!«

Er hörte, wie die leisen Schritte im Sand näher kamen. Vermutete, dass er gemeint war. Wieder schlug er die Augen auf und blinzelte, gewöhnte sich langsam ans grelle Tageslicht. Er ließ die Tränen ungehindert über seine Wangen laufen.

Schließlich sah er auf. Er saß am Ufer des James River. Es war ein schöner Tag, der Himmel blau, die Sonne warm, die wenigen Wolken über ihm weiß und hübsch anzusehen. Alles widersprach dem, wie er sich fühlte.

Vierzig Fuß vom Strand entfernt ragten die verkohlten Knochen der ehemaligen *Wilkenson Brothers* und der *Plymouth Prize* aus dem braunen Wasser auf, Skeletthände ragten aus dem feuchten Grab, zwei Feinde, im Tod vereint. Noch immer stiegen Rauchschwaden von den schwarzen Bohlen auf. Er konnte die *Northumberland* nicht sehen, vermutete aber, dass auch sie dort war. Eine halbe Kabellänge entfernt standen die versengten Stümpfe der Masten des anderen Piratenschiffs wie alte Pfähle im Fluss.

Natürlich konnte nichts von alldem überraschen, nachdem er die Erinnerungen an die letzte Nacht beisammen hatte.

Überraschen konnte nur das Kriegsschiff, welches gleich jenseits des hintersten Wracks vor Anker lag und dessen Masten stolz über dem Fluss aufragten, die Segel sauber eingerollt, die zahllosen Stückpforten offen, große Kanonen schussbereit. Bunte Flaggen flatterten von allen Masten und Rahen. Es sah einfach nicht real aus.

Er schloss die Augen, dann schlug er sie wieder auf. Das Schiff war noch immer da.

Er sah nach links. Der Strand war mit schwarzen Stücken von Rumpf und Rahen übersät. Männer lagen zusammengesunken da, manche in der Brandung, manche weiter oben im Sand. Man würde sie sich genauer ansehen müssen, um sicherzugehen, ob sie tot oder lebendig waren.

»Du da!«, rief eine Stimme, und er sah nach rechts. Ein Seemann kam heran, deutete auf ihn, und dahinter ging ein feiner Herr mit langer, weißer Perücke, mit Gehstock und einem Schwert an seiner Seite. Er trug eine Art Uniform.

»Du da«, sagte der feine Herr. »Ich bin Captain Carlson von dem Kriegsschiff dort, der HMS *Southampton*. Ich suche den Kapitän der HMS *Plymouth Prize*. Des Wachschiffs.«

»Es gibt kein Wachschiff mehr.«

Der feine Herr seufzte ärgerlich. »Nun, dann den Kapitän des ehemaligen Wachschiffs.«

»Das bin ich.«

»Ihr seid Captain Allair?«

»Nein.«

»Nun denn, Sir. Wer seid Ihr?«

Das war eine interessante Frage. Beinahe hätte er »Malachias Barrett« gesagt. War er Thomas Marlowe? Würde Gouverneur Nicholson ihn noch so nennen? Er wusste nicht, ob Wilkenson dem Gouverneur die Wahrheit über seine Vergangenheit verraten hatte. Nach allem, was geschehen war, wusste er nicht mehr, ob man ihn einen Helden nennen und ihn für seinen Sieg über LeRois lobpreisen oder ihn einen Piraten schimpfen und aufknüpfen würde.

Er beantwortete die Frage wahrheitsgemäß.

»Ich habe keine Ahnung.«

Epilog

Wie sich herausstellte, war er Thomas Marlowe.

So zumindest nannte ihn Gouverneur Nicholson, wie auch die Abgeordneten, die ihn willkommen hießen, als er und die Überlebenden der *Plymouth Prize* in Jamestown an Land befördert wurden. Dieser zweite Heldenempfang übertraf selbst noch ihre Rückkehr von Smith Island.

Natürlich wog das Lob schwerer, da es sich nur auf so wenige Männer verteilte. Marlowe und Bickerstaff und King James waren da, und das einigermaßen unbeschadet, auf Grund des schlichten Umstands, dass sie sich in genau dem Augenblick unter Wasser befunden hatten, als die *Wilkenson Brothers* explodierte.

Auch Rakestraw war da, doch fehlte ihm der Großteil seines rechten Arms, nachdem ihm dieser in den letzten Minuten der Schlacht mit einem Säbel abgehackt worden war. Allein Bickerstaffs schnelle Arbeit mit der Aderpresse rettete ihn vor dem Verbluten.

Neben ihnen hatten noch neunzehn Mann der *Plymouth Prize* überlebt. Von allen anderen waren nur zehn Leichen gefunden worden. Der Rest, wie auch jene Piraten, die an Bord der neuen *Vengeance* geblieben waren, lag am Grund des James River oder über den Strand von Hog Island verteilt. Nirgendwo fand man Teile, die groß genug gewesen wären, als dass man sie hätte bestatten können.

Und sie alle waren Helden, die Überlebenden und die in Ehren Gefallenen, die Retter der Küste. Man begleitete die

Heimkehrer über Land nach Williamsburg, wo jeder von ihnen eine ansehnliche Belohnung erhielt, welche die Abgeordneten ihnen am Tag nach der Schlacht bewilligt hatten; dann trank man in den Tavernen an der Duke of Gloucester Street auf ihr Wohl.

Niemand fragte Marlowe, wieso er dem Kampf an jenem ersten Tag aus dem Weg gegangen war, und Marlowe gab sich mit dem Gedanken zufrieden, dass sie sicher verloren hätten, da LeRois sie in die Falle gelockt und gezwungen hätte, nach seinen Regeln zu kämpfen. Das Schönste an dieser Ausrede war, dass sie der Wahrheit entsprach, wenn es auch nicht der wahre Grund sein mochte, warum er geflohen war.

Doch niemand fragte nach, und Marlowe war schlau genug, nicht ungebeten eine Erklärung anzubieten.

Darüber hinaus erfuhr er – nach seiner Rückkehr in die Welt – von einem weiteren Faktor, der zum Sieg der *Plymouth Prize* über die Piraten beigetragen hatte. Die Männer an Bord der alten *Vengeance* waren, nachdem sie ihr Schiff den Flammen überlassen hatten, nicht wieder auf die *Wilkenson Brothers* zurückgekehrt, sondern stattdessen an Land gegangen, offenbar um sich ein weiteres Haus zu suchen, das sie plündern konnten. Dort waren sie geradewegs Sheriff Witsen, Lieutenant Burnaby und der Miliz in die Arme gelaufen, nachdem diese sich nun endlich formiert, vom Ufer zugesehen und nach einer Möglichkeit gesucht hatten, wie sie sich an der Schlacht beteiligen konnten.

Die Piraten ergaben sich, ohne auch nur eine Waffe zu erheben, sodass sich an Bord der neuen *Vengeance* weniger Männer befanden, die gegen die *Plymouth Prize* antreten konnten. Somit rückte für die Menschen an der Küste ein Ende der Bedrohung in greifbare Nähe, und eine ordentliche Massenhinrichtung stand bevor.

Nach zwei Wochen mit Feierlichkeiten und Sensationsprozessen versammelte sich die größte Menschenmenge, die sich in Virginia je zu einer Exekution eingefunden hatte. Für gewöhnlich mangelte es solchen Veranstaltungen in Virginia an der Beliebtheit, derer sie sich in London erfreuten. Es war, als wären schon wieder »Publick Times«, und Thomas Marlowe konnte es kaum erwarten, dass sie endlich ein Ende nahmen.

Er wusste, dass die Fragen früher oder später kommen würden, dass Anschuldigungen laut werden würden, und er wollte, dass es bald geschah. Ihm stand nicht der Sinn danach, Zeit zu vertrödeln. Wenn er irgendetwas von LeRois gelernt hatte, dann dass die Erwartung des Kampfes mindestens so schlimm war wie das Ereignis selbst.

Doch es wurden keine Fragen laut. Die Fragen nach seiner persönlichen Geschichte, die Fragen nach Elizabeths Herkunft, die Anschuldigungen hinsichtlich des Todes von Joseph Tinling. Diese Fragen wurden nie gestellt.

Man ging davon aus, dass Jacob Wilkenson den Piraten zum Opfer gefallen und sein Leichnam mit dem Haus verbrannt war. George Wilkenson blieb verschwunden, das Pferd, das er geritten hatte, wurde nahe der Stelle gefunden, wo die Piratenschiffe vor Anker gelegen hatten. Soweit es der Gouverneur wusste oder wissen wollte, war Joseph Tinling von einer inzwischen verstorbenen Sklavin ermordet worden, die auf eigene Initiative hin gehandelt hatte. Ein Toter, den man später als einen gewissen Ripley identifizierte, Kapitän auf Wilkensons Schaluppe, wurde neben einem Sack mit Gegenständen aufgefunden, die er aus dem Haus der Wilkensons gestohlen hatte.

Es gab in Virginia niemanden mehr, der um die Geschichte Elizabeth Tinlings wusste oder sich dafür interessierte, niemanden, der die Ahnentafel eines derart heldenhaften und gefährlichen Mannes wie Thomas Marlowe in Frage stellte.

Erst Monate nach dem Kampf, als die Lobhudelei endlich verklungen und Marlowe wieder nur ein reicher Pflanzer unter vielen war, der unbehelligt seinen Geschäften nachging, gestand er sich endlich ein, dass Malachias Barrett tot war, dass der Mann, den man an dieser Küste als Thomas Marlowe kannte, geläutert aus seiner eigenen Asche auferstanden war.

Und als er sicher war, dass es wirklich der Wahrheit entsprach, bat er Elizabeth Tinling, ihn zu heiraten.

Und Elizabeth Tinling sagte ja.

Es kamen viele Gäste zu der Hochzeitszeremonie und dem darauf folgenden Essen auf Marlowes Plantage, unter anderem der Gouverneur und die Herren Abgeordneten, dazu sämtliche erwähnenswerten Bürger samt ihren Familien.

Die Feier dauerte zwei Tage, was anderthalb Tage länger war, als es Marlowe und Elizabeth lieb gewesen wäre, nur hielten sie es nicht für gute Nachbarschaft, die Leute zum Gehen zu bewegen, und deshalb taten sie es nicht. Stattdessen schickte King James, dessen Hochzeit mit Lucy eine Woche zuvor erheblich weniger Begeisterung ausgelöst hatte, Caesar und seine Helfer immer wieder in den Weinkeller, um sicherzustellen, dass keiner der Gäste auf dem Trockenen saß.

Einige Wochen später fand sich Thomas allein mit Francis Bickerstaff auf der breiten Veranda des Plantagenhauses wieder. Der Abend war kühl, brachte die ersten Anzeichen des ausklingenden Sommers, der dem Herbst seinen rechtmäßigen Platz überließ. Kleine rote Flecken waren in den grünen Eichen auszumachen, und die Felder hinter dem Haus waren von den kurzen braunen Stielen geschnittenen Tabaks überzogen. Von der großen Tabakscheune her konnten sie das satte Aroma der trocknenden Blätter riechen.

»Nun, Thomas«, sagte Bickerstaff schließlich, »es scheint, als sei deine Metamorphose nun vollbracht.«

Marlowe wandte sich um und lächelte ihn an. Es war das Erste, was sein Freund zu diesem Thema gesagt hatte, und er wusste, es wäre auch das Letzte. »So scheint es. Ich denke, als LeRois starb, als Ripley und die Wilkensons ums Leben kamen, haben sie Malachias Barrett mitgenommen.«

»Und ich denke, man kann sagen – ganz unter uns –, dass Meister Barrett eines ehrenvollen Todes gestorben ist.«

Bickerstaff hob sein Glas.

»Auf die wahre Ehre. Und das Ende von Meister Barrett.«

Er war hierher gekommen und hatte sich neu erschaffen, verpflanzt in die reiche Erde Virginias.

Schließlich, so dachte er, was ist denn diese Neue Welt schon, dieses Amerika, wenn nicht ein Ort der Erlösung?

Danksagung

Mein Dank gilt Stephen S. Power, Captain-General der Post Road Press, für seine Hilfe und Begeisterung, was diese neue Reihe angeht. Wie immer vielen Dank an Nat Sobel, Judith Weber und die vielen netten Menschen in ihrem Büro.

H.M.S. Plymouth Prize

A. Sprietsegel
B. Topsprietsegel
C. Fock
D. Vormarssegel
E. Vorbramsegel
F. Großsegel
G. Großmarssegel
H. Großbramsegel
I. Besansegel
J. Kreuzmarssegel

1. Bugspriet
2. Topsprietmast
3. Fockmast
4. Vormarsmast
5. Vorbrammast
6. Großmast
7. Großmarsmast
8. Großbrammast
9. Besanmast
10. Kreuzmarsmast
11. Wappen- und Flaggenmast

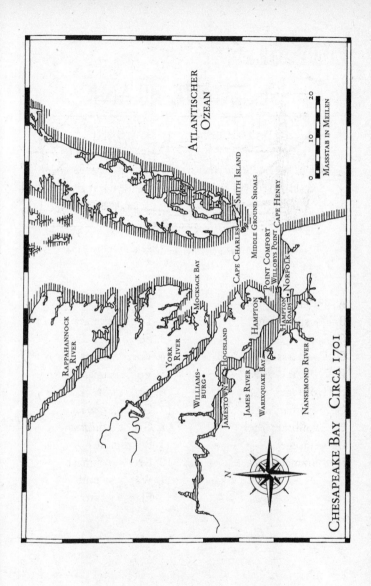

BLANVALET

SUZANNE FRANK

Der erste Band einer großen Saga über
eine unsterbliche Liebe jenseits von Zeit und Raum:
Chloe wird während eines Tempelbesuchs in Ägypten in das
Jahr 1452 v. Chr. zurückversetzt – und erwacht in der
exotischen Welt am Hofe der Pharaonin Hatschepsut...

*»Ein exotisches, atemberaubendes und romantisches Feuerwerk der
Ideen. Glänzend geschrieben! Wo bleibt der nächste Band?«*
Barbara Wood

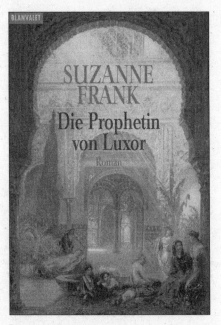

Suzanne Frank. Die Prophetin von Luxor   35188